HISTOIRE
DE PARIS.

Imprimerie de Moquet et Comp., rue de la Harpe, n° 90.

HISTOIRE
DE

COMPOSÉE SUR UN PLAN NOUVEAU,

PAR G. TOUCHARD-LAFOSSE,

AUTEUR DU DICTIONNAIRE DES DÉCOUVERTES (17 VOL.), DU PRÉCIS DE L'HISTOIRE DE NAPOLÉON, DES CHRONIQUES DE L'ŒIL DE BŒUF, ETC., ETC.

TOME TROISIÈME.

PARIS,

P.-H. KRABBE, LIBRAIRE-ÉDITEUR,
MONTAGNE SAINTE - GENEVIÈVE, 46.
BOISGARD, rue des Mathurins-Saint-Jacques, 23.
LANGLOIS, rue des Noyers, 25.

MDCCCXXXIV.

HISTOIRE DE PARIS,

SUITE DE LA CINQUIÈME ÉPOQUE.

PARIS JUSQU'A LA RENAISSANCE.

CHAPITRE VI.

CHARLES V DIT LE SAGE, PARIS SOUS SON RÈGNE.

La sagesse de Charles V a été louée jusqu'à l'hyperbole par cette classe d'écrivains, qui fait de l'histoire à l'usage des cours, non au profit de la vérité. Le panégyrique de ces intrépides courtisans remonte même au temps où ce prince ne mérita que le blâme : ils ont vanté le guerrier plus que prudent de Poitiers ; le gouvernant enchaîné au char de la fortune d'un prévôt des marchands; le prince faible et irrésolu que Charles-le-Mauvais dupa durant toute sa régence ; le politique sans adresse, sans portée, qui ne sut pas rallier à sa cause la majorité des Etats, désertant le parti de Marcel; enfin, l'homme vindicatif que la colère aveugla, lors de sa rentrée à Paris, jusqu'au point d'envoyer à la mort plusieurs Parisiens innocens, sur leur simple renom de partisans du démagogue tombé. Pour l'historien impartial le fils du roi Jean n'eut, sous le règne de son père, aucune des inspirations, véritablement sages, qu'il montra souvent lorsqu'il fut souverain; et si, tout en rendant hommage à ses vues supérieures, à la direction bien entendue de ses efforts, on doit juger son règne d'après les résultats, l'éloge sera bien pâle.... Ecoutez la postérité; que dit-elle de Charles V? Qu'il n'adoucit point les calamités qui pesaient sur son royaume; qu'il comprima, mais ne détruisit pas, les causes de guerre entre la France et l'Angleterre; que, dans presque toutes les actions de sa vie, la sagesse ressemble à la timidité, souvent à la peur, et qu'abstraction faite des exploits de Duguesclin, ce règne ne fut ni moins stérile, ni moins calamiteux que les précédens.... Aussi le temps n'a-t-il rien laissé de la renommée de Charles V : aucun de ses bienfaits n'est resté dans la mémoire du peuple. Cette épreuve est irréfragable, et nous la verrons se justifier par les évènemens.

Charles V, parvenu au trône le 8 avril 1364, fut sacré à Reims le 19 mai suivant, avec des solennités pompeuses, que fit prolonger la nouvelle d'une victoire remportée en Normandie par Bertrand Duguesclin. Car l'ambiguité du traité de Bretigny avait permis au roi de Navarre de se soustraire à son exécution : malgré les promesses de soumission qu'il avait faites au roi, son suzerain, il venait de reprendre les armes contre lui, et les Anglais s'étaient empressés de le soutenir. Ne devait-on ces nouvelles hostilités qu'à la perfidie du Navarrois ? Nous allons voir. Ce prince possédait, entre Paris et Rouen, les places de Mantes, Meulan, Roulboise et quelques autres : ces possessions d'une couronne étrangère nuisaient au commerce que la capitale entretenait avec les ports de la Loire-Inférieure ; le roi convint secrètement avec les habitans, qu'ils expulseraient de leurs villes les hommes d'armes du Mauvais, s'en rendraient maîtres, et les garderaient militairement, jusqu'au moment où des troupes françaises viendraient les occuper. Tel fut le premier trait de sagesse de Charles V : il lui jeta sur les bras une guerre que, par bonheur, le brave chevelier breton termina promptement.

Le prince Louis de Navarre, frère du roi, ayant appelé à son secours les Anglais, Édouard III lui avait envoyé le *captal de Buch*, capitaine renommé, que le monarque anglais jugeait digne d'être opposé à Duguesclin. Les troupes anglaises et navarroises réunies prirent position sur une montagne près de Cocherel, à trois lieues environ d'Evreux : ce poste parut inexpugnable à l'habile général français ; le premier peut-être parmi les tacticiens du moyen âge, il usa de ruse pour forcer l'ennemi d'abandonner ses retranchemens. La bravoure fanatique de nos chevaliers avait causé de grands malheurs; Bertrand le savait, et n'ignorait pas les avantages que l'Anglais avait dus à l'adresse. Il s'inspira de cette dernière ressource. Duguesclin, en stratège avisé, simula donc une retraite, pour attirer ses ennemis en plaine : cette ruse lui réussit. Dès qu'il les vit descendus de leur position, il dit à un chevalier qui se trouvait près de lui : « Messire, le « filet est bien tendu ; nous aurons les oiseaux. » Puis, s'adressant aux soldats, il ajouta : « Sou- « venez-vous que nous avons un nouveau roi ; « que sa couronne soit aujourd'hui étrennée par « vous. » En effet la victoire fut complète ; le captal et beaucoup de nobles prisonniers tombèrent au pouvoir du vainqueur. Ce succès releva l'esprit des troupes françaises, découragées par les défaites du règne précédent. Il est peu hasardeux d'avancer que cette confiance renaissante des gueriers de la France contribua, plus que la sagesse du roi, à contenir les ennemis du royaume.

Quelques sujets de Charles V avaient été pris les armes à la main dans les rangs anglais ou navarrois : ils furent condamnés à mort comme rebelles, et exécutés à Rouen. Cet acte de sévérité ne saurait être blâmé : nulle action n'est plus criminelle que la trahison des hommes armés contre leur patrie, et qui viennent en inonder le sol du sang de ses enfans. La cause des rois peut être abandonnée, elle doit l'être même quand elle cesse d'être celle des peuples : que pourrait-on devoir à ces princes, en leur qualité d'hommes privés ? Mais le pays, nulle affection ne peut, sans crime, lui enlever ni des cœurs ni des bras... Il a fallu toute la stupeur que laissèrent à leur suite les invasions de 1814 et 1815, pour que les Français n'aient pas brisé le pouvoir insolent qui leur demandait des monceaux d'or pour récompenser, pour dédommager si l'on veut, la sacrilège émigration.

Reconnaître les services rendus à l'Etat est encore un des louables devoirs de la monarchie : Charles V fit un acte de justice en donnant le *comté de Longueville* à Duguesclin. Mais cette possession était détachée d'un fief qui revenait à Charles de Navarre, par la mort d'un de ses frères ; son ressentiment en devint plus vif. Ce prince avait juré haine éternelle à la couronne de France, depuis que Jean s'était emparé du comté de Bourgogne, à la mort du dernier comte, et l'avait donné à son fils *Philippe-le-Hardi*, en qui se fondait une nouvelle dynastie bourguignone.

La fortune des armes est capricieuse : l'intrépide Breton, vainqueur à Cocherel, fut moins heureux dans son propre pays, où Charles V l'envoya soutenir la cause du *comte de Blois*, contre son compétiteur *Montfort*. Duguesclin trouva, en Bretagne, un ennemi digne de lui, ce fameux *Jean Chandos*, que nous avons déja vu combattre victorieusement à Poitiers. Il triompha également à la bataille d'Aurai, où le comte de Blois perdit la couronne de Bretagne et la vie. Duguesclin soutint long-temps le combat après la mort du prince ; couvert de blessures, et forcé de se tenir à genoux sur le champ de bataille, il portait des coups terribles à tout ce qui s'approchait de lui...... Mais enfin il fallut se rendre : Chandos reçut des mains du héros l'épée qui venait d'envoyer chez les morts un grand nombre de ses guerriers. Tandis que Bertrand était conduit en Angleterre, la guerre de Bretagne se terminait. Par le traité de Guérande, le comte de Montfort ressaisissait la Bretagne, arrachée à son père contre la justice ; les dernières paroles du comte de Blois avaient consacré le droit de son compétiteur : « J'ai guerroyé long-temps contre mon escient, s'était-il écrié en rendant le dernier soupir. » Un acte de sagesse du roi fut de se refuser à continuer la guerre, nonobstant les sollicitations de l'altière comtesse de Blois, dont l'opiniâtreté avait déjà causé la mort de son époux, et pouvait entraîner la France dans de grands désastres.

Après le traité de Guérande, Charles-le-Mauvais, inquiet des alliances que le roi contractait avec des seigneurs gascons, tels que le comte de Foix et le sire d'Albret*, fit intercéder à Paris pour le rétablissement de la paix entre lui et son beau-frère, qui, par ses nouveaux alliés, pouvait l'inquiéter fortement dans les États béarnais et na-

* Un des aïeux maternels de Henri IV. Jusqu'au règne de Charles V, cette famille apparaît à peine dans l'histoire.

varrois. Cette fois, comme les précédentes, Jeanne et Blanche, reines douairières de France, s'employèrent pour lui à la cour de Charles V; mais ce monarque, tant de fois trahi par son perfide voisin, répugnait à lui pardonner. Cependant son éloignement pour la guerre l'emporta sur sa répugnance; il entra en négociations avec le roi de Navarre. Celui-ci perdit les villes de Mantes de Meulan, de Roulboise et le comté de Longueville, donné à Duguesclin; mais on lui abandonna en échange la seigneurie de Montpellier. Du reste, Charles-le-Mauvais promit tout ce que son suzerain voulut, fit tous les sermens qu'on exigea de lui, et se promit sans doute d'être aussi fidèle observateur de la foi qu'il l'avait été jusqu'alors.

Charles V était doué d'une grande adresse à s'attacher les hommes dont il pouvait avoir besoin, et l'on doit ajouter qu'il choisissait bien. Après les guerres de Normandie et de Bretagne, il fixa dans sa cour, par des honneurs, *Olivier Clisson*, fils de cet infortuné seigneur, pendu aux halles de Paris : il fallut de l'adresse pour éteindre au cœur du guerrier le vif ressentiment d'un si grand attentat à l'honneur de sa famille. Le roi attira aussi auprès de lui *Tannegui du Châtel*, chevalier breton d'une valeur renommée. Enfin, il captiva par des bienfaits le *captal de Buch*, fait prisonnier à la bataille de Cocherel. Ce gentilhomme, auquel il donna la seigneurie de Nemours, devint par là vassal du roi de France, et rompit ses liaisons avec le Prince-Noir.

La tranquillité paraissait devoir se rétablir dans le royaume, qui, depuis long-temps, n'en jouissait plus. Elle permit au roi de tourner ses vues vers les réformes, dont enfin il reconnaissait l'utilité, après avoir regardé comme les ennemis du trône ceux qui les lui demandaient. Le désordre des finances était extrême : non-seulement elles étaient épuisées par suite des longues guerres, mais les plus intolérables exactions faisaient rester une forte partie des deniers dans les mains des innombrables agens commis à leur perception. Le roi commença par supprimer les deux tiers de ce personnel officieux. Puis il fit des ordonnances réglementaires pour que la levée de l'impôt se fît avec régularité, et que les fonds reçussent une direction convenable. Le système monétaire appela ensuite l'attention du monarque. Les pièces en circulation offraient une confusion inextricable : après les diverses refontes qui avaient été faites sous différens règnes, on trouvait dans le commerce de l'or et de l'argent monnayé à tous les titres; il y avait aussi une multitude de monnaies étrangères, introduites pendant les guerres, et dont la valeur, mal connue, occasionait à chaque instant des méprises ou des discussions. Charles V ordonna une refonte générale qui, cette fois, fut déterminée par la bonne foi. Le titre des métaux précieux fut rétabli à peu près sur le pied où il était avant le règne de Philippe VI. Il est certain qu'à cette époque le roi diminua les impôts; qu'il favorisa l'agriculture, en s'efforçant de rendre plus léger le joug de la féodalité, et que quelques traces de prospérité reparurent alors dans le royaume. Mais nous verrons bientôt que ces allègemens aux malheurs de la patrie furent éphémères; et que le souverain lui-même, après avoir adoucis, ces malheurs, les rendit ensuite plus accablans qu'ils n'avaient été avant la réforme.

Cependant un fléau destructeur, dont la couronne ne pouvait que difficilement arrêter les ravages, désolait tour à tour les provinces : *les grandes compagnies*, dont nous avons déja signalé les exploits dévastateurs lorsque la paix les rendait inactives, étaient suspendues comme des nuées orageuses sur toutes les parties de la France. Une idée heureuse du roi, tourna la fureur malfaisante de ces pillards sur une autre partie de l'Europe. *Henri de Transtamare* disputait la couronne de Castille à *Pierre-le-Cruel*, prince que sa férocité faisait abhorrer des Castillans; Charles fit offrir pour auxiliaire au prétendant les bandes qui pesaient sur ses Etats : elles furent acceptées ; mais ce n'était avoir vaincu qu'une partie de la difficulté. Il fallait déterminer ces partisans à quitter les belles campagnes françaises, où le butin abondait encore, pour un pays pauvre, où de grands dangers ne semblaient devoir procurer qu'un mince profit. Le roi pensa que Duguesclin seul pourrait décider la migration des grandes compagnies; mais ce brave capitaine était prisonnier de

Chandos. Il fallait cent mille livres pour acquitter sa rançon.; le roi de France en donna quarante mille, Jean de Transtamare vingt; le pape fit le surplus, et le comte de Longueville fut rendu à la liberté.

Les grandes compagnies, qu'il s'agissait de repousser au-delà des Pyrénées, se concentraient alors vers Châlons-sur-Saône, après avoir dévasté la Champagne, le Barrois, la Lōraine et une partie de l'Alsace. Leur nombre n'était pas moindre de trente mille hommes, soldats intrépides, pillards déterminés, en tête desquels se trouvaient des gentilshommes ruinés par la guerre ou par leurs propres excès. « Camarades, dit à « ces brigands Bertrand Duguesclin, qui se rémit « politiquement à leur niveau, vous et moi nous « en avons fait assez pour damner nos ames, et « vous pouvez même vous vanter d'avoir fait pis « que moi... Faisons donc maintenant honneur à « Dieu, et le diable laissons... » Ce motif de pure conscience eut sans doute produit peu d'effet sur les assistans; le chevalier breton en allégua de plus convaincans : il leur remontra que la France était désormais ruinée; tandis que les trésors de la Castille étaient encore combles. Il ajouta que le roi de France leur offrait cent mille francs, pour aider son allié, Jean de Transtamare; et pour dernier argument, le prisonnier libéré, qui devait presque moitié de sa rançon au souverain pontife, dit en négociateur plus politique que reconnaissant, qu'il y avait bonne moisson d'or à faire en passant sur les terres du saint-père.

Les *Malandrins* * partent sous la conduite de Duguesclin; ils suivent la route de Provence, qui n'était pas la plus directe, et arrivent aux frontières de l'État pontifical. Informé de leur approche, Urbain leur envoie... des indulgences, des pardons, des absolutions sans limites. Les brigands remercient sa sainteté, et continuent de marcher vers sa capitale. Passant alors des graces aux rigueurs, le pape menace de ses anathèmes, puis les lance, ce qui n'empêche pas les compagnies d'arriver devant Avignon. Un cardinal se présente aux portes pour négocier; on lui demande s'il apporte de l'argent; sur sa réponse négative on le renvoie. Il revient bientôt, muni du seul argument diplomatique qui convienne dans la circonstance; mais les Malandrins ont appris que ces déniers ont été levés en foulant le peuple; le négociateur est encore renvoyé, avec ordre de rendre l'argent aux particuliers, et d'en puiser dans la bourse des prélats. Le sacré collège se réunit, se cotise, paie, et les compagnies continuent leur marche vers l'Espagne.

Pierre-le-Cruel est d'abord détrôné, et se réfu-

---

* Nom qu'on donnait aux guerriers faisant partie des grandes compagnies. Le mot *malandrin* équivalait à la dénomination de *libertin-voleur*, qui convenait bien aux partisans ainsi nommés; car leurs principaux excès étaient le pillage et le viol.

gie à Bordeaux, auprès du Prince-Noir, tandis que Duguesclin retourne vainqueur en France. Mais bientôt Edouard III lui-même, à la tête d'une belle armée, reconduit *Pierre* en Castille, séduit les Malandrins, qui viennent de détrôner le Cruel, et les engage sous les bannières de ce prince, contre son compétiteur, pour lequel ils ont combattu naguère. Le comte de Longueville revole alors en Espagne avec des troupes, afin de soutenir l'allié de Charles V. Les armées des deux frères se rencontrèrent près de Navarrette; Duguesclin voulait qu'on évitât le combat, parce que les vivres commençaient à manquer aux ennemis, que la famine seule eût vaincu. *Teillo*, frère de Transtamare, s'emporta contre l'illustre Breton. « Vous « n'êtes ici qu'une douzaine de Français, lui dit-« il, et vous pensez mieux valoir que tant de mil-« liers d'Espagnols. Vous voulez faire la loi « pour prolonger la guerre et ruiner notre pays. « Vous défiez-vous de notre courage? sachez que « nous vous valons bien, et si vous avez peur, ne « prenez pas votre excuse sur nous. » L'intrépide Bertrand, pour toute réponse, leva son gantelet; il allait en briser les dents de l'insolent Espagnol, lorsque le monarque castillan s'interposa entre son frère et le général français. On attaqua; le bravache Teillo se sauva l'un des premiers, et entraîna sur ses pas la cavalerie qu'il commandait. Les troupes de Transtamare combattirent alors avec désavantage : Duguesclin vit bientôt que la

bataille était perdue. « Sire ôtez-vous d'ici, dit-il
« au roi; votre honneur est sauf; sauvez votre
« fortune; nous combattrons une autre fois plus
« heureusement. » Le prétendant se retira; à
peu de temps de là le brave Français, après des
prodiges de valeur; après avoir envoyé chez les
morts vingt chevaliers, qui lui demandaient son
épée, se rendit au prince de Galles lui-même.

Pour la seconde fois, Duguesclin était prisonnier
des Anglais*; mais le roi, qui avait des vues sur
ce grand capitaine, envoya promptement cent
mille livres pour acquitter sa rançon..... « Non,
« dit la princesse de Galles, on ne recevra que
« quatre-vingt mille livres, car je veux en donner
« vingt pour avoir l'honneur de délivrer le plus
« brave chevalier de la chrétienté. » Le Prince

---

* Le prince de Galles, homme généreux et doué des plus
nobles qualités, fit appeler un jour cet illustre prisonnier.
« Messire Bertrand, lui dit-il, on prétend que je ne vous
« ose mettre en délivrance de la peur que j'ai de vous. — Il
« y en a qui le disent, répondit Duguesclin, et de cela me
« trouve fort honoré. — Eh bien ! reprit le prince, taxez
« vous-même votre rançon. — Cent mille livres, repartit le
« chevalier. — Et où les prendrez-vous?—Le pape, le roi de
« France, le duc d'Anjou et le roi de Castille me les prête-
« ront, et les femmes de mon pays vendront plutôt leurs
« quenouilles que de me laisser prisonnier. » Le Prince-Noir
permit au Breton de venir en France aviser aux moyens de se
délivrer; Chandos et la plupart des seigneurs anglais lui offrirent leur bourse pour subvenir aux frais de son voyage.
Arrivé dans son château, le chevalier demanda à sa femme
cent mille livres qu'il lui avait laissées; elle les avait entière-

Noir approuva la générosité de son épouse, bien qu'il sut que Bertrand, remis en liberté, allait reprendre les armes contre le souverain auquel il avait rendu la couronne de Castille... « Madame, « répondit Duguesclin avec courtoisie, je croyais « être le plus laid gentilhomme du monde; mais « vois-je bien que je ne me dois plus tant déplaire. »

En effet, dès que Duguesclin fut libre, il retourna en Espagne. La guerre entre les deux frères castillans continua; mais bientôt elle fut terminée par une autre Thébaïde. Une seule bataille, celle de Montiel, décida du sort de Pierre : il fut de nouveau détrôné et fait prisonnier. Le roi captif, en traversant le camp de Transtamare, où l'on vient de l'amener, rencontre son frère, son ennemi. A l'instant ils se précipitent l'un sur l'autre comme deux lions rugissans; ils se roulent dans la pous-

ment dépensées en équipages et en libéralités pour des gens de guerre qui avaient sollicité son aide. Il vint à Duguesclin des sommes considérables de divers côtés; mais à mesure qu'on les lui donnait, il en faisait le même usage que la comtesse avait fait des cent mille livres. Enfin il retourna à Bordeaux, sans avoir la moindre partie de sa rançon. « Qu'apportez- « vous ? lui demanda le prince de Galles. — Pas un double, « répondit le chevalier. — Vous faites le magnifique, pour- « suivit Edouard, d'un ton moitié plaisant, moitié sérieux, « vous donnez à tout le monde, et vous n'avez pas de quoi « subvenir à vous-même; il faut donc que vous teniez pri- « son. » Le prisonnier se retirait assez confus lorsqu'un gentilhomme français entra, et annonça qu'il venait acquitter la rançon du général.

sière, enlacés mutuellement de leurs bras musculeux... Cette lutte acharnée, que n'osent suspendre les assistans, se termine enfin : Transtamare saisit sa dague et l'enfonce tout entière dans le cœur de son frère.... Il se relève froidement, et là, sur le lieu où fume le sang de *Pierre*, *Henri* est proclamé roi de Castille.

Le nouveau monarque récompensa magnifiquement tous les seigneurs qui venaient de l'aider à saisir sa couronne sanglante : Duguesclin fut créé connétable de Castille, et reçut cent mille florins d'or, avec l'investiture de cinq seigneuries. Les grandes compagnies revinrent en France; mais elles n'étaient plus redoutables : de trente mille hommes qui avaient passé les Pyrénées, il en restait à peine six mille, qui furent incorporés dans les armées.

Dans ce temps (1368) le prince de Galles s'était attiré le mécontentement d'une grande partie de la noblesse gasconne : les seigneurs de ce pays affluaient à la cour de Paris, et sollicitaient le roi de réprimer les vexations de l'Anglais, qui écrasait la Guienne d'impôts sans cesse renouvelés. Charles V répondait mollement que, par le traité de Bretigny, la couronne de France avait perdu toute suzeraineté sur ce duché et dépendances. Cependant ce monarque subtil était charmé qu'on insistât. Enfin on lui arracha, sans beaucoup de violence, la permission d'adresser au parlement une requête contre les griefs du Prince-Noir. Le roi, par une

dépêche habilement libellée, où il semblait se constituer arbitre plutôt que suzerain, somma le duc de Guienne d'avoir à comparaître devant la cour des pairs... « Oui, vrai Dieu, répondit l'An-
« glais, j'irai, mais le bassinet * en tête et soixante
« mille hommes en compagnie. »

Je ne sais si les panégyristes de Charles V ont compris cette agression parmi ses actes de sagesse; mais une consciencieuse impartialité ne peut en juger ainsi. Ce roi, qui n'aimait pas la guerre, eut dû se montrer plus soigneux de l'éviter, surtout par une violation manifeste de la foi jurée. Au mépris du traité de Brétigny, Charles entretenait des intelligences dans toutes les provinces soumises à la domination anglaise, et ses agens secrets y fomentaient le mécontentement, puis la rébellion. Le Ponthieu se montrait particulièrement disposé à secouer le joug de l'Angleterre : la cour de Paris y envoya quelques débris des grandes compagnies, rassemblés exprès. Ces pillards ne semblaient rechercher que le butin, et pourtant ils s'occupaient de conquérir la province au nom du roi de France. Ce résultat fut obtenu sans que ce prince eût paru s'en mêler.... Il est possible que les adulateurs pensionnés appellent ces expédiens de la sagesse; mais d'autres, avec plus de raison, les qualifieront de perfidie. Edouard III, en apprenant la conduite de son voisin, devint furieux. Il fit appeler les ambassadeurs français, qui, dans ce

* Sorte de petit casque que portaient les hommes d'armes.

temps même, s'occupaient encore à Londres de l'interprétation du traité que Charles lacérait outrageusement. Le monarque anglais se déchaîna, devant ces gentilshommes, en imprécations contre Charles V; puis il leur commanda d'écrire au roi, leur maître, de revenir au plus tôt à l'exécution des conventions qu'il violait. Les ambassadeurs mandèrent à Paris ce qu'ils avaient entendu à la cour d'Edouard, et firent part au roi des intimations de l'Anglais. Charles assembla sur l'heure le parlement; on y examina le traité de Bretigny; il demeura prouvé, comme cela devait être, que l'Angleterre seule en transgressait les dispositions. La guerre fut résolue; Charles envoya son manifeste par un simple valet de chambre, ses hérauts ayant été maltraités à Bordeaux, lorsqu'ils y avaient porté la première sommation.

Cependant le prince de Galles assemblait ses troupes; mais ce n'était pas avec son énergie ordinaire : une maladie de langueur, que les nouveaux évènemens augmentèrent, ne lui permettait plus cette activité qu'il avait déployée dans les précédentes guerres. Les seigneurs mécontens prirent l'initiative des hostilités, et ce prince ne leur opposa qu'une molle résistance. Edouard III agissait plus activement : après avoir conclu une trêve avec l'Ecosse, il réunit deux corps d'armée, en envoya un en Guienne, et fit entrer le second en France par Calais. Le duc de Lancastre commandait au Nord; le Prince-Noir conservait le commandement des troupes du Midi. Charles opposa au premier son plus jeune frère, Philippe-le-Hardi, duc de Bourgogne, qu'il devait diriger lui-même. Le prince de Galles eut à combattre les ducs d'Anjou et de Berri, autres frères du roi, dont les dispositions furent soumises au contrôle de l'habile Duguesclin.

Nous n'entreprendrons point de décrire cette nouvelle guerre, dans tout ce qu'elle offrira d'étranger à notre sujet; nous bornant à ressaisir les évènemens dès qu'ils entreront dans les limites que nous avons dû nous imposer. Nous devons ajouter toutefois que Charles de Navarre, oubliant le dixième serment de fidélité qu'il avait prêté au roi, son suzerain, se hâta de signer un traité avec l'Angleterre, par lequel il s'engageait à attaquer la France en même temps qu'Edouard. Mais le Navarrois avait à peine conclu ce traité, qu'il s'agenouillait devant le roi de France, et lui demandait un pardon, qu'on lui accordait politiquement. Ce brusque retour à la fidélité promise, cette *foi mentie* à la dernière alliance du Mauvais, résultait des rapides succès de l'armée française dans la Guienne, dont Charles V, siégeant en lit de justice, avait prononcé la confiscation, et que ses troupes avaient aussitôt envahie.

Charles V sentit bien qu'Edouard ne tarderait point à secourir son fils en Guienne, et que, pour rendre ce secours plus efficace, il ne manquerait pas d'opérer une puissante diversion dans le Nord. Cette prévision se réalisa : Edouard III jeta sur la côte de Calais une armée imposante, commandée par *Robert Knoles*, son meilleur général. Ces troupes traversèrent en courant l'Artois et le Vermandois, sans oser attaquer Reims, Soissons et Troyes, mais saccageant partout les villes ouvertes, les bourgs, les villages, les châteaux dépourvus d'enceinte. Ainsi, pillant, brûlant et dévastant, Knoles arriva sous les murs de Paris, où Charles V s'était renfermé, après s'être appliqué à munir les places-fortes de bonnes garnisons, et avoir, autant qu'il l'avait pu, repoussé dans les villes murées, les habitans de la rase campagne, leurs bestiaux, leurs meubles, et surtout leurs provisions. Du reste, le roi n'avait opposé à l'ennemi que des corps de partisans, qui, fuyant devant la grosse armée, se bornèrent à rompre les communications, à lui couper les vivres, à rendre ses marches fatigantes, et à inquiéter ses campemens. Ce système stratégique, observé avec persévérance, obtint un bon résultat : le général anglais, qui avait vainement offert la bataille au roi dans les plaines de Montrouge, de Vaugirard et d'Issy, fut forcé de lever le siège, et d'aller prendre des quartiers d'hiver dans le Maine et l'Anjou.

Nous devons mentionner ici par quels travaux Charles V avait fait de Paris une place de guerre, capable de braver les entreprises d'une armée assiegeante, sans aucun secours extérieur qui protégeât cette ville. Ce sera l'occasion de signaler les autres constructions que ce prince avait ordonnées dans la capitale, jusqu'à l'époque à laquelle nous sommes parvenus. L'enceinte construite, en si peu de temps, par Étienne Marcel, se ressentait de cette précipitation : la muraille avait très peu d'élévation, et, dans plusieurs parties, elle manquait de solidité ; Charles V la fit exhausser et consolider. Sur divers points même, le mur fut repris par sa base. Hugues Aubriot, prévôt de Paris, qui était chargé de diriger ces travaux, ne changea rien au plan de Marcel : il continua seulement ce que le prévôt des marchands n'avait pu achever, et développa les idées qu'il avait émises. Mais la Bastille Saint-Antoine reçut un accroissement particulier : ce ne fut plus une simple porte de ville ; Charles V en fit un château fort, une véritable citadelle, telle que nous l'avons fait graver*. Hugues Aubriot posa la première pierre du nouvel édifice le 22 avril 1369. Le même prévôt fit continuer le creusement des fossés, qui n'avaient été en quelque sorte que tracés sous Marcel. Ils eurent seize pieds de profondeur et trente-six d'ouverture. Le bord extérieur était garni de pieux et revêtu de claies dans quelques parties ; dans d'autres du foin ou du gazon était semé sur leur pente adoucie**.

* *Voyez tome II, page* 493. Nous décrirons ailleurs l'intérieur de la Bastille.

** En 1148, les chanoines de Saint-Victor, desirant avoir dans leur enclos un moulin à farine et un courant d'eau pour le

Dans cette même année 1369, le Petit-Châtelet, qui dans sa position centrale ne pouvait plus appartenir aux fortifications générales, fut cependant rebâti avec toute l'importance d'une forteresse. On éleva, dit-on, cet édifice redoutable dans le dessein de contenir les écoliers de l'université, dont les mutineries habituelles troublaient fréquemment la tranquillité de la capitale. Sous le règne suivant, le Petit-Châtelet devint la maison du prévôt de Paris, et cette demeure lui fut affectée à titre de logement honorable; *honorabilis mentio*. En 1782, le Petit-Châtelet, dont le sombre aspect attristait tout ce quartier, et contribuait à y concentrer un air insalubre, fut démoli, après d'innombrables requêtes adressées à la cour et au parlement par les habitans de la Cité. Ils respirèrent enfin et

faire mouvoir, obtinrent la permission de creuser un canal par où les eaux de la Bièvre prirent leur cours. Ce canal commençait au lieu où se trouve aujourd'hui la rue du Jardin des Plantes, coupait l'enclos de Saint-Victor; puis, en sortant, traversait l'emplacement de l'extrémité méridionale de la rue des Fossés-Saint-Bernard, se prolongeait parallèlement à la rue Saint-Victor, passait devant l'église Saint-Nicolas du Chardonnet; enfin, entre les rues des Bernardins et de Bièvre, il se jetait dans la Seine, au lieu dit *les Grands-Degrés*. Au moment du creusement des fossés, ce canal cessa de verser ses eaux dans la Seine au lieu indiqué; il remonta le cours du fleuve, et s'y jeta vers l'extrémité septentrionale de la rue des Fossés-Saint-Bernard. Le canal de Bièvre, qui a donné son nom à la rue, a existé jusqu'au seizième siècle. (*Mémoires de l'Académie des Inscriptions, tome XIV, p. 267*).

purent revoir la lumière, qu'interceptait cette noire construction*.

Charles V, comme son aïeul, aimait à faire bâtir; il ne se borna pas à compléter les fortifications de Paris : cette capitale lui dut plusieurs édifices, qui contribuèrent à l'embellir. Le Louvre, jusqu'au règne de ce prince, ne consistait guère qu'en la grosse tour, élevée en 1204 par Philippe-Auguste, et en un mur d'enceinte crénelé, qui l'environnait. Nous avons dit ailleurs que cette forteresse était le centre de l'autorité royale; que là tout vassal de la couronne venait prêter le serment d'hommage au roi son suzerain, et que, dans l'idiome de la féodalité, l'on disait que telle ou telle seigneurie *relevait de la grosse tour du Louvre*. Cette construction s'élevait donc au bord de la Seine, comme un grand épouvantail, un avis perpétuel de servage, non comme un ornement de la capitale. Charles V, dit Christine de Pisan**, dans la vie de ce prince, « fit construire le

---

* On lit dans les *Essais de Paris*, de Saint-Foix : « Un tarif fait par saint Louis pour régler les droits de péage d'entrée à Paris, sous le Petit-Châtelet, porte ce qui suit : Le marchand qui apportera un singe pour le vendre paiera 4 deniers; que si le singe appartient à un *jaculateur*, cet homme, en le faisant jouer et danser devant le péager, sera quitte du péage, tant dudit singe que de tout ce qu'il aura apporté à son usage. De là vient le proverbe : *Payer en monnaie de singe ou gambades.* » (*Essais sur Paris*, tome I, pages 79 et 80).

** Elle était fille du célèbre astrologue de ce nom, et naquit

« chastel du Louvre à Paris, et en fit un moult
« notable et bel édifice. » Les travaux furent conduits par Raymond du Temple, architecte, ou *maître des œuvres* du roi.

Le château du Louvre, dans son ensemble, présentait un parallélogramme, entouré de fossés, qu'alimentaient les eaux de la Seine. La cour principale avait, en longueur, 34 toises 3 pieds; en largeur, 32 toises 5 pieds : au centre s'élevait la grosse tour du Louvre. Cette construction, ronde et portant 144 pieds de circonférence, était environnée elle-même d'un fossé large et profond. Les murs avaient à leur base 13 pieds d'épaisseur, et dans la partie supérieure, 12 pieds. La hauteur totale de ce donjon était de 96 pieds. On communiquait de la tour du Louvre à la cour par une arche en pierre, au milieu de laquelle jouait un pont-levis. A l'entrée du pont, se trouvait une sorte de poterne, surmontée par une statue de Charles V, tenant le sceptre : cette sculpture du quatorzième siècle était due au ciseau de Jean de Saint-Romain. Une galerie en pierre, partant de la tour, communi-

à Venise, en 1363. Sa beauté et son esprit enchaînèrent sur ses traces un grand nombre d'adorateurs; mais une passion fort vive lui fit préférer un simple bourgeois picard, nommé Etienne Castel, à tous les seigneurs qui l'avaient recherchée. Jeune encore, elle resta veuve, presque misérable, et se vengea des rigueurs de la fortune dans le sein des lettres et des amours. Christine de Pisan laissa un grand nombre d'ouvrages : ses poésies sont tendres, voluptueuses, et respirent la naïveté... des passions.

quait à l'une des ailes du bâtiment. On croit que les étages de cette forteresse étaient au nombre de quatre : chacun d'eux présentait huit croisées, hautes de quatre pieds sur trois de large, et sur le vitrage desquelles se croisait, indépendamment des barreaux, un treillis de fil d'archal.

La porte de fer qu'on voyait au bas de la tour, contribuait à rendre effrayant l'aspect général de cet édifice : elle présentait une combinaison de serrures, de gâches, de verroux où tout l'art de la serrurerie paraissait s'être épuisé. Cette porte communiquait à un escalier de pierre en vis; au premier étage était la chapelle; les autres étages présentaient diverses chambres, dont chacune avait une fermeture redoutable : tout dans ce monument semblait conspirer contre la liberté de l'homme. Rien d'irrégulier, mais aussi rien de pittoresque comme les bâtimens et les murs qui environnaient la cour principale, la basse-cour, les jardins : ils étaient flanqués d'une multitude de tours et de tourelles carrées, rondes, grosses, sveltes; les unes terminées en terrasses, d'autres couvertes de toits coniques, que surmontaient de lourdes girouettes ou des fleurons. Le nombre de ces tours s'élevait à plusieurs centaines: on a conservé le nom des principales*. Presque toutes ces tours avaient leurs capi-

* Ces principales tours étaient celles du Fer à Cheval, des Porteaux, de Windal, sur le bord de la Seine; de l'Etang, de l'Horloge, de l'Armoirie, de la Fauconnerie, de la Grande-Chapelle, de la Petite-Chapelle; la Tour ou se met le Roi;

taines, et commander un petit amas de pierre, dépendant du Louvre, était un honneur recherché. Les grosses tours, dont le *gouvernement* était réservé à de hauts barons, contenaient une chapelle, à laquelle un chapelain était attaché.

Les façades des bâtimens principaux étaient criblées au hasard de fenêtres grandes, petites, larges, étroites, sans alignement et toutes grillées. Ces mêmes bâtimens avaient quatre étages ; ce qui rendait la cour sombre, mal aérée et insalubre ; et comme la lumière ne parvenait dans les appartemens qu'à travers un grillage redoublé, tous semblaient faire partie d'une prison.

On pénétrait dans le Louvre par quatre entrées ou *porteaux :* la principale était située du côté de la Seine. Ce porteau du midi ressemblait, par sa forme, aux bastilles dont nous avons parlé précédemment : c'était une construction, percée d'un porche, flanquée de tours, qui s'ouvrait sur l'avant-cour ; là se trouvait le pont-levis. Après avoir traversé cette avant-cour, on arrivait vis-à-vis

---

quand on joute ; la tour de la Tournelle ou de la Grand' Chambre du Conseil ; la tour de l'Ecluse, sur le bord du Fossé ; la tour de l'Orgueil et la tour de la Bibliothèque (depuis de la librairie). Charles V réunit dans cette dernière environ 900 volumes, quantité de livres considérable pour le temps : le roi Jean possédait neuf volumes. Tel fut, dit-on, l'origine de la bibliothèque royale. Nous avons vu cependant que saint Louis avait fait renfermer dans le trésor de la Sainte-Chapelle une certaine quantité de manuscrits.

une seconde porte, attenant à la façade même du bâtiment, flanquée de deux grosses tours, et surmontée d'une terrasse longue de 9 toises sur 8 de large. Sous le règne suivant, on décora cette terrasse des figures en pied de Charles V et Charles VI, ouvrages des statuaires Philippe de Fontières et Guillaume Josse. La seconde entrée du Louvre regardait l'église de Saint-Germain-l'Auxerrois; elle était aussi flanquée de deux tours, mais beaucoup plus étroite que celle du midi. Cette porte avait également pour ornement deux figures en ronde bosse: celle de Charles V et celle de Jeanne de Bourbon sa femme. Les deux autres entrées, correspondant à la rue Saint-Honoré et à la place de Saint-Thomas du Louvre, étaient moins importantes; il y avait des ponts-levis sur ces trois faces, comme vers le midi.

Les principaux appartemens du Louvre présentaient la grande salle ou *salle Saint-Louis*, dont la hauteur occupait toute celle du bâtiment: elle avait 12 toises de long sur 7 de large. Venaient ensuite *la salle neuve de la reine, la chambre du conseil, la chambre de la trappe* * *et la salle basse*. Cette dernière pièce, qui sans doute était destinée aux réceptions d'apparat, fut ornée avec soin par les ordres de Charles V: on peignit sur ses murailles, des oiseaux, des cerfs, et d'autres

---

* On ne sait comment définir ce mot trappe; mais en le prenant pour *piège*, ne peut-on pas penser que cette chambre était celle où se trouvaient *les oubliettes?*

animaux sur un fond de paysage : toutes choses qui durent être représentées d'une manière fort imparfaite, à une époque où l'on connaissait peu l'effet du clair-obscur. La longueur de cette salle était de 8 toises 5 pieds; sa largeur de 4 toises 3 pieds.

Il y avait dans le Louvre une chapelle royale, où la statuaire de l'époque s'était évertuée à produire des chefs-d'œuvre. On voyait au-dessus de la porte les figures de la Vierge et de sainte Anne, au milieu de plusieurs groupes d'anges, qui les encensaient; tandis que d'autres, par un anachronisme plus fort, jouaient du violon, et de quelques autres instrumens d'invention récente. Dans l'intérieur de l'église, Charles VI fit placer treize figures de prophètes.

Il existait dans l'enceinte que renfermaient les fossés, plusieurs jardins, dont le plus grand n'excédait pas 6 toises. On trouvait aussi dans cette même enceinte, un grand nombre de petites cours servant d'annexes à divers bâtimens destinés au service : tels que *la maison du four*, *la paneterie*, *la saucerie*, *l'épicerie*, *la pâtisserie*, *la fruiterie*, *le garde-manger*, *l'échansonnerie*, *la bouteillerie*, *le lieu où l'on fait l'hypocras*. Les écuries et la ménagerie du Louvre étaient situées hors de ses murs *.

* Nous parlerons ailleurs de l'ameublement du Louvre..... *Voyez*, pour des détails très étendus, *les Antiquités de Paris*, par Sauval, tome III, page 270.

Une autre maison royale, *l'hôtel Saint-Paul*, fut considérablement augmentée et embellie sous le règne que nous parcourons. Charles V habitait cette maison lorsqu'il n'était encore que dauphin; il en avait agrandi les dépendances par l'achat successif de divers bâtimens ou terrains; acquisitions pour lesquelles ce prince, durant sa régence, avait frappé une contribution sur les Parisiens. A son retour d'Angleterre, Jean s'empara de l'argent destiné à payer ces mêmes acquisitions, et fit une nouvelle levée afin de parvenir à cet acquittement. En sorte que la ville paya deux fois les parties constitutives de l'hôtel Saint-Paul, et Charles V, en l'année 1364, déclara le tout réuni au domaine de la couronne. L'ordonnance constatant cette réunion, offre un singulier préambule : « Considérant,
« dit le roi, que nostre hostel de Paris, l'hostel
« de Saint-Paul, que nous avons acheté et fait
« édifier de nos propres deniers, est *l'hostel so-*
« *lennel des grands esbatemens*, et auquel nous
« avons eu plusieurs plaisirs, etc. »

On ne sait quels *ébastemens* et plaisirs Charles V goûtait dans ce palais; mais il le fit réparer magnifiquement, après l'avoir formé de la réunion des hôtels de l'archevêque de Sens, de l'abbé de Saint-Maur et de plusieurs autres maisons. En cet état, l'hôtel Saint-Paul s'étendait depuis la rue Saint-Antoine jusqu'au bord de la Seine, et de la rue Saint-Paul aux fossés de la Bastille. Cette forteresse, l'église de Saint-Paul et le couvent des

Célestins semblaient y être enclavés. Le monument ne présentait point un ensemble régulier de bâtimens, mais une réunion d'édifices appelés hôtels de Sens, de Saint-Maur, des Lions, de la Pissotte, hôtel neuf du Pont-Périn, etc.; le tout flanqué de grosses tours qui, selon les idées de ce temps, imprimaient aux édifices un caractère de domination et de majesté.

Charles V s'était réservé l'hôtel de Sens; l'appartement qu'il y occupait ne ressemblait guères aux longues enfilades de pièces où Louis XIV se trouvait à l'étroit, dans son palais-ville de Versailles : cet appartement se composait de sept à huit chambres au plus. On y voyait la chambre *où gît le roi*, qui sans doute était la chambre à coucher, deux salles, une antichambre, une garde-robe, une *chambre de parade*, la *chambre des Nappes*, ou salle à manger et quelques cabinets. Dans une autre partie de l'hôtel, se trouvaient la *chambre du retrait*, la *chambre de l'estuve*, deux chambres *chauffe-doux**, et la chapelle, qui, selon l'usage des maisons royales, était à double étage. Attenant à l'hôtel de Sens, il y avait un jardin, un parc, des lices, une volière, une *chambre des Tourterelles*, une ménagerie.

Le dauphin Charles et le prince Louis d'Orléans, habitaient l'hôtel de Saint-Maur, appelé aussi hô-

---

* On appelait chauffe-doux des espèces de poêles, qui chauffaient certaines chambres; elles prenaient le nom de ces poêles.

tel de la Conciergerie; on remarquait, dans cette maison, une salle de *Théseus*, nommée ainsi parce que les aventures de ce héros grec étaient peintes sur la muraille : on voit poindre en France, à cette époque, le goût de la peinture ; mais quelle peinture ! Il y avait à l'hôtel Saint-Paul, comme au Louvre, plusieurs bâtimens et cours servant aux usages intérieurs, et que nous avons désignés en parlant de ce dernier palais. Charles V faisait travailler à peu près dans le même temps au Louvre, à l'hôtel Saint-Paul, au palais de la Cité, au château de Vincennes, et à celui de *Beauté*, près Melun, dont il avait jeté les fondemens. Ce prince habitait alternativement ces diverses résidences ; mais il passait ordinairement l'hiver à l'hôtel de Saint-Paul, qu'il regardait comme la mieux chauffée de ses maisons. Il est vrai qu'on y avait construit des cheminées jusque dans les chapelles. On peut se former l'idée de la grandeur de ces cheminées, en apprenant qu'une paire de chenets du temps pesait jusqu'à cent quatre-vingts livres.

Charles V n'avait pas sans motifs nommé le palais de Saint-Paul l'*hôtel solennel des grands ébastemens* ; l'immensité des dépendances de cette maison en multipliait les agrémens. Les jardins étaient fort vastes : on n'y trouvait point, comme de nos jours, des distrbutions élégantes, des arbres et des fleurs exotiques ; les allées n'en étaient pas sablées et battues avec soin. Les plantations se composaient de pommiers, de poiriers, de vigne, de cerisiers. Dans les parterres, la lavande et le romarin élevaient leur tige vulgaire; les pois et les fèves, légumes populaires, relégués aujourd'hui dans nos marais, n'étaient pas exclus alors des jardins royaux. Le principal ornement de ceux attenant à l'hôtel Saint-Paul, était une belle treille et un petit bouquet de cerisiers, dont les rues de Beautreillis et de la Cerisaye ont pris leur nom.

Le roi avait fait prodiguer, dans les embellissemens de l'hôtel Saint-Paul, tout ce que les arts offraient de ressources au quatorzième siècle : les poutres et les solives des principaux appartemens étaient non-seulement sculptées avec recherche, mais ornées de fleurs de lis d'étain doré. Les vitres, peintes de différentes couleurs, ainsi que les vitraux des églises, offraient des devises, des images de saints et force armoiries. Pour sièges on n'avait, en général, que des escabelles et des bancs, mais couverts d'ornemens en sculpture. Pour le roi, les princes, les dames élevées en dignité, on plaçait dans les appartemens royaux, quelques chaises à bras, garnies de cordouan vermeil (maroquin rouge) et de franges en soie, quelquefois en or ou en argent. Les lits d'apparat, appelés *couches*, avaient jusqu'à douze pieds carrés; au-dessous de ces dimensions, on les appelait *couchettes*; mais on n'en voyait guère qui eussent moins de six pieds de largeur sur une longueur égale.

Charles V, prince d'une constitution frêle et d'une conduite réglée, vivait comme un simple bourgeois : il dînait à onze heures, soupait à sept, et se couchait à neuf. « Le roi et la reine, pendant leur « repas, dit Christine de Pisan, par ancienne et « raisonnable coutume pour obvier à vagues pa- « roles et pensers, avaient un prud'homme au bout « de la table, qui sans cesse disait gestes et mœurs « d'aucun bon trépassé.» L'hôtel de Saint-Paul, plus éloigné de la ville que le Louvre et le palais de la Cité, convenait mieux aux habitudes simples et bourgeoises du roi. Là, les basses-cours étaient remplies de volailles et flanquées de colombiers; d'innombrables nuées de pigeons, hôtes favoris de la féodalité, s'élevaient de ces colombiers, et volaient au-dessus de la ville, dont ils dévastaient les jardins. A l'hôtel Saint-Paul, on avait dû, comme partout, griller les croisées de fil d'archal, afin que ces visiteurs incommodes ne vinssent pas faire leurs ordures dans les appartemens. Il est difficile aujourd'hui de se faire une juste idée des dégâts que ce volatil causait dans les campagnes : les céréales étaient quelquefois dévorées entièrement par ces oiseaux pillards; ils faisaient le désespoir du laboureur qui, sous peine de la vie, n'en pouvait cependant tuer un seul...... Enfin on n'émettrait pas une assertion trop hardie, en disant que les pigeons furent une des causes les plus actives de la révolution.

Les pigeons et les tourterelles contribuaient pour beaucoup aux *ébastemens* de Charles V; il aimait aussi les joutes, et se plaisait à voir combattre les animaux. Sans doute il préférait l'hôtel Saint-Paul à ses autres maisons, parce que l'espace avait permis d'y réunir ces élémens de ses royales récréations.

Nous avons dit que l'église de Saint-Paul, située à l'ouest du palais, et le couvent des Célestins, situé vers le sud-est, paraissaient enclavés dans l'enceinte de la demeure royale. Cette proximité fut l'occasion de plusieurs bienfaits accordés par Charles V à la paroisse et aux moines. Il fit à peu près reconstruire en entier l'édifice paroissial; on l'orna par ses ordres de vitraux habilement peints pour l'époque, et le clergé de cette église eut souvent part aux dons de son premier paroissien. *Le monastère des Célestins* occupait un emplacement que les Carmes avaient habité lors de leur arrivée à Paris; il fut cédé en 1353 à six religieux Célestins, venus d'une maison établie dans la forêt de Compiègne. Le local abandonné par les Carmes était peu étendu : ils célébraient les offices alternativement dans deux chapelles, petites et incommodes. Les nouveaux voisins du roi se trouvèrent trop à l'étroit dans cet établissement; ce prince fut sollicité par eux de rebâtir leur église, et d'agrandir les bâtimens qui servaient à leur logement. Cette demande flattait à la fois deux affections de Charles V : il aimait les moines et les constructions; il accéda volontiers au desir des Célestins. Le 24 mars 1367, ce monarque posa la première pierre de l'église, dont les travaux furent achevés en peu de temps. Guillaume de Melun, archevêque de Sens, qui sacra le nouvel édifice, fit don à la communauté d'une statue de saint Pierre en argent massif. Le jour même de la cérémonie, le roi ajouta à ce présent une grande croix d'argent doré, et la reine une figure de la Vierge, aussi en argent doré. Aussi Charles V et sa femme eurent-ils les honneurs de cette fondation : leurs statues en pierre furent placées sous le porche de l'église. Le voisinage habituel de la cour valut aux Célestins beaucoup d'autres libéralités, que leur firent le roi, les princes et princesses de sa famille et les principaux seigneurs ou officiers, notamment les secrétaires ou clercs du roi. Ces derniers fondèrent en outre dans l'église de ce couvent une confrérie particulière, qui fut encore pour les religieux l'occasion d'une récolte d'aumônes. Charles V exempta cette maison de toute contribution, même des redevances assez rares que payait le clergé. Enfin les honneurs se joignirent aux bienfaits nombreux répandus sur les Célestins : leur institution jouissait d'une charge de secrétaire du roi; privilège que n'avait aucun autre ordre religieux.

Sans doute ces prêtres, qui portaient aussi le titre de chapelains du roi, s'étaient, par une piété exemplaire et par d'autres vertus éminentes, rendus dignes de tant de privilèges *. Toutefois

* Un jour Henri IV, après avoir énuméré les privilèges dont jouissaient les Célestins, ajouta, par une de ces saillies

leurs mérites n'ont pas retenti dans la postérité : on sait seulement que ces moines possédaient une magnifique bibliothèque, qu'ils visitaient moins souvent que leurs celliers. Mais n'oublions pas que les Célestins s'illustrèrent par la création d'un mets, que les gastronomes ont inscrit honorablement dans les fastes culinaires : on doit à la congrégation de Saint-Maur une foule de compositions et de traductions littéraires ; les religieux favoris de Charles V ont enrichi la France des *omelettes à la Célestine*. Nous reparlerons de leur église, où reposent plusieurs personnages célèbres.

Les religieux du petit *Saint-Antoine* se recommandaient peut-être par des services un peu plus réels que la création d'une omelette, sans qu'il soit pourtant bien démontré qu'ils aient mérité la sollicitude que Charles V leur témoigna. Cet ordre, dont la fondation remonte à l'année 1095, se consacrait primitivement à soigner les pauvres atteints de cette terrible maladie appelée *mal des ardens, feu sacré, feu d'enfer, feu Saint-Antoine*. Le but d'une telle institution était respectable ; les *Antonins* exercèrent, dans les premiers temps, avec beaucoup de zèle cette mission charitable ; plus tard, ils se corrompirent à l'exemple des Templiers et des hospitaliers de Saint-Jean :

naturelles à son esprit vif et spirituel : « Je ne sais plus que « leur donner, à moins de leur accorder le b... et franc. » (*Sablier, tome III, page* 415).

on doit penser même qu'ils devinrent fort dissolus. Voici le tableau que la bible de Guiot de Provins offre de leur immoralité : « Ce sont des trompeurs, « dit-il, qui imaginent mille fourberies pour sub-« tiliser l'argent du public : montés sur un cheval « qui porte une sonnette au cou, ils parcourent « les villes, les bourgs, les châteaux, faisant par-« tout des dupes; et tout l'argent qu'ils se procu-« rent de la sorte, passe en débauche et en glou-« tonnerie.

Chascun a sa fame ou sa mie;
Moult par demainnent NOBLE VIE*;
Tout en va par gueule et par ventre,
Li avoirs qu'à Saint-Antoine entre.

« Tout le pays, continue le poète dans un langage « que nous rajeunissons, est peuplé de leurs en-« fans; et le cochon de saint Antoine vaudra cette « année à ces religieux cinq mille marcs d'argent. « Les évêques connaissent leurs grossières impos-« tures; mais ils se gardent bien de les réprimer, « parce qu'ils partagent avec les Antonins le pro-« duit de ces fourberies. »

Il faut présumer que ces vices étaient moins évidens, lorsque Charles V établit les Antonins au lieu appelé depuis le *petit Saint-Antoine*, dans la rue de ce nom. Cette donation eut lieu avant que ce prince fut monté sur le trône; devenu roi,

---

* *Noble vie* est ici une qualification essentiellement critique; on sait que les nobles se livraient à tous les genres d'excès et de vices. Ainsi l'équivalent de la *noble vie*, sous-entendue par Guiot de Provins, serait aujourd'hui *vie crapuleuse*.

il ordonna qu'on bâtit une église à ces religieux; mais elle ne fut achevée que vers le milieu du quinzième siècle. Les Antonins avaient voulu, comme les ordres du Temple et des Hospitaliers, prendre certaines allures militaires : il existait parmi eux des commandeurs ; tous les frères portaient sur leur robe la figure du *Tau* *, en étoffe bleue. Au dix-septième siècle, les commanderies de Saint-Antoine furent supprimées, et les biens en provenant ayant été réunis à l'ordre de Malte, celui-ci fit des pensions aux anciens titulaires, et permit à tous les religieux de porter la croix de Malte. Nous avons épuisé ce sujet afin de n'y plus revenir.

Sur le terrain compris entre les rues Mazarine, des Petits-Augustins, du Colombier et le quai Malaquais, s'étendait, en 1368, une prairie appelée le *petit Pré aux Clercs*. Il fut cédé en cette même année, par les moines de Saint-Germain, à l'université de Paris, en échange d'une portion du *grand Pré aux Clercs*, dont le corps universitaire s'était habitué à supposer sa jouissance pourvue de toutes les pérogatives de la propriété, quoiqu'elle appartint réellement à l'abbaye. Celle-ci avait besoin du terrain dont il s'agit pour agrandir les fossés dont ses bâtimens étaient environnés : ce couvent devint alors une forte citadelle. Nous

---

* Le *tau*, c'est-à-dire la figure d'un T de blason. Sans doute, les Antonins attachaient à cette initiale un sens qui nous échappe.

en parlerons bientôt. Le petit Pré aux Clercs, acquis par l'université, était séparé du grand par un canal large de 14 toises, appelé *la petite Seine*. Il s'étendait depuis l'emplacement où commence l'extrémité septentrionale de la rue Saint-Benoît, jusqu'au fleuve, dans lequel il se jetait, entre la rue des Petits-Augustins et celle des Saints-Pères.

A peu près vers le temps où nous sommes parvenus, l'église de Saint-Benoît qui, comme nous l'avons dit ailleurs, avait son chevet tourné à l'occident, au lieu de l'avoir à l'orient, venait d'être reconstruite dans cette direction conforme au rit général ; on cessa alors d'appeler cette église *la mal tournée*, et, par une idée compensatrice, on la qualifia de *bien tournée* (*ecclesia Sancti-Benedicti bene versi*.) Ce fut apparemment à l'occasion de ce changement favorable que, le 11 juillet 1364, les chanoines de Notre-Dame vinrent en procession à la nouvelle église. Quel que fut leur but, la porte se trouva fermée quand ils s'en approchèrent, et les chanoines bénédictins firent prévenir le superbe chapitre qu'ils ne souffriraient pas plus que lui qu'on attentât à leurs immunités, privilèges et franchises. Le clergé métropolitain ne tint aucun compte de cet avis ; il pénétra de vive force dans l'église de Saint-Benoît, chanta une messe à l'autel de Saint-Nicolas, et durant cet office un des prébandiers fit lire aux opposans des titres qui autorisaient les chanoines de Notre-Dame à faire ce qu'ils faisaient. Le notaire de la maison accourt en surplis, en chappe, en aumusse, et se dispose à dresser acte de ce qu'il nomme une violation.... Sa voix réclamatrice est couverte de huées et de vociférations, nonobstant la sainteté du lieu et la messe, qui continue au milieu de ce vacarme. Le moine garde-notes crie plus fort ; ses adversaires tombent sur lui, déchirent ses ornemens, l'accablent de horions et le foulent aux pieds.... A ce point de la querelle, toute la communauté survient, et se rue sur les métropolitains insolens. Moins nombreux que ces derniers, les bénédictins sont vaincus ; le chanoine notaire est fait prisonnier, et emmené dans la prison du chapitre. Ces hostilités peu canoniques donnèrent lieu à un procès entre les deux chapitres, qui ne fut terminé qu'en 1395. Par arrêt du parlement, en date du 19 février, les chanoines de Notre-Dame furent condamnés à reconnaître les privilèges de ceux de Saint Benoît, à leur faire des réparations, et à supporter tous les frais de la procédure. Cette dernière partie de la condamnation dut être rude : le procès avait duré 31 ans.

En reprenant la trace des évènemens historiques, nous retrouvons l'armée anglaise, commandée par Knoles, dans les quartiers d'hiver qu'elle a pris à la fin de l'année 1370, sur les confins du Maine et de l'Anjou. Elle s'est ainsi cantonnée, afin d'être à même de pénétrer promptement en Bretagne, province que les Anglais considèrent toujours comme amie. Mais dans ce pays précisément se trouve un ennemi redoutable : c'est Bertrand Duguesclin, qui vient de ceindre l'épée de connétable, à la satisfaction, au moins apparente, de toute la cour de Paris.

A la voix du connétable, une foule de braves se réunissent autour de lui; en quelques jours il en forme une armée, peu nombreuse, mais composée d'hommes habitués à ne faire aucun cas du nombre. A la tête de ce corps d'élite, Bertrand se précipite sur les quartiers ennemis, au moment où cette attaque fougueuse est le moins attendue; il les surprend les uns après les autres, les disperse et met en fuite cette redoutable armée qu'Edouard avait réunie à grand' peine et à gros frais; Knoles, abandonné de tous ses soldats fugitifs, se réfugie en Bretagne et s'y cache. Tous les malheurs frappèrent en même temps le roi d'Angleterre : tandis que ses troupes étaient défaites en France, Philippine de Hainault, sa femme, mourait dans ses bras à Londres, et la dépouille de cette princesse reposait à peine dans la tombe, que son triste époux dut venir sur la plage recevoir le prince de Galles mourant. Lancastre, autre fils du monarque anglais, remplaça son aîné en Aquitaine.

Durant les évènemens qui suivirent, Charles V montra incontestablement l'habileté d'un grand politique : le roi d'Ecosse était intéressé à conserver une trêve avec l'Anglais; il le détermina à la rompre. Edouard se flattait que les Rochellois recevraient ses troupes à bras ouverts; mais Charles leur avait fait insinuer secrètement que le roi d'Angleterre n'envoyait un corps d'armée dans leurs murs que pour en chasser les habitans, et les remplacer par une population anglaise : ils fermèrent leurs portes au comte de *Pembrock*, qui se flattait de débarquer chez eux. Edouard III avait fait tout ce qu'il avait pu pour détacher *Henri de Transtamare*, nouveau roi castillan, de l'alliance des Français : nulle promesse n'avait été épargnée pour le séduire ; mais Charles-le-Mauvais fut plus persuasif auprès de cet Espagnol : il resta son ami. Enfin Charles-le-Mauvais, ce prince à la foi vagabonde, sur lequel aucun allié ne pouvait compter, échappa au roi d'Angleterre au moment où il espérait l'avoir enfin fixé. On a vu plus haut que le roi lui avait pardonné ses récentes perfidies ; depuis il s'était rendu coupable de nouveaux griefs : Charles V parut l'ignorer, et l'appela à la cour par un message affectueux. Le Mauvais, qu'inspiraient ses remords, hésita à se présenter ; il finit par demander des otages ; le monarque français lui en envoya dix-neuf : prélats, chevaliers et bourgeois.

L'entrevue eut lieu à Vernon : le Navarrois se prosterna devant son suzerain en l'abordant. Une conversation à voix basse s'engagea entre les deux princes : les courtisans s'étaient éloignés par discrétion. Mais ils virent le roi de Navarre se jeter aux pieds de son beau-frère à plusieurs reprises ; chaque fois Charles V le relevait, et semblait lui pardonner. Le lendemain, ce vassal fit son hommage au pied de la tour du Louvre; ce qu'il n'avait pas encore fait. Après ce serment, dont nous verrons plus tard l'effet, le Mauvais resta à la cour de Paris, où il fut fêté et honoré comme un féal seigneur. Dans ce moment même, le naturel du Navarrois reprenait son empire: il envoyait en Angleterre un agent secret, chargé d'excuser la soumission qu'il venait de faire au roi de France.

Peu de temps après cette soumission, Charles V saisit avec habileté l'occasion de faire sentir à son beau-frère qu'il ne serait plus disposé, en cas de nouvelle défection, à lui rendre ensuite ses bonnes graces. Nous avons dit que le captal de Buch, général Gascon au service des Anglais, pris à Cochérel, avait reçu gratuitement de Charles V la liberté et la seigneurie de Nemours; il était conséquemment devenu vassal du monarque français. Mais le prince de Galles, ayant vu ce seigneur pendant la paix, l'avait rattaché à la cause de l'Angleterre. Le captal renvoya alors au roi les titres de sa seigneurie de Nemours, et rétracta son hommage. La guerre s'étant rallumée entre la France et l'Angleterre, le double défectionnaire servit avec valeur ses premiers maîtres, et fut pris de nouveau, dans Poitiers, par le connétable Duguesclin..... En vain le roi et toute la noblesse d'Angleterre redemandèrent-ils ce prisonnier; en vain offrit-on pour sa délivrance la plus forte rançon: Charles ne voulut à aucun prix consentir à lui rendre la liberté. Il mourut dans les fers.... On verra si le Navarrois profita de cet avis indirect.

Les hostilités durèrent cinq ans, et presque toujours l'avantage resta à la France, malgré la défection du duc de Bretagne, malgré les perfidies tentées par le Mauvais pour détacher le Castillan de l'alliance du roi. Les Français vainquirent souvent, grace aux campagnes à la Fubius dirigées par Charles V, du fond de son cabinet; grace aussi à l'intrépidité éclairée de Duguesclin. Une trève de deux ans fut conclue en 1375 : peut-être la prudence ordinaire de Charles fut-elle alors trop dominée par sa timidité. L'Anglais, de toutes ses possessions continentales, ne possédait plus que Calais et Bordeaux; quelques efforts encore, et la paix pouvait être conquise glorieuse autant que sûre. L'armistice de 1375 fut une halte dans la boue.

Charles V profita de ce repos momentané pour revenir aux réformes intérieures, qu'il n'avait fait qu'ébaucher à une autre époque. Les juridictions ecclésiastiques et civiles furent définies clairement et limitées; on fit un réglement répressif des frais énormes dont la chicane surchargeait les procédures; les officiers de justice, procureurs, greffiers, huissiers, agens de main-forte, virent leur rapacité refrénée. On fit paraître pour la première fois, sous ce règne, des ordonnances règlementaires sur la discipline des gens de guerre: la solde d'une armée permanente fut réglée; les lois pourvurent également à sa subsistance en campagne par l'établissement des magasins. Le séjour des juifs en

France était limité; Charles V, moyennant certaines redevances, le rendit indéfini.

Le roi environnait d'une grande considération les habitans de sa bonne ville de Paris : il ne les avait guère quittés malgré la guerre; sa tendresse pour eux, après certaines corrections paternelles dont la place de Grève avait été le théâtre en 1360, éclata dans l'anoblissement en masse de toute la bourgeoisie parisienne*. Cette illustration collective fut consacrée d'abord par un édit de 1371. Six ans plus tard, Charles compléta ce bienfait en accordant aux bourgeois de Paris un droit illimité d'acheter des fiefs, et diverses franchises propres à rendre ces acquisitions avantageuses. C'était une faveur plus honorifique que profitable, et qui pouvait offrir à la couronne un nouvel appui contre l'influence des vieilles institutions féodales : Charles V, habile calculateur, ne prenait jamais une mesure sans se rendre compte de l'intérêt qu'elle rapporterait à son pouvoir. En donnant des honneurs à la bourgeoisie, il ébrancha ses prérogatives réelles, ses droits municipaux : le prévôt des marchands, son principal magistrat perdit une partie de ses attributions, qui furent réunies à celles du prévôt de Paris, l'homme de la cour, le séide de l'absolutisme.

Mais, en se faisant le premier arbitre de la

* La noblesse des bourgeois de Paris fut confirmée par les rois Charles VI, Louis XI, François Ier et Henri II; Henri III la restreignit au prévôt des marchands et aux échevins.

destinée des Parisiens, Charles V s'occupa avec sollicitude de leurs intérêts, en ce qui ne nuisait point aux siens : la *hanse* obtint sa protection particulière; l'industrie eut des encouragemens. Le commerce extérieur, ce canal fécond des prospérités nationales, fixa aussi l'attention du roi : les négocians italiens, portugais, castillans, alors en possession de la navigation marchande la plus active, obtinrent, dans les ports français, des exemptions qui les déterminèrent à les fréquenter; tandis que des relations diplomatiques ménageaient à notre négoce les mêmes avantages dans les ports étrangers.

Au milieu de tous ces soins donnés aux affaires de l'Etat, Charles V ne négligea point celles de sa famille : imitateur de Charlemagne quant aux détails domestiques de son intérieur, il faisait engraisser de la volaille dans les basses-cours de l'hôtel de Saint-Paul; il se faisait donner, par ses intendans, des explications sur les obligations de ses fermiers, sur les accroissemens de revenus dont ses divers domaines étaient susceptibles ; sur les changemens à opérer dans leur exploitation : conduite qui nous offre la sagesse réduite à sa plus minutieuse expression.

Mais elle s'évanouit tout-à-fait dans la fixation de la majorité des rois à l'âge de quatorze ans. Vainement prétend-on que Charles V, de plus en plus affaibli par les reliquats du poison que son criminel beau-frère lui avait fait prendre autrefois, devait prendre cette précaution à l'approche d'une minorité qui pouvait être orageuse. Il y avait sans doute nécessité de s'assurer d'un conseil de régence loyal et sage ; mais dans quel but pouvait-on songer à détacher les lisières gouvernementales d'un roi avant l'âge de puberté. Du reste, Charles sépara, avec plus de sagesse, les attributions du conseil de régence, qu'il nomma dès cette époque, des droits de la tutelle, qu'il confia à *Jeanne de Bourbon*, sa femme. Dans le même temps, il détermina les apanages des fils de France, régla la dot des filles, et fixa les charges, dignités, fonctions, appointemens des officiers de la maison royale. Il est peu de souverains qui n'aient pas disposé ainsi de l'avenir : despotes insensés, qui se préparaient à régner encore sur un monde vivant, des profondeurs sépulcrales de Saint-Denis, et lorsque leur majesté ne pourrait plus se défendre elle-même contre le ver rongeur de la tombe.

L'instruction publique fut protégée chaudement par le roi, dont le jugement, développé par l'étude et l'expérience, était capable d'apprécier tout l'avantage attaché à la perfectibilité des connaissances humaines. Les privilèges de l'université n'étaient que trop étendus : il les restreignit plutôt qu'il ne les favorisa; mais il surveilla l'accomplissement des devoirs de ce corps vaniteux, créé pour enseigner, non pour envahir, comme il l'avait fait jusqu'alors. Plusieurs nouveaux collèges s'ouvrirent à Paris de l'année 1370 à l'an 1378,

et Charles V contribua, par ses dons, à plusieurs de ces fondations. Jean de Dormans, évêque de Beauvais, cardinal et chancelier de France, institua, en 1370, rue Saint-Jean-de-Beauvais, le *collège de Dormans*, pour douze boursiers, un maître et un sous-maître. L'année suivante, le roi ayant ajouté au revenu de cette maison, le nombre des élèves fut porté à vingt-quatre. En 1380, on joignit une chapelle aux bâtimens de ce collège, dont nous reparlerons. Le *collège de Presle*, fondé dans le même temps que celui de Dormans, touchait aux bâtimens de ce dernier. Son fondateur était Raoul de Presle, conseiller et poète de Charles V. Pendant l'année 1370, Maître-Gervais Chrétien institua, rue du Foin-Saint-Jacques, un collège auquel il donna son nom. Ce fondateur jouissait aussi de la confiance du monarque. « C'é-
« tait, dit Simon de Phares, le souverain médecin
« astrologien du roi Charles-le-Quint *. » Ce fut ce prince lui-même qui voulut que la nouvelle institution se nommât *collège de Maître-Gervais*. Du reste, Charles fit bâtir la maison à ses frais, la dota, et ordonna qu'on y enseignât l'*astrologie*; ce qui prouve que *Le Sage* ne savait pas se mettre au-dessus des faiblesses superstitieuses dont les hommes supérieurs de son siècle commençaient à s'affranchir. Les étudians de ce collège avaient le titre pompeux d'*écoliers du roi*; l'anathême était lancé d'avance contre quiconque eût osé leur en-

* *Catalogue des principaux astrologues de France.*

lever les livres et instrumens cabalistiques qu'ils tenaient de la munificence du souverain. Le *collège de Daimville*, quoique fondé par un archidiacre de ce nom, chapelain du roi, eut de moins brillantes prérogatives que l'établissement de l'astrologue Gervais. Cette institution, située rue de la Harpe, reçut six écoliers du diocèse d'Arras, et six de celui de Noyon. En 1763, le collège de Daimville fut réuni à l'université.

En parlant des progrès de l'esprit humain, nous ne devons pas omettre l'apparition en France des horloges sonnantes: la première de ces machines fut posée au palais de la Cité, en 1370, par l'allemand Henri de Wic.

Le développement des sciences, l'étude des lettres, la culture des arts, les travaux de l'imagination, donnent l'essor aux mœurs; voyons quelles furent leurs conquêtes dans la période dont nous atteignons le terme. Il est assez bizarre que le premier trait moral qui se présente sous le règne d'un prince surnommé *Le Sage*, soit le goût qu'il montra pour une espèce de gens qui, par état, doivent abjurer les principes de la raison : nous voulons parler de ces saltimbanques, impertinens par privilège spécial, que les rois entretenaient sous le titre de *fous*. Charles V affectionna ces domestiques *plaisantins*. Il est à présumer que la ville de Troye jouissait du singulier privilège de fournir les fous du roi : on trouve, dans les archives de cette ville, dit Sauval, une lettre de Charles V, par laquelle il mande aux maire et échevins que son *fol* est mort, et qu'ils aient à lui en envoyer un autre, suivant la coutume. Les fous en titre d'office jouissaient d'une haute considération à la cour de Charles-le-Sage; car, lorsqu'ils mouraient, il leur faisait ériger des mausolées fastueux : l'un d'eux fut enterré avec magnificence dans l'église de Saint-Germain-des-Prés; un autre eut un tombeau dans l'église de Senlis, et Sauval vante la splendeur de ce monument *.

Sous le règne de Charles V, les fleurs de lis, qui avaient été jusqu'alors sans nombre sur l'écu de France, furent réduites à trois, en l'honneur de la Sainte-Trinité. La même époque vit paraître les habits blasonnés pour les dames; il était du meilleur ton qu'elles parussent à la cour chamar-

---

* Il consiste, dit cet écrivain, dans une tombe de pierre de liais, longue de huit pieds et demi, sur quatre et demi de large. Au milieu, est couchée, sur le côté, une figure en habit long, dont les pieds sont en albâtre, de rapport, ainsi que le visage. Pour coiffure, elle a une calotte que termine une houpe; on voit sur ses épaules un froc fait en capuchon, et deux bourses sur son estomac. Tout autour de ce tombeau sont taillées, avec une délicatesse et une patience incroyables, quantité de petites figures dans des niches. On y lit cette épigraphe : « Ci-gît Thevenin de Saint-Leger, fol du roi, notre « sire, qui trépassa le onzième juillet, l'an de grace 1374. « Priez Dieu pour l'ame de li. » (*Sauval, Antiquités de Paris, tome I, page 331 et tome III, page 34*).

rées de toutes les pièces armoiriales figurées sur l'écu de leur mari; et fort heureusement pour la réputation de ces derniers, les amans n'imposaient pas la même obligation.

Charles V, qui aimait la splendeur dans les bâtimens, le luxe dans les meubles et les habits, donna aux seigneurs de sa cour le dangereux exemple du goût des superfluités, et bientôt ils le surpassèrent. Alors les petits gentilshommes voulurent imiter les grands, la bourgeoisie s'efforça d'imiter les nobles; et dans chaque classe on se ruina en futilités. Tous se ruinèrent même d'autant plus vite, que l'inconstance des modes égalait leur recherche. Un prince Italien de cette époque, ayant fait peindre un homme et une femme de chaque peuple avec le costume national, fit représenter le Français et la Française tout nus, et tenant sous le bras des pièces d'étoffes : allégorie spirituelle, qui signifiait qu'en France les modes changeaient si vite, qu'on ne pouvait saisir la forme fugitive des habits. L'historien poète de Jean IV, duc de Bretagne, venu à Paris en 1373, se récrie dans ses vers sur l'opulence du costume et la fatuité des jeunes seigneurs français :

> Les Français estaient bien peignés
> Les vis (visage) tendres et déliés;
> Et si avaient barbes fourchées *;

* Il paraît qu'à cette époque les élégans portaient des barbes bifurquées, ou séparées *en fourches* : nos *jeunes Francs* du dix-neuvième siècle n'ont pas encore remonté jusqu'à cet usage.

Bien dansaient en salles jonchées ;
Et si chantaient comme seraines
. . . .
Grand coup (beaucoup) avaient des perleries
Et de nouvelles broderies,
Seulement le deroié (derrière)
Estait de perles tout royé.

On voyait sur les personnes les moins aisées, onduler le velours, le satin, le taffetas, voire les étoffes brochées d'or et doublées de riches fourrures. Cette folie magnifique rouvrit la carrière des crimes, dont la noblesse avait semblé s'éloigner un peu durant les règnes précédens : le baronnage se reprit à piller sur les grands chemins, à fouler les pauvres sujets, et à leur arracher jusqu'au nécessaire pour satisfaire ce luxe effréné.... Quelques barons firent même de la fausse monnaie ; tandis que les dames de la condition la plus relevée, cherchaient dans la prostitution des ressources pour se procurer robes, bijoux et pierreries. Malgré cette extrême magnificence, le costume du temps devait paraître plus grotesque qu'élégant; car alors les courtisans portaient des *robes mi-parties*, c'est-à-dire moitié d'une couleur, moitié de l'autre.

Pour achever de peindre les mœurs de la cour sous Charles V, nous rapporterons les cérémonies qui eurent lieu à Paris lorsque l'empereur Charles IV, oncle du roi, y vint à l'occasion d'un pèlerinage que ce prince et sa femme firent à l'abbaye de Saint-Maur-les-Fossés. Quand l'empereur fit son entrée, le prévôt des marchands, les échevins

et les principaux bourgeois allèrent au-devant de lui, vêtus de robes mi-parties de blanc et de violet; tandis que les officiers du roi étaient mi-parties de vert et de rouge. Le monarque allemand fut reçu par son neveu dans le palais de la Cité, appelé alors *Palais-Royal*. Le lendemain de l'Epiphanie, Charles V voulut faire voir à son oncle le Louvre, nouvellement rebâti. On fit porter l'empereur, qui avait la goutte, à la pointe de l'île de la Cité, dans un beau bâteau, « fait comme
« une maison, dit Catherine de Pisan, moult
« peint par dehors et par dedans. Le roi montra à
« l'empereur les beaux maçonnages qu'il avait
« fait au Louvre édifier. L'empereur, son fils et ses
« barons moult bien y logèrent, et partout était
« le lieu moult richement paré. En salle dîna le
« roi, les barons avec lui, et l'empereur en sa
« chambre. »

Le lendemain il y eut un grand dîner au *Palais-Royal:* voici la description qu'en ont laissée plusieurs écrivains de l'époque. Après la messe, on s'achemina, par la galerie des Merciers, dans la grand'salle du palais, où les tables étaient dressées. Le roi se plaça entre l'empereur et le roi des Romains. Il y avait trois grands buffets, le premier, de vaisselle d'or; le second, de vaisselle de vermeil; le troisième, de vaisselle d'argent. Sur la fin du dîner, commença le spectacle, ou *entremets* *.

* Ainsi nommés, parce qu'ils avaient été imaginés pour amuser les convives, dans l'intervalle des services d'un grand

On vit paraître un vaisseau avec ses mâts, voiles et cordages; ses pavillons étaient aux armes de la ville de Jérusalem : sur le tillac on distinguait Godefroy de Bouillon, accompagné de plusieurs chevaliers armés de toutes pièces. Le vaisseau s'avança au milieu de la salle, sans qu'on vît la machine qui le faisait mouvoir. Un moment après, parut la ville de Jérusalem, avec ses tours couvertes de Sarrasins. Le vaisseau s'en approcha; les chrétiens mirent pied à terre, et montèrent à l'assaut : les assiégés firent une belle défense; plusieurs échelles furent renversées; mais enfin la ville fut prise. Etait-ce l'idée d'une croisade que Charles V voulait donner à son oncle, ou lui offrait-il l'allégorie de ce qu'il prétendait faire lui-même pour accomplir le vœu de son père et de son aïeul? Après le dîner on donna à laver : le roi et l'empereur lavèrent ensemble. Ensuite on apporta, selon l'ancien usage, le vin et les épices ou confitures.

Durant son séjour à Paris, l'empereur Charles IV fut complimenté par l'université qui, selon les coutumes de ce corps, fit soutenir devant lui une thèse de théologie; origine des solennités académiques, où tant de princes étrangers baillèrent depuis à Paris. Charles V voulut même que son oncle assistât à une séance du conseil, durant laquelle il lui expliqua l'inutilité des négociations qui

festin; on s'est servi long-temps au théâtre du mot *entremets*, au lieu de celui d'intermède. (*Saint-Foix, tome II, page* 129).

avaient continué pendant la trève, et les motifs d'une nouvelle rupture avec l'Angleterre.

Malgré ces témoignages de confiance, on avait cependant pris des précautions, depuis l'entrée de l'empereur sur les terres de France, pour qu'il ne se prévalut pas de certains droits souverains, que le roi seul devait exercer. Par exemple, on s'était appliqué à calculer sa marche jusqu'à Paris, de manière à ce qu'il n'y arrivât qu'après les fêtes de Noël, de peur qu'il ne voulut assister à l'office de nuit revêtu de ses habits impériaux, et qu'il n'eut envie de chanter la dernière strophe des matines, en vertu des prérogatives d'empereur d'Occident. On eut soin aussi que Charles IV ne fit point son entrée à Paris monté sur un cheval blanc : cette distinction étant réservée exclusivement au roi de France.

Aux réjouissances qui marquèrent le séjour de l'empereur à Paris, succédèrent les larmes et le deuil des Parisiens : Jeanne de Bourbon, ayant commis une imprudence peu de temps après avoir mis une princesse au jour, mourut à la suite d'une courte maladie. La reine fut portée dans l'église des Célestins, qu'elle avait fondée avec le roi, son époux. Elle était sur un lit couvert d'un drap d'or; un linge fort délié lui couvrait le visage, et n'empêchait pas qu'on ne vît ses traits. Elle tenait dans la main droite un bâton doré, que terminait une rose, et dans la gauche un sceptre. Le prévôt des marchands et les échevins portaient au-dessus du corps un dais rouge, soutenu sur quatre lances ; le parlement était autour du lit, et quatre présidens tenaient les coins du drap d'or*.

Cependant la trêve était expirée; les hostilités entre la France et l'Angleterre recommençaient; mais cette dernière puissance n'avait plus, pour diriger ses armes, les deux grandes intelligences qui les avaient rendues long-temps victorieuses : le Prince-Noir était mort, et son vieux père, usé par les débauches et la fatigue, venait de le suivre au tombeau. Edouard avait vécu plus que sa gloire : devenu, depuis quelques années, paresseux, insouciant, il s'abandonnait aux futiles suggestions d'une jeune maîtresse, prodigue et libertine, qui le trompait en le dominant. Cette créature entraîna ce vieillard dans les plaisirs, dans les fêtes, dans les orgies : il ne voulait plus entendre parler que de parure, de réjouissances, d'éclatantes solennités. S'efforçant de se dissimuler à lui-même sa décrépitude, cet Anacréon couronné ceignait ses cheveux blancs d'une couronne de roses, et portait la coupe des voluptés à ses lèvres flétries. Le peuple anglais, après avoir idolâtré un héros dans son souverain, n'eut plus que du mépris pour le vieux sybarite qui languissait sur le trône. Avec sa gloire tomba son autorité ; la nation demeurait sourde quand il lui demandait de l'argent. Ainsi s'évanouit l'une des plus grandes renommées

* *Histoire de l'Abbaye de Saint-Denis, par don Felibien*, tome *V*, page 289.

de l'Angleterre... Fatigués de voir un fantôme au timon du royaume, les Anglais saluèrent de leurs acclamations la mort d'un monarque méprisé... Terrible leçon qui ne devait guère profiter aux têtes couronnées.

Le sceptre de la Grande-Bretagne tombait aux mains d'un enfant, Richard II, fils du prince de Galles. Charles V profita des agitations qui suivent presque toujours le début timide d'un règne : des vaisseaux chargés de troupes partirent des ports de la Normandie; une descente fut faite en Angleterre; Londres vit de loin les bannières françaises... Mais, cette fois ainsi que tant d'autres, le retour inquiéta les généraux de Charles : cette expédition ne fut qu'un coup de main, une échauffourée de partisans. La guerre se fit avec plus de régularité et de succès en Guienne, en Bretagne, en Artois; il est à noter qu'au siège d'Ardres on vit quarante *bombardes* (gros canons) : l'artillerie commençait à être employée dans tous les assauts de places.

Nous franchissons ici une foule d'évènemens étrangers à notre sujet : tels qu'une nouvelle conspiration du Mauvais contre la puissance et la vie du roi, son beau-frère; le grand schisme d'Occident, causé par une duplicité des papes; et les nouveaux troubles survenus en Bretagne à cause de la souveraineté. Dans cette dernière circonstance, le connétable Duguesclin pensa que Charles V ne traitait pas convenablement sa patrie : mécontent, il quitta la cour et se retira dans son château. Le roi lui écrivit avec dépit; en réponse à son message, ce prince reçut l'épée de connétable, que lui renvoyait l'illustre capitaine. A cette vue, le cœur du monarque, dit Anquetil, parla pour son ancien ami; disons avec plus de raison que l'intérêt du trône inspira à Charles de salutaires réflexions. Il députa sur-le-champ à Duguesclin les ducs d'Anjou et de Bourbon, qui, lui rendant l'épée de connétable de la part du souverain, lui dirent: « Véez-ci l'épée « d'honneur de votre service; reprenez-la; le « roi le veut, et vous en venez avec nous. » Bertrand obéit.

Charles V reçut le héros dans son *retrait* (cabinet) de l'hôtel de Saint-Paul, et, après l'avoir embrassé avec effusion, il lui dit: « Allez, messire, allez « vous-en retirer mes provinces du midi des mains « de l'Anglais. » Le connétable baisa les genoux du roi et se disposa à partir, quoique malade et souffrant. « Je ne sais, dit ce héros, si je retournerai « du lieu où je vais; je suis vieilli et non pas las; « je vous supplie très humblement que vous fas- « siez la paix avec le duc de Bretagne, et aussi « que vous le laissiez en paix se soumettre à son « devoir, car les gens de guerre du pays vous ont « très bien secouru en toutes vos conquêtes, et « pourront encore faire, s'il vous plaît de vous « en servir. »

Les pressentimens sinistres du brave Duguesclin se réalisèrent promptement : il fut pris d'une forte fièvre devant la forteresse de *Randan*, dont il faisait le siège. Il continua néanmoins de diriger les opérations, couché dans une tente, vers laquelle l'ennemi ne dirigea pas un seul trait. Un matin, des parlementaires vinrent dire au preux malade que la place se rendrait à une époque prochaine, qu'ils fixèrent, si elle n'était pas secourue jusque-là... Au jour dit, les envoyés apportèrent les clefs de Randan... elles furent déposées sur le cercueil de Duguesclin, et les Anglais mêlèrent leurs larmes à celles des Français. Le connétable avait marqué sa sépulture dans l'église des Dominicains de Dinan ; son convoi funèbre se mit en route pour se rendre dans cette ville : trois cents chevaliers environnaient le corbillard ; au milieu d'eux, marchait le palefroi du défunt, portant des arçons vides ; le noble animal avait la tête basse, l'œil morne : ce n'est pas de l'instinct que la tristesse du cheval de bataille d'un guerrier mort.... Des gentilshommes, envoyés au-devant du cortège funèbre, le détournèrent de la route qu'il suivait ; le corps de Duguesclin fut conduit à Saint-Denis... Un évêque prononça l'oraison funèbre de ce grand homme : c'est la première qui ait été entendue dans une église. Charles V fit déposer la dépouille du héros qui l'avait si bien servi, au pied du tombeau où l'on devait le placer lui-même : l'épitaphe de l'immortel Breton se borne à ces mots : *Ci-gît le connétable Duguesclin.* L'histoire et la postérité ont fait ample le commentaire de cette brève inscription.

Les armées anglaises couvrirent encore une fois la France ; et, selon sa tactique encline à temporiser, Charles V dit : « Laissez-les faire leur chemin : « ils se gâteront d'eux-mêmes. » Le duc de *Bukingham*, qui commandait les troupes de Richard II, traversa, en dévastateur, la Champagne, la Picardie, l'Artois ; il passa la Seine et l'Yonne ; traversa la Beauce, le Vendomois, le Gatinois, et arriva sur les bords de la Sarthe. Toujours suivis, toujours harcelés par le duc d'Anjou, qui constamment refusait la bataille d'après les instructions du roi, les Anglais se trouvèrent enfin engagés dans d'étroits défilés ; ils ne pouvaient en sortir sans combattre, et, dans la position où Bukingham s'était laissé mettre, les chances d'une bataille n'étaient pas pour lui. Les lances allaient être baissées, lorsqu'un courrier de la cour vint annoncer la maladie du roi. On avait des indices sur la fin prochaine de ce prince : son médecin, en lui pratiquant autrefois un cautère, avait dit que, s'il arrivait que cette plaie se fermât, l'heure suprême du roi serait arrivée... Ce signe sinistre paraissait : Charles vit arriver sa fin avec la résignation d'un sage. Le duc d'Anjou était accouru à Paris ; le roi, contre son gré, laissa la régence à ce prince, dont il suspectait avec raison la prudence, et redoutait l'altière ambition non moins que la cupidité. Après avoir adressé d'utiles recommandations au régent, et des conseils aux pairs, pour se garantir au besoin des méfaits de ce gouvernant, le souverain eut, dans ses derniers momens, une inspiration politique qui pouvait être heureuse, mais dont la trop fidèle exécution mit, sous le règne suivant, la France à deux doigts de sa perte. Il recommanda de marier Charles, son fils aîné, à une princesse allemande, afin de contrebalancer, du moins, les alliances que l'Angleterre entretenait alors en Allemagne.... Ce fut cette pensée qui nous donna l'infâme *Isabeau de Bavière*. Charles mourut, le 16 septembre 1380, au château de Beauté, qu'il avait fait bâtir. Il régnait depuis seize ans.

Charles V ne put voir terminer le pont *Saint-Michel*, dont il avait fait jeter les fondations en 1378. Cette construction fut le sujet d'une difficulté qu'il était difficile de prévoir : les travaux, dirigés par Hugues Aubriot, capitaine et prévôt de Paris, étaient à peine commencés, lorsque l'abbaye de Saint-Germain-des-Prés vint s'opposer à leur continuation, prétendant que le fleuve, son fonds, ses rives et toutes les bâtisses qu'on y élevait, leur appartenaient, ainsi que le revenu devant en provenir. Les chartes de Childebert à la main, ces moines soutinrent leur propriété devant le parlement, et les gens du roi plaidèrent gravement cette affaire pendant quinze ans. Néanmoins, Charles V avait eu le bon esprit d'ordonner qu'on bâtît, par provision, le pont Saint-Michel, qu'on appela d'abord le *Pont-Neuf*, et qui fut terminé sept ans après la mort de ce prince.

Quoique bâti en pierre, il ne dura que vingt ans, et fut entraîné par les glaces en 1408.

Il est aisé de juger le caractère de Charles V, si l'on s'attache à prononcer d'après les résultats; car c'est toujours à cette pierre de touche infaillible que la sagesse des rois doit être éprouvée. Or le souverain qui descendait dans la tombe, malgré des efforts incontestablement dirigés vers le bien, laissait la France accablée d'adversité, comme il l'avait trouvée. Une armée anglaise, qu'il s'était abstenu de combattre, restait dans le royaume, où les molles et indécises mesures d'une minorité allaient favoriser son séjour, peut-être ses conquêtes. D'un autre côté, les réformes que Charles avait ordonnées dans presque toutes les parties de l'administration ne s'étaient point accomplies; les améliorations sociales se trouvaient dans la lettre des lois : les vices, abus et exactions subsistaient dans la pratique. On trouve entre Charles V et saint Louis un rapport frappant : tous deux furent doués des vertus qui conçoivent le bien; ni l'un ni l'autre ne posséda les vertus qui exécutent; et la sagesse des souverains est stérile si elle n'est pas formée de génie, de prudence, de force et de résolution. Charles V ne posséda que la moitié de ces qualités.

Les historiens courtisans, qui, faute de mieux, composent aux rois une illustration de paroles, en prêtent à Charles V de fort remarquables : lieux communs de maximes banales, broderies jetées sur toutes les vies souveraines, que nous citons ici, sans croire à leur authenticité, plus qu'à celle des harangues que Plutarque a mises dans la bouche de ses héros. Charles, disent plusieurs écrivains, répétait souvent : « qu'il ne trouvait les rois heureux qu'en ce « qu'ils avaient le pouvoir de faire le bien. » On attribua cette belle sentence a beaucoup de têtes couronnées : à qui doit-on décidément en faire honneur? Au prince qui la fit passer le mieux dans ses actions; et l'extrême timidité de Charles ne lui mérite pas la préférence dans un tel choix. Ce monarque disait encore : « On doit nourrir les princes « de vertus, afin qu'ils surmontent en mœurs ceux « qu'ils doivent surmonter en honneurs ». Cette pensée noble et philosophique, Charles s'en inspirait véritablement lui-même : sa vie fut pure des excès dont tant d'autres rois avaient donné le spectacle et l'exemple scandaleux à leurs sujets ; il ne pouvait souffrir la moindre immodestie dans le propos de ceux qui l'entouraient. Voici une autre maxime de Charles V, d'où l'on peut augurer qu'il faisait cas du savoir : « Les clercs « où est sapience, l'on ne saurait trop honorer, « disait-il ; tant que sapience sera dans ce royaume, « il continuera à prospérité; mais quand déboutée « y sera, il dechéra ». Lorsque ce monarque vivait, cette vérité pouvait paraître d'une exactitude absolue : elle souffre, de nos jours, d'innombrables exceptions, qu'on ne devait pas même prévoir alors. Il n'appartient qu'aux sociétés corrompues d'abuser de tout ce qui est utile, légal et même honorable. Charles protégea les lettres et les arts, autant que les troubles de son règne le lui permirent. De son temps, quelques écrivains, inspirés par les ouvrages du Dante, de Pétrarque et de Boccace, commencèrent à rechercher les beautés poétiques; des traducitons de Salluste, de Tite-Live, de César, sortirent des cloîtres; le droit, moins gêné par les lois canoniques, s'honorait du célèbre Barthole. Sous ce règne, et tandis que l'Allemagne nous envoyait les horloges à roues et à sonnerie, le commerce italien nous apportait les lunettss, le papier, la faïence, les miroirs, récemment inventés sur cette terre classique des progrès de l'esprit humain, où l'on voyait fleurir à la fois Venise, Gênes, Bologne, Pise, Florence et Sienne.

Mais Charles V, malgré l'envie qu'il avait d'agrandir, en France, le cercle des lumières, fut souvent gêné dans cette noble inspiration par l'esprit étroit de la théologie. Que pouvait-on tenter de généreux sous l'empire d'une superstition qui poursuivait les poètes comme sorciers, et les livrait quelquefois aux bûchers de l'inquisition? Aux yeux des universités mêmes, il était dangereux d'être savant, à une époque où presque toutes les sciences étaient schismatiques.

CHAPITRE VII.

RÈGNE DE CHARLES VI, LA FRANCE VENDUE PAR LA REINE, UN ROI ANGLAIS COURONNÉ A PARIS.

Charles VI atteignait à peine sa douzième année lorsqu'il monta sur le trône : un roi enfant et trois princes ambitieux se disputant le pouvoir, tel fut le début de ce règne, qui devait mettre le comble aux malheurs de la France. Charles V, qui se défiait de Louis, duc d'Anjou, l'aîné de ses frères, prince cupide et audacieux, s'était efforcé de prévenir les maux que sa régence pourrait causer, en donnant quelque portion d'autorité à Jean, duc de Berry, et à Philippe-le-Hardi, duc de Bourgogne. Cette prétendue précaution n'annonçait ni la prudence, ni la connaissance des hommes : il est bien rare qu'on assure la tranquillité en divisant le pouvoir; et cette division est ordinairement un sujet de troubles civils. L'évènement le prouva.

Le corps du feu roi n'était pas encore refroidi, et déja le partage de son pouvoir remplissait la cour d'intrigues, de cabales et d'orageuses dissentions. Le duc d'Anjou, s'autorisant de son droit d'aînesse, voulait la régence sans partage; les ducs de Bourgogne et de Berry, s'appuyant des dernières volontés de Charles V, prétendaient limiter le pouvoir de ce gouvernant par un conseil, dont ils seraient les premiers membres, avec le duc Louis de Bourbon, oncle maternel du roi. Chacun avait ses partisans parmi les nobles, chacun se disposait à soutenir ses prétentions par les armes : les environs de Paris se remplissaient de troupes, sous les bannières d'Anjou, de Berry et de Bourgogne. La guerre civile allait éclater le lendemain du règne d'un prince surnommé *le Sage* : c'était un terrible argument contre sa sagesse. *Jean Desmarets*, avocat général, homme doué d'une éloquence imposante et persuasive, détermina les trois rivaux à soumettre la question à des arbitres. Ceux-ci décidèrent qu'après le sacre, Charles VI, quoique mineur, prendrait l'administration du royaume, qui serait gouverné en son nom par ses quatre oncles, jusqu'à l'époque prochaine de sa majorité. Les dissidens acceptèrent cette transaction. Le régent parut s'y prêter plus volontiers que ses frères, parce que le jugement arbitral portait que ce prince gouvernerait seul jusqu'au sacre : cette clause lui donnait un délai de quinze jours, et l'on va voir qu'il se proposait de profiter du temps. Le duc d'Anjou mit la main sur une grande quantité de bijoux, meubles précieux et argenterie, ayant appartenu au feu roi ; puis il se disposa à s'emparer d'un dépôt d'une tout autre importance. Charles V avait diminué les impôts au commencement de son règne; mais par la suite ils étaient redevenus non moins exorbitans que par le passé. Dans la dernière année de sa vie, ce prince ordonna même une nouvelle levée, qui porta le mécontentement du peuple jusqu'à l'exaspération. Le jour de sa mort, Charles, effrayé d'emporter dans la tombe les malédictions de ses sujets, rendit une ordonnance qui abolissait toutes les contributions établies durant son règne... Mais le régent ne fit point promulguer cet édit. Or les deniers récemment arrachés à la nation, avaient été en grande partie dirigés vers le château de Melun, où *le Sage* avait formé un trésor que les historiens font monter à dix-sept millions de notre monnaie. « Cette réserve, dit l'indulgent Anquetil, devait servir dans un besoin pressant »; comme s'il était permis de prévoir des nécessités futures, lorsque, pour y satisfaire, on impose une misère et des privations présentes aux contribuables que l'on ruine. Le trésor de Melun était convoité avec ardeur par le duc d'Anjou.

Cependant la cour se met en route pour Reims; le régent part avec tous les seigneurs. Mais le soir, lorsque le cortège s'arrête à la couchée, le duc d'Anjou forme un détachement d'hommes d'armes dévoués, fait appeler *Philippe de Savoisi*, chambellan et favori du feu roi, et lui ordonne de le suivre. Le duc, le chambellan et l'escorte chevauchent toute la nuit dans les chemins de traverse; ils arrivent avant l'aube aux portes de Melun. Anjou fait baisser le pont-levis du château; il y entre avec ses hommes d'armes, qui en occupent toutes les issues; et, s'adressant ensuite à Savoisi, il lui ordonne de dire où se trouvent les tonnes d'or que cette forteresse renferme. Le confident du feu roi se trouble, hésite, élude et finit par déclarer qu'il ignore l'existence du trésor. L'avide régent, qui n'a rien omis pour arriver à son but, fait entrer des bourreaux, munis des instrumens de la torture extraordinaire; à cet aspect la constance du chambellan s'évanouit : il étend le bras vers une vieille muraille où les richesses sont cachées. A l'instant les pioches retentissent, les pierres se détachent, le mur s'écroule, des monceaux de lingots luisent aux yeux du prince. Il fait charger le tout sur des voitures qu'il escorte jusqu'à l'un de ses châteaux, et rejoint la cour avant son arrivée à Reims.

Pendant la cérémonie du sacre, le duc d'Anjou, aîné des oncles du roi et régent du royaume, occupait la place d'honneur à côté du jeune monarque; le duc de Bourgogne la lui dispute, en qualité de premier pair de la couronne. Une vive discussion s'engage au pied de l'autel; mais Philippe, substituant l'action à la parole, s'élance soudain entre le roi et le régent, et s'empare d'autorité du rang en litige. Le duc d'Anjou, prince aussi fier qu'emporté, souffre néanmoins cette insulte.... Les dix-sept millions de Melun pesaient sur sa conscience, et comprimaient son humeur altière. Le Hardi garda la place qu'il avait conquise.

Le nouveau roi fit son entrée à Paris vers le 12

novembre 1380. Du sein de la misère publique, jaillirent, à cette occasion, des réjouissances publiques, qui ne montrèrent sur le visage du peuple que l'expression d'une joie de commande; un sourire laborieux paraissait sur les lèvres: la colère et l'émeute fermentaient dans les cœurs. Immédiatement après les fêtes, on adopta un plan fixe de gouvernement, pour le temps où le pouvoir devait être exercé au nom du roi mineur : voici les bases qui furent arrêtées. 1° Les quatre princes devront former un conseil présidé par le duc d'Anjou; mais il n'y aura que sa voix, et les mesures ordonnées par la majorité, ne pourront être paralysées par son opposition. 2° Les princes nommeront douze personnes pour former le grand conseil du roi : les arrêtés de ce conseil prévaudront sur ceux du comité secret. 3° Les fonctionnaires divers seront nommés par les princes, mais sur l'avis du grand conseil. 4° Les engagemens ou aliénations du domaine royal, n'auront lieu que d'après l'assentiment unanime du conseil. 5° La garde des princes du sang demeure confiée aux ducs de Bourgogne et de Bourbon. 6° On procédera à un inventaire *secret* des finances et joyaux du feu roi, dont le prince régnant ne pourra disposer qu'à sa majorité.... Cette dernière mesure était une absolution tacite de brigandages, déja connus, du régent: on lui donnait le temps de faire reposer ses vols sur des prétextes qui lui assureraient l'impunité.

Mais ces ménagemens de cour ne purent conjurer l'orage populaire qui grondait sur la tête du duc d'Anjou. Dès le mois précédent, une petite sédition avait éclaté à Paris : une foule de Parisiens, surchargés d'impôts, s'était ameutée devant l'Hôtel-de-Ville; *Jean Culdoé*, prévôt des marchands, emmené par elle au Palais, s'était prêté volontiers à faire au duc d'Anjou de vives remontrances sur la misère extrême du peuple, sur les impôts exorbitans qui l'accablaient, et sur la pressante nécessité de porter remède à cette situation intolérable. Le magistrat ajouta alors que les Parisiens n'ignoraient pas que le feu roi avait supprimé, à son lit de mort, toutes les surcharges fiscales ordonnées dans le cours de son règne, et que Paris, ainsi que toute la France, demandait, à grands cris, l'exécution de cette juste disposition. Le régent, intimidé par ce mouvement tumultueux, par les cris qui s'élevaient aux portes du Palais, et par la harangue énergique du magistrat-tribun, répondit avec douceur, promit beaucoup, et fixa le retour de Reims pour époque prochaine d'une amélioration.

Cette époque était venue, et les griefs du duc d'Anjou, généralement connus de la bourgeoisie parisienne, mettaient le comble à l'impatiente indignation qui la tourmentait. Cette effervescence cessait de pouvoir être contenue : des signes non équivoques d'émeute se faisaient remarquer dans toutes les parties de la ville. On voyait les rues, les carrefours, remplis d'artisans et d'ouvriers, divisés par petits groupes, desquels s'élevaient des murmures contre la régence. Bientôt les groupes devinrent des foules compactes, les murmures des cris menaçans. Dans cette situation imminente, le prévôt des marchands assembla les notables parisiens dans la maison aux Piliers, ou *Parlouer aux Bourgeois*; on délibérait sur les remontrances nouvelles qu'il convenait d'adresser à la cour, lorsque les masses populaires débouchent sur la place de l'Hôtel-de-Ville *, et demandent que Jean Culdoé conduise une seconde fois cette innombrable députation au Palais. Un orateur improvisé, un savetier, dit-on, expose, avec entraînement, les griefs du peuple : il le montre grelotant dans ses greniers, mourant de faim, dévoré de maladie, réduit enfin aux plus affreuses extrémités, par suite des levées d'impôts, qui ont grossi le superflu des grands. Il peint ceux-ci insultant de leur luxe la multitude, accablée de privations, et gorgeant leur satiété du nécessaire arraché aux familles. Brunissant encore ses teintes, le savetier-orateur retrace, à grands traits, le vice puissant entourant la couche des prostituées d'un baldaquin d'étoffe d'or, tandis que le matelas du pauvre est vendu sur la place pour acquitter l'impôt. Par une brusque transition oratoire, le Pari-

* *Le Parlouer aux Bourgeois* était situé sur l'emplacement où l'on a construit l'Hôtel-de-Ville actuel; nous parlerons bientôt de cette fondation.

sien apostrophe les notables bourgeois qui l'écoutent, accuse, sans ménagement, leur insouciance, leur lâcheté, eux qui sont les protecteurs naturels de la ville, les seuls défenseurs sur lesquels ses habitans puissent compter. Ce discours est le signal d'un élan général ; Culdoé est de nouveau enlevé, on l'entraîne, on le porte au Palais. Le peuple pénètre, malgré les gardes, dans la grand' salle ; Louis d'Anjou, appelé à grands cris, paraît accompagné du chancelier ; pour être mieux vu, mieux entendu, il cède à l'intimation tonnante de la foule, en montant sur la vaste table de marbre, dont nous avons parlé précédemment. Le prévôt des marchands paraphrase, en quelque sorte, ce que le savetier a dit devant le Parlouer aux Bourgeois, et conclut à la suppression d'impôts promise par le roi mourant. Elevé sur une espèce de théâtre, le régent joue la comédie : il s'attendrit, prend l'accent de la pitié ; quelques larmes mouillent même ses yeux ; puis il ajoute : « Retirez-vous, mes amis ; demain « vous pourrez obtenir *peut-être* ce que vous dé« sirez. » Le mot peut-être était une dernière expression de la puissance concédée, se débattant sous le bras de la puissance réelle : le régent savait bien qu'il fallait céder, et il céda. Le lendemain, on promit, pour le jour suivant, un édit devant porter «que le roi, touché de la misère de « son peuple, de son obéissance et de sa fidélité, « abolissait tous les subsides imposés en France «depuis Philippe-le-Bel.» Ainsi la régence excédait, dans sa frayeur, la promesse que Charles V mourant avait faite par remords.

L'intrigue des courtisans, qui sait profiter de tout, même d'une insurrection populaire, s'était mêlée habilement à celle que nous venons de retracer, et l'on va voir dans quel intérêt. Beaucoup de nobles devaient aux Juifs; leur expulsion était un moyen d'acquittement expéditif; plusieurs centaines de voix s'élevèrent de la foule pour demander cette expulsion, lorsque le chancelier de France, monté une seconde fois sur la table de marbre, proclama la suppression des impôts*. Ce dignitaire, qui ne prévoyait nullement une telle demande, répondit qu'il prendrait à cet égard les ordres du roi.

Le peuple s'écoula paisiblement, après la double promesse que le chancelier venait de lui faire; mais, travaillé sans doute durant la nuit par des suggestions nouvelles, il s'élança dans les rues dès que le jour parut, et avant que l'ordonnance pût

---

* Jouvenel des Ursins, dans son Histoire de Charles VI, rapporte, en termes précis, que les nobles furent les instigateurs du mouvement populaire qui éclata en ce moment contre les Juifs : «Aucuns nobles, et autres, dit-il, à ce les « induisaient; le chroniqueur de Saint-Denis ajoute : «Quel- « ques nobles qui estaient pressés et obérés des usures des « Juifs avaient trouvé moyen de confondre adroitement leur « intérêt avec celui du peuple.» (*Histoire de Charles VI*, page 8; *anonyme de Saint-Denis*, chapitre VI, page 15).

être promulguée. Une multitude furieuse se porta vers le domicile des receveurs publics, qui, par malheur, étaient presque tous Juifs, brisa les coffres, sema l'argent sur le pavé, et déchira tous les registres, rôles et tarifs qui lui tombèrent sous la main. Puis se portant vers le quartier qu'habitaient les Israélites opulens, cette populace effrénée pénétra dans leurs maisons, où l'usure avait accumulé tous les gages qu'elle s'était fait donner. Les bijoux, la vaisselle d'argent, les pierreries, furent pillés; et, dans l'espace de quelques minutes, la voie publique fut jonchée de hardes, de linge, de fourrures; effets plus ou moins précieux que la populace dédaigna. Mais elle rechercha avec un soin minutieux les obligations consenties par les nobles à leurs prêteurs; à la suite du pillage, on ne trouva aucune trace de ces titres, que la flamme avait apparemment dévorés. Plusieurs cadavres d'Israélites furent trouvés ensevelis dans les amas de velours, de taffetas, de tissus richement brochés qui gisaient, souillés et foulés aux pieds, dans les rues de la Cité. Le massacre eût peut-être été général, si les malheureux Juifs ne se fussent réfugiés au Grand-Châtelet, dont les noires prisons devinrent pour eux un asile.

Séparons ici les influences et faisons à chacun la part de blâme qu'il mérite : le peuple, froissé, accablé de charges, avait demandé, comme il demande toujours, en tumulte, un allègement à ses peines; il s'était calmé et retiré sur la foi d'une promesse. Le lendemain, cette puissance aveugle était sortie violemment du droit légal, excitée par la noblesse. Celle-ci méritait seule d'être punie; elle ne le fut point, et l'instrument passif fut diffamé par l'histoire, pour le crime de ses instigateurs, crime qu'il avait pris pour un acte de justice.

L'ordonnance portant suppression des impôts était promulguée; mais la sédition ne paraissait point apaisée : les quatre princes gouvernans n'inspiraient aucune confiance à la nation ; ils n'obtenaient que le mépris des Parisiens, qui voyaient de près leur conduite. Louis, duc d'Anjou, s'efforçait de réunir des richesses, aux dépens de la couronne et de la nation. Jean, duc de Berry, somptueux, prodigue, dissolu, ne songeait qu'à ses plaisirs, et prenait à toutes mains pour y satisfaire; aussi cupide que Louis, aussi libertin que Jean et plus ambitieux que ces deux princes, Philippe joignait une extrême cruauté aux vices de ses aînés. Louis, duc de Bourbon, était un prince loyal et vertueux; mais doué de cette vertu molle qui ne peut que vouloir le bien, il ne savait point contribuer à le faire, et se bornait à demander pieusement à Dieu qu'il fit descendre sa grace sur la France.

Le conseil des princes et le conseil des douze, incapables de conjurer l'orage, appelèrent les Etats-généraux, ancre de miséricorde des monarchies qui ne savent plus gouverner. Un petit nombre de députés se rendit à cet appel; et ceux qui vinrent se montrèrent peu disposés à soutenir la cour, sans qu'elle s'exécutât franchement. Les orateurs influens demandèrent d'abord ce qu'était devenu le trésor de Melun; ils ajoutèrent que, s'il fût resté dans les coffres, il eût suffi pour les besoins présens, nonobstant la suppression des impôts. Rendez compte de cet argent et des autres épargnes disparues avec lui, poursuivirent les députés; prouvez-nous que tant de richesses n'ont pas été dissipées en fastes, en profusions faites aux prostituées, aux seigneurs, aux favoris; nous verrons ensuite si nous devons vous rouvrir la bourse du pauvre, qui mouille la terre de ses sueurs pour alimenter vos passions, en attendant qu'il l'abreuve de son sang pour vous défendre. Maintenant, commencez à rendre au peuple les franchises, libertés, immunités accordées à la nation depuis Philippe-le-Bel : confirmez ces concessions par des édits : commuez en argent le service corporel exigé par la féodalité; prononcez la suppression des présens ruineux que font les provinces et les villes lors du mariage des rois et de leurs enfans; enfin, abolissez, mais abolissez sérieusement le droit de gîte, en vertu duquel vous mettez les citoyens sur la paille, pour coucher vos courtisans et vos concubines.

Ces remontrances des représentans de la nation, substituées aux allocations de deniers qu'on attendait d'eux, après avoir été forcé de supprimer les levées ordinaires, ne faisaient nullement le compte de la régence : cette convocation des états-généraux fut donc un malheur; car, en montrant au peuple toutes les plaies de l'État, elle ouvrit l'arène aux factions qui désolèrent ce règne calamiteux. L'assemblée nationale se sépara, et la cour resta avec tous ses embarras.

Nous passons sous silence le traité de paix conclu avec le duc de Bretagne, et la retraite paisible des Anglais, qui, sans les évènemens de Paris, pouvaient être exterminés dans les marais de la Sarthe. Nous écartons également de notre sujet les premières intrigues tentées par le duc d'Anjou, pour s'emparer de la couronne de Naples, que la reine *Jeanne d'Anjou* lui avait abandonnée dès le règne précédent. Les évènemens de Paris sollicitent toute notre attention.

Le duc d'Anjou avait fait arrêter quelques docteurs de l'université, qui s'étaient élevés contre certains abus de la cour d'Avignon, alliée intime de ce prince. Il sentit bientôt que ce corps académique pouvait être un ennemi redoutable, même pour un prince du sang. L'université avait non-seulement ses partisans, mais son armée, et certes! elle était plus puissante que le roi lui-même sur la rive gauche de la Seine. D'Anjou chercha et ne tarda point à trouver l'occasion de se réconcilier avec les docteurs. Hugues Aubriot, prévôt de Paris, quoique déjà vieux, n'avait pas cessé d'exercer ses fonctions avec un zèle ardent :

lui seul s'occupait de faire creuser des égoûts, construire des quais, bâtir des ponts, achever les monumens publics, commencés sous les règnes précédens : en un mot, ce fonctionnaire, ami de l'ordre et des arts, pourvoyait tout à la fois à la sûreté, à la salubrité et à l'embellissement de Paris. Sous son administration, on ne voyait ni fainéans, ni vagabons, ni mendians; usant d'une utile sévérité envers cette lèpre des sociétés, il donnait du travail et un salaire à tous les bras inactifs; aimant mieux occuper que de punir. Défenseur de la tranquillité publique, Hugues Aubriot avait souvent à réprimer les désordres des universitaires, les plus turbulens des habitans de la capitale, étrangers pour la plupart, et sympathisant peu avec les Parisiens. Tous les jours, il s'élevait entre ces derniers et les étudians, de vives discussions, souvent des rixes, soit pour le prix du logement qu'ils occupaient, soit pour celui des effets ou denrées qu'on leur fournissait, soit en raison des fréquentes privautés qu'ils prenaient dans les ménages. Le prévôt de Paris sévissait rigoureusement contre les délits des écoliers; les prisons du Petit-Châtelet se trouvaient souvent remplies de ces délinquans.

A chacune des arrestations, l'université jetait les hauts cris; elle adressait force requêtes au roi pour mettre fin à ce genre de punition, dont elle appelait comme d'abus, prétendant qu'elle seule avait le droit de punir ses subordonnés; ce qu'elle ne faisait point. Le corps savant haïssait mortellement le prévôt : une conjuration se forma contre lui, dans son sein ; tous les universitaires gradés ou étudians eurent mission de fouiller la vie privée de ce digne magistrat, afin d'y trouver un seul petit point auquel on pût se rattacher pour conspirer sa perte. Quand on veut fermement perdre un homme et qu'on est puissant, on réussit toujours : des témoins *tels quels*, disent les chroniques du temps, accusèrent Aubriot d'être mauvais catholique, débauché, ivrogne ; d'entretenir de préférence des juives, ce qui était considéré alors comme un crime capital ; enfin, d'être juif lui-même et hérétique.... Le bûcher allait s'élever pour brûler l'homme qui, jusqu'alors, s'était rendu le plus utile à la capitale. La cour s'opposa cependant au supplice de celui qui avait fait une forte partie du bien qu'elle s'était dispensée de faire, et adouci souvent le mal qu'elle avait fait. L'université voulut bien se contenter du déshonneur et de l'emprisonnement illimité de ce magistrat recommandable.

On dressa, dans le parvis Notre-Dame, un échafaud, tout près de l'église. Le condamné fut conduit en ce lieu sur une charrette, au milieu des huées d'une nombreuse populace, irritée de ce qu'il l'avait obligée à vivre de son travail, au lieu de la laisser mendier ou voler. Parvenu sur l'échafaud, Hugues, sans chaperon, dépouillé de son manteau et de sa ceinture, se mit à genoux, déclara juste la punition qu'on lui faisait subir, puis demanda pardon au recteur et aux régens de l'université. L'infortuné prévôt, ayant été ensuite coiffé d'une *mitre de déshonneur*, fut prêché par l'évêque de Paris, en habits pontificaux ; après quoi on lui lut la sentence qui le condamnait à passer le reste de sa vie dans la fosse des prisons de l'évêché, à l'eau d'angoisse et au pain de douleur.

Cependant la régence, qui avait supprimé les impôts par frayeur, songeait à les rétablir par besoin, et plus encore par habitude d'en abuser. Mais le duc d'Anjou n'osait publier aucun édit sur ce sujet délicat ; il essaya par diverses insinuations d'habituer le peuple à l'idée d'une nouvelle contribution : ce moyen ne réussit point. Alors le régent recourut aux expédiens : le premier fut de rendre une ordonnance à huis clos, portant rétablissement des levées abolies : d'Anjou crut cette disposition suffisante pour affermer l'impôt : il ne se trompait pas. Vers le mois de février 1381, des lettres closes adressées aux amateurs ordinaires de la ferme, les prévinrent qu'à un jour indiqué il serait procédé à l'adjudication. Les enchérisseurs, attirés par l'appât du gain, se trouvèrent au rendez-vous qu'on leur indiquait ; l'impôt fut affermé. Mais cette manœuvre mystérieuse ne suffisait pas pour autoriser la perception : il avait été statué que

* Hugues Aubriot ne fut point alors enfermé dans la prison de l'Evêché, mais dans une des tours de la Bastille, qu'il avait fait construire.

jamais aucune contribution ne serait perçue sans avoir été proclamée, et ce genre de publication pouvait être funeste à ceux qui s'en chargeraient. Un huissier de Paris entreprit pourtant de la faire; voici la supercherie qu'on employa : Il monte sur un bon cheval, se rend aux halles, assemble en un instant une foule considérable, à laquelle il annonce qu'on a volé l'argenterie du roi, et promet une forte récompense aux personnes qui parviendront à découvrir les voleurs. Tandis qu'on devise autour de l'huissier sur l'évènement dont il vient de faire part, il fait ouvrir la foule afin d'assurer sa retraite, et lorsqu'une libre issue lui est ouverte, il ajoute : « Ah ! j'ai quelque chose encore à vous « annoncer, c'est que demain on commence à le- « ver les subsides sur les denrées. » A ces mots l'agent ministériel pique des deux et se sauve à toute bride.

Cette publication furtive, qui semblait ajouter l'ironie au mépris des promesses faites par la régence, produisit une révolte immédiate : le peuple jura de mettre à mort tous les percepteurs de l'impôt, traîtreusement rétabli. Dès le lendemain, 1er mars, des cris séditieux s'élèvent de toutes parts : des masses confuses d'artisans, d'ouvriers, de gens sans aveu, débouchent de chaque rue, affluent dans tous les carrefours. Les portes sont enfoncées par cette multitude furieuse, qui s'empare des armes qu'elle trouve dans les maisons. L'entrée de l'Hôtel-de-Ville est forcée : on enlève

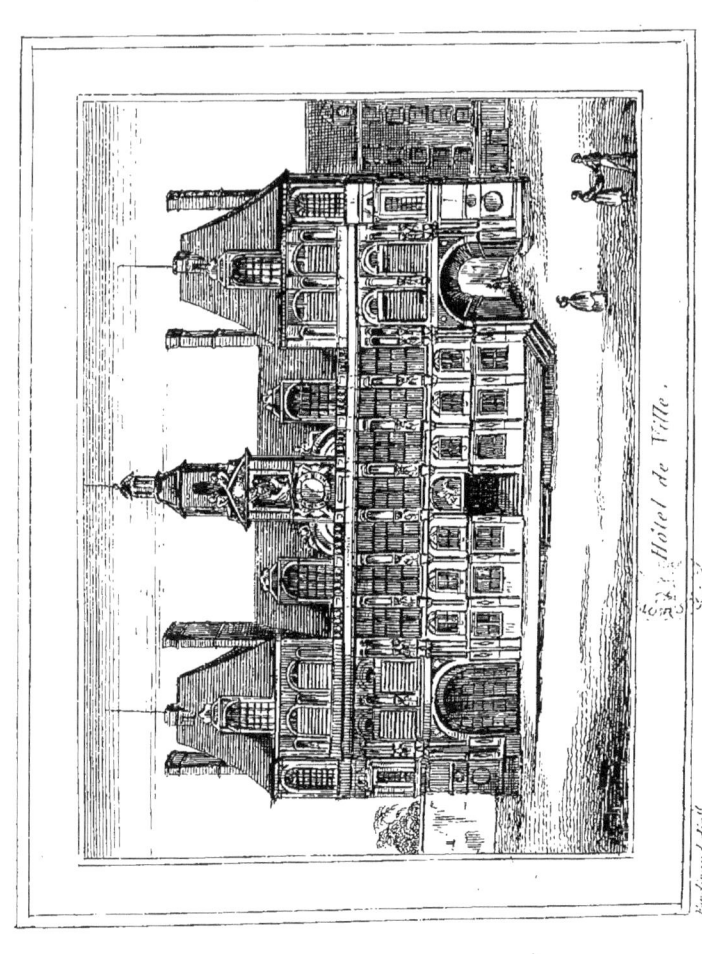

Hôtel de Ville.

un grand nombre de maillets en plomb, fabriqués sous le règne précédent pour armer les Parisiens, lorsque les Anglais assiégeaient la capitale. Munis de ces pesantes masses, qui leur ont fait donner le nom de *Maillotins*, les révoltés assomment dans les rues tout ce qu'on leur désigne comme appartenant à la perception des deniers publics. Sous les coups de ces armes terribles, qui viennent de briser des crânes, les portes volent en éclats; les fermiers, commis ou agens de finance, sont écrasés dans leur demeure; leur cervelle éparpillée couvre les habits de leur famille effrayée. Un de ces infortunés s'est réfugié dans l'église de Saint-Jacques l'Hôpital; les Maillotins le poursuivent, l'immolent au pied de l'autel : son sang couvre les degrés sacrés. Cependant la foule séditieuse s'est grossie d'une multitude de criminels, que les portes brisées des prisons ont vomie sur le pavé; le vol, le pillage, le viol, se joignent bientôt aux massacres, aux vengeances assouvies.

Las d'égorger et de détruire, les Maillotins songèrent à organiser la révolte; mais il leur manquait un chef. Une voix fit entendre le nom de Hugues Aubriot, qui languissait encore dans les prisons de l'Evêché : soudain il est proclamé général des Maillotins. On court au cachot de ce magistrat; il est délivré et porté en triomphe. Aubriot ne repousse point le commandement qu'on lui offre; mais il demande à passer une nuit dans sa maison, assurant que les révoltés le trouveront prêt le lendemain à se mettre à leur tête. Mais Aubriot était incapable de s'associer aux excès de cette populace effrénée; lorsque les rebelles reparurent, l'ancien prévôt s'était évadé. Il vécut depuis retiré en Bourgogne, sa patrie, s'occupant de soins ruraux, et complètement consolé de la perte des honneurs qui avaient failli lui coûter la vie *.

Les scènes horribles que nous venons de décrire durèrent trois jours : pendant trois jours on pilla tout ce qui tenait ou avait tenu, de mémoire d'homme, aux finances du royaume. La rue des Juifs fut le théâtre principal du pillage; heureusement la plupart des Israélites avaient pris la fuite: peu furent massacrés.

La cour et le conseil s'étaient retirés à Vincennes; mais l'avocat général *Desmarets*, qui déjà plusieurs fois avait calmé l'effervescence populaire, resta à Paris, comme intermédiaire conciliateur entre la couronne et le peuple. Vieilli dans les emplois, ce magistrat courageux savait parler à la multitude; personne ne possédait mieux que lui l'art de l'émouvoir. Car la multitude s'émeut : elle est cruelle jusqu'aux plus révoltantes atrocités; mais rarement on la vit méchante. La méchanceté

* Le père Daniel, en sa qualité de prêtre, fait un scélérat digne du feu de ce magistrat, qui avait osé s'attaquer à des clercs. Villaret, historien plus équitable, le peint comme un débauché, ami du bien public. L'usage qu'il fit de la liberté, que les Maillotins venaient de lui rendre, prouve au moins que c'était un homme incapable d'une action honteuse.

est un sentiment réfléchi, et les masses ne réfléchissent point. Tandis que Desmarets négociait, la bourgeoisie parisienne, redoutant les suites que pouvait avoir le désordre des jours précédens, avait envoyé une députation à Vincennes, protester qu'elle n'avait pris aucune part aux crimes des séditieux ; que leur soulèvement avait été tramé à l'insu des officiers de la ville ; que même plusieurs d'entre eux venaient d'être pillés. Cette démarche prouvait que l'on comptait peu sur la justice du régent ; l'université prit la même précaution. Il fit néanmoins répondre que les Parisiens qui n'avaient pris aucune part à la révolte, ne devaient pas craindre le châtiment qu'on préparait aux séditieux.

Desmarets, informé de cette réponse, la trouva tout-à-fait incompatible avec sa mission conciliatrice ; il courut à son tour au château de Vincennes. L'avocat-général représenta au duc d'Anjou qu'il fallait cesser de négocier, si l'on ne promettait pas au peuple non-seulement l'indulgence de la cour, mais encore l'abolition des impôts rétablis contre la foi jurée. Sur l'assurance que le régent lui donna qu'il y aurait amnistie générale si les révoltés demandaient préalablement pardon, le magistrat retourna à Paris, et obtint la soumission préalable. Une députation fut chargée de la porter au pied du trône. Le petit roi, auquel on avait seriné sa leçon, pardonna à tous les mutins, ceux qui avaient forcé les prisons exceptés, et déclara qu'il abolissait les impôts. Desmarets, citoyen également voué aux intérêts du prince et au bien public, parce qu'il leur croyait une source commune, Desmarets, enchanté du résultat qu'il avait obtenu, parcourait les rues de Paris, monté sur une litière, à cause des infirmités qui rendaient sa marche difficile. Partout il annonçait avec joie, avec effusion, le pardon du souverain. Voici maintenant un nouvel exemple de la fidélité des promesses royales.

Dès que le duc d'Anjou fut rentré à Paris, avec des troupes imposantes, il fit saisir et exécuter publiquement une multitude de personnes; les murmures recommencèrent, la sédition gronda de nouveau. Le régent, effrayé, se voyait, avec un regret amer, forcé de renoncer aux vengeances parjures de la cour; il prit un terme mitoyen, ressource des tyrans faibles et cruels tout à la fois: on exécuta dans l'ombre les nombreux condamnés. Renfermés dans des sacs, ils étaient précipités, la nuit, du haut des ponts, et entraînés par la Seine. On ignore le nombre des personnes qui périrent victimes de cette vindicte mystérieuse; mais il dut être grand: les puissances de la terre, blessées dans leur pouvoir et surtout dans leur intérêt, s'arrêtent tard lorsqu'elles se vengent. Mais le regard des Parisiens ne perça pas le voile de ténèbres dont la cour enveloppait les effets sanglans de sa colère; ils crurent le roi, ou plutôt le duc d'Anjou, revenu à la fidélité de ses promesses: l'exaltation se refroidit; le calme rentra dans les esprits... car la Seine ne révélait pas le nombre des cadavres qu'elle portait à l'Océan.

Néanmoins, les Parisiens conservèrent des inquiétudes tant que Charles VI, sa cour et le conseil ne rentrèrent pas dans la capitale : ils demandèrent ce retour comme gage d'une paix sincère. Le régent répondit que le roi, son neveu, consentait à ce qu'on lui demandait, à condition que la bourgeoisie irait au-devant de lui sans armes. L'entrée du monarque fut brillante et accompagnée de ces acclamations qu'un spectacle éclatant excite toujours chez nous, nation facilement oublieuse des maux passés. Les habitans de Paris, charmés de la rentrée de leur jeune souverain, lui donnèrent cent mille francs. Mais ils se montrèrent inflexibles sur le rétablissement des impositions régulières; ce qui désespéra le duc d'Anjou. Si ce gouvernant demandait avec instance des subsides à la France, c'était moins pour assurer les services de l'État que pour subvenir aux dépenses personnelles que nécessitaient les prétentions du régent à la couronne de Naples. Les préparatifs d'armement qu'il faisait depuis la mort de Charles V, avaient déjà consommé le trésor de Melun ; d'autres sommes, détournées des besoins de l'État, s'étaient englouties dans le même gouffre, et désespérant de tirer de l'argent du peuple, d'Anjou sollicitait maintenant des emprunts de toutes parts, après s'être fait donner le peu de vaisselle et de bijoux qui restaient à la cour. Ce moyen réussissait mal; le duc voyait éloigner indéfiniment son départ pour l'Italie, lorsqu'un nouvel incident vint compliquer sa situation.

Le duc de Bourgogne avait épousé la fille de *Louis de Male*, comte de Flandres, despote cruel, haï de ses sujets. Or dans le courant de l'année 1381, des marchands gantois naviguaient sur l'Escaut, sans avoir acquitté le péage exorbitant établi par ce prince ; il les fit saisir et ordonna qu'on leur crevât les yeux en sa présence..... Cette barbarie occasiona soudain un soulèvement général : Gand, ville remuante et facilement décidée à la rébellion, fut encore le centre de celle-ci. *Pierre Dubois*, homme de tête et de résolution, en dirigea le conseil ; *Philippe d'Artevel*, fils de ce chef, devenu célèbre dans les anciens troubles, prit le commandement des révoltés. Philippe de Bourgogne détermina, non sans peine, le conseil de régence à prendre parti pour son beau-père : c'était s'engager dans une guerre impolitique, à une époque où le trône de France était lui-même ébranlé par les discordes civiles. Mais le Bourguignon insinua à ses frères que les levées de troupes qu'on allait faire serviraient, plus tard, à en imposer aux mutins de Paris. Cette remarque entraîna tous les avis, excepté celui de Louis d'Anjou, qui destinait les forces de la France à l'expédition d'Italie. Nonobstant son opposition, il fut décidé qu'une armée serait immédiatement envoyée au secours du comte de Flandres. Le roi, âgé d'à peine quatorze ans, brûlait de marcher à la tête de sa brave noblesse ; il sauta comme un enfant qu'il était, quand cette détermination eut été prise ; les seigneurs, de leur côté, se réjouirent en songeant au butin qu'ils allaient faire... On partit.

La campagne fut heureuse; les rebelles furent taillés en pièces à la bataille de Rosbec, bataille d'une demi-heure où périrent, dit-on, quarante mille Flamands..... Humanité farouche! les tigres, heureusement pour leur espèce, ne t'imiteront jamais..... La destruction fut tellement instantanée dans ce jour funèbre, qu'Artevel, écrasé tout à coup par ceux qui tombaient autour de lui, fut trouvé sous des monceaux de cadavres, sans aucune blessure.

L'hiver approchait : Charles VI ramena son armée vers Paris. L'esprit de révolte avait fait des progrès pendant l'absence de la cour; état de choses qui accusait éloquemment l'expédition lointaine entreprise alors. Si les Français eussent été battus à Rosbec, c'en était fait, une révolution éclatait dans toute la France; car le comité de Paris entretenait des communications avec ceux établis dans toutes les villes, et qui n'attendaient que le signal de la capitale. Rouen, dès l'année précédente, s'était proclamée indépendante, et avait choisi pour roi un mercier nommé *le Gros**. Cette ville populeuse, réduite par les armes et le gibet, n'était point soumise

---

* Affublé d'un manteau royal et d'une couronne, ce roi improvisé tint gravement un lit de justice, dans lequel il prononça gravement la suppression des impôts, sans s'occuper autrement des moyens de pourvoir aux besoins de son nouvel empire. Il n'autorisa pas les vengeances meurtrières et le

à la monarchie; elle n'attendait qu'un mot d'ordre de Paris pour reprendre les armes.

Les succès du roi en Flandres déterminèrent le comité parisien, dirigé par *Nicolas Flamand*, à suspendre le signal du mouvement général : « At-« tendez, dit-il à ses confrères, si ceux de Gand « viennent à leur entente, ainsi qu'on l'espère bien, « à donc sera-t-il heure de ce faire. Ne commen-« çons pas chose dont nous nous puissions avoir « repentir. »

Le feu de la sédition demeura donc, pour le moment, sous la cendre; mais les Parisiens ne célébrèrent le triomphe de Rosbec par aucune démonstration, quoique le roi l'eût fait annoncer avec une pompe extraordinaire. Cette froideur, qui n'était ni le respect, ni la révolte, embarrassait fort le conseil. Pour éprouver les dispositions de la capitale, plusieurs seigneurs envoyèrent préparer leurs hôtels, et désigner le logement des troupes; les habitans ne sortirent pas de leur apathie. Enfin, Charles VI, n'étant plus qu'à deux lieues, fit annoncer son entrée. Alors seulement la bourgeoisie commença ses préparatifs pour le recevoir; et vingt mille hommes, armés de pied en cap, se rangèrent dans la plaine de Saint-Denis. Il est à présumer que c'était moins une garde d'honneur offerte au jeune souverain, qu'une démonstration imposante, tendant à lui prouver que Paris ne serait

pillage; mais ses grands officiers prirent sur eux la responsabilité de ces excès.

pas disposé à se laisser désormais matter par lui ou ses conseillers.

Le roi ramenait de Flandres une armée florissante; il ne pouvait être intimidé par cette bourgeoisie armée : cependant il envoya le connétable de Clisson, l'amiral et les seigneurs d'Albert de Coucy et de la Trémouille, vers le corps qui se présentait dans la plaine. Cette députation, arrêtée à quelque distance des Parisiens, demanda un sauf-conduit pour délibérer : les bourgeois répondirent que les envoyés du roi n'avaient pas besoin de sauf-conduit, et que les habitans de la bonne ville de Paris, ne s'étaient mis en armes que pour montrer au roi ce qu'il pouvait attendre d'eux, s'il avait besoin de leurs bras. Cette réponse d'une perfidie diplomatique ne rassura qu'à demi les seigneurs; mais soudain les rangs bourgeois s'ouvrirent, et l'armée royale entra à Paris.

Ceci se passait le 11 janvier 1383; époque funeste, inscrite en caractères sanglans dans les annales de Paris; exemple mémorable où l'expérience de tous les temps viendra puiser la preuve que les tyrans ne sont clémens que lorsqu'ils sont faibles, et qu'appuyée de la force leur fureur n'a point de limites. Le jeune roi pénètre dans Paris à la tête de trois corps d'armée : le prévôt des marchands, accompagné des échevins, se présente devant lui, le harangue, et dépose à ses pieds les clefs de la ville. Cet enfant, qui ne sait ce qu'il fait, mais qu'on dirige vers le mal, passe avec mépris devant les magistrats, et continue sa route vers Notre-Dame, au milieu d'un cortège compact et bardé de fer... Les Parisiens, du haut des croisées, croient voir leurs rues pavées de casques étincelans..... Anquetil, historien de plus en plus indulgent envers les grands, à mesure qu'il approche davantage des puissances modernes, assure qu'il était défendu, sous peine de mort, aux soldats, de commettre aucun excès; et que le jour de cette entrée, deux personnes seulement furent pendues à leurs fenêtres, pour avoir proféré des propos séditieux... C'est peu sans doute pour un prince qui, suivi de soixante mille hommes, pouvait massacrer impunément; mais les fureurs de la cour ne furent pas long-temps comprimées.

Dès le lendemain, les ducs de Berry et de Bourbon parcourent les rues, à la tête de leurs hommes d'armes; ils placent des postes importans partout où le peuple a coutume de s'assembler; les soldats pénètrent et se logent dans toutes les maisons : un guet de soixante mille hommes fait la police à Paris. Pendant ces dispositions, des hérauts publient dans les carrefours l'ordre, accompagné de menaces, de porter au Louvre les armes dont les habitans sont pourvus*; tandis que des ouvriers enlèvent les chaînes qu'on tendait chaque nuit à travers les rues, et portent au château de

---

* Il s'en trouva, dit-on, assez pour armer cent mille hommes.

Vincennes ces barricades de fer. Ce fut à cette époque que, pour ajouter aux moyens de contenir les habitans, on construisit sur le rempart le *chastel de bois*, espèce de citadelle provisoire qui, à travers les fossés, communiquait avec le Louvre. Trois cents des plus riches habitans de Paris avaient été emprisonnés dès le matin; tous devaient être coupables : leurs biens étaient convoités par les princes.

Peu de jours après, douze personnes sont tirées des prisons; on les place sur un char élevé; on les conduit au supplice, à travers une foule immense, indignée, mais contenue par une foule plus forte de guerriers farouches, prêts à répondre au premier cri par un coup de hache ou de masse d'armes. Au milieu de ces victimes, et placé plus haut que ses compagnons de martyre, on voit.... à ce nom l'indignation fait refluer le sang vers le cœur, on voit *Jean Desmarets*, ce conciliateur si zélé, si chaleureux, si peu occupé du danger qu'il courait naguère, en cherchant à calmer la colère du peuple, irrité contre une cour oppressive, dont l'infortuné est le partisan, et qui l'assassine..... L'avocat-général est vaguement accusé d'avoir pris la défense du peuple plutôt que celle du roi et des princes; d'avoir, par ses manœuvres, forcé le conseil à une paix humiliante avec les rebelles (on voit comment cette paix était observée); enfin on a trouvé dans cette démarche la cause de la révolte actuelle.... (Il n'y avait pas eu de révolte)...... Ce qu'on ne disait pas dans la procédure infirme dressée contre le vertueux magistrat, c'est qu'il avait rédigé, au commencement de la régence, les conditions qui restreignaient le pouvoir du duc d'Anjou; et que ce prince saisissait l'occasion de se venger sur Desmarets de n'avoir pu, à son gré, spolier les deniers de l'Etat... Ah! quelle horrible tache de sang imprimée sur l'écusson des Valois.

On avait tenté tous les moyens pour obtenir de l'avocat-général un aveu qui justifiât sa condamnation; peut-être même, s'il eut en s'accusant violé la vérité, lui eut-on fait grace de la vie. Il refusa toute honteuse transaction. Lorsque ce héros fut sur l'échafaud, l'officier qui présidait à l'exécution lui dit: « Maître Jean, criez merci au roi, afin
« qu'il vous pardonne. » Il répondit: « J'ai servi
« au roi Philippe, son grand-aïeul, au roi Jean,
« son aïeul, au roi Charles, son père, bien et
« loyaument, ne oncques ces trois rois ne surent
« que me demander; ne aussi ne serait cestui*, s'il
« avait âge et connaissance. A Dieu seul veux crier
« merci.... » Sa tête tomba.... Chrétiens, ouvrez vos livres saints et montrez-nous un martyre aussi grand, aussi utile... Historiens vassaux des cours, osez défendre le royal criminel qui sacrifia Desmarets.

* « J'ai bien servi Philippe, son bisaïeul; Jean, son aïeul;
« et Charles, son père; aucun de ces rois ne ma rien reproché; celui-ci ferait de même s'il avait âge et connaissance
« d'homme. C'est à Dieu seul que je demande pardon. »

Les exécutions durèrent plus d'un mois et demi ; et toujours le glaive frappait les riches. Il faut donc, quoiqu'il en coûte, s'arrêter à l'idée que les oncles du roi voulaient devenir, par l'autorité du glaive, héritiers des principales fortunes de la capitale. La duchesse d'Orléans, le recteur de l'université, ses docteurs, ceux de la Sorbonne, et une foule de personnages marquans, vinrent tour à tour implorer la clémence du jeune mannequin couronné, que les princes faisaient agir au gré de leurs passions : les savans vantèrent éloquemment les avantages de la clémence, la princesse parla de l'indignation des provinces, suspendue, comme un nuage orageux, sur le conseil... Les massacres continuèrent : seulement le régent, inspiré par le seul conseiller que les tyrans veuillent écouter, la peur *, finit par faire égorger secrètement les prisonniers pendant la nuit, ainsi que cela s'était pratiqué déjà, et les corps furent de nouveau jetés à la rivière.

Nous avons montré jusqu'ici les Parisiens atteints dans leur liberté, dans leur fortune, dans leur vie ; voyons maintenant ce que devinrent leurs droits en général. Le 27 janvier, une ordonnance

* Les craintes de la cour furent excitées par le désespoir des Parisiens, qui pouvait se changer en nouvelle révolte. Pendant le seul mois de février, plus de cent notables habitans périrent sur l'échafaud. Quelques prisonniers se suicidèrent pour échapper à une mort infamante; la femme de l'un d'eux, enceinte de sept mois, se jeta par la fenêtre et expira sur le pavé.... Cet acte de désespoir effraya le conseil.

royale abolit la prévôté des marchands, l'échevinage, leurs greffes, leurs juridictions; le roi s'empara de leurs biens et revenus. Tout ce qui était enlevé d'attributions au prévôt des marchands, passa au prévôt de Paris; de plus, cet officier royal établit sa juridiction au *Parlouer des Bourgeois*, et fit écrire sur la porte de cet édifice municipal : *Maison de la prévôté de Paris*. Une seconde ordonnance supprima les quarteniers, cinquanteniers et dizeniers établis pour la sûreté de la ville; enfin les maîtrises et communautés de tous métiers demeurèrent abolies, avec défense de se réunir en assemblées sous le nom de *confrérie* *.

Ainsi, dans les attentats d'une cour vengeresse, disparurent toutes les institutions municipales de la capitale; son vieux privilège d'avoir des magistrats pris dans le sein de ses citoyens, privilège respecté jusqu'alors par les monarques les plus absolus, fut aboli sous le règne d'un enfant. Que pouvait-on maintenant enlever aux Parisiens? Les amendes, la confiscation, le bannissement, la prison, la mort avaient été le partage d'un grand nombre; l'esclavage pesait sur le surplus...

Là se termina la tragédie. Les princes avaient attiré sur eux toute l'indignation de la France; une ignoble comédie qu'ils jouèrent ensuite au palais les couvrit de ridicule, d'opprobe et d'infamie. Vers la fin de février on t fit dresser sur les degrés une espèce

* *Ordonnances du Louvre*, tome *VI*, p. 685 et 688.

de théâtre qui pouvait contenir un assez grand nombre de personnes; on l'orna de tapisseries; des communications avec le palais étaient ménagées sur divers points : enfin la scène était commodement disposée. Ces préparatifs achevés, on convoqua le peuple; il remplit la cour et fut ceint à l'instant d'une écharpe d'hommes d'armes, au regard féroce, à l'attitude menaçante. Le spectacle commença. Le jeune roi, dans toute sa magnificence, la couronne en tête, le sceptre à la main, était assis au fond du théâtre sur un trône élevé; ses oncles et ses courtisans l'entouraient. « Charles VI, âgé de quatorze ans, « dit un écrivain moderne, avait à jouer le rôle « d'un monarque irrité, mais qui devait se lais- « ser attendrir par les sollicitations de ses parens, « par les larmes de ses sujets *. »

Le chancelier Pierre d'Orgemont, chargé d'exposer la pièce, s'avance sur le bord de l'estrade, prend la parole avec componction, s'étend sur l'énormité des fautes passées, et déplore la nécessité des exécutions qui ont eu lieu. Puis, renforçant tout à coup sa voix, il s'écrie : « Tout n'est pas fini; « il reste encore bien des coupables à punir...» — Ici s'interrompant tout à coup, d'Orgemont se retourne vers l'enfant royal et lui dit : « m'expliqué- « je selon vos intentions, Sire. — Oui, répond le petit comédien. » A cette terrible affirmation, la crainte glace tous les cœurs; une pâleur livide couvre les milliers de visages tournés vers la

* *Histoire de Paris, par Dulaure, édition in-12, p. 574.*

cour. Tout à coup entre une multitude de dames et de demoiselles, sans coiffures, échevelées, les habits en désordre; elles se prosternent au pied du trône: leurs larmes coulent; des sanglots se font entendre......... Les oncles du roi, ces tyrans dont les mains sont teintes encore du sang des Parisiens, joignent leurs supplications à celles des figurantes officieuses... Non jamais tant d'hypocrisie ne succéda à tant de férocité..... Les cris redoublés de *grâce ! miséricorde ! pardon !* retentissent sur le théâtre; ils sont répétés par la foule consternée. Charles fait de son mieux pour avoir l'air de s'attendrir progressivement: le rôle est difficile pour un si jeune acteur. Enfin, le chancelier, s'avançant de nouveau sur le bord de la scène, annonce que le roi pardonne à ses sujets rébelles, *et convertit la peine criminelle en civile*, c'est-à-dire le châtiment corporel en argent. Tel était le but de cette ridicule représentation: faire payer chèrement le clémence royale, quand l'on reconnaissait que les vengeances ne pouvaient plus sans danger procurer les richesses qui en étaient le but. Certes! aucune autre époque de notre histoire n'offre la cupidité des grands sous un aspect aussi vil, aussi infâme. Écoutons sur cette hideuse disposition l'indulgent Anquetil : « Il aurait été plus noble, plus
« digne de la majesté royale, dit-il, d'accorder
« un pardon gratuit ; *mais cette générosité n'au-*
« *rait été d'aucune utilité aux oncles* et à leurs
« avides courtisans. Les amendes furent excessives.

« Les plus favorablement traités y perdirent la
« majorité de leurs biens ; on tira de ces rançons
« plus de quatre cent mille livres, dont il entra
« très peu dans le trésor du fisc. Les aides, le dou-
« zième denier, la gabelle et tous les autres impôts
« furent rétablis sans aucune opposition. »

Ainsi finit cette révolution déterminée par le gouvernement le plus oppressif; révolution à laquelle les dernières classes du peuple avaient seules participé, et dont les premières portèrent toute la peine. Les riches innocens payèrent pour les coupables sans biens... le châtiment fut une horrible spéculation. Résumant cette longue catastrophe avec impartialité, on voit clairement que les véritables criminels furent les oncles du roi, qui, considérant la fortune publique comme une proie, devinrent furieux contre ceux qui voulurent opposer un frein à leur voracité. Sans doute les excès du peuple dépassèrent le droit qu'a toute nation de résister au pouvoir qui l'opprime; égarée par des insinuations perfides, la multitude fut barbare dans sa réaction contre les agens des charges exorbitantes dont on l'écrasait; mais encore une fois les premiers fauteurs de ces calamités étaient les exacteurs, les spéculateurs, les vampires qui gouvernaient la France et l'enfant appelé par la grace de Dieu à régner sur elle.

Après ces évènemens meurtriers, on retrouva à Paris le calme lugubre qui suit les grandes agitations civiles; cette stupeur inerte et silencieuse que laisse à sa suite la dépopulation. Ce silence de deuil et de désespoir ne devait pas être long : à peine le sang des Parisiens aurait-il le temps de sécher sur le pavé de leurs rues, et d'autre sang les inonderait...

Des émeutes avaient éclaté à Rouen, en Languedoc, en Auvergne, en Poitou; les chefs correspondaient avec ceux qui dirigeaient la sédition parisienne, et partout où ces mouvemens s'étaient prononcés, les riches seuls furent sacrifiés : le sang du pauvre ne produisait pas assez d'or.

Cependant, grace aux richesses dont le duc d'Anjou s'était fait un funèbre héritage, il se trouvait en état de commencer l'expédition d'Italie, qu'il méditait depuis trois ans. Dans cette situation, le régent, par une déférence perfide, consulta le conseil sur cette guerre, et demanda quel secours on lui accorderait s'il l'entreprenait. La ruse était facile à pénétrer : il paraissait évident que le duc, en paraissant déférer aux avis du conseil, se proposait de faire épouser à la France une querelle qui ne concernait que lui. Le régent n'obtint qu'une réponse vague; il ne fut point satisfait. Mais ses frères, qui eussent voulu le voir déjà loin, afin de gouverner sans cet avide collègue, toujours disposé à dévorer seul les ressources de l'État, ses frères lui firent craindre la réunion de la Provence aux états de Charles VI, s'il tardait à prendre possession de cette province, alors dépendante du royaume de Naples. Il partit.

Nous décrirons en peu de mots la malheureuse

campagne qu'entreprit alors le duc d'Anjou : ses préparatifs avaient été la cause la plus active des désastres de Paris ; ses suites ne furent pas sans influence sur les troubles ultérieurs qui déchirèrent cette capitale. Après s'être fait reconnaître en Provence comme héritier adoptif de la reine Jeanne, Louis d'Anjou fut couronné roi de Naples, par le souverain pontif d'Avignon*, qui excommunia en même temps *Charles Durazzo*, compétiteur du nouveau souverain. Le prince passa bientôt les Alpes, menant à sa suite trois cents mulets et beaucoup de chariots chargés d'or, d'argent et de munitions. Son armée se composait de soixante mille hommes de toutes nations, largement soudoyés des fruits de la rapine, et qui paraissaient bien disposés à se battre. Ce corps imposant traversa sans obstacle toute l'Italie, jusqu'aux frontières napolitaines. Rendu à cette limite, Louis d'Anjou envoya défier Charles Durazzo, auquel il assigna le jour et le lieu d'une bataille, que cet Italien se garda bien d'accepter.... Il fallut donc tenter l'invasion d'un pays dont les habitans avaient détruit ou caché toutes les ressources ; on n'y vivait qu'à force d'argent ; et déjà les trésors du prétendant, en partie pillés par

---

* Il y avait alors deux papes : Clément VII, qui résidait à Avignon, et Urbain VI, qui habitait Rome. Le Christ avait deux vicaires. Ce n'eut pas été un grand inconvénient, si cette duplicité de vicariat n'eut pas fait verser beaucoup de sang dans un schisme déplorable et inutile, comme toutes les disputes de l'église.

les montagnards de l'Apennin, étaient bien diminués. Il fallut pourtant en faire couler l'or à flots pour apaiser la rumeur des troupes, et les retenir sous les drapeaux qu'ils désertaient déja. La duchesse d'Anjou, restée à la cour de Paris, y avait heureusement moissonné des subsides; elle les fit passer en Italie par Venise. Informé de cet envoi, le roi députa son favori, le *baron de Craon*, vers les banquiers vénitiens chargés de payer les sommes venues de France. Louis ne pouvait faire un plus mauvais choix : Craon fit dans l'opulente Venise une entrée magnifique, puis y donna des fêtes brillantes, puis consomma en jeux et en débauche une partie des richesses qu'il venait chercher ; le tout pour faire honneur au monarque qui l'envoyait. Après ces abus de confiance, ce gentilhomme, ainsi que tous les dépositaires infidèles, ayant dissipé par entraînement la moitié de son dépôt, s'empara du reste par friponnerie, et ne reparut point au quartier-général de son maître. Pendant ce temps, d'Anjou soutenait les troupes du produit de sa vaisselle et de ses bijoux; bientôt il lui fallut vendre ses équipages ; enfin sa couronne fut fondue pour satisfaire aux besoins du soldat.

Dans cette situation désespérée, Louis, ayant rencontré un petit corps ennemi qui occupait une position avantageuse, près de Bari, l'attaqua en furieux, en homme que la rage exaspérait, et reçut, dans une effroyable mêlée, la mort qu'il cherchait peut-être. Après la perte de son chef, l'armée du duc d'Anjou, débandée, éparse dans toute l'Italie, regagna les Alpes, sans être poursuivie. On voyait, sur les chemins, de longues files de seigneurs et de chevaliers, naguère étincelans d'acier poli, d'or et de pierreries; maintenant à pied, sans armes, presque nus, demandant l'aumône pour regagner leur patrie... La catastrophe de cette campagne laissa long-temps en France de tristes souvenirs *.

Cependant Craon, qui avait à la cour de Paris des amis puissans, osa s'y remontrer éclatant de faste, sous les yeux de la veuve du duc d'Anjou, lorsqu'elle pouvait, avec raison, l'accuser d'être le meurtrier de son mari. Avec beaucoup de peine, cette princesse parvint à faire rougir ses beaux-frères de l'insulte faite à leur famille par l'audace du spoliateur; il fut condamné à restituer cent mille livres; mais il lui resta assez des richesses qu'il avait volées pour se consoler de cette restitution.

Telle fut la fin malheureuse d'une entreprise qui, nous le répétons, avait été la première cause des malheurs récens de la capitale : tourmenté du desir de régner, d'Anjou s'empara d'abord de la succession de Charles V; la couronne privée du trésor de Melun maintint, grossit même les impôts qu'elle devait supprimer; l'esprit du peuple

* Charles Durazzo, surnommé *le prince de la paix*, avait fait étrangler Jeanne de Naples, sa cousine, et recueillit son héritage, après les désastres du duc d'Anjou.

s'aigrit, s'exalta, la révolte éclata, des flots de sang coulèrent... et l'on a vu quels rétultats suivirent de si grands malheurs.

Au milieu des discordes civiles, Charles VI avait atteint sa seizième année. Il était grand, bien fait, d'une force remarquable pour son âge, et très adroit dans tous les exercices du corps. En l'année 1385, assistant aux noces de son cousin le duc de Nevers, fils de Philippe-le-Hardi, le roi se sentit, pour la première fois, ému au milieu d'une multitude de femmes, belles, brillantes, au regard animé par le plaisir. Répondit-il aux avances que beaucoup d'entr'elles lui firent? On ne sait. Charles était encore bien jeune, bien timide, et l'on ne peut guère appliquer à sa première jeunesse, ce qu'un auteur contemporain dit de lui : *qu'il était moult porté à faire dommage au nœud conjugal.* Quoi qu'il en soit, ce prince, après le mariage de son cousin, exprima le desir de se marier lui-même. Selon les instructions du feu roi, on chercha à son fils une femme allemande : les suffrages des gentilshommes envoyés à cet effet dans le pays, se fixèrent sur *Isabelle*, fille du duc de Bavière, princesse fort jeune encore et parée des attraits les plus séduisans. On la fit venir en France, sous prétexte d'un pèlerinage : les jeunes fiancés se virent à Amiens; Charles, enchanté des graces d'Isabelle, déclara qu'il voulait que la bénédiction lui fût donnée immédiatement dans la cathédrale d'Amiens, bien que le duc de Bourgogne préparât, à Arras, de magnifiques cérémonies pour le mariage du roi son neveu. Mais les réjouissances, qui devaient avoir lieu à Paris pour l'entrée de la reine, furent suspendues : des nouvelles alarmantes étaient venues de Flandres. Cet Etat, par la mort de Louis de Male, était échu à Philippe-le-Hardi, duc de Bourgogne, son gendre, qui, par suite de cet héritage, devenait l'un des plus puissans souverains de l'Europe. Or les Anglais avaient fait une descente en Flandres, sous prétexte de soutenir le pape Urbain VI contre son compétiteur Clément VII; ils n'attendaient qu'une occasion favorable pour attaquer la France, malgré la trêve qui existait entre les deux royaumes; et les Flamands, peu soumis à leur nouveau comte, n'avaient pas posé les armes. Au moment où l'on célébrait le mariage de Charles VI, un mouvement considérable se concertait à Gand; *François Altremen* venait d'être nommé chef des révoltés. Des hostilités avaient même commencé contre la ville de Bruges, où résidait un gouverneur représentant le duc de Bourgogne; les Anglais s'étaient mêlés aux Gantois, et dans leurs courses, n'avaient pas respecté les frontières françaises.

Le conseil ne médita rien moins, dans cette circonstance, qu'une descente en Angleterre; expédition décisive tendant à ruiner enfin cette puissance rivale qui, depuis si long-temps, dévastait la France dans ses incursions multipliées. Mais pour assurer le succès de cette expédition imposante, il fallait beaucoup d'argent, et l'État en avait peu. Les impôts rétablis, mal payés par suite de l'épuisement général, suffisaient à peine aux dépenses ordinaires. On songea à tenter un emprunt sur la ville de Paris. Un rôle exact de la bourgeoisie aisée fut dressé, avec indication des sommes que chacun devait imposer à son obligeance forcée, et fixation du terme de remboursement. Les receveurs furent chargés de percevoir l'emprunt comme les contributions ordinaires; ce qui n'empêcha pas de doubler ces dernières, et d'en exiger le paiement avec une extrême rigueur. L'argent emprunté par le roi fut donné sans aucun espoir de recouvrement, quoique ce prince se fût engagé sur sa parole d'honneur à le rendre: on s'attendait peu à ce que celui qui s'était emparé tout récemment des biens de ses sujets, put être disposé un jour à restituer l'argent obtenu d'eux à titre de prêt. Cette défiance fut démentie..... « Charles trompa tout le monde, « dit un historien, quand il acquitta sa promesse. »

Les préparatifs d'une expédition générale vers la Grande-Bretagne se faisaient lentement; mais ils n'en causaient pas moins une extrême frayeur aux habitans de cette île: toute la nation prit les armes, y compris même les laboureurs, le clergé et les religieux, arrière-ban qui ne s'armait que dans les grands dangers du pays. Mais le duc de Bourgogne, maintenant comte de Flandres, faisait traîner à dessein l'armement maritime : les vents de l'équinoxe soufflèrent; il ne fut plus possible de songer à la descente, et le rusé Philippe n'eut pas de peine à faire décider dans le conseil une campagne contre les révoltés flamands. La France avait d'ailleurs à venger une insulte personnelle; car *Altremen*, allié des Anglais, s'était efforcé plusieurs fois de brûler la flotte française, dans le port de l'Ecluse.

La marche des troupes de Charles VI fut heureuse et rapide: ses succès portèrent la terreur jusqu'à Gand. Philippe-le-Hardi, prince plus cruel que politique, faisait massacrer une partie des prisonniers qui tombaient dans ses mains; en sorte que si, avant la guerre, il avait un faible parti en Flandres, ses cruautés le lui firent perdre. « Quand nous serons morts, disaient ceux qu'on « passait inhumainement par les armes, nos os se « rassembleront pour combattre. » Malgré ces paroles spartiates, les Flamands se décidèrent à un accommodement avec leur nouveau souverain, et Charles VI revint à ses préparatifs contre l'Angleterre. Les détails en sont curieux: nous les empruntons à un historien moderne qui, contre les habitudes de son école, a su les rendre animés et pittoresques.

« Le port de l'Ecluse, dit Villaret, était le
« rendez-vous de la flotte destinée au passage.
« On y comptait plus de quinze cents vaisseaux
« de ligne; il fallait qu'ils fussent considéra-
« bles puisqu'on les destinait à porter une armée

« de cent mille hommes, où devaient se trouver
« le roi, les princes du sang, les seigneurs, toutes
« les munitions de guerre et de bouche, et cin-
« quante mille chevaux au moins, puisqu'il y avait
« vingt mille chevaliers et écuyers. Les frais de la
« flotte montaient à trois millions (au moins trente
« millions de notre monnaie). On avait acheté
« les bâtimens dans les ports de la Hollande et
« de la Zélande. Outre cette quantité considérable
« de vaisseaux, le connétable de Clisson * prépa-
« rait en Bretagne une flotte de soixante et douze
« voiles. Il faisait en même temps travailler à la
« construction d'un édifice, aussi effrayant par la
« dépense qu'étonnant par sa singularité. C'é-
« tait une ville de trois mille pas de diamètre **;
« munie de tours, de bastions, et capable de
« contenir une armée entière. On devait s'en
« servir, après le débarquement, pour avoir en
« arrivant en Angleterre, une place d'armes à
« l'abri des insultes de l'ennemi. Cette ville, com-

* Il avait succédé à l'illustre Duguesclin, dont il avait été le frère d'armes.

** Il est à craindre que Villaret ne se soit laissé surprendre par l'emphase des récits contemporains, dont les auteurs, amis des extrêmes et du merveilleux, ne se montrent pas plus économes de chiffres que d'assertions invraisemblables. Une ville de trois mille pas de diamètre aurait en circonférence neuf mille pas ; c'est-à-dire environ trois de nos lieues communes. Toute la flotte n'aurait pas suffi au transport des pièces qui devaient composer cette cité de Marqueterie.

« posée de pièces de rapport, fut placée sur la
« flotte que le connétable tenait prête. »

La noblesse française avait déployé, dans ses préparatifs, toute sa magnificence ordinaire : les vaisseaux que les hauts barons devaient monter étaient ornés de sculptures et de peintures ; on voyait dans les voiles mêmes, dit Mézerai, des armoiries et d'autres ouvrages d'or et de soie.

L'armée se rendit au port de l'Ecluse avec un enthousiasme extraordinaire, mais non pas avec le sentiment de la discipline. Le soldat pillait tout le pays qu'il traversait: « Les pauvres laboureurs
« qui avaient recueilli leur grain, dit une chroni-
« que du temps, n'en avaient que la paille ; s'ils
« se plaignaient, ils étaient battus ou tués. Les
« viviers étaient dépeuplés, les maisons abattues
« pour faire du feu. Les Anglais, s'ils fussent arri-
« vés en France, n'eussent pu faire plus de mal
« que les soldats français en faisaient. Ils disaient:
« nous n'avons point d'argent maintenant mais
« nous en aurons au retour; si nous payerons tout
« sec. »

Cependant le roi était rendu depuis long-temps au lieu de l'embarquement ; il montait tous les jours sur le vaisseau qui devait le porter à la rive anglaise, et disait à Clisson : « Connétable, j'ai
« été en mon vaissel et me plaisent grandement
« bien les affaires de mer, et croi que je serai
« bon marinier. » Le jeune monarque ne put achever son épreuve : le duc de Berry, qu'on at-

tendait, avec les troupes de son apanage, n'arrivait point, et la saison propre aux expéditions maritimes se passait. Bientôt les vents devinrent tout-à-fait contraires; une tempête dispersa la flotte de Clisson, chargée de la ville artificielle: un des vaisseaux qui la portaient fut poussé sur la côte d'Angleterre, et les Anglais se chauffèrent des tours, des bastions qu'on voulait leur opposer. Enfin le duc de Berry arriva, mais lorsque la mer, irritée et blanchissante, opposait des montagnes de flots aux entreprises de la marine française. Il fallut renoncer à l'embarquement; l'escadre fut désarmée; la cour revint à Paris *.

A peine de retour dans la capitale, Charles VI, le duc d'Orléans son frère, les ducs de Berry, de Bourgogne et de Bourbon, ses oncles, faillirent périr par le poison. Charles-le-Mauvais vivait retiré dans son État de Navarre, au sein d'une débauche effrénée, couvert de mépris et d'opprobre, exilé de la cour, et tenu loin de son comté d'Evreux,

---

* Le duc de Berry s'était montré ouvertement contraire à cette expédition, qui contrariait ses goûts pour le faste et la débauche, en détournant les espèces qu'il puisait librement dans les coffres royaux. Tout porte donc à croire que son retard avait été volontaire, et qu'il s'était proposé de faire échouer l'entreprise. Ainsi les vices de ce prince rendirent vaines d'énormes dépenses, et s'opposèrent à l'exécution d'un projet, véritablement politique, dont l'accomplissement eut sauvé la France des désastres qui la firent passer, durant ce même règne, sous la domination anglaise.

que l'on tenait sous le séquestre, il méditait les plus noires projets contre le jeune monarque qu'il ne pouvait plus ni combattre, ni trahir. Un jour le hasard conduisit à la cour de Navarre un jeune ménestrel, qui avait pour compagnon, ou pour valet, un Anglais nommé *Robert Vourdreton.* Le Mauvais croit voir sur la physionomie de ce dernier l'expression d'une ame perverse: il le tire en particulier, fait briller l'or à ses yeux, lui en donne même, et lui déclare qu'il le comblera de richesses et d'honneurs, s'il veut seconder un projet qu'il médite. L'Anglais lui promet de le servir et demande à connaître la mission qu'on veut lui confier. — Elle est aisée, répond le prince. J'ai pris soin d'étudier la propriété rapide d'une drogue qu'on nomme *arsenic*; je connais la dose précise qu'il faut employer pour faire mourir un homme... J'en ai fait l'épreuve... — L'étranger frémit. — J'en ai fait l'épreuve, poursuit le Mauvais, et cette dose est si peu visible, qu'on peut, sans danger, la glisser dans une boisson. Il s'agit donc simplement de faire prendre de l'arsenic au roi, et à tous les princes du sang.... Tu m'entends, ce coup hardi me donne la couronne de France..... Juge de ta fortune..... L'Anglais, ébloui par une telle perspective, accepte la commission meurtrière, et demande où il pourra se procurer le poison qu'on lui indique. — Partout, reprend le Navarrois: tu en trouveras chez tous les apothicaires des grandes villes que tu traverseras pour te rendre à Paris. Après avoir instruit minutieusement son sicaire des moyens de pénétrer dans le palais, dont les êtres et les habitudes lui sont bien connues, Charles ajoute : « Tiens toi près de la cuisine, du dressouer, de « la bouteillerie ou de quelques autres lieux où « mieux tu verras ton point, et de cette poudre « mets ès-potages, viandes ou vins desdits sei- « gneurs. » L'Anglais part, achète de l'arsenic à Bayonne, poursuit sa route vers Paris; mais à peine y est-il arrivé qu'on se saisit de lui. On le trouve muni du poison; il est interrogé, condamné et écartelé. Le complot fut, dit-on, découvert par le fils du roi de Navarre, prince aussi vertueux que son père était criminel; il dénonça cet horrible trame à la cour de France, dont il avait obtenu la promesse que le nom du monarque navarrois ne paraîtrait point dans la procédure. Mais la justice éternelle n'avait pas absous le Mauvais.

Peu de temps après cet évènement, ce tyran, énervé par les excès, décrépit à cinquante-six ans, se promettait cependant des heures fortunées avec une nouvelle maîtresse....... Voulant, dans l'attente de cette félicité, ranimer sa chaleur languissante, il eut la singulière fantaisie de se faire envelopper d'un drap imbibé d'esprit-de-vin. Son valet de chambre achevait de le coudre dans cette enveloppe, lorsque, ne trouvant point sous sa main de ciseaux pour trancher le fil, il en approcha imprudemment, d'autres disent sciemment*,

---

* D'après ces dernières versions, Charles le Mauvais avait

la flamme d'une bougie, qui soudain embrasa le linge pénétré d'esprit.... Avant qu'on fut parvenu à tirer le prince de cette toile enflammée, ses chairs étaient dévorées; il était brûlé jusqu'aux os...... Charles périt au bout de trois jours, qui furent un long martyre : on entendait, à trois cents pas du palais, les cris ou plutôt les rugissemens que la douleur arrachait au Navarrois moribond... Ses sujets disaient en se signant : « Le « Mauvais arrivera aux enfers déja préparé aux « tourmens éternels qui lui adviennent ».

Voyons maintenant comment, après la mort du Navarrois, les princes français reconnurent l'avis qui les avait sauvés du poison. On avait trouvé le jeune duc de Navarre fort bon pour garder le séquestre des biens de son père; mais le conseil entendait bien le dépouiller de ses possessions de Normandie, et le forcer à recevoir un équivalent, moins favorable aux invasions anglaises. Ce projet pouvait être commandé par une sage politique; mais il eût été du devoir d'une cour reconnaissante de traiter ouvertement et fran-

---

possédé de vive force la femme de ce valet de chambre, qui depuis long-temps épiait l'occasion de se venger... Une partie des écrivains du temps rapportent que cette catastrophe se passa à Evreux; et l'avis donné à la cour par le fils du Mauvais, semblerait le prouver; car ce jeune prince résidait habituellement en Normandie, et la confiance dont il était digne avait même déterminé la cour de Paris à lui confier la garde du séquestre des apanages de son père.

chement avec l'héritier du Mauvais. On préféra faire jouer au jeune roi une parade dont voici le précis. Par une pitoyable ruse de chicane, on fit semblant d'ignorer la mort du roi de Navarre ; et ce prince fut cité à comparaître à la table de marbre pour se justifier des crimes, trahisons et félonies qui lui étaient imputés : moyen d'autant plus ridicule, que, de son vivant, on avait laissé le coupable tranquille et impuni. Le roi tint un lit de justice au Châtelet : les avocats défenseurs excipèrent de la mort du prévenu : circonstance qui semblait devoir le dispenser d'être jugé. Mais l'avocat général, dans un long plaidoyer où Dieu, les anges, Adam et le diable intervinrent tour à tour, soutint qu'encore même que Charles de Navarre fût décédé il pouvait être poursuivi pour crime de lèse-majesté...... Le ridicule ne fut pas porté néanmoins jusqu'à une condamnation : l'affaire demeura suspendue, et le roi fit occuper le comté d'Evreux par ses troupes ; ce qui parut une conclusion judiciaire moins sujette à réplique.

Parvenu à sa vingtième année, le roi commençait à se lasser de la tutelle de ses oncles : il avait été éclairé (par l'échec maritime que nous avons mentionné) sur les vues personnelles de ces princes, et songeait sérieusement à saisir les rênes du gouvernement. On a soupçonné que le connétable de Clisson lui avait inspiré secrètement cette pensée. Un jour le grand conseil étant réuni, Charles VI demanda, par forme de consultation, s'il ne convenait pas qu'il régnât enfin sans tuteurs. L'affirmative fut soutenue avec chaleur par le cardinal de Laon : ce prélat, sans doute ami du bien public, peignit énergiquement les vices de l'administration, accusa hautement, mais sans les nommer, plusieurs membres du conseil, qui durent se reconnaître; puis il conclut à la dissolution d'une régence prolongée contre les coutumes de la monarchie, mais surtout contre les intérêts de l'Etat. La majorité de l'assemblée adopta ces conclusions, auxquelles les ducs de Bourgogne et de Berry n'osèrent s'opposer.

Reprenant alors la parole, Charles VI remercia ses oncles avec sensibilité des soins qu'ils avaient jusqu'alors donnés aux affaires de son royaume; et les déchargeant, pour la suite, de ces soins si pénibles, si dangereux, disait-il, il déclara que, de ce jour, il allait travailler, sans intermédiaire, à l'accomplissement de la tâche que Dieu lui avait confiée. Peu de jours après, le cardinal mourut presque subitement; un avis, qui trompe l'ambition et la cupidité de deux princes du sang, peut coûter cher à un bon serviteur.

La cour prit alors une face nouvelle : les créatures de la régence cessèrent d'être celles de la majorité : on vit paraître autour du monarque des figures nouvelles; les anciens courtisans tombèrent en disgrace. Les affaires publiques furent partagées entre quatre ministres : le Bègue de Vilaines, le sire de la Rivière, Jean Lemercier de Noviant et Jean de Montagu. Le connétable de Clisson, sans porter le titre de premier ministre, en eut l'autorité : Charles VI ne faisait rien sans l'avoir consulté. Le nouveau conseil, épargnant peu les gouvernans qui l'avaient précédé, promit de faire tout autrement qu'eux; il fit au peuple d'amples promesses, dont l'effet se borna à la suppression d'un impôt établi au moment de la guerre qui n'avait pas eu lieu. Afin de faire croire à la pureté de vues qu'on affectait, il était politique de chercher des coupables dans le régime précédent : le seul prévôt de Paris, *Audouin de Chanveron*, se trouva assez dépourvu de crédit et de richesses pour paraître criminel. Ce magistrat avait été chargé de répartir l'impôt : tâche délicate, où l'on se fait aisément des ennemis. Cependant il prouva que, s'il lui était arrivé quelquefois d'intervertir l'ordre légal, il n'avait agi que par les ordres exprès des ducs de Berry et de Bourgogne. Du reste, l'accusation de concussion portée contre ce gentilhomme, se réduisit à lui reprocher un cadeau de six francs fait à sa femme, et à lui-même celui d'un quart de vin et de quelques volailles : présens d'usage dans l'installation des huissiers. Mais il fallait punir un ancien exacteur, pour attirer la confiance sur les nouveaux gouvernans : Audouin fut condamné à mort comme concussionnaire... Le roi lui fit grace.... c'était à ses juges qu'il fallait la faire.

Le conseil fit paraître, dans ces premiers temps, quelques ordonnances utiles : la plus importante fut celle relative à l'organisation nouvelle du parlement. A dater de cette époque, les membres de ce corps durent rester en permanence à Paris, et ne s'absenter qu'avec la permission du roi. On vit aussi paraitre alors des édits de police, tendant à la sûreté et à la salubrité de Paris. On commença à nettoyer la ville des immondices qui formaient, dans tous les quartiers, des cloaques infects; mais ce n'était pas de long-temps que ce résultat devait être complètement obtenu. Les lépreux eurent des asiles spéciaux hors des murs : la contagion qu'ils répandaient cessa d'exercer ses ravages. Une autre lèpre, les mendians, qui jusqu'alors avaient étalé, dans toutes les parties de la capitale, leurs haillons et leur hideuse industrie, furent repoussés dans certains quartiers qu'on leur assigna, et qu'on eut soin de fermer : le plus considérable de ces repaires était la *Cour des Miracles*, où cette vermine sociale se retirait à la nuit tombante. Le matin, lorsque les gueux ou *truands* se répandaient par la ville, tous étaient boiteux, aveugles, estropiés, couverts de plaies; le soir, en rentrant dans leur taudis, ils se trouvaient dispos, ingambes, joyeux, et passaient la nuit en orgies, en débauches. De ce charlatanisme spéculatif vint le nom de Cour des Miracles, donné au refuge de ces mendians. Nous reparlerons de ce lieu, et des rues de la grande et petite Truanderie.

Il ne paraît pas que le jeune Charles VI se soit montré sévère envers les filles publiques : nous voyons même que, dans un voyage qu'il fit à Toulouse, il accorda à celles de cette ville certaines immunités. Ces prostituées vinrent d'une maison appelée *la Grande-Abbaye*, qu'elles habitaient en commun, se présenter au monarque voyageur. Celle chargée de prendre la parole se plaignit de l'assujétissement où elles étaient « de porter des chaperons « et cordons-blancs, ce qui les empêchait de s'habil- « ler à leur plaisir, et leur attirait affronts et dommages.... » Charles VI, sans doute pénétré de la justice de ces raisons, accorda aux filles de *Toulouse* la permission d'adopter tels chaperons et couleurs qui leur conviendraient, en s'astreignant toutefois à porter *une aiguillette blanche* *.

Le roi ne pouvait guère sévir contre des femmes dissolues par nécessité, quand le vice régnait dans sa cour. Villaret rapporte qu'aux noces de Louis et Charles d'Anjou, fils du feu roi de Naples, les réjouissances ne se bornèrent pas aux tournois, où le roi et le jeune duc d'Orléans combattirent avec éclat : il y eut au palais de Saint-Paul des bals parés et masqués fort licencieux. « Tout le monde ne s'y amusa pas également, dit « l'historien que nous citons : plus d'un mari en « revint mécontent de la conduite de sa femme. »

Les cérémonies du mariage des cousins du roi furent surpassées, en magnificence, par celles qui

* De là vint sans doute le proverbe, *courir l'éguillette*, pour exprimer l'action de chercher les aventures avec des filles publiques.

eurent lieu à l'occasion de l'union de Louis d'Orléans avec *Valentine Visconti*, fille du duc de Milan. Mais l'entrée à Paris et le couronnement de la reine, retardés par suite des guerres, éclipsèrent, disent les chroniques, tout ce qu'on avait vu jusqu'alors de splendeurs. Les Parisiens de ce temps, comme ceux d'aujourd'hui, amis des spectacles, de la pompe, de l'éclat des fêtes, et se plaisant à tirer vanité des efforts qu'ils faisaient dans ces occasions, les Parisiens, disons-nous, s'ingénièrent pour offrir quelque chose de nouveau à leur jeune souveraine; car déjà la nouveauté avait des attraits pour eux. A la porte Saint-Denis, des enfans, vêtus en anges, descendirent de la voûte jusqu'au char de la reine, et lui posèrent sur la tête une belle couronne d'or artistement travaillée. Cette princesse, enchantée, leva les yeux et vit un paradis tout resplendissant de lumière, d'or et d'argent. « Là,
« voyait-on, dit Froissard, Dieu séant en sa ma-
« jesté, et de petits enfans de chœur chantaient
« moult doucement en forme d'anges. La sainte
« Vierge tenait entre ses bras un petit enfant, le-
« quel s'esbatait à part soi avec un petit moulinet
« fait d'une grosse noix. » Plus loin, des chevaliers français et anglais simulaient le jeu d'armes de Saladin; tandis qu'à leurs côtés, de jeunes filles, très parées, offraient aux passans *clairet*, *hypocras et piment* *. Diverses scènes ou spectacles passèrent encore sous les yeux d'*Isabelle:* au grand

* Il paraît qu'alors le piment était fort recherché; nos pe-

Châtelet, on lui donna un concert; au petit, elle vit la représentation d'un lit de justice. Près de là, un cerf artificiel s'élança d'un bois planté la veille : l'animal devait être d'or massif; mais on n'avait pas eu le temps de le fondre, et c'était toujours une grande folie de moins. Du fourré d'où le cerf venait de s'élancer, sortirent aussi un lion et un vautour qui l'attaquèrent: la bête aux cornes fourchues brandissait une épée, qu'elle tenait avec grace dans l'une de ses pates, et roulait des yeux menaçans : singularités fort curieuses, pour le temps, qui prouvaient qu'on avait déja quelques notions de la mécanique *. Mais ce qui amusa le plus la jeune reine ce fut de voir, à l'entrée de la nuit, un voltigeur descendre du haut des tours de Notre-Dame jusqu'au grand pont, sur une corde tendue, et tenant deux flambeaux dans ses mains.

Le roi, pour jouir plus à son aise de ces divers spectacles, avait eu la fantaisie de se déguiser, et de parcourir les rues, monté en croupe derrière le sire de Savoisi. Ainsi mêlé dans la foule, il subissait volontiers tous les inconvéniens qui en ré-

---

tites maîtresses du dix-neuvième siècle s'arrangeraient sans doute peu volontiers d'une telle friandise.

* Ces singularités de l'époque étaient dues à des Italiens ou à des Allemands, qu'on attirait dans toutes les cours de l'Europe. Lors des fêtes données à l'empereur Charles IV par son neveu Charles-le-Sage, ces étrangers avaient imaginé le vaisseau et la ville de Jérusalem, qu'on avait vu s'avancer dans la salle du festin.

sultaient. « Il y avait, dit Froissard, foison de
« sergens à grosses *boulaies* *, lesquels pour em-
« pêcher la presse, frappaient de côté et d'autre
« de leurs boulaies bien et fort.... En eut le roi
« sur les épaules bien assis. »

Après avoir satisfait ainsi sa curiosité, au prix de quelques horions appliqués sur ses épaules royales, le roi courut revêtir les insignes souverains, afin d'assister au couronnement de sa femme, qui se fit dans la Sainte-Chapelle. Quand la cérémonie fut achevée, quatre bourgeois de Paris, au nom de la ville, offrirent à Isabelle de Bavière, une nef d'or, deux grands flacons, deux drageoirs et deux bassins d'argent; la duchesse d'Orléans reçut en même temps deux services de vaisselle. Mais le roi eut la plus riche part des présens de sa capitale: elle lui offrit quatre pots, six trampoirs et six plats d'or. Le tout, conformément à un bizarre usage dont on ignore et le motif et l'origine précise, avait été apporté par deux hommes déguisés, l'un en ours, l'autre en licorne; et par deux autres habillés en Maures, et qui s'étaient noirci la peau. Le roi, pour toute réponse aux harangues emphatiques dont les bourgeois avaient accompagné leurs cadeaux, dit à ces citoyens généreux: « Grand merci, bonnes gens; ils sont

---

* *La boulaie* était un gros bâton, dont les sergens étaient armés pour faire la police ; ils n'épargnaient pas les injonctions effectives dont cette arme contondante était l'instrument.

« beaux et riches : » la politesse était un peu exigue.

Les solennités de Paris furent suivies de réjouissances données à l'abbaye de Saint-Denis, où la reine était censée se rendre pour satisfaire à un devoir pieux. Ces sortes de pèlerinages étaient alors très fréquens: les dames de condition et les bourgeoises allaient à Notre-Dame-des-Vertus, à Notre-Dame-de-Boulogne, à Saint-Maur-des-Fossés, à Saint-Denis, pour prier dévotement; et souvent le plaisir était le saint qu'elles adoraient ; la volupté, la madone qui recevait leurs hommages. Ces voyages se dirigeaient ordinairement, dit Guillaume Coquillart*, vers les couvens de moines,

---

* Coquillart, le Lattaignant de son époque, était official de l'église de Reims. Voici ceux de ses vers qui se rapportent aux pèlerinages des dames Parisiennes.

> Mesdames sans aucuns vacarmes
> Vont en voyage bien matin,
> En la chambre de quelques Carmes
> Pour apprendre à parler latin ;
> Frère Berulle et Damp frémin
> Les attendent en lieu célé
> Ont-ils bien gaudi et gallé,
> En lieu de dire leurs matines,
> Le vin blanc le jambon salé
> Pour festoyer ces pèlerines...
> Après l'on reclost les courtines,
> On accole frère frapart...

Si les maris se plaignent, ces dames répondent en faisant le signe des chrétiens :

> De travail le front me dégoutte,

car, ajoute-t-il, les pèlerines parisiennes n'avaient de dévotion que pour les moines.

Le voyage de la reine à Saint-Denis ressembla beaucoup à ces pèlerinages perfides ; trois jours s'écoulèrent en alternatives de prières, de fêtes chevaleresques et de plaisirs : tout se confondait, messes, festins, offices, joûtes, matines, bals masqués; et, dans ce mélange du profane et du sacré, la débauche domina. Un grave historien de ce règne, Jouvenel des Ursins, mentionne ainsi ces désordres. « Et estait commune renommée que les« dites joûtes étaient provenues de choses déshon« nêtes, en matières d'amourettes, et dont depuis « beaucoup de maux sont venus * *lubrica facta* « *sunt*, ajoute un autre contemporain. » Le chroniqueur anonyme de Saint-Denis donne des détails plus circonstanciés touchant ces saturnales, dans lesquelles commencèrent à se révéler les galanteries effrénées de la reine. Suivant cette autorité, on vit, pendant la dernière nuit du pèlerinage, les princes, princesses, seigneurs et dames, s'abandonner, à la faveur des masques qui couvraient leur visage, à tous les emportemens de la passion et de la licence. Ni la présence du souverain, ni la sainteté du lieu n'arrêtèrent ce torrent de lubricités. « Chacun chercha à satisfaire ses passions, dit le

Je viens de Saint-Maur-les-Fossés
Pour être allégée de la goute.

Poésies de Coquillart, pages 170 et 171.

* *Jouvenel des Ursins*, Histoire de Charles *VI*, page 73.

« laboureur, et c'est tout dire qu'il y eut des ma-
« ris qui pâtirent en ces déduits, et qu'il y eut
« aussi des filles qui perdirent le soin de leur hon-
« neur. »

Ces solennités et ce commencement de la prostitution d'Isabelle de Bavière se passaient pendant l'été de 1389. Bientôt d'autres scandales mêlèrent leur retentissement à celui des saturnales de Saint-Denis. Le duc de Berry n'avait point paru à Paris durant ces fêtes : retiré dans son gouvernement, où tout ce qui l'entourait payait un tribut à ses caprices, il se livrait, en véritable pacha, aux délices d'une vie fastueuse et dissolue. Tous les impôts frappés sur les peuples que Berry gouvernait servaient à ses plaisirs, et comme il ne mettait point de bornes aux fantaisies que chaque jour voyait naître en lui, il n'en mettait pas davantage à ses exigences envers les pauvres contribuables. S'ils se plaignaient, *Betisac*, favori du prince et ministre de ses exactions, doublait les levées et la rigueur de perception. Enfin les plaintes parvinrent en tel nombre à la cour, que Charles VI ordonna l'arrestation de Betisac, qui fut immédiatement amené à Paris. Les grandes richesses de ce gentilhomme furent le premier point sur lequel porta l'interrogation des juges. « Il répondit avec candeur : Mon-
« seigneur de Berry veut que ses gens deviennent
« riches. » Cette réponse fut soutenue par une lettre du prince lui-même, dans laquelle il déclarait que Betisac avait agi en toute circonstance

par son ordre; puis il réclamait ce favori, comme justiciable de lui seul. La condamnation devenait impossible, en jugeant l'accusé d'après les lois civiles : il fallait mettre Berry en cause ou renvoyer son agent absous. Au moyen d'une ruse perfide, l'accusation changea de face : un faux ami, envoyé dans la prison de Betisac, lui dit : « Nonobstant la déclaration du prince, vous serez jugé demain et exécuté. Un seul moyen de salut vous reste : accusez des crimes de la compétence des juridictions ecclésiastiques; vous serez envoyé devant elle et, quel que soit l'arrêt, un appel en cour du pape vous sauvera, parce que le duc, votre maître, est ami de sa sainteté. Malheureusement pour lui, Betisac n'aperçoit pas le piège; il se fait conduire devant le juge et fait cette terrible déclaration : « Je suis sodomite, hérétique, incrédule
« à la trinité, à l'incarnation du Verbe, matéria-
« liste; et je crois fermement qu'il n'existe ni paradis
« ni enfer.—Sainte Marie, s'écrie le magistrat ef-
« frayé, Betisac, vous errez grandement contre
« l'église; vos paroles demandent le feu.—Qu'elles
« demandent le feu ou l'eau, répond l'accusé, je
« n'en sais rien; mais telles sont mes opinions; je
« les ai eues dès l'enfance et les tiendrai jusqu'à la
« fin. » Lorsque ces paroles sacrilèges furent rapportées au roi, ce prince, à qui l'on avait eu soin de cacher l'infâme artifice, dit avec l'accent de l'indignation ; « Betisac est un mauvais homme, héré-
« tique et larron, qu'il soit ars et pendu, ne ja par
« bel oncle de Berry, il ne sera excusé. »

On voit que le favori du duc était condamné avant d'être jugé : aussi sa comparution devant les juges ecclésiastiques fut-elle de pure forme, et son appel au pape fut rejeté...... Betisac, conduit immédiatement à l'échafaud, voulut en vain rétracter la déposition qu'il avait faite; on ne lui en donna pas le temps : l'infortuné fut précipité dans les flammes, où sa voix s'éteignit.... Charles VI était présent à ce supplice inique...... inique assurément, car les crimes de Betisac étaient ceux d'un autre, d'un prince du sang, retranché derrière son inviolabilté.... Servez donc les grands, montrez-vous dévoués à leur cause : sacrifiez à leurs passions votre sûreté, votre honneur..... la punition glisse, sans l'effleurer, sur leur vie, et la vôtre est jetée à la justice en expiation de leurs forfaits.

Le duc de Berry, tout dissolu qu'il était, fut navré de douleur en apprenant l'exécution de son favori : il jura de se venger. Les témoignages de son ressentiment ne se bornèrent point à ces expressions de douleur, à ces exclamations de colère : il écrivit une lettre fort dure au roi son neveu... Que devint-il lorsqu'il reçut, en réponse à ce message, la nouvelle qu'il était remplacé dans son gouvernement? Le successeur de Berry, Jean d'Harpedane, neveu du connétable, lui apporta lui-même la destitution dont il devait profiter. Le fils de Charles V reçut ce seigneur avec une sorte de fureur; lui dit, sans le moindre ménagement, que Clisson avait tramé sa perte; mais qu'il le retrouverait sans beaucoup d'attente.

Les reproches de Berry étaient fondés : le connétable, tout-puissant à la cour de Charles VI, n'avait point oublié le dommage fait à l'expédition maritime manquée et à sa propre fortune le retard perfide que le duc avait mis à se rendre au port de l'Écluse.... La disgrace du prince, en satisfaisant le ressentiment de Clisson, ouvrit une nouvelle source de maux également funestes au pays et à la monarchie.

Charles VI devait être entraîné dans la plus grande des calamités en voulant venger les injures de son favori : cette calamité était la perte de sa raison. Disons d'abord que ce prince, doué de formes athlétiques, ami de tous les exercices violens, n'avait cependant que l'apparence de la force : son tempéramment était délicat, sa santé faible; tout ce qu'il montrait d'énergie, au physique comme au moral, ne semblait être qu'un élan d'amour-propre ou d'opiniâtreté. Il faisait tour à tour parade de sa puissance musculaire et de sa puissance souveraine, sans posséder ni l'une ni l'autre. Le moindre exercice un peu rude l'énervait; la plus courte persistance de Clisson paralysait sa volonté. En l'absence du connétable, on faisait plier l'esprit débile de Charles VI à tous les avis; le dernier orateur était toujours le plus éloquent. Aussi le connétable éloignait-il de ce monarque, aux idées vacillantes toute personne étrangère à la coterie ministérielle qui aurait pu influéncer cet esprit universellement accessible.

Le roi, livré à cette fluctuation de pensées, et trop confiant dans une trève, aussi peu stable que ses idées, qu'il avait conclue avec les Anglais, le roi conçut presque simultanément plusieurs projets. Tantôt il voulait aller combattre les pirates d'Alger et de Tunis, ainsi que le faisait, en ce moment, le duc de Bourbon, son oncle, qui avait quitté la cour où ce prince honnête homme vivait déconsidéré ; tantôt le monarque songeait à entreprendre une croisade pour accomplir le vœu de Philippe et Jean de Valois, ses aïeux ; tantôt c'était en Italie qu'il prétendait porter ses armes, afin de venger d'Anjou, son oncle, rendre à sa maison le trône de Naples, et abattre, chemin faisant, la papauté de Boniface, successeur d'Urbain VII. Cette dernière partie de l'expédition au-delà des monts embrasait surtout l'imagination de Charles. Mettre fin au schisme lui paraissait un résultat glorieux. Dans son enthousiasme, il parcourait sa chambre à grands pas, en disant : « J'aurai quatre mille lances ; les ducs de Berry « et de Bourgogne, chacun deux mille ; le duc « de Bourbon, mille ; le connétable, deux « mille ; les seigneurs de Saint-Paul et de Coucy, « deux mille... » Un message est envoyé au duc de Bretagne, pour l'inviter à joindre ses hommes d'armes à ceux du roi... « Charles VI veut aller

« détruire le siège de Benoît, dit Montfort, en
« recevant la dépêche royale : m'aide Dieu, il n'en
« sera rien, il aura en brief temps d'autres étoupes
« en sa quenouille. »

Le duc de Bretagne faisait allusion, par ces paroles, à la trame qu'il s'efforçait d'ourdir en Angleterre, pour jeter sur les bras du roi, son suzerain, le plus redoutable de ses ennemis. Montfort resserra néanmoins, peu de temps après, les nœuds qui l'unissaient à Charles VI, par les fiançailles de son fils, enfant de deux ou trois ans, avec une fille du monarque, dont la reine Isabelle venait d'accoucher. Mais cette bonne intelligence apparente entre la cour du duc et celle de Paris ne pouvait durer : il y avait, dans cette dernière, un seigneur puissant, qui ne pardonnait pas au Breton un genre de grief qu'oublie difficilement l'homme le plus clément. Clisson, attiré dans un guet-apens par Montfort, avait failli, quelques années plus tôt, tomber sous des bras assassins, armés par ce prince. Un serviteur vraiment fidèle, nommé *Bavalon*, s'était opposé à ce meurtre, qui eût couvert son maître d'infamie. Lui-même remercia ce domestique d'avoir désobéi ; mais le connétable, échappé au poignard, ne put sauver sa liberté qu'en la rachetant *. De-

* Clisson avait combattu autrefois pour la maison de *Blois*, contre celle de *Montfort*. Cette dernière ne l'avait pas oublié. Mais d'autres causes de haine s'étaient jointes à celle là. D'abord, Clisson, qui possédait des biens immenses en Bre-

puis son retour à Paris, Clisson s'efforça de faire déclarer la guerre au duc de Bretagne; ses efforts furent long-temps contrariés par ceux des ducs de Bourgogne et de Berry, qui défendaient Montfort auprès de leur neveu, peut-être seulement parce que le connétable, qu'ils haïssaient, l'attaquait avec persévérance. Le traité dont nous avons parlé plus haut fut conclu à Tours, et Clisson parut même se prêter à une réconciliation à laquelle ni son cœur, ni celui de Montfort ne prirent part.

Les choses en étaient là, lorsqu'un nouvel évènement vint ranimer les espérances vengeresses du connétable. Nous avons dit que le baron de Craon, le spoliateur de Venise, avait reparu à la cour, en dépit du ressentiment de la douairière d'Anjou. Ce gentilhomme était devenu le confident intime des aventures galantes du jeune duc d'Orléans, prince dissolu, que n'avait pu fixer la belle, la tendre Valentine de Milan, livrée, dès les premiers mois de son mariage, à tous les transports d'une jalousie italienne. Vers le temps où nous sommes parvenus, le frère du roi rendait des soins

---

tagne, avec le titre de connétable, était presque aussi puissant dans cet Etat que le duc lui-même, et la rivalité est le plus âcre des fermens de discorde. En outre, il paraît que Clisson était coupable d'avoir paru trop aimable à la duchesse de Bretagne; car en ordonnant à Bavalon d'assassiner ce seigneur, Montfort avait dit : « Obéis; l'heure est venue que j'aurai « raison de ce méchant paillard, qui m'a tant outragé. »

aussi heureux qu'assidus à la dame Cani de Varennes, dont il eut depuis ce vaillant bâtard, qu'on a nommé le *beau Dunois* *. Par un motif qui n'a point été connu, mais peut-être dans l'espoir d'offrir à la duchesse d'Orléans l'occasion d'une vengeance conforme à l'injure, Craon révéla à cette princesse l'intrigue, jusqu'alors très secrète, de son mari... Valentine, dont l'humeur était irascible, et nullement portée au genre de vengeance que le dénonciateur pouvait attendre d'elle, accabla le duc des plus vifs reproches; Louis d'Orléans l'apaisa, la caressa, tira d'elle finement le nom de celui qui l'avait informée. L'infidèle confident fut perdu: le frère du roi, groupant des griefs, vaguement supposés, avec les anciens délits de Craon, obtint aisément son exil; il dut quitter la cour sans être même informé des imputations portées contre lui. L'exilé se retira dans une terre qu'il possédait sur les limites de la Bretagne; et, persuadé qu'il devait sa disgrace au connétable, il travailla sans relâche à ranimer la haine de Montfort contre ce favori de Charles VI.

Ce nuage, un moment arrêté sur la cour, parut se dissiper: en 1393, la trêve avec l'Angleterre venait d'être prolongée encore d'un an, et le plaisir, lorsqu'il a une année devant lui, ne songe point à la peine qui doit suivre sa courte durée. La reine, dans tout l'éclat de la jeunesse, ne songeait

* Il ne naquit qu'en 1402 seulement, et l'intrigue de Louis d'Orléans paraît avoir existé dès l'année 1293.

qu'à paraître avec magnificence, et à faire valoir les charmes éclatans qu'elle possédait. Les passions de cette princesse, portées jusqu'aux plus grands dérèglemens, ne manquaient, comme on le pense bien, ni d'alimens, ni d'imitateurs. La galanterie devint l'unique affaire des courtisans, hommes et femmes ; et le jeune monarque luimême fut distrait des soupçons jaloux que la conduite d'Isabelle pouvait lui inspirer, par les agaceries de quelques filles de la reine, qu'elle savait avec art offrir en proie aux transports de son époux. Pour rendre les intrigues galantes plus faciles, on renouvela les *cours d'amour*; elles avaient existé vers le huitième siècle, sous des auspices plus délicats; puis, au temps de Philippe-Auguste, avec des statuts chevaleresques, qui n'étaient plus de la décence, mais qui n'étaient pas encore de la dissolution. Ce fut ce dernier genre d'excès que voila l'organisation nouvelle de cette juridiction galante, modelée sur celle des cours souveraines. Il y avait dans la cour d'amour présidens, conseillers, maîtres des requêtes, gens du roi : tous officiers choisis dans les deux sexes, et devant participer à la formation d'une procédure. Les hommes et les femmes se citaient mutuellement devant ce tribunal metis, pour des inculpations se rapportant à l'amour, entendu à la manière du temps; c'est-àdire dans ses attributions les plus intimes. Rien ne paraîtrait aujourd'hui plus grotesque que les plaidoyers auxquels ces matières graveleuses donnaient lieu : des propositions profanes jusqu'au cynisme, produites avec toute la naïveté de style et de qualifications propres à l'époque, s'y mêlaient aux passages de l'Écriture-Sainte et des pères, bien ou mal cités. Une fusion analogue se faisait remarquer dans l'assemblée : on y voyait, assis parmi les dames les plus dissolues et les courtisans les plus débauchés, des prélats, des abbés, des docteurs en théologie....... Ce fut sans doute au milieu de ces divertissemens, dont nous abrégeons les détails, qu'il parvint, on pourrait se douter comment, à la connaissance de toute la cour, qu'Isabeau de Bavière possédait deux chemises de toile; ce qui excédait tout ce que luxe s'était alors permis de magnificence *.

Une catastrophe terrible vint tout à coup faire diversion aux plaisirs de la cour, et fit succéder le bruit des armes aux transports de l'allégresse. Le connétable de Clisson, qui sortait d'un bal donné par la reine à l'hôtel de St.-Paul, regagnait un soir son hôtel, situé au lieu où se trouve maintenant celui de Soubise ; son escorte se composait de huit hommes

* On ne s'était servi jusqu'alors, au moins en France, que de chemises de serge; tissu qui devait froisser un peu la peau délicate des dames. Cependant on lit dans la chronique de Geoffroi de Vigeois qu'à la fin du douzième siècle, on portait en Languedoc des chemises de lin : ce n'était du reste qu'une continuation de l'usage des anciens, dont les tuniques de lin étaient, à la forme près, un vêtement immédiat comme la chemise. (*Recueil des Historiens de France*, tome XII, page 447).

d'armes. Tout à coup il est assailli, au coin de l'enclos appelé *Culture-Sainte-Catherine*, par quarante assassins, qui se jettent sur lui et les siens, en éteignant les flambeaux qui les éclairent. Ces mots lugubres, *à mort Clisson*, partent du coin d'une muraille, prononcés par le baron de Craon, qui voulant faire parade de sa vengeance, se nomme en les prononçant. Le brave guerrier, veut se mettre en défense; mais un coup violent, asséné sur sa tête, le renverse de son cheval; il tombe dans la porte d'un boulanger; et, sans vérifier si le crime est consommé, les assassins prennent la fuite. Une partie de la suite du connétable avait été tuée; ce qui restait de ses gens courut donner l'alarme à l'hôtel de Saint-Paul, où la musique des fêtes retentissait encore. Le roi, allait se mettre au lit; il s'habille à la hâte, et vole vers le lieu où gisait son favori, qu'on avait entré dans la boutique du boulanger. Des chirurgiens avaient déja sondé la la plaie; ils déclarèrent à Charles VI qu'elle n'était pas dangereuse.

Des poursuites actives furent dirigées contre le baron et ses complices : deux de ses hommes d'armes, arrêtés à deux lieues de Paris, périrent au gibet. C'était justice; mais plusieurs innocens perdirent la vie dans cette circonstance, victimes d'une précipitation imprudente : par exemple, on exécuta le concierge de l'hôtel de Craon, qui n'avait pas même vu son maître; un chanoine de Chartres, pour avoir logé ce gentilhomme à son passage, sans connaître ni ses desseins, ni même sa personne, fut inhumainement jeté dans un cachot pour le reste de ses jours. Quant à Craon, il s'était lui-même accusé, et les preuves de son crime étaient d'ailleurs évidentes; la peine capitale fut portée contre lui. On confisqua tous ses biens: son hôtel fut rasé* en présence d'une foule de seigneurs. *Jeanne de Chatillon*, baronne de Craon, et sa fille furent chassées ignominieusement de France, dénuées de toute ressource, presque nues: mesure hideuse qui n'était pas seulement de la justice poussée jusqu'à l'atrocité; mais de l'iniquité portée jusqu'à l'infamie. Le duc d'Orléans se couvrit d'opprobre en s'emparant d'autorité d'une partie des terres du condamné: on trouva, dit-on, des richesses immenses dans celle de la Ferté-Bernard.

Cependant Craon s'était réfugié en Bretagne: « Vous êtes un chétif, lui dit le duc, quand vous « n'avez pu occir un homme duquel vous étiez au-« dessus.—C'est bien diabolique chose, répondit le « baron; je crois que tous les diables d'enfer, à qui il « est, l'ont gardé; car il eut sur lui lancés et jetés plus « de soixante coups d'épée et de couteau. » Après ces premiers reproches, Montfort cacha le coupable, que Charles VI réclamait avec instance, avec menace, et répondit hardiment qu'il ne l'avait point vu.

Les ducs de Bourgogne et de Berry conseillaient au roi d'accepter cette dénégation, afin de ne point

---

* Il était situé près du cimetière de Saint-Jean en Grève, et occupait une partie du marché actuel.

s'exposer à une guerre dans laquelle les Anglais ne manqueraient pas d'intervenir.... Charles VI déclara d'une voix tonnante, qu'il savait de science certaine que Craon était sur les terres de Bretagne; qu'il fallait que le duc le livrât, ou que des hommes d'armes de France inonderaient ses états, livreraient le pays aux flammes, et renverseraient tous les châteaux pour chercher le criminel jusque dans leurs fondations. En parlant ainsi, les yeux du monarque brillaient d'un éclat extraordinaire; ses lèvres tremblaient; ses membres étaient agités de mouvemens convulsifs. On remarquait dans ses discours des contradictions perpétuelles; il donnait un ordre, puis le retractait aussitôt. Dans certains momens, les expressions menaçantes affluaient de sa bouche avec une singulière rapidité; en d'autres instans, ce prince tombait dans un silence morne et pensif...... Charles VI était déjà atteint de la manie qui devait bientôt le replonger dans une longue et déplorable enfance. Mais une idée fixe dominait dans cette anomalie morale : Charles avait résolu de porter la flamme et le feu en Bretagne : toutes les représentations contraires à ce projet échouaient à son oreille : Il répondait constamment d'une voix retentissante « qu'on ne m'en parle plus, je veux être obéi..... » Il le fut.

Les armemens, pressés par Clisson, parvenu enfin à son but, furent si rapides, si promptement terminés, que moins de deux mois après l'assassinat du connétable, l'armée était rassemblée au Mans. Les ducs de Bourgogne et de Berry* partirent de Paris avec le roi, quoiqu'ils entreprissent cette guerre avec une visible répugnance.

Lorsque le roi quitta le Mans pour se diriger vers la Bretagne, à la tête de son armée, il était malade, d'une tristesse extrême et sans appétit : il ne toucha point aux mets qu'on lui servit au moment de monter à cheval. Les *physiciens* de la cour lui trouvaient, ce matin-là, les yeux hagards et le maintien stupide. Il partit néanmoins.

La chaleur était étouffante : Charles VI, à cheval, l'air pensif, la tête penchée sur la poitrine, traversait la forêt du Mans. Sa suite se tenait à une certaine distance, afin que la poussière, soulevée par les pieds des chevaux, n'incommodât point ce prince.... Tout à coup un homme de haute taille, couvert d'une robe blanche, et marchant pieds nus, s'élance d'entre deux chênes, et, saisissant la bride du coursier royal, s'écrie d'une voix rauque : « Roi, ne chevauche pas plus avant; re-« tourne : tu es trahi ». On accourt; cet homme tient si ferme les rênes, qu'il faut le frapper pour les lui faire abandonner.... Alors, il s'éloigne lentement, et personne ne songe à l'arrêter..... Au premier moment, Charles n'a pas dit un mot; mais

---

* Pour se ménager une réconciliation avec le duc de Berry, Clisson lui avait fait rendre son gouvernement de Languedoc; mais il ne parvint point à se le rendre favorable.

on remarque une sorte de frémissement dans tous ses membres, et son visage paraît décomposé. Deux heures s'étaient écoulées depuis l'évènement de la forêt; on cheminait en plaine; deux pages se tenaient aux côtés du roi. L'un d'eux, presque endormi sur son cheval, laisse échapper sa lance, qui tombe avec retentissement sur le casque de son camarade.... A ce bruit aigu, Charles sort de la profonde rêverie où il est plongé, tire son épée, lance son cheval au galop, et frappe tout ce qui se rencontre devant lui, en s'écriant : « Avant, avant sur les traîtres ». Le duc d'Orléans veut retenir son frère; celui-ci, qui ne le reconnaît plus, lève sur lui son épée.... « Fuyez, « fuyez, beau neveu d'Orléans, crie de loin « Philippe de Bourgogne ; monseigneur vous « veut occir. Haro! le grand Mechet, monsei- « gneur, est tout dévoié. Dieu! qu'on le prenne. » Mais personne ne s'approchait du roi; un grand cercle, qu'on n'osait rétrécir, s'était formé autour de lui, et ce prince attaquait, tantôt d'un côté, tantôt de l'autre, ce rempart vivant...... Quatre hommes tombèrent morts sous ses coups.... Enfin, son épée s'étant brisée sur une armure, un chambellan, nommé *Guillaume Marcel*, saisit un moment favorable, saute légèrement en croupe derrière le monarque, et lui saisit les bras : on le désarme, on le couche, privé de connaissance, dans un chariot; il est ramené au Mans, et bientôt à Paris.

Jamais le mystère du fantôme de la forêt n'a été éclairci; mais, si de frappantes probabilités peuvent quelquefois tenir lieu de preuves, il est permis de penser que le duc de Bretagne, incacapable de résister aux armes de Charles VI, imagina cette sorte d'apparition, dont il était facile de prévenir l'effet dans l'état de débilité où se trouvait le monarque. Mais il fallait que Montfort eût des complices à la cour de France : autrement on ne pourrait concevoir que le spectre de la forêt, personnage très palpable sans doute, se fût éloigné, sans avoir été ni poursuivi, ni recherché après l'évènement*.

Cette étrange catastrophe, commentée de mille manières, produisit, dans toute l'Europe, une vive sensation. A Paris, elle inspira l'inquiétude et la stupeur. On se rappelait amèrement le gouvernement des oncles, et l'on était menacé du retour de ce régime oppressif. Il se rétablit en effet. Les ducs de Bourgogne et de Berry s'emparèrent du gouvernement; le frère du roi, quoique parvenu à sa vingt-quatrième année, ne put y prendre aucune part. Maîtres absolus de la monarchie, ils se hâ-

* Est-ce trop hasarder une opinion que de dire qu'une complicité pouvait, sans trop de calomnie, être attribuée aux ducs de Bourgogne et de Berry? On sait qu'ils étaient, l'un et l'autre, secrets partisans du duc de Bretagne, et ennemis déclarés de Clisson, qui avait fait décider cette guerre. Nous verrons bientôt des évènemens propres à appuyer cette opinion.

tèrent d'éloigner des affaires le connétable de Clisson et les ministres qu'il avait choisis. Le favori de Charles VI ne tarda point à consommer sa disgrace. Le jour même où les oncles avaient pris en main les rênes de l'État, le connétable étant venu demander les ordres du duc de Bourgogne, celui-ci lui répondit : « Clisson, vous avez envie de « faire de vous embesoigner de l'état du royaume. « A la male heure tant vous en êtes embesoigné. « Où diable avez-vous assemblé tant de finance? « Le roi monseigneur, ni beaux-frères de Berry, ni « moi, n'en pourrions tant mettre ensemble. Sor- « tez de ma chambre, issez de mes pourchas, et « faites que plus ne vous voie, car se n'était « honneur de moi, je vous ferais l'autre œil cre- « ver. »

Clisson ne répondit point, et, craignant que sa disgrace pourrait ne pas s'arrêter à la perte de ses honneurs, il se réfugia d'abord dans le château de Montlhéri, qui lui appartenait, puis dans ses possessions de la Bretagne. Deux des quatre ministres se sauvèrent en Espagne; deux autres furent pris, poursuivis criminellement, et le peuple alla plusieurs jours les attendre au pied de l'échafaud, où les appelait sa férocité d'instinct. Mais ils furent sauvés par Jeanne de Boulogne, duchesse de Berry, à laquelle l'un d'eux, La Ri-

* Clisson était borgne, et l'œil qui lui manquait avait été perdu en combattant pour ce même duc de Bourgogne, dans la guerre de Flandres.

vière, avait procuré le mariage qui l'unissait à l'un des gouvernans actuels.

La vengeance des oncles n'était pas satisfaite: ils voulaient éloigner à jamais Clisson des affaires, prévoyant bien que, dans un moment lucide, Charles VI ne manquerait pas de le rappeler, s'il n'était pas solennellement proscrit. En conséquence le connétable fut cité en justice avec un appareil peu ordinaire : on l'appela à haute voix à la porte de la grand'chambre, au perron du Palais, à la table de marbre, puis dans les rues et carrefours, à son de trompe. Si Clisson se fut rendu à cet appel, ses accusateurs eussent été bien embarrassés d'articuler des imputations précises, et plus embarrassés pour les prouver; mais le connétable savait que la vengeance des grands, assassine et ne juge pas. Il fut condamné au bannissement, comme *faux, mauvais, déloyal* envers la couronne de France; ce qui ne signifiait rien, sinon qu'on voulait se débarrasser d'un homme puissant. De plus, Clisson fut taxé à une amende de cent mille marcs d'argent, et privé de l'office de connétable, qu'on donna à *Philippe d'Artois, comte d'Eu.*

Lors du rétablissement de Charles VI, on lui fit croire tout ce qu'on voulut sur les prétendus crimes de Clisson et des anciens ministres : faible d'esprit et éloigné du conseil depuis six mois, il ignorait les causes de tout ce qui s'était passé; il ne put rien désapprouver. Mais l'état de choses existant était provisoire; il fallait en établir un stable pour le cas où la maladie du roi se renouvellerait. Une telle prévoyance ne pouvait qu'affliger beaucoup l'infortuné monarque; on se décida pourtant à la lui présenter comme nécessaire, et ce prince s'en occupa avec résignation. Une ordonnance royale déclara le duc d'Orléans régent du royaume, en lui adjoignant un conseil, composé de ses deux oncles, de Louis de Bavière, frère de la reine, de trois prélats, six barons et trois clercs. La reine eut la tutelle des enfans venus et à venir.

Un accident, survenu peu de temps après ces dispositions, en rendit par malheur l'application immédiatement nécessaire. La reine mariait une demoiselle de sa cour; à cette occasion elle donnait une fête dans l'ancien hôtel de Blanche de Castille; Charles VI eut la fantaisie d'y paraître masqué, et choisit lui-même un déguisement, qu'il fit prendre à cinq de ses gentilshommes*. Ce déguisement présentait une liqueur spiritueuse, brûlant, sur des étoupes, à la surface d'un habit rendu jusqu'à un certain point incombustible par un enduit particulier. Les six masques entrèrent dans la salle,

* Les historiens ne sont point d'accord sur ce déguisement. Plusieurs d'entre eux, qui ont écrit d'après les idées et les connaissances modernes, prétendent que le roi et ses gentilshommes étaient déguisés en *sauvages*, et que Charles VI, apparemment chef des autres, les menait attachés par une chaîne. Dans cette version, le vêtement de ces sauvages était enduit de poix, sur laquelle on avait appliqué des étoupes. Le duc d'Orléans, curieux d'examiner de près cette mascarade, s'était approché, avec un flambeau, de l'un des gen-

tout flamboyans, et dansèrent un pas que le roi lui-même avait qualifié de *ballet ardent*. Sans doute le mouvement et les courans d'air donnèrent à la flamme phosphorescente plus de puissance; elle perça l'enduit. Les seigneurs et le roi se sentirent pénétrés tout à coup d'une ardeur dévorante. La duchesse de Berry ayant eu la présence d'esprit de jeter son manteau sur le roi, le sauva d'une mort affreuse : quatre des gentilshommes périrent dans des tourmens horribles; le cinquième s'étant par hasard réfugié dans la bouteillerie, se plongea dans une cuve remplie d'eau et fut sauvé.

Cet évènement parut d'abord exercer peu d'influence sur la santé du roi; mais deux mois après, pendant une entrevue à Abbeville, avec les ducs de Lancastre et de Glocester, pour traiter de la paix entre la France et l'Angleterre, Charles VI retomba dans la démence dont il était sorti il n'y avait que peu de mois. Depuis lors, sa vie s'écoula

---

tilshommes, et avait mis le feu à son costume. Nous ne voyons pas de quels sauvages il pouvait être question; car, à la fin du quatorzième siècle, il n'y avait de sauvages nulle part pour les habitans de l'Europe : l'Amérique n'était pas connue; l'Asie et les côtes d'Afrique étaient civilisées plus que l'Europe même, et s'il existait au nord de l'Asie, ou dans le centre de l'Afrique des peuplades sauvages, on ne les connaissait pas. Aussi ne rencontre-t-on le mot *sauvage* dans aucun ouvrage de l'époque. Nous avons adopté la version admise par M. Dulaure, qui nous paraît plus vraisemblable.

en alternatives de raison et de folie, qui ne lui permirent de régner que pour prêter tour à tour l'autorité de son nom aux divers partis, et même aux étrangers oppresseurs de la malheureuse France. Dans ces accès, qui devinrent de plus en plus fréquens, Charles oubliait toute sa vie antérieure; il niait qu'il fût roi, effaçait partout son nom et ses armes, et ne pouvait supporter la reine. La seule duchesse d'Orléans faisait agréer ses soins à cet infortuné monarque; il ne se montrait affectueux que pour elle, et ne voulait recevoir que de sa main les boissons qu'on lui présentait, par l'ordre des médecins, des empiriques et des charlatans que l'on consultait alternativement. Le peuple, désolé d'une oscillation perpétuelle du gouvernement, résultant des alternatives de démence et de bon sens du roi, demandait avec ferveur au ciel la guérison de ce prince; on entendait prier à haute voix dans les églises; les autels se couvraient d'*ex voto*, et le clergé s'enrichissait, dans un état de choses qui faisait le désespoir de la nation.

Nous ne pouvons que mentionner en courant les nombreux évènemens qui se pressent dans ce règne calamiteux: tandis que pour distraire le roi de la sombre mélancolie qui était le caractère habituel de sa folie, on inventait le jeu de cartes, que cet infortuné aimait à voir glisser entre les jolis doigts de Valentine, sa belle-sœur, Montfort et Clisson, après des hostilités sanglantes en Bretagne, se réconciliaient à Vannes d'une manière aussi touchante que sincère. Un évènement non moins heureux fut la conclusion d'une trève de quatre ans entre la France et l'Angleterre; les malheureux Français purent au moins se reposer, quoique ce fut sur un volcan assoupi. Mais les guerres du schisme sont sans armistices, sans trèves : un concile réuni à Paris en 1394 ne put terminer les troubles de l'église : le monde continua de voir deux papes, ministres de paix et de miséricorde, se livrer une guerre acharnée.

Dans la même année, on profita d'un moment de lucidité de Charles VI pour lui faire expulser les Juifs : cette fois le bannissement fut prononcé à perpétuité. On le fit précéder d'une punition infligée à plusieurs israélites, accusés d'avoir massacré un de leurs rabbins qui s'était fait chrétien, et de s'être efforcés de convertir des chrétiens à la foi judaïque. Le prévôt de Paris, fanatique cruel, avait condamné au feu ces infortunés, contre lesquels aucune preuve ne s'élevait ; le parlement commua leur peine en une fustigation publique, pendant trois dimanches consécutifs.

En 1395, la trève de quatre ans, dont nous avons parlé plus haut, fut portée à vingt-huit ans, à l'occasion du mariage de Richard, roi d'Angleterre, avec Isabelle de France, princesse à peine nubile. Les ambassadeurs qui vinrent à Paris recevoir la jeune reine, furent traités avec magnificence ; la ville les défraya pendant leur séjour. La célébration du mariage se fit à la Sainte-Chapelle, Isabelle de France emporta une dot d'un million.

Les envoyés d'Angleterre avaient sollicité et obtenu la grâce de Craon, assassin du connétable de Clisson. Ce seigneur, repentant, comme un dévot, reparut à la cour de France; malgré son bigotisme, il fut peu considéré. Dans son humble contrition, il fit élever une croix de pierre décorée de ses armes, près du gibet de Montfaucon, à laquelle son effigie avait été attachée. On doit à ce pénitent titré, l'usage de faire accompagner par des confesseurs les patiens qu'on mène au supplice: à sa demande, cet usage pieux fut consacré par une ordonnance.

On a attribué à des motifs politiques l'éloignement subit de Valentine, duchesse d'Orléans, de la cour de Paris. Mais c'est dans une région de considérations moins élevée qu'il faut chercher la cause de cet éloignement. Avant la folie du roi, le bruit avait couru que, sensible aux charmes de sa belle-sœur, autant qu'aux trahisons conjugales de la reine, il s'était consolé, dans un commerce intime avec la première, des infidélités de la seconde. L'affection exclusive que Charles exprimait à Valentine pendant ses accès, et l'éloignement qu'il montrait à Isabelle, semblaient appuyer d'un double témoignage le bruit que nous rapportons. La reine avait de son côté deux raisons pour éloigner l'Italienne : si cette dernière excitait sa jalousie comme amante du roi, elle l'excitait encore comme épouse du duc d'Orléans, dont Isabelle avait fait son amant.

Après le départ de l'attentive Milanaise, le malheureux Charles VI vécut comme abandonné dans le château du Louvre; tandis que la reine, qui habitait alors l'hôtel de Saint-Paul, s'y livrait, avec emportement, aux passions inextinguibles que la débauche même ne pouvait assouvir. En 1397, la démence était devenue l'état habituel du roi. Ce malheureux prince faisait peine à voir : maigre, les yeux caves, la voix éteinte, le teint plombé, il offrait toutes les traces d'une profonde mélancolie, dont l'aspect navrait. Durant ses momens lucides, il était d'une douceur angélique; et, lorsqu'il sentait l'approche du mal, il recommandait qu'on enlevât tout ce qui aurait pu lui servir à blesser les personnes environnantes dans ses transports frénétiques, qui souvent étaient d'une violence extrême : « J'aime mieux mourir, disait-« il, d'une voix douce, j'aime mieux mourir que « de faire du mal à quelqu'un. » Puis, toujours préoccupé de l'idée qu'on l'avait ensorcelé, il ajoutait : « Si quelques-uns de la compagnie sont « coupables de mes souffrances, je les conjure, « au nom de J.-C., de ne pas me tourmenter da-« vantage.... Que je ne languisse pas, et qu'ils « achèvent bientôt de me faire mourir.... » Pauvre prince! pauvre France! Et cela devait durer vingt-cinq ans encore. Dans ce temps, deux moines empiriques s'étaient chargés de guérir le roi : ils avaient répondu de cette cure sur leurs têtes : ce qui prouve qu'ils croyaient du moins à leur avoir. On laissa Charles VI deux mois entre les mains de ces médecins; ils lui firent prendre les breuvages les plus désagréables, couvrirent sa tête d'incisions douloureuses, et fatiguèrent d'exorcismes l'esprit qu'ils voulaient rasséréner. Toutes ces tentatives furent vaines; on prit la tête que les malheureux guérisseurs avaient engagée : atrocité qui n'égalait point celle du roi.

Malgré son état presque continuel de démence, Charles était devenu père en 1396; Isabelle lui avait donné un fils, nommé *Louis*. Mais l'année suivante, cette princesse refusa d'entrer dans la couche de son époux. Lorsqu'il désirait approcher de la reine, elle se faisait remplacer par une jeune fille nommée *Adèle de Champs-de-Vers*, qu'on nomma la *petite reine*......... Charles ne s'apercevait pas de la substitution. Pendant ce temps, Isabeau vivait conjugalement, à l'hôtel de Saint-Paul, avec le duc d'Orléans. Ce prince était parvenu à sa trentième année; on pouvait espérer de lui un gouvernement sage, et de la compassion pour son malheureux frère. La reine, dont l'âge était à peu près égal, semblait devoir également donner des soins et à l'infortuné dont elle était l'épouse, et à l'état qui devait échoir à son fils. Ni l'un ni l'autre ne se pénétraient de cette double sollicitude. Charles VI demeurait des mois entiers dans un état de malpropreté que la décence ne permet pas de

préciser : Isabelle avait bien témoigné le dégoût que cet état lui inspirait, lorsqu'elle avait commencé à se faire remplacer au lit du roi; mais elle songeait bien plus à rendre sa couche agréable à son beau-frère et à ses nombreux rivaux, qu'à faire nettoyer celle du pauvre monarque. Du reste, les soupçons les plus injurieux au couple de l'hôtel de Saint-Paul se répandaient en Europe : on disait, sous l'empire des superstitions du temps, que le duc d'Orléans et la reine avaient appelé des *maléfices* sur Charles VI, afin de s'emparer de son autorité, et qu'un destin plus funeste encore attendait le jeune Louis, dauphin de France. Ces griefs furent reprochés amèrement au duc d'Orléans par Lancastre, roi d'Angleterre, qui venait d'usurper la couronne sur son cousin Richard II. Le prince français avait réclamé Isabelle de France, veuve du roi déposé, *trouvé mort* dans la tour de Londres. Or dans le message envoyé à Lancastre, d'Orléans portait un défi injurieux à ce nouveau monarque, qui lui répondit ainsi : « En l'honneur de Dieu, en
« l'honneur de Notre-Dame et de monseigneur
« Saint-Georges, vous mentez faussement et mau-
« vaisement quand vous dites que nous n'avons
« pas eu pitié de notre roi lige et souverain sei-
« gneur; et plût à Dieu que vous n'eussiez oncques
« fait ni procuré, contre la personne de votre sei-
« gneur et frère, et les siens, plus que nous n'a-
« vons fait contre notre dit seigneur. »

Le régent ne vivait pas en meilleure intelligence

avec les ducs de Berry et de Bourgogne, ses oncles. Il mécontentait surtout le dernier, qui, plus d'une fois déjà, avait menacé de se faire justice, par les armes, de l'injure qu'on lui faisait en l'éloignant toujours des affaires. Ainsi, la conduite imprudente du régent et de l'adultère compagne de Charles VI, amoncelait des nuages orageux sur la France, du côté de l'Angleterre et du côté de la Bourgogne. Dans un de ses intervalles de raison, Charles VI qui, à travers les aberrations d'un esprit troublé, entrevoyait les malheurs et les dangers du pays, chercha à asseoir le gouvernement d'une manière plus solide, plus digne de confiance. Un nouveau conseil d'état fut formé: il se composa de la reine, des princes du sang, du connétable et des ministres. Un autre édit, rendu dans le même temps, portait que, la mort du roi arrivant, son fils aîné* serait immédiatement reconnu souverain, sous la régence et tutelle de sa mère seule. De la sorte, cette princesse était appelée à exercer l'autorité la plus étendue.... Ces deux édits, signés en présence des princes, furent portés au parlement: on jura de s'y conformer.

Peu de temps après ces dispositions, Philippe-le-Hardi mourut dans ses états de Flandres. On croira difficilement que ce souverain, l'un des plus

* Deux fils étaient nés depuis Louis; ils se nommaient Jean et Charles: le dernier fut Charles VII. Nous avons parlé ailleurs des dégoûts que le roi inspirait à Isabelle de Bavière, dès l'année 1397; on sait d'ailleurs quelle était la conduite de cette princesse... O légitimité !!!

puissans et des plus riches de son temps, décéda insolvable. Sa veuve dut renoncer à la communauté de biens, pour n'être pas inquiétée par les créanciers *. La Bourgogne et la Flandres reconnurent pour duc *Jean*, surnommé *sans peur*, fils du dernier souverain. Il était né le même jour que Louis d'Orléans; on verra plus tard ce jeu de la destinée devenir fatal à l'un de ces princes, puis à l'autre.

Le régent et la reine se crurent débarrassés d'un surveillant incommode, après la mort de Philippe-le-Hardi; mais ils ne tardèrent pas à retrouver un rival plus dangereux dans le nouveau duc de Bourgogne. En attendant qu'il se prononçât, d'Orléans, usait largement de l'autorité de la reine et de la sienne, sans que ni l'un ni l'autre s'inquiétât de l'estime publique. Le prince aimait à se jouer avec ironie de l'opinion publique : un jour il lui plut de faire appeler ses créanciers; plus de huit cents personnes répondirent à cet appel. « Je vous
« ait fait venir, leur dit-il, pour prévenir chacun
« de vous qu'il ne doit pas compter sur le paiement
« de ce que je lui dois; mais vous êtes fort heu-
« reux que le frère du roi vous doive, et vueille

---

* Cette renonciation avait un caractère qui mérite d'être cité. La veuve devait publiquement remettre elle-même sa ceinture, ses clefs et sa bourse sur le cercueil de son mari. La duchesse se soumit à cette humiliante cérémonie, et le mobilier du duc de Bourgogne et de Flandres fut vendu au profit de ses créanciers.

« bien en convenir. » Au moment où Louis d'Orléans s'exprimait avec cette audacieuse insolence,
lui et sa belle-sœur tenaient à l'hôtel de Saint-Paul
l'état le plus fastueux; chaque soir les sons de la
musique partaient des appartemens, et où jaillis-
saient mille feux à travers les innombrables croisées. Tantôt c'était le prince qui donnait un bal à
Isabelle; tantôt celle-ci en rendait une à son régent, et dans l'un où l'autre cas, l'or sortait de la
même source, les coffres royaux alimentés par le
labeur du peuple........ Nous ne pouvons tout dire
ici ; mais les concerts, les bals, longuement pro-
longés pendant la durée des nuits; se terminaient
par ce que l'orgie et la débauche offrent de plus
désordonné, sans que les acteurs licencieux de ces
scènes nocturnes songeassent à jeter le moindre
voile sur leurs dérèglemens* ! Tandis que cela se
passait au palais de Saint-Paul, le Louvre, sombre,
morne, silencieux, offrait l'aspect de l'abandon et
de l'oubli. L'infortuné monarque, retiré au fond
de son appartement, soupirait et souffrait. Un jour
la gouvernante de ses enfans vint le trouver, et lui
« dit qu'ils n'avaient souvent que manger et que
« vêtir.. » Le monarque demeura un moment pensif, puis il répondit : « Je ne suis pas mieux traité. »

Ce désordre, cet oubli des devoirs les plus

* L'idée du parc aux cerfs, dont on a tant parlé, sous le
règne de Louis XV, n'était pas nouvelle : Louis d'Orléans entretenait à Orléans un sérail, où l'on conduisait les dames,
que ce prince séduisait ou faisait enlever. L'auteur du Journal

sacrés, excitaient l'indignation générale : une députation de l'université vint, un matin, adresser des remontrances au duc d'Orléans, et lui faire part des murmures du peuple. « On n'a que faire « de vous, répondit-il aux députés ; si vous aviez « un point de loi à décider, appelleriez-vous des « soldats ? Retirez-vous ; retournez à vos écoles, « et ne vous mêlez que de votre métier. » Mais ce gouvernant si absolu avait un critique fâcheux dans le duc de Bourgogne : ce dernier, prince réservé, sombre, occupé des affaires pour y trouver l'aliment de son ambition, ne méditait rien moins que la ruine de son cousin, et l'invasion de l'autorité. Après la mort de son père, Jean sans-Peur était entré au conseil ; et, dès les premières séances où il avait siégé, il s'était montré l'héritier des vues populaires que Philippe opposait à tout ce que faisaient les autres princes, afin de s'assurer des partisans. Un jour que le duc d'Orléans proposait la levée d'un nouveau subside, Jean repoussa cet avis avec chaleur, et fit parade le lendemain des représentations faites dans le conseil. Soudain on cria : *vive Bourgogne* dans les rues de Paris ; d'autres exclamations, injurieuses à la reine et au duc d'Orléans, se mêlèrent à ces cris. Jean, habile à profiter de ces bonnes dispositions des Parisiens, recherche plusieurs seigneurs mécontens, leur dévoile ses projets, qu'ils

de Paris, sous Charles VI, qui rapporte ce fait, ajoute (*p.* 25) que toute femme était vitupérée d'être menée à Orléans.

approuvent, puis se rend en Flandres, pour en
assurer l'exécution par des forces suffisantes. Le roi
et Isabelle, endormis dans les bras de la volupté, ignorent encore le départ du prince, quand
les officiers qui commandent aux portes de Paris
accourent avec effroi, prévenir que le soleil levant
se réfléchit sur des milliers de casques dans la plaine
de Saint-Denis, et qu'on a reconnu les bannières de
Flandres et de Bourgogne.

La reine, effrayée, supplie son amant de la conduire à Melun, avant que le Bourguignon pénètre
dans les murs de Paris. Elle ordonne qu'on lui
amène ses enfans dans la forteresse où elle se réfugie; mais, trop alarmée pour les attendre, elle
se sauve précipitamment avec son beau-frère et
tout le conseil. Grace à ce départ précipité, le
duc de Bourgogne ne put exécuter qu'une partie de
son projet; car il voulait s'emparer du roi, de la
reine, du dauphin Louis, et gouverner sous le nom
de ce dernier. Quant au duc d'Orléans, qu'il haïssait héréditairement, on peut supçonner que s'il
n'eût osé le sacrifier ouvertement, à cause de son
rang, il l'aurait au moins tenu en prison... et l'on
sait qu'une maladie subite vient presque toujours
enlever ceux qui font ombrage à l'ambition des
grands.

Le dauphin, quoique encore enfant, était déja
marié à Marguerite, fille du duc de Bourgogne:
union par laquelle celui-ci avait préludé à ses entreprises ambitieuses, avant qu'on pût les soup-

çonner. Jean apprend que le jeune couple a été enlevé de Paris, et que, selon les ordres de la reine, on le conduit à Melun. Soudain, le duc court, lui sixième, après la litière qui emporte les enfans, la fait arrêter, et demande au Dauphin s'il ne préfère pas le séjour de Paris à celui du noir donjon de Melun : Louis répond que *oui*. S'autorisant de cette préférence, articulée sans aucune réflexion, Jean ordonne que les petits princes soient ramenés dans la capitale. L'adroit Bourguignon avait ménagé une sorte d'entrée au dauphin : le roi de Navarre, les ducs de Bourbon et de Berry, une foule de seigneurs, une multitude de Parisiens, se portent au-devant de la voiture, et font retentir les airs des témoignages de leur allégresse. L'université, le corps de la ville, une partie du parlement, viennent remercier le duc de Bourgogne ; il est proclamé le sauveur de l'État.

Prompt à exploiter cet enthousiasme, Jean convoque un conseil extraordinaire, formé de tous les seigneurs attachés à son parti : il expose avec énergie le désordre des affaires publiques ; montre la ruine de l'État, comme inévitable, si l'on ne remédie promptement à cette déplorable situation ; puis il offre ses biens, sa personne et l'appui de ses armes pour mettre fin aux malheurs de la patrie. Ce discours fut couvert d'acclamations ; et, tandis qu'il le prononçait, ses troupes occupaient les divers quartiers de Paris, prêtes à soutenir, par l'autorité de l'épée, ce que le duc n'aurait pu suffisamment affirmer par le discours.

Le duc d'Orléans, informé de ce qui se passait dans la capitale, armait de son côté; mais Isabelle et lui étaient trop déconsidérés pour contrebalancer le pouvoir que venait d'acquérir si promptement Jean-sans-Peur : ils durent se trouver heureux de ce que les ducs de Bourbon et de Berry, ainsi que les rois de Sicile * et de Navarre, se portaient conciliateurs dans cette affaire, qui entre eux se termina par une négociation. A la suite de ce mouvement, le duc de Bourgogne qui, précédemment, avait déclaré ne vouloir prendre aucune part au gouvernement, retint cependant la plus forte, qu'il se fit prier d'accepter. Encore eut-il l'art de paraître laisser par déférence au duc d'Orléans l'administration des finances, soin dangereux, fécond en mécontentemens populaires, et que Jean-sans-Peur abandonnait perfidement à son rival, qui pourtant lui sut gré de cette prétendue déférence. C'était ce qu'on appelle une paix plâtrée, à laquelle on s'efforça de donner, de part et d'autre, toute l'apparence de la sincérité : les deux cousins s'embrassèrent, se jurèrent une amitié éternelle, puis couchèrent dans le même lit, ce qu'on regardait alors comme le témoignage le plus sûr d'une sincère réconciliation. La reine, au-devant de laquelle se

* Ce roi de Sicile était Louis II, fils du duc d'Anjou : il avait régné à Naples; mais, fatigué de disputer un trône, il avait fini par se retirer dans ses apanages de France; se reservant seulement de faire valoir ses droits au trône, si l'envie lui en reprenait.

rendit une nombreuse députation, rentra à Paris, le sourire sur les lèvres, éblouissante de pierreries, entourée d'une foule de dames mises, comme elle, avec magnificence. Les ducs de Bourgogne et d'Orléans se tenaient, à cheval, aux deux côtés de la litière : c'était un véritable triomphe... Et le peuple, enchanté d'un tel spectacle, enthousiasmé du *Te Deum* chanté moult bien à Notre-Dame, le peuple oublia qu'il payait fort cher tout cela, et se retira tout joyeux.

La bonne amitié que Louis et Jean s'étaient jurée ne dura pas long-temps, ou plutôt la dissimulation qu'ils s'imposaient ne tarda point à se démentir : une jalousie, excitée par des entreprises militaires, amena du refroidissement entre les deux princes; l'indiscrétion avec laquelle le frère du roi révélait ses galanteries acheva la rupture. On rapporte que le duc d'Orléans gardait dans un appartement reculé le portrait des dames de la cour dont il avait obtenu les faveurs : galerie dit-on très nombreuse, où figurait une peinture fort ressemblante de la femme de Jean-Sans-Peur, duc de Bourgogne. Un ami, maladroitement officieux, découvrit cette circonstance au mari outragé; craignant d'attirer sur lui la honte et le ridicule, Jean cacha de son mieux le violent dépit que lui fit éprouver cette révélation; mais, soit qu'il perçât malgré lui, soit que l'indiscret eut appris à d'autres ce qu'il avait dit au Bourguignon, les ducs de Bourbon et et de Berry s'alarmèrent des suites que pourrait avoir cette fatale indiscrétion. Ils s'efforcèrent de renouer les liens, évidemment relachés, naguère formés entre Louis et Jean. Le succès d'une telle tentative ne paraissait pas possible : le duc de Bourgogne, profondément blessé dans son honneur, ne pouvait vouloir sincèrement une réconciliation. Toutefois, se montrant d'autant plus perfide qu'il songeait à se venger avec plus de férocité, il parut se prêter à tout ce que les deux conciliateurs attendaient de lui. Cette nouvelle paix plâtrée fut conclue, pendant un office divin, à la sainte chapelle : les cousins prêtèrent sur l'autel le serment d'être unis ; le prêtre, en communiant les deux princes, leur donna à chacun la moitié d'une même hostie... Mais les solennités religieuses n'agissent que sur les convictions ; elles ne consolident qu'une foi qui ne chancèle plus... Après la messe, Louis et Jean échangèrent leur ordre de chevalerie, dînèrent ensemble chez le duc de Bourbon, prirent les épices et burent le vin dans le même vase, et le duc d'Orléans embrassa le duc de Bourgogne, en l'invitant à venir dîner chez lui le dimanche suivant. Le Bourguignon promit de s'y rendre. On va voir quelle garantie d'amitié découla de ces démonstrations.

Il s'était à peine écoulé trois jours depuis la cérémonie de la sainte chapelle ; c'était le 27 novembre 1407. Le duc d'Orléans avait soupé chez la reine, qui habitait alors l'hôtel Barbette, dont nous parlerons ; il se rendait, par la Vieille-rue-du-

Temple, à l'hôtel Saint-Paul, sa demeure ordinaire. Tandis qu'il chemine, dix-huit hommes armés, que conduit un gentilhomme normand, nommé *Raoul d'Oquetonville*, sortent à l'instant d'une maison de la Vieille-rue-du-Temple, où Jean-Sans-Peur les avait fait cacher, le jour même où il embrassait, à plusieurs reprises, le duc d'Orléans. Ils se serrent le long des murs de la Vieille-rue-du-Temple, et se confondent dans l'ombre avec la teinte noirâtre de ces constructions. Le frère du roi, ordinairement suivi d'une nombreuse escorte, n'était accompagné, ce soir là, que de deux écuyers, montés sur un seul cheval. Cet animal aperçoit les assassins, s'effraie, prend le mors aux dents, et emporte les cavaliers jusque dans la rue Saint-Antoine. Louis d'Orléans reste seul contre dix-huit ennemis. Ils le pressent, l'attaquent : « Je « suis le duc d'Orléans, leur crie-t-il.—Tant mieux, « répondent-ils, c'est ce que nous cherchons.... *à* « *mort, à mort.* » Un premier coup de hache abat la main dont l'infortuné tenait les rênes ; plusieurs coups de masse et d'épée le renversent de son cheval. « Qu'est-ce que ceci, d'où vient ceci. » s'écrie le prince en tombant. Dans ce moment, un coup de massue hérissée de pointes lui fait voler le crâne en éclats ; sa cervelle saute de la cavité qui la renfermait et s'éparpille, toute sanglante, sur les habits des sicaires...... A ce point, un homme, qui se cache sous un chaperon vermeil, sort avec une petite lanterne de la maison où les hommes d'armes s'étaient cachés, s'approche du cadavre, le considère attentivement, lui assène sur le visage un dernier coup de masse, et se retire en disant : « Éteignez « tout, allez-vous-en; il est mort. »

Ce meurtre fut commis près d'une effigie de la Vierge, que l'on voit encore Vieille-rue-du-Temple : Dieu ne permit pas à la mère du Christ de faire un miracle pour arrêter un crime aussi atroce... La justice éternelle a ses lois impénétrables.

La nuit fut tumultueuse : Paris, depuis le meurtre des petits-fils de Clovis, n'avait pas été le théâtre de l'assassinat d'un prince du sang. Le corps fut porté dans l'église des Blancs-Manteaux, à la lumière des torches, glissant sur la face des noirs édifices où ne dormaient plus les Parisiens. Le duc de Bourgogne vint, avec les autres princes, voir le cadavre de son cousin : sa figure offrait des traces remarquables d'altération, sa contenance était embarrassée, son aspect morne et triste ; il savait mal cacher le remords ; on l'aurait reconnu pour l'auteur du crime, si la réconciliation expansive des jours précédens eût permis le soupçon. Le conseil s'étant assemblé au point du jour, Jean-Sans-Peur s'y rendit un des premiers. Guillaume Tignonville, prévôt de Paris, entra bientôt : il venait dire que les portes de la ville avaient été fermées pour empêcher l'évasion des coupables; puis, se tournant vers le duc de Bourgogne, il ajouta qu'un homme, soupçonné d'avoir pris part au meurtre, s'était refugié dans l'hôtel d'Artois, qu'habitait son altesse, et qu'il la priait de permettre qu'on fouillât les maisons qu'elle possédait à Paris. A cette proposition, dont la suite allait apparemment découvrir sa complicité, Jean pâlit, se troubla, et, s'approchant des princes, leur avoua son crime....... « J'ai perdu mes neveux » s'écria le duc de Berry, pénétré d'horreur. — « Le diable m'a tenté et surpris, » reprit le meurtrier.

Cependant la révélation ne sortit pas du conseil dans les premiers momens; les obsèques de Louis d'Orléans remplirent une partie de la journée, et Jean-Sans-Peur retrouva toute sa résolution, toute son audace, en voyant que la mort de sa victime excitait plutôt l'allégresse du peuple que ses regrets. Le lendemain, l'audacieux Bourguignon osa se présenter au conseil; mais Berry repoussa la porte sur lui, et sauva ainsi sa liberté; car peu d'instans après, Bourbon amena des hommes d'armes pour l'arrêter. L'illustre assassin se retira en Flandres, où ses complices trouvèrent un asile et des récompenses.

Ici commence une longue suite de guerres civiles, qui ensanglanta, durant quinze années, l'enceinte de la capitale. Les limites de notre cadre nous obligent à resserrer, dans une analyse caractéristique, les évènemens de cette époque, restée sans parallèle dans les annales de notre capitale, même après les révolutions du dix-huitième siècle. Le meurtrier du duc d'Orléans, sans être un scélérat, mais non pas sans lâcheté, pouvait avoir suivi le premier élan d'une aveugle vengeance; mais la scélératesse se décela dans la conduite ultérieure du Bourguignon. Tandis qu'il se préparait à féconder, dans l'intérêt de son ambition, le sang que sa jalousie conjugale avait versé, un moine théologien, nommé Jean Petit, publiait, à Paris, un discours apologétique de l'assassinat avoué par ce prince, dans lequel il s'appliquait à en développer *la nécessité*, en peignant sous de sombres couleurs les méfaits du défunt. Le *Mémoire* se terminait par cette maxime : *Il est permis de tuer les princes que l'on* CROIT ÊTRE *des tyrans*: maxime infâme qui légitimait toutes les vengeances, même lorsqu'elles étaient excitées par des actes de justice, toujours qualifiés d'actes tyranniques par ceux qu'ils froissent. Cette opinion subversive excita de longues controverses dans le sein de l'église; elle finit par triompher: des lettres surprises à la démence de Charles VI, le 6 octobre 1418, confirmèrent une décision de cardinaux qui proclamait la légitimité de l'assassinat.

Les voies étant préparées pour la justification du prince assassiné, par la distribution dans le public d'un grand nombre de discours de Jean-Petit, le duc de Bourgogne en armes, et nonobstant la défense du roi, entra à Paris, sans obstacle, parce que le peuple penchait vers son parti; il fit occuper par ses troupes les principaux postes de cette ville, et fit de son hôtel d'Artois une citadelle pour lui-même. Ces dispositions terminées, Jean-sans-Peur demanda hardiement au roi une audience pour *justifier* sa conduite. Charles VI était alors dans un état qui tenait le milieu entre la raison et la démence; il consentit à écouter son cousin dans la grande salle de l'hôtel de Saint-Paul. Là, le théologien, avocat du crime, se prit à lire le plaidoyer déjà répandu dans la ville, et en étendant même le texe, il entreprit de légitimer l'attentat de son patron par douze raisons, en l'honneur des douze apôtres. Ces raisons étaient autant d'accusations portées contre le duc d'Orléans : dans une longue énumération de méfaits, le moine suppléa souvent, par la calomnie, au défaut des vérités, et la reine Isabelle ne fut point épargnée dans cette accumulation diffuse de griefs, réels ou supposés. Concluant enfin, Jean-Petit demanda que le « duc de Bourgogne et son fait fussent pris pour « agréables, et proposa de rémunérer ce prince, à « l'exemple des rémunérations faites à monsei- « gneur saint Michel l'Archange, pour avoir tué « le diable. » Le roi, dans une immobilité stupide, avait écouté, peut-être sans l'entendre, ce long discours; quand le moine eut cessé de parler, Charles, sans répondre un mot, descendit lentement de son trône, salua tristement sa cour, sortit de la salle et tous les seigneurs l'imitèrent. C'était un échec pour Jean-sans-Peur; le lendemain, il sut le réparer. Petit, monté sur une estrade élevée dans le parvis de Notre-Dame, répéta son discours devant une multitude séduite, qui le couvrit d'applaudissemens. Le duc de Bourgogne se considéra dès-lors comme suffisamment autorisé à s'emparer du pouvoir.

La reine et tous les princes s'étaient retirés à Melun; le Malheureux Charles VI restait seul à Paris; il fit tout ce que son cousin exigea, et l'on pense bien que l'absolution, avec apologie, de tout ce qu'il avait fait, fut le premier acte que signa l'insensé que Jean faisait agir au gré de ses passions. Mais des troubles survenus à Liège obligèrent ce prince à retourner précipitamment dans ses états de Flandres: l'arène fut abandonnée à ses ennemis. La reine, les princes et la duchesse d'Orléans, unis dans leur vengeance, avaient assemblé des troupes imposantes; ils rentrèrent à Paris dès que Jean en fut sorti. On tient au Louvre une assemblée à laquelle assistent les principaux membres de l'État; Charles VI n'y est point appelé. Il demeure statué que, vu « l'empêchement et l'absence du roi, « la puissance souveraine est octroyée et commune « à la reine et à monseigneur de Guienne. » Le conseil décide ensuite, séance tenante, que le duc de Bourgogne sera poursuivi criminellement. On commença la procédure; mais bientôt reparurent à Paris les bandes bourguignones : Jean-sans-Peur, vainqueur des Liégois, dissipa, comme une volée de perdrix, cette multitude de grands qui s'étaient ligués contre lui : la reine, traînant à sa suite le monarque en démence, se retira sur la rive gauche de la Loire avec tous les princes du sang. Alors se formèrent les deux partis qui désolèrent la France pendant le reste de ce règne calamiteux : deux conférences tenues à *Gien* et à *Meun-le-Château* par les vengeurs du duc d'Orléans, fixèrent les bases et les moyens de cette faction. On venait de Marier le jeune duc d'Orléans avec *Bonne*, fille de Bernard d'*Armagnac*, depuis connétable, et l'un des seigneurs les plus puissans du midi de la France. Il devint le chef des Orléanistes, qu'on appela dès-lors les *Armagnacs* ou *Arminas*; tandis que les partisans de Jean-sans-Peur prirent le nom de *Bourguignons*. Nous ne pouvons mentionner les hostilités, les intrigues, les traités conclus mais presque aussitôt rompus, et les massacres réciproques qui signalèrent cette longue guerre civile. Long-temps le malheureux Charles VI, attiré de l'une à l'autre faction, flotta, fantôme d'autorité royale, entre les deux camps. Jean, plus adroit que ses rivaux, finit par retenir de son côté cet infortuné souverain, ou plutôt ce manteau royal, jeté sur un mannequin organisé. Le Bourguignon, parvint aussi à séduire Isabeau de Bavière, la plus acharnée de ses ennemis, lorsqu'elle pleurait Louis d'Orléans, compagnon ordinaires de ses débauches; la plus ardente des amis de son assassin, maintenant que Jean a su remplacer Louis dans les affections impures de cette princesse.

Mais les Armagnacs avaient attiré à eux le dauphin, qui se trouvait ainsi en guerre contre son père et sa mère. Dans ces mêmes rangs, se trouvaient les ducs de Berry, de Bourbon, de Bretagne, d'Orléans, qui n'avaient pas puisé, comme la reine, dans un vil élan de prostitution, un motif de défection.

Des deux côtés, on opprimait, on ruinait la nation : les *Bourguignons* dans Paris; les Armagnacs dans les campagnes. A ces horreurs, qui, à part quelques courts intervalles de calme, n'avaient fait qu'augmenter jusqu'en 1415, se joignit, en cette année, la guerre avec l'Angleterre. Henri V avait demandé à Charles VI la main de sa fille Catherine, un million de dot et l'investiture de toutes les provinces cédées à l'Angleterre par le traité de Bretigny. On temporisait, on négociait longuement avec ce prince; il vit clairement qu'on éludait, et débarqua sur les côtes de Normandie avec cinquante mille hommes. La France, divisée par l'esprit de parti, n'était point en état de repousser cette armée étrangère; comme celle d'Édouard III, elle s'avança jusqu'aux bords de la Somme; comme ce roi, Henri V se mit dans une situation dangereuse, et faillit d'être enveloppé; comme à Crecy et Poitiers, les Français, trop empressés d'attaquer un ennemi bien inférieur en nombre à eux, trouvèrent une défaite à *Azincourt* en Artois, au lieu d'une victoire éclatante qui semblait leur être promise *......

* On vit toutefois à Azincourt un trait digne de l'antiquité héroïque. Dix-huit Français, qui combattaient au centre,

Dix mille Français restèrent sur le champ de bataille, parmi lesquels on compta mille chevaliers ou gentilshommes, et entr'eux cent vingt seigneurs baronnets, ainsi que le connétable de France. Les ducs d'Orléans et de Bourbon restèrent parmi les prisonniers.

De ces évènemens désastreux en naquirent d'autres, qui le furent davantage : le duc de Bourgogne avait offert de joindre ses troupes à celles de la France contre l'armée de Henri V; on l'avait refusé. Après la défaite d'Azincourt, il renouvela son offre; nouveau refus. Que le Bourguignon eût été sincère dans sa proposition, ou qu'il méditât, comme on l'a dit, une trahison concertée avec l'Anglais : c'est ce qu'on n'a pu éclaircir. Mais la défiance qu'on lui montra fut la première cause des malheurs qui suivirent.

D'Armagnac gouvernait au nom du dauphin Jean, qui venait de succéder à son frère Louis, mort dans son lit. Ce gouvernement était rude, oppressif; et le duc de Bourgogne, à qui le

---

s'unissent, par le serment, de vaincre ou de mourir. Tout cède, ou tout meurt devant eux : ils se font jour à travers les escadrons anglais jusqu'à Henri V ; le duc d'Yorck est tué à ses côtés. Au même instant le duc d'Alençon, prince du sang français, s'approche du roi, le menace, le défie, et abat d'un coup de hache la moitié de sa couronne posée sur son casque. Mais d'un revers d'épée, Henri renverse son ennemi ; il est massacré par les soldats, ainsi que ses dix-sept compagnons.

dauphin avait interdit l'entrée de Paris, se tenait près de cette ville, toujours prêt à s'en rendre maître, au premier succès des partisans qu'il entretenait dans ses murs. Un complot, tramé en 1416, fut sur le point de livrer cette capitale à Jean-sans-Peur.

Le comte d'Armagnac combattait les Anglais en Normardie, les principaux agens de la faction bourguignone s'assemblèrent dans un quartier retiré : il fut décidé qu'on égorgerait sans distinction tous les Armagnacs ; que le roi, la reine et le chancelier seraient renfermés ; que dans le même instant le duc de Berry et le roi de Sicile, chargés de chaînes, seraient promenés par la ville, montés sur des bœufs ; qu'ensuite on les massacrerait, ainsi que tous les autres princes, princesses et seigneurs ; enfin, que Charles VI lui-même serait égorgé s'il ne se soumettait pas sur l'heure. Cette trame, confiée secrètement au duc de Bourgogne par une députation, fut entièrement approuvée par lui ; des lettres signées de sa main furent envoyées aux chefs du complot. Guillaume d'Orgemont, chanoine de Paris, devait diriger les massacres, sur la promesse que Jean lui avait faite de l'élever à la dignité de chancelier de Bourgogne.

Un changeur, nommé *Laillier*, comptait parmi les principaux conjurés ; la nuit même où les massacres devaient commencer, quelques Bourguignons s'assemblèrent à la maison de ce Parisien, située sur

le pilori des Halles.

le Pont-au-Change; sa femme, que l'on croyait endormie, surprit leur secret; et, frémissant à l'idée du sang qu'on allait répandre, elle courut, à moitié vêtue, prévenir *Burreau* de Dammartin, membre du conseil. A l'instant même toute la cour se réfugie dans le Louvre; *Taneguy Duchâtel*, alors prévôt de Paris, monte à cheval, parcourt la ville avec une escorte imposante, et s'empare d'abord des halles d'où les premiers coups devaient partir. Avant le point du jour, on s'était assuré des lieux suspects.... Les plus coupables des Bourguignons furent exécutés ou noyés dans les vingt-quatre heures : le nombre des suppliciés fut grand; mais par une déplorable interprétation du dogme religieux, on laissa vivre le chanoine *Guillaume d'Orgemont*, qui, violateur sacrilège de son caractère vénérable, eut dû périr le premier. On se contenta de lui infliger une prison perpétuelle.

Le connétable d'Armagnac, informé de ce mouvement, quitta le siège d'Harfleur, qu'il faisait alors, et accourut à Paris, bouillant de colère. Les Parisiens connaissaient la férocité de ce seigneur; il tremblèrent à son approche, et ce n'était pas sans raison. D'Armagnac fit enlever les chaînes qu'on avait remises aux extrémités des rues; les bourgeois furent désarmés; on défendit les assemblées sous peine de mort. La grande boucherie, forteresse ordinaire des *Cabochiens* *, fut détruite

* Précédemment le duc de Bourgogne, maître de Paris, comme d'Armagnac l'était en ce moment, avait formé une

de fond en comble. Les emprisonnemens, les proscriptions, les supplices recommencèrent, et une taxe énorme couronna cette œuvre de vengeance.

Mais la faction bourguignone, par une trame plus habile, exécuta en 1418 ce qui avait échoué deux ans plus tôt. Les Parisiens, indignés des excès que le parti d'Armagnac commettait dans leurs murs et aux environs, avaient conçu pour le connétable une haine mortelle, que le duc de Bourgogne alimentait de tout son pouvoir. Ce sentiment acrimonieux fit explosion au mois de mai 1418. Le seigneur de l'Ile-Adam, commandait un corps Bourguignon, campé près de Pontoise; huit Parisiens allèrent le trouver et lui proposèrent d'ouvrir une porte de Paris à ses troupes. Le jour, l'heure et le lieu furent fixés dans cette entrevue. D'après cette convention, l'Ile-Adam, à la tête d'un corps d'environ huit cents hommes, arriva sous les murs de la capitale dans la nuit du 28 au 29 mai. Le ciel était sans lune, sans étoiles; une obscurité profonde protégeait les Bourguignons; et les sentinelles, du haut des remparts, ne pouvaient apercevoir les ennemis, se confondant avec les masses sombres de bois, de vignes et de vergers dont la campagne était semée.

Le complot qui s'exécutait en ce moment avait

troupe de bouchers et d'écorcheurs, pour le servir dans un premier coup de main. Leur capitaine se nommait *Simon Caboche*. Le corps qu'il commandait prit le nom de *Cabochiens*.

pour cause première un déni de justice; pour chef le nommé *Périnet-le-Clerc*, dit le *Féron*, parce que son père était marchand de fer, et en même temps *quartinier* ou magistrat de quartier. Ce jeune homme, insulté par un domestique du connétable d'Armagnac, s'était plaint vainement de cette insulte : on avait méprisé sa plainte; il jura de se venger de la double injure, et fut le promoteur de la révolte. Au moment convenu, Périnet entre à bas bruit dans la chambre de son père, qui gardait sous le chevet de son lit les clefs de la porte Saint-Germain ou de Bussy; lui dérobe le trousseau, court ouvrir cette porte aux troupes de l'Ile-Adam, referme la porte, et jette les clefs par dessus le rempart, afin de faire entendre aux Bourguignons qu'il n'y a plus à reculer. Les soldats, en se glissant le long des murailles, sans prononcer un seul mot, en comprimant même leur respiration, parviennent au petit Châtelet, où les attendent douze cents Parisiens armés, réunis par Périnet.... Alors la faction se révèle, les conjurés parcourent la ville en s'écriant : *Notre-Dame, la paix! vive Bourgogne!*... Les bourgeois, éveillés en sursaut, se mettent à leurs fenêtres, et las de l'oppression des Armagnacs, crient presque tous : *la paix! la paix! vive Bourgogne.* En moins d'une heure le corps des révoltés est fort de dix mille personnes; un détachement s'en sépare, se porte à l'hôtel Saint-Paul, en enfonce les portes, pénètre jusqu'à la chambre du roi, et contraint cet illustre insensé de monter à cheval pour s'autoriser de sa présence. Pendant cette expédition, le chancelier et les ministres sont traînés en prison. Le connétable, qu'on va saisir dans son hôtel, situé sur l'emplacement actuel du Palais-Royal, se réfugie à temps dans une maison obscure de son voisinage.

Cependant Taneguy Duchâtel, prévôt de Paris, court à l'hôtel du dauphin *, qui maintenant est ce prince destiné à régner sur la France, sous le nom de Charles VII. Le jeune héritier de la couronne dort paisiblement dans une chambre où pénètrent les lueurs de l'incendie, les cris féroces de la foule qui égorge, les plaintes de ceux qu'on massacre. Taneguy enveloppe le prince de ses

* Nous avons dit que Jean avait succédé à Louis; le premier de ces princes, lors de la mort de son frère, était chez le comte de Hainault, son beau-père. Il y fut obsédé, sur-le-champ, par les deux partis, qui voulaient, chacun de son côté, l'attirer sous leur bannière. Le beau-père, seigneur expérimenté, l'empêcha de se déclarer ni pour l'un, ni pour l'autre. Mais il ne put se refuser à une entrevue du Dauphin avec Isabelle sa mère, Charles, son frère, et plusieurs membres du conseil. Jean se rendit donc à Compiègne avec le comte de Hainault; mais, après trois jours de conférence, ce seigneur déclara que son gendre n'irait point à la cour pour se soumettre au connétable d'Armagnac. Le comte eût été arrêté, s'il n'eût pris la fuite, après cette déclaration hardie. Malheureusement le Dauphin resta; et, peu de jours après, il mourut d'un abcès dans la tête, dont jusqu'alors il n'avait pas existé de traces. Charles, âgé de quinze ans, prit le titre de Dauphin.

draps, le prend dans ses bras, et le transporte à la Bastille, dont ce prévôt est gouverneur. Le connétable se croit en sûreté dans la maison d'un ouvrier maçon; mais celui-ci, intimidé par une proclamation menaçante contre la personne qui cache d'Armagnac, court le dénoncer; ce seigneur est saisi et traîné à la conciergerie. Bientôt les prisons ne suffisent plus, des édifices publics, des églises même en tiennent lieu.

Taneguy-Duchâtel, gentilhomme courageux et dévoué, avait mené le dauphin à Melun, à travers les Bourguignons qui couvraient la campagne. Dans ce court voyage, il avait rassemblé environ seize cents gendarmes, auxquels se joignit la garnison de la Bastille, composée d'*Orléanistes* intrépides. Avec cette troupe, le prévôt, croyant surprendre Paris dans le désordre occasioné par les derniers évènemens, pénétra sans obstacle dans la rue Saint-Antoine jusqu'à la rue Tyron. Se croyant déja sûrs de la victoire, les Armagnacs s'écrient : *A mort, à mort, ville gagnée! vive le roi et le dauphin…. Tuez tout! tuez tout!* Mais tout à coup Guy de Bar, nommé prévôt de Paris par les Bourguignons, fond sur les assaillans avec des forces supérieures, les arrête, leur tue trois cents hommes, et repousse le reste dans la Bastille.

Cette entreprise malheureuse réveilla la fureur du parti triomphant : les massacres recommencèrent… Le corps hideux des *Cabochiens*, c'est-à dire la horde de bouchers et d'écorcheurs, fut lâchée par la ville, comme une troupe de tigres dévorans. Ces innombrables bourreaux se baignèrent à plaisir dans le sang humain. Presque tous les conseillers du roi, dit l'historien Jean Lefèvre, furent égorgés, leurs hôtels pillés, brûlés, rasés... On frémit en écrivant que dans cette seule journée le nombre des cadavres d'hommes, de femmes, d'enfans étendus sur le pavé des rues, s'élevait à cinq cent vingt-deux, non compris les victimes égorgées dans les maisons ou précipitées dans la Seine.

La fureur des assassins allait peut-être s'arrêter; mais les agens du duc de Bourgogne, qui songeaient à organiser plus sûrement la révolte, soufflèrent de nouveau le feu de la discorde. Ces instigateurs du meurtre, afin de reconnaître partout les Bourguignons, avaient déjà ordonné qu'ils attachassent sur leur habit la croix de Saint-André, principal attribut de l'écusson de Bourgogne; pour resserrer encore les liens du parti, ils s'imaginèrent ensuite d'en former une confrérie, sous l'invocation de ce même saint André. Cette institution se fit dans l'église de Saint-Eustache, déjà polluée par d'autres fanatiques, au temps des croisades. Chaque confrère devait porter, pour signe distinctif, indépendamment de la croix, une couronne de roses... En moins de six heures, soixante douzaines de ces couronnes montrèrent leur nuance délicate sous les sombres voûtes de l'église;

la nef et le chœur en étaient parfumés... Horrible confusion ! le symbole de l'innocence et de la tendresse sur la tête des égorgeurs... des roses et du sang !

Trois jours après cette cérémonie sacrilège, une troupe de massacreurs, sous les ordres du nommé Lambert, se porte aux prisons de la ville, combles d'Armagnacs ; elle attaque d'abord la conciergerie du Palais... Quelle palette offrira des couleurs assez sombres pour retracer ce funèbre évènement ! La multitude furieuse enfonce les portes en hurlant ces mots : *Tuez, tuez, ces chiens, ces traîtres Armagnacs.....* Les gardiens, qui prévoient le sort des malheureux prisonniers, veulent tenter une défense : soudain la prison est environnée de bois, et les révoltés préviennent, par un rempart de flammes, la fuite de leurs victimes... Hommes, femmes, enfans, tout est poursuivi, égorgé dans la profondeur des cachots; les cadavres sont ensuite traînés sur la voie publique, qui bientôt est jonchée de leurs lambeaux. Mais un supplice plus solennel est réservé au connétable, au chancelier de Marle et à l'évêque de Coutance.... La populace s'en empare, les tue lentement, en les promenant par la ville, afin qu'ils meurent partout ; et lorsque leurs corps inanimés ne sont plus que des monceaux de chairs souillés de boue, on les déchire, on se les partage, pour multiplier le triomphe des égorgeurs qui traînent dans les rues ces débris humains. Ce spectacle dura trois jours; et sans doute il y eut bien peu de pavés, à Paris, qui ne fussent pas teints du sang de ces trois martyrs.

Aux prisons du petit et du grand Châtelet, à celles de Saint-Éloi, du Fort-l'Évêque, de Saint-Magloire, de Saint-Martin-des-Champs, du Temple et de Tyron, même système de massacre, mêmes horreurs : personne n'est épargné. Le grand abbé de Saint-Denis, Philippe de Villette, échappe au massacre général : réfugié dans l'église de Saint-Éloi, couvert de ses habits sacerdotaux, il se prosterne au pied de l'autel, tenant élevé au-dessus de sa tête le pain consacré...... Les assassins s'arrêtent, n'osent frapper le lévite, protégé par l'hostie...... Ce prêtre, dit l'auteur du *Journal de Paris*, sous Charles VI, *était un très faux papelard*... La grâce s'égarait dans une telle spécialité. Après douze heures de massacre, les torrens de sang qui rougissaient la Seine, s'arrêtèrent enfin....... Plusieurs milliers de personnes avaient péri.

La fureur du duc de Bourgogne dirigeait de loin les meurtriers ; mais elle n'était pas le seul ferment de discorde qui excitât ces bourreaux. Isabeau de Bavière, alliée de ce prince, avait écrit de Tours, où elle s'était retirée*, qu'elle ne rentrerait

* En 1417, Isabeau de Bavière était du parti d'Armagnac ; mais, jalouse de l'autorité de ce chef, elle vivait en assez mauvaise intelligence avec lui, et s'était retirée au château de Vincennes, où elle se prostituait au chevalier de Bourbondon, alors son favori le plus cher. Cette Messaline, peu inquiète des recherches qu'un époux aliéné pourrait faire sur

point à Paris tant que cette ville ne serait pas purgée des Armagnacs : cet écrit avait été l'arrêt de mort des grands personnages qu'on venait de sacrifier.

Quand le sang eut cessé de couler, on en cacha l'empreinte sous un tapis de fleurs, dont on couvrit les rues pour recevoir Isabeau de Bavière, qui allait faire son entrée avec Jean-sans-Peur. Cette entrée eut tout le caractère d'un triom- sa conduite, ne se gênait pas plus avec Boisbourdon qu'elle ne s'était gênée dans le temps avec le duc d'Orléans. Cette sécurité la trahit : un soir Charles VI, jouissant d'un éclair de raison, arriva à Vincennes, à une heure où la reine était loin de l'attendre; on croit qu'il surprit l'adultère princesse dans les bras de son amant..... Avant le retour du soleil, des soldats traînaient un corps vers la Seine, à travers les bois, et renfermé dans un sac, sur lequel on lisait : *Laissez passer la justice du roi...* C'était le cadavre du favori d'Isabelle. Dans le même instant, la reine, exilée, partait pour Tours avec un mince cortège.

Tout porte à croire que les soupçons de Charles VI furent excités par le connétable d'Armagnac; mais on pense aussi que le Dauphin Charles ne fut pas étranger à la dénonciation. Sa mère le crut au moins; et telle est l'origine de la haine qu'elle ne cessa de lui témoigner depuis, et qui la porta enfin à jeter la couronne de France sur une tête étrangère, plutôt que de la laisser porter à son fils. Ainsi les fureurs d'un amour criminel, blessé dans ses affections, peuvent faire d'une mère une furie vengeresse.

Charles s'était retiré à Poitiers, après sa fuite de Paris; vainement, par des protestations de soumission sans bornes, voulut-il se rapprocher de cette mégère; elle repoussa tous les envoyés de son fils, et contracta une nouvelle alliance avec le duc de Bourgogne; alliance que la débauche cimenta, comme toutes celles que cette bacchante avait formées jusqu'alors.

phe; les acclamations du peuple, succédant à ses rugissemens, marquèrent la joie de cette multitude capricieuse et mobile, qui tuait sans motif et se réjouissait de même. La reine fut escortée, par la foule enthousiaste, jusqu'à l'autel Saint-Paul ; le malheureux roi eut l'air de revoir avec joie cette femme souillée de meurtre et de luxure... Des fêtes, des réjouissances publiques se succédèrent à Paris pendant plusieurs jours; tandis que le Bourguignon ouvrait de nouvelles sources de larmes en lançant ses infâmes janissaires, les *Cabochiens*, aux environs de la capitale, qu'ils dépeuplèrent et affamèrent. Bientôt la famine se fit sentir dans Paris même, privé des apports qui alimentaient les marchés. Jean avait déchaîné cette soldatesque effrénée pour en purger la ville; il sentit alors sa faute, et la répara par un crime. Les généraux commandant les troupes régulières du Bourguignon, eurent leurs instructions secrètes : ils tuèrent, comme des bêtes féroces, les Cabochiens qu'ils rencontrèrent dans les campagnes, et quand ils se présentaient aux portes de Paris, ils les trouvaient fermées...... Tous furent massacrés dans la chasse générale que le duc avait ordonnée...... Nouvel exemple de la gratitude des grands [*].

[*] Le duc de Bourgogne avait investi du commandement des Cabochiens un nommé *Capeluche*, qui s'était distingué dans l'atroce métier de bourreau..... Ce capitaine était digne de celui qui le nommait et de la troupe qu'il allait commander.

Nous aurions encore des vengeances, des assassinats à signaler : le grand et le petit Châtelets, deja remplis d'*Orléanistes*, furent de nouvaeu dépeuplés par la hache. D'un autre côté, la Bastille, qu'on n'avait pu soumettre d'abord, fut assiégée enfin à coups de pierres, de flèches et de canon. Cette forteresse ne put tenir contre l'arme nouvelle qui renversait les tours et les bataillons entiers. Vingt prisonniers marquans, dont le Bourguignon avait paru solliciter la grace, furent transférés au Châtelet, où l'on massacrait en ce moment : Jean savait qu'il les envoyait à la boucherie. Leurs corps, percés de mille coups, tombèrent sur les monceaux de cadavres qui encombraient les portes des deux Châtelets.....

Les bras de la faction bourguignone étaient las de tuer; Jean et Isabelle, sa complice, s'occupèrent de réorganiser le gouvernement. Ils sentirent alors qu'un nom leur était nécessaire : ils

---

Lorsque le prince eut résolu de briser les instrumens de meurtre dont il s'était servi, il revendiqua le privilège de faire exécuter, en sa présence, son ex-lieutenant. On prépara aux halles l'exécution de *Capeluche*; la populace, encore avide de sang, courut à ce spectacle. Lorsque l'ancien bourreau fut sur l'échafaud, il vit que son successeur s'acquittait avec maladresse des préparatifs de son supplice. « Approche, « lui dit-il, que je te donne une leçon, et que je t'apprenne « à trancher un chef proprement. » L'apprenti écouta son maître avec attention, promit de lui obéir, et la tête du complice de Jean tomba sans qu'il eut montré le moindre indice d'émotion.

essayèrent de rappeler le dauphin, qui tenait sa cour à Poitiers, où il avait formé un parlement, des magistrats échappés au massacre de Paris. Lorsque ce jeune prince lut, devant ses conseillers, la dépêche que venaient de lui adresser sa mère et le duc de Bourgogne, une tempête d'indignation s'éleva autour de lui : hommes, femmes, magistrats, guerriers pleuraient des parens sacrifiés par Isabelle et le duc de Bourgogne........ Charles repoussa l'idée d'un retour que personne de sa cour n'eut partagé, et qui peut-être l'aurait jeté lui-même dans un piège... La mort prématurée de Louis et de Jean était un avis d'une effrayante éloquence...... Isabelle insista, et députa auprès de Charles, Marie d'Anjou, fille du roi de Sicile, que le dauphin avait épousée l'année précédente...... L'appât était adroit; mais les craintes du prince l'emportèrent sur les séductions de la princesse........ Charles se prononça même de manière à rompre toute négociation, en faisant dire au duc de Bourgogne qu'il n'entendrait aucune proposition, tant que le gouvernement resterait entre les mains de l'assassin de son oncle.

Dès long-temps Jean-sans-Peur était en négociation avec l'Angleterre; Charles entama à son tour des conférences avec cette puissance. Le dauphin, réduit à une déplorable extrémité, accordait beaucoup; mais Henri V, qui connaissait bien la situation de son ennemi, demandait davantage. En un mot, plus le prince français se relâchait, plus le monarque anglais exigeait. Enfin il demanda à peu près tout le royaume : « Ne voyez-vous pas, dit-il au cardinal des Ur-« sins, qui négociait auprès de lui, que Dieu m'a « amené ici comme par la main. Il n'y a plus de « roi en France; j'ai des droits légitimes sur ce « royaume; tout y est en confusion; on ne songe « pas à s'y défendre contre moi; puis-je avoir une « marque plus sensible que Dieu, qui dispose des « couronnes, a résolu de me mettre celle de France « sur la tête. »

Après cette déclaration si précise, Henri V fit cependant quelques propositions insidieuses au dauphin; mais dans le même temps il en adressait de pareilles au Bourguignon : des deux côtés il offrait le secours de ses armes; des deux côtés, il trompait. Pendant que ces leurres étaient offerts aux princes, les Anglais avançaient toujours en France : Rouen était en leur pouvoir. La cour, effrayée, se retira à Troyes, sous prétexte d'échapper à la peste, qui effectivement moissonnait dans notre malheureuse capitale, moins rapidement toutefois que n'avaient fait avant elle les égorgeurs.

En ce moment Paris se trouvait entre deux armées, également ennemies : le dauphin, qui s'était avancé jusqu'à Melun, occupait la haute Seine; l'Anglais, dont les postes avancés étaient à Mantes, bloquait le bas du fleuve. Le duc de Bourgogne se trouvait dans un grand embarras; celui de Charles n'était guère moindre : tous deux sentaient que le parti le plus convenable dans cette extrémité, était encore de traiter ensemble; mais le jeune Charles, circonvenu sans cesse par les ennemis du Bourguignon, se refusait toujours à tout rapprochement, bien que Marie d'Anjou eut employé souvent auprès de son époux sa séduisante intervention.

Le Bourguignon, qui avait hésité jusqu'alors à tourner décidément ses vues vers l'Anglais, s'y détermina; il pensa qu'il valait encore mieux traiter, aux plus humiliantes conditions, que de laisser anéantir son pouvoir avec la couronne de France. Une entrevue demandée à Henri V fut fixée entre Melun et Pontoise. Le roi d'Angleterre convoqua à cette conférence le dauphin Charles, qui s'y fit représenter par Taneguy Duchatel, le plus ferme soutien de son parti. Isabelle mena à Pontoise sa fille Catherine, cette même princesse que Henri demandait en mariage depuis quatre ans.

Le galant Henri V parut d'abord fort épris des charmes de Catherine; mais, dit un historien, il ne tarda pas à se rappeler qu'il devait aimer en conquérant. « Beau cousin, dit-il au duc de Bour-
« gogne, nous voulons que vous sachiez qu'au-
« rons la fille, et ce qu'avons demandé avec elle,
« ou nous débouterons votre roi, et vous aussi du
« royaume.—Sire, répliqua Jean-sans-Peur avec
« amertume, vous dites votre plaisir; mais devant
« qu'ayez débouté monseigneur et nous hors du
« royaume, vous serez bien lassé. »

Le dépit qui naquit de cette double bravade fit, dit-on, rompre les conférences ; mais quelques historiens ajoutent que ce ne fut pas d'une manière absolue. Ces écrivains prétendent qu'avant le départ du Bourguignon, il y eut entre lui et Henri V une entrevue mystérieuse, dans laquelle il conclut un traité tendant à la conservation de sa Flandres. Si l'on en doit croire le rapport des annalistes anglais, Jean aurait sollicité de Henri « certaines « conditions que ce dernier n'aurait pu accorder « sans offenser Dieu..... » On n'a jamais pénétré le sens de ces paroles.

Selon d'autres versions, les conférences de Pontoise auraient été rompues par suite d'intelligences secrètes entre Taneguy Duchatel, confident du dauphin, et la dame *de Giac*, maîtresse du duc de Bourgogne, laquelle subjuguée par des présens ou par des caresses, aurait déterminé Jean à s'éloigner d'un prince aussi hautain que Henri V. Quoi qu'il en soit, une entrevue entre le dauphin et le duc de Bourgogne fut décidée peu de temps après la rupture que nous venons de rapporter. La détermination de Charles, après ses longues résistances, dut paraître étrange, et la catastrophe qui suivit de près les négociations entacha d'un grave soupçon la vie du futur souverain.

Le Dauphin et le duc de Bourgogne se donnèrent rendez-vous à Poilly-le-Fort, château situé entre Melun et Corbeil. L'entretien fut calme, amical, et se termina par une réconciliation jurée sur les livres sacrés. Les deux princes s'embrassèrent affectueusement; Charles reconduisit Jean, sans aucune escorte, jusqu'au lieu où celle du premier l'attendait. Le traité conclu dans cette circonstance, et que ratifia le parlement, portait promesse du dauphin et du Bourguignon de gouverner ensemble; mais surtout d'unir leurs forces pour chasser l'Anglais. Tandis qu'on se réjouissait à Paris de cette conclusion, Jean-sans-Peur fit plusieurs voyages au camp de Henri V; on remarqua en outre que le Bourguignon ne se hâtait point d'accomplir la dernière clause du traité, en attaquant les Anglais. Bientôt une trève, conclue avec le roi d'Angleterre, interdit même toute hostilité au dauphin, Charles, surpris de cette singulière conduite, demanda une nouvelle entrevue à son cousin; on fixa le pont de Montereau pour lieu des conférences. Le dauphin occupait la ville, tandis que Jean-sans-Peur était maître du château. Après plusieurs remises successives, de la part du Bourguignon, on convint de se voir le 12 septembre dans une salle construite au milieu du pont. Jean-sans-Peur, qui, dans cette entrevue, justifia trop son nom, s'avança vers le pavillon, avec peu de gentilshommes; et l'on doit ajouter les deux barrières, placées aux extrémités du pont, étaient gardées par les seuls hommes d'armes du dauphin.

Le duc de Bourgogne s'approche en souriant de Charles, met un genou en terre devant lui, et au moment où il ouvre la bouche pour parler au jeune prince, un coup de hache lui abat le menton.... Jean tombe : soudain deux assassins l'achèvent... Il rend le dernier soupir aux pieds du dauphin, qu'il couvre de son sang..... Charles s'évanouit; on l'emporte. Cependant un seul des gentilshommes du Bourguignon s'est mis en défense: c'est le sire de Noailles, qui tue un des assassins, franchit la barrière, et se sauve....... Les autres seigneurs de Jean, frappés de stupeur, se laissent prendre et emmener sans opposer la moindre résistance....... Cet horrible attentat n'avait duré qu'une minute..... Les commentaires faits sur cet évènement ne sont pas encore à leur terme; nous n'y joindrons pas les nôtres *.

Il serait téméraire de dire que le crime du pont de Montereau fut commis par l'ordre et même à la connaissance préalable du dauphin : eh bien ! sa mère n'hésita point à l'en charger. Cette femme impure, qui faisait un amant de tout homme qui n'était pas son ennemi, voyait encore ses insatiables

* Plusieurs écrivains ont mis sur le compte de Taneguy-Duchâtel l'assassinat de Jean-sans-Peur; mais le plus grand nombre des historiens démentent cette assertion. Taneguy était allé au-devant du duc de Bourgogne jusqu'à la barrière; le prince s'était appuyé sur son épaule, en disant : *Voici en qui je me fie...* Après ces mots, le crime ne pouvait pas même entrer dans la pensée de ce seigneur, connu d'ailleurs pour un franc et loyal chevalier. Le meurtre fut commis par trois gentilshommes de la cour du Dauphin; Taneguy-Duchâtel était resté du côté des Bourguignons.

passions blessées par la mort du Bourguignon, sa haine contre son fils éclata en transports furieux, et ce qu'il y a de plus remarquable dans cette circonstance, c'est que l'impudique Isabelle fit partager à son stupide époux la colère que lui causait le meurtre d'un amant. Charles VI dit, dans une ordonnance : « Nous voulons que chacun sache la « mauvaiseté dudit Charles, et que ces présentes « soient publiées toutes les semaines. » Après les premiers transports de la douleur d'Isabelle, cette princesse ordonna de magnifiques obsèques : le duc de Bourgogne, dont la vie avait été comblée de perfidies, de trahisons et de crimes, eut partout des services, des oraisons funèbres accompagnées de larmes, comme si l'on eût perdu le bienfaiteur le plus vertueux, le plus pur. Tout ce qu'on peut présumer à son avantage, c'est qu'il paraissait venir à Montereau, avec l'intention sincère d'assurer le salut de la France, en s'alliant au dauphin : on l'avait entendu dire : « Allons, il faut « marcher où il plaira à Dieu nous conduire. « Je ne veux pas qu'on me reproche que la paix « ait été rompue par ma lâcheté. » Cette action était peut-être la première démarche bienveillante de sa vie; il y trouva la mort. Sonde qui pourra les décrets de la Providence.

Alors fut conçu par Isabelle de Bavière le projet le plus criminel que jamais femme, honorée du titre de souveraine d'un pays, ait pu imaginer contre lui. Elle demanda au roi d'Angleterre l'euverture d'une nouvelle conférence : ce prince indiqua Arras pour lieu de la réunion. Des députés de Paris et des principales villes du royaume s'y rendirent, avec le nouveau duc de Bourgogne, *Jean-le-Bon*, porteur des pleins-pouvoirs du roi et de la reine. Les ambassadeurs anglais étaient déjà arrivés à Arras ; on conclut à la hâte un traité : nulle difficulté ne pouvait s'élever, on accordait à Henri V tout ce qu'il demandait, plus qu'il ne demandait. La convention porta que ce prince épouserait immédiatement Catherine de France ; que Charles VI régnerait jusqu'à sa mort, et qu'après icelle, la *propriété* du royaume serait dévolue au monarque anglais, pour revenir ensuite à ses hoirs à perpétuité. Et, comme si la France ne pouvait devenir assez tôt la proie de l'étranger, le traité stipulait qu'attendu l'incapacité du roi régnant, Henri V gouvernerait sur le champ en qualité de régent de la France, et que tous les corps de l'État *lui promettraient obéissance et fidélité*.... Le cœur peut-il contenir toute l'indignation qu'appelle sur l'infâme Isabelle un semblable traité.

Le roi d'Angleterre arriva, le 21 mars 1420, à Troyes, où la cour de France était retournée ; il signa le traité dont nous avons rapporté les principaux articles, en y faisant ajouter une clause honteuse de plus, portant que la couronne de France serait *indivisément* unie à celle d'Angleterre. Henri V épousa, le même jour, Catherine, passa une nuit avec elle, et partit le lendemain pour aller prendre Sens et Montereau. Déjà le dauphin n'occupait plus ces villes ; il s'était retiré de l'autre côté de la Loire, où il devait être relégué quinze ans. Le roi et la reine de France rejoignirent le monarque anglais à Melun, afin d'escorter son entrée triomphale dans la capitale de Clovis. Partout sur son passage, le conquérant se faisait prêter, en présence même de Charles VI et d'Isabelle, le serment de fidélité par les barons français, comme s'il eût déjà régné sur la France. Un seul seigneur lui refusa cet hommage ; c'était le prince d'Orange : « Moi, « s'écria-t-il, que je fasse le serment de mettre « le royaume ès-mains de l'ennemi ancien et ca- « pital du royaume ; jamais je ne le ferai. »

Cette Isabelle de Bavière, qui avait disposé de la France comme d'une propriété particulière, s'était défaite, en 1418, du parlement alors existant, soit par le meurtre, soit par le bannissement, et en avait nommé un autre, de concert avec le feu duc de Bourgogne. La nouvelle compagnie, servilement dévouée aux volontés de sa fondatrice, enregistra le traité de Troyes, qui donnait le royaume à l'Angleterre. Ensuite ce parlement rendit un arrêt par lequel Charles de France était banni, exilé à jamais, et déclaré indigne de succéder à aucune terre ou seigneurie.

Les bourgeois de Paris donnèrent au roi d'Angleterre des fêtes qui le touchèrent peu, et lui offrirent des présens qu'il reçut avec dédain. Peu de temps après son arrivée, ce prince réunit à l'hôtel de Saint-Paul une assemblée, à laquelle on donna le nom d'états-généraux. Les princes du sang d'Angleterre y prirent rang sur le duc de Bourgogne, lequel, parmi les princes français, subit seul cette humiliation : les autres refusèrent de siéger. Dans cette réunion, Henri V fit voter un impôt : c'était le second qu'il établissait en France, tout en promettant de les supprimer tous. Mais, sous ce rapport, cet étranger ne se montrait pas plus ennemi du pays que ses légitimes souverains. Les États décidèrent aussi une refonte des monnaies, de laquelle il devait résulter qu'un huitième des espèces du royaume resterait dans les coffres royaux.

Après ces diverses dispositions gouvernementales, Henri V, en politique habile, fit convoquer le conseil et le parlement pour entendre la plainte de Jean-le-Bon sur l'assassinat de son père. C'était dans ce même hôtel de Saint-Paul, que, treize ans plus tôt, on avait accueilli, sans murmures, la doctrine de Jean-Petit en faveur de l'assassinat; et, dans une cause absolument semblable, l'indignation la plus orageuse se souleva contre les meurtriers de Montereau, parmi lesquels on n'hésita pas à comprendre le dauphin.

L'arrêt rendu à la majorité fut ainsi conçu : « Charles de Valois, jadis dauphin, et ses com-
« plices, criminels de lèse-majesté au premier

« chef, sont, comme tels, privés de toutes suc-
« cessions, honneurs et dignités ; et leurs sujets
« ou vassaux sont déliés de tout serment de fi-
« délité. » Le soin que l'Anglais avait pris de
faire rendre cet arrêt, n'a pas besoin de commentaires.

Henri V fit alors un voyage en Angleterre
pour montrer sa jeune épouse à ses sujets insu-
laires ; puis il revint en France consolider le gouvernement, qui ne devait pas tarder à devenir
celui de son règne. Peu de temps après le retour
de Henri, Catherine lui donna un fils ; il reçut
le nom de Henri VI, et fut proclamé roi de
France, du vivant du malheureux Charles VI. Ce
prince inspirait au moins à ses vainqueurs la vénération qui naît de la pitié ; mais sa coupable
femme, jadis l'objet de l'adoration des chevaliers
français, parce qu'elle les enivrait de faciles voluptés, n'obtenait plus que des hommages mêlés
d'un mépris mal déguisé.

Henri tint à Paris une cour plénière ; mais à
travers une bonté d'apparat, ce prince laissait
percer la morgue du vainqueur...... Il y eut dans ces
solennités, du luxe, de la magnificence, peu de
plaisir et point de gaîté....... Les seigneurs français pensaient à leur pauvre roi, malade, délaissé,
presque misérable, et l'allégresse était bannie par
un sentiment amer.

La gloire du triomphateur prit fin avant
la misère du vaincu : Henri V, atteint d'un

abcès, appelé le *mal saint fiacre*, expira en peu de jours, à l'âge de trente-trois ans *, après avoir recommandé de donner la régence au duc de Bourgogne, ou, à son refus formel, au duc de Bedfort. Charles VI suivit de près dans la tombe le roi d'Angleterre. Il ne se trouva pas un seul prince du sang aux funérailles du roi de France, et pas un écu dans le trésor pour subvenir à la pompe funèbre. Dans cette honteuse extrémité, le parlement ordonna que « par provision on ven- « drait le plus promptement que faire se pour- « rait, les bons meubles du feu roi, jusqu'à la « somme qui serait nécessaire pour accomplir ses funérailles... » Quand la pierre du tombeau eut retombé sur la dépouille du plus malheureux de nos rois, les officiers tournèrent vers la terre leurs verges, masses et épées, pour marquer que leurs fonctions étaient finies. Puis on entendit le hérault crier : *Vive Henri de Lancastre*, ROI DE FRANCE ET D'ANGLETERRE.

* Henri V mourut à Vincennes, au mois d'août 1422. Son corps, dit Juvenel des Ursins, fut mis par pièces et bouilli dans un chaudron, tellement que la chair se sépara des os; l'eau fut jetée dans un cimetière; et les os avec la chair furent mis dans un coffre de plomb, avec plusieurs espèces d'épices et de choses odoriférantes, et sentant bon.

CHAPITRE VIII.

INSTITUTIONS DU DERNIER RÈGNE, CHARLES VII, LA PUCELLE D'ORLÉANS.

Durant la longue tragédie qui se termine, l'action a été si animée, les scènes, tissues de catastrophes, se sont enchaînées si étroitement, qu'il ne nous a pas été possible de décrire le théâtre. Revenons d'abord aux institutions; puis nous parlerons des édifices.

Nous avons vu que l'arc et l'arbalète ont contribué souvent à donner la victoire aux Anglais, dans leurs guerres contre la France : à Crecy, à Poitiers, à Azincourt, le succès fut déterminé par l'emploi de cette arme, que nos paladins dédaignaient, parce que, disaient-ils, ce n'était pas combattre vaillamment que de combattre de loin. Au temps de Charles VI, ce préjugé avait bien perdu de sa puissance : nous voyons, sous ce règne, se fonder, en peu d'années, à Paris, trois compagnies régulières d'*arbalètriers*, d'*archers* et d'*arquebusiers*.

Cette dernière institution existait, dit-on, dès le règne de Louis-le-Gros : cette assertion manque de preuves. Mais il existe une ordonnance de saint Louis, qui mentionne les *chevaliers de l'arque-*

buse, et fixe leur nombre à cent quatre-vingts. En 1369, Charles V porta ce nombre à deux cents, et Charles VI, par une ordonnance de 1590, fonda d'une manière stable la corporation, en lui accordant divers privilèges. Cette compagnie, qui devait s'exercer dans l'art de lancer des traits, et former un certain nombre d'élèves, obtint un local commode entre les rues Saint-Denis et Mauconseil; celui qu'elle avait occupé précédemment sur l'emplacement de la rue des Francs-Bourgeois, au Marais, étant devenu insuffisant. Les chevaliers de l'arquebuse étaient exempts de payer « le qua-« trième du vin, les aides mises pour la guerre, « les tailles, subsides, gabelles, guet et arrière-« guet »; mais ils devaient participer à l'entretien des fortifications de la ville, aux levées de deniers pour l'arrière-ban et à celles destinées à la rançon du roi.

La compagnie des *arbalètriers* fut constituée par lettres-patentes du 11 août 1401, avec les mêmes privilèges et immunités que ceux des arquebusiers. Mais ces lettres portent explicitement que les confrères contribueront à la défense et sûreté de la ville. En conséquence, soixante des plus habiles devaient s'habiller, s'armer et se monter à leurs frais, afin d'être prêts à marcher aux ordres du prévôt de Paris, auquel ils étaient tenus de prêter serment. Ces arbalètriers d'élite obéissaient à un capitaine, qui recevait une solde de cinq sous par jour; chacun de ses subordonnés en touchait trois, non compris la dépense de l'homme et du cheval. La corporation entière était gouvernée par un *roi* et un *connétable*; les confrères avaient le titre de *maîtres*. Plus tard, les arbalètriers, à peu près réduits aux soixante hommes tenus à la disposition du prévôt, jugèrent que leur roi portait un titre trop pompeux pour un si petit nombre de sujets; ils lui firent prendre celui plus modeste de *grand maître*, qui ne laissait pas d'afficher encore une certaine vanité. Les arbalètriers se réunissaient et s'exerçaient, rue Saint-Denis, près de la porte aux Peintres.

Les archers furent institués en l'année 1411, d'après la demande qu'ils en avaient faite à Charles VI, en l'honneur de Dieu, de madame la Vierge et de monseigneur saint Sébastien. Leurs privilèges, droits et obligations furent les mêmes que ceux des arbalètriers; mais ils n'eurent que deux sous par jour, au lieu de trois. Ils avaient aussi un roi et un connétable; leur nombre était de cent vingt *..... Nous reparlerons ailleurs de ces compagnies.

Au commencement du quinzième siècle, il existait à Paris trois ponts principaux: savoir le grand et le petit ponts, plusieurs fois détruits du-

---

* *Voyez*, pour de plus amples détails sur ces trois corporations, l'*Histoire de la Ville de Paris*, par *Felibien, tome II, page* 750; *et Preuves, première partie, page* 523; *troisième partie, page* 321; voyez aussi ordonnances du Louvre, *t. XV, page* 57.

rant les guerres, ou entraînés par les crues ou les glaces de la Seine; et le Pont-Neuf ou Saint-Michel, commencé sous Charles V, fini pendant le règne suivant. Outre ces trois ponts principaux, dont le dernier seulement était entièrement bâti en pierre, il en existait encore trois autres, formés plus ou moins solidement de madriers et de planches; en voici la désignation : Charles V avait fait construire, à peu près vis-à-vis l'hôtel Saint-Paul, le pont *Saint-Bernard* ou *des Barrés*. A la même époque, ou plutôt dès l'année 1315, il existait sur l'emplacement du *pont Notre-Dame*, un pont qu'on appelait la *Planche-Mibrai*, parce que son extrémité septentrionale aboutissait à un lieu ainsi nommé, et qui conserve encore la dénomination de rue de la Planche-Mibrai*.

A la fin de janvier 1408, la Seine, alors fort grosse et charriant d'énormes glaçons, emporta le Pont aux Barrés, la Planche-Mibrai, et le Petit-Pont, ainsi que le Pont-Neuf ou Saint-Michel, quoique ce dernier fût d'une construction plus solide

* Sur l'emplacement qu'occupe la rue de ce nom, la Seine laissait une mare assez profonde, qui s'étendait jusqu'au lieu où se trouve maintenant la rue de la Vannerie. Or, pour traverser ce marécage, et arriver au pont, appelé depuis de *Notre-Dame*, on avait coutume de jeter sur (ou *mi*) le bourbier ou (*brai*) dont il s'agit, un plancher, que l'on avait soin de retirer quand un ennemi quelconque s'approchait de la Cité. On voit maintenant que la dénomination de Planche-Mibrai vient de *mi*, abréviation de parmi, et de *brai*, synonyme de mare.

Quant au *Grand-Pont*, maintenant Pont-au-Change, il résista au choc; mais sa construction fut tellement ébranlée, que quatorze boutiques de changeurs établies dessus furent renversées. Les habitations qui s'élevaient sur le Petit-Pont et le pont Saint-Michel s'écroulèrent dans la Seine, qui entraîna leurs débris, mais pas une seule des personnes qui s'y trouvaient logées. Néanmoins ce fut une calamité, ajoutée à tant d'autres qui désolaient à cette époque la capitale. Le Pont-Neuf et le Petit-Pont étaient couverts de maisons « en lesquelles
« habitaient moult ménagiers de plusieurs états
« et marchandises et mestiers, comme taincturiers,
« escrivains, barbiers, couturiers, esperonniers
« fourbisseurs, fripiers, tapissiers, chasubliers,
« faiseurs de harpes, libraires, chaussetiers et
« autres.... n'y a eu personnes périllées... Dieu
« merci*. »

On s'occupa immédiatement de la reconstruction du Petit-Pont et du pont Saint-Michel; mais les travaux marchèrent lentement faute de fonds suffisans. Le roi, le parlement et la ville avaient

---

*Registre du parlement, du mardi 31 janvier 1408. Nous avons cité ce passage, qui donne une idée de l'industrie des Parisiens au commencement du quinzième siècle. L'existence des *faiseurs de harpes* prouve que la science des ménestrels était encore en honneur; quant aux *libraires*, on ne peut entendre par cette dénomination que la profession des écrivains, qui vendaient quelques copies à la main de certains manuscrits. L'imprimerie ne fut connue qu'au milieu de ce même siècle.

pourtant réuni leurs ressources pour subvenir aux frais de cette entreprise urgente. La ville, qui seule supporta la dépense du Petit-Pont, en obtint la propriété par ordonnance royale de l'année 1409, et perçut en conséquence le prix de location des maisons qui le couvraient. Ce pont, non plus que celui de Saint-Michel, ne put alors être bâti en pierre parce que les finances, absorbées par d'avides gouvernans, étaient insuffisantes; et même le roi céda à deux bourgeois, Jean de Taranne et Michel de Lallier, le droit de faire construire seize loges sur chacune des moitiés du pont Saint-Michel, moyennant une redevance annuelle de seize livres au profit de la recette de Paris. A cette condition les constructeurs devaient jouir à perpétuité des boutiques qu'ils avaient fait élever.

En 1413, le 31 mai, commença la reconstruction du pont qu'on avait précédemment appelé la Planche-Mibrai. Charles VI enfonça le premier pieu. « Le roi de France Charles, dit le journal de Pa-
« ris sous ce règne, nomma icelui *pont Notre-*
« *Dame*, et frappa de la trie sur le premier pieu,
« et le duc de Guienne son fils, après, et les ducs

---

* Il n'est pas sans intérêt de faire connaître le degré d'intelligence que l'on apportait, au commencement du quinzième siècle, dans les constructions du genre de celles qui nous occupent. Voici la description que Robert Gaguin a laissée du pont Notre-Dame, bâti sous Charles VI. « Il avait 70 pas et 4 pieds
« (354 pieds) de longueur, sur 18 pas (90 pieds) de largeur.
« Il était supporté sur 17 piles, dont chacune se com-

« de Berry et de Bourgogne, et le siré de la Tre-
« mouille, et était heure de dix heures du matin. »
Les frais de cette construction furent encore supportés par la ville; car il est peu probable que le prévôt des marchands et les échevins aient consenti à s'en charger, ainsi que l'avancent plusieurs historiens et après eux M. Dulaure. Le pont Notre-Dame ne fut achevé qu'au bout de sept ans : la lenteur des travaux ne vint pas seulement du défaut de ressources; elle fut encore occasionée par l'opposition de certains seigneurs ecclésiastiques, dont cette utile entreprise contrariait les vaines prétentions. Le dessous de ce pont était obstrué par une multitude de moulins sur des bateaux.

Pendant le règne semi-séculaire de Charles VI, fut commencé ce magnifique *palais des Tournelles*, qui, par les embellissemens successifs qu'ordonnèrent sept à huit souverains, devait devenir un des édéfices, non les plus régulièrement beaux, mais les plus imposans, les plus prestigieux de la

---

« posait de vingt pièces de charpente, d'au moins deux pieds
« d'équarrissage. Il était chargé de soixante maisons; trente de
« chaque côté du passage. Ces maisons étaient hautes et bâties
« uniformément. Lorsqu'on se promenait au milieu, on ne
« découvrait point la rivière, et l'on se croyait sur terre, au
« milieu d'une foire, par le grand nombre et la variété des
« marchandises qu'on voyait étalées dans les boutiques. Il n'y
« a point d'exagération à dire que ce pont, par la beauté et
« la régularité des maisons qui le couvraient, était un des
« plus beaux ouvrages de France. » (*Compendium de gestis Francorum*, *Roberti Gaguini*, *lib. II*).

capitale. Ce n'est donc qu'au milieu du seizième siècle qu'il faut se représenter ce château de fée, pour trouver empreinte de quelque vérité la poétique description qu'en a faite Victor Hugo; encore l'imagination devra-t-elle faire de grands frais pour se peindre : La forêt d'aiguilles du palais des Tournelles; la futaie de flèches, de clochetons, de cheminées, de girouettes, de spirales, de vis, de lanternes, de tournelles en fuseaux, toutes diverses de hauteurs, de formes, d'attitudes; en un mot l'ensemble magique que le poète met au-dessus des merveilles de Chambord et de l'Alhambra, et qu'il compare ingénieusement à un gigantesque échiquier de pierre.

Pierre d'Orgemont, chancelier de France, fit bâtir l'hôtel des Tournelles en 1390; douze ans après, le fils de ce dignitaire, évêque de Paris, vendit cet édifice au duc de Berry, moyennant quatorze mille écus d'or; en 1404, ce prince le céda, à titre d'échange, au duc d'Orléans, son neveu, qui à son tour le vendit au roi, en 1417. Ce fut alors, sans doute, que ce monument reçut le nom de *maison royale des Tournelles*. Il était situé rue Saint-Antoine, vis-à-vis l'hôtel Saint-Paul, et s'étendait sur une grande partie de la place appelée depuis Royale. L'infortuné monarque habita cet hôtel vers la fin de sa vie; après sa mort, le duc de Bedfort, régent du royaume de France pour le roi d'Angleterre, se logea dans ce même palais, qu'il fit reconstruire et agrandir, ainsi que nous le verrons bientôt.

Sous le règne de Charles VI, l'église paroissiale de Saint-Gervais fut entièrement reconstruite; sa dédicace eut lieu en 1420. A cette époque l'architecture sarrasine était parvenue à sa perfection: on trouve toute son élégance, toute sa grace et sa légèreté dans les détails de la nef. C'est ainsi que, par un raffinement de goût et de hardiesse, les nervures des voûtes, réunies en faisceau, se courbent, s'élancent comme pour abandonner le massif d'où elles partent, et forment cette clef pendante, qui semble suspendue dans les airs par un enchantement qui n'est que l'audace de l'art. Nous reparlerons de Saint-Gervais, à propos du lourd portail, formé de trois ordres superposés, qui, tout grec qu'il est, nous semble bien au-dessous de l'architecture si délicate, si svelte qu'on admire dans l'intérieur.

Tandis que l'esprit de parti, guidé par la discorde, inondait de sang le pavé de Paris, l'instruction publique devait peu prospérer: les élèves, engagés sous diverses bannières, guerroyaient avec le reste de la population; les professeurs s'exerçaient à composer des remontrances qui, comme nous l'avons vu, n'étaient guères écoutées. On les voyait encore, tantôt escorter le triomphe des Bourguignons ou des Armagnacs, tantôt suivre la pompe funèbre des princes et grands personnages, tombés sous le fer assassin ou la hache des bourreaux. Cependant cinq collèges furent institués, à Paris, durant le règne calamiteux de Charles VI. En 1394, Pierre Fortet, chanoine de Paris, avait fondé, dans sa maison, rue des Cordeliers-Saint-Jacques, un collège où devaient être élevés quatre écoliers du diocèse de Saint-Flour, et quatre de Paris. Trois ans plus tard, les chanoines de Notre-Dame, exécuteurs du testament de leur confrère, transportèrent la *collège de Fortet*, rue des Sept-Voies, dans un local qu'ils jugèrent plus convenable.

Dans cette même rue, Guy-de-Roye, archevêque de Reims, fonda, en 1412, le *collège de Reims*, à l'hôtel de Bourgogne, situé au penchant du mont Saint-Hilaire, et qu'il avait acheté pour former cette institution, destinée à des élèves de son diocèse. Pendant la domination anglaise, les bâtimens de ce collège furent dévastés : ils demeurèrent abandonnés pendant vingt-cinq ans. Charles VII restaura cette fondation, à laquelle il réunit le collège de Rethel. Vers le même temps, Nicole Cocquerel, chanoine d'Amiens, avait glissé, en quelque sorte furtivement, dans la cour de l'hôtel de Bourgogne, de petites écoles qui prirent le nom trop ambitieux de *collège Cocquerel*. Elles cessèrent avec la vie de leur fondateur, qui mourut en 1463.

Guillaume de la Marche avait, dès l'année 1362, commencé la fondation d'un collège de son nom, rue de la montagne Sainte-Geneviève, dans les bâtimens précédemment occupés par le collège de Constantinople. Mais à sa mort, arrivée en 1420, de la Marche affecta, par testament, une partie de sa fortune à l'accroissement de son institution. La même année, Pierre de Vieuville, exécuteur testamentaire du fondateur, acheta une nouvelle maison, dans la même rue, et le *collège de la Marche* y fut transféré. Les boursiers, au nombre de six, étaient entretenus moyennant six sous par semaine; un chapelain, placé dans cette maison, recevait, à titre de traitement, huit sous par semaine. Plus tard, le nombre des élèves fut porté à vingt: cette institution a joui d'une certaine célébrité dans l'université.

Deux établissemens hospitaliers furent ajoutés, sous le règne de Charles VI, à ceux qui existaient à Paris : l'*hôpital du Roule* fut le premier. Cette institution est citée dans un arrêt du parlement rendu en 1392 : elle était destinée à recevoir les ouvriers de la monnaie, que l'âge ou les infirmités rendaient incapables de continuer leurs travaux. Ils prenaient, en y entrant, le nom de *Frères de l'hôtel du Louvre**. Nonobstant cette destination spéciale, l'évêque de Paris avait le droit de placer quatre frères à l'hôpital du Roule; et, comme il n'en pouvait recevoir que huit, il est probable que la protection de monseigneur donnait le plus souvent à l'oisiveté l'abri, et le pain réservés à des hommes qui avaient été utiles. L'*Hôpital des Orfèvres* était plus généralement destiné aux pauvres ouvriers

* L'hôtel des monnaies était alors établi dans l'intérieur du Louvre.

devenus infirmes dans l'exercice de cette profession : il fut établi, en 1399, par le corps des orfèvres de Paris, dans une maison, située rue des Orfèvres, et nommée *Hôtel des trois Degrés*. Le bâtiment hospitalier et la chapelle attenante ne furent d'abord construits qu'en bois; mais, en 1556, le tout fut rebâti en pierre.

L'époque qui nous occupe vit naître une institution bien différente, sous le nom de *Confrères de la Passion de Notre Seigneur*. Cette confrérie, avec sa dénomination sacrée, n'était pourtant que la première troupe de comédiens permanente qui ait existé à Paris,.... Telle est l'origine de ce Théâtre Français, dont les acteurs sont devenus, de nos jours, des notabilités et presque des puissances. Jusqu'alors on n'avait vu que des réunions nomades de jongleurs, de baladins et de sauteurs, sur le talent desquels on s'était extasié, parce que rien de mieux n'avait captivé l'attention. Ces bateleurs abondaient en France sous le règne de Charles V. Catherine de Pisan, historienne de ce prince, parle avec admiration d'un funambule, surnommé *le Voleur*, qui descendait des tours de Notre-Dame sur le toit du Palais, et qui *vola* si malheureusement un jour, qu'il se brisa les reins en tombant de sa corde. Dans l'intérieur des monastères ou des collèges, on jouait des tragédies latines, dont les sujets étaient tirés de la Bible ou du Martyrologe. Quelquefois des pièces baroques, en langue française du temps, étaient représentées dans la grand'-

salle du Palais par l'une ou l'autre basoche; mais, avant les confrères de la Passion, personne n'avait donné, dans la capitale, de représentations suivies.

Ces comédiens jouèrent d'abord dans le bourg de Saint-Maur-les-Fossés, sur un théâtre dressé à leurs frais. Le drame qu'ils représentèrent était la Passion de Notre Seigneur Jésus-Christ. Le prévôt de Paris, incertain si ce spectacle était orthodoxe ou hétérodoxe, défendit par provision aux habitans de Paris d'y assister. Les confrères portèrent plainte au roi en 1398, et la renouvelèrent si souvent, que Charles VI, voulant faire droit à leur réclamation, ou la repousser définitivement avec connaissance de cause, assista à l'une de leurs représentations. Il en fut si satisfait, que, par ordonnance du 4 novembre 1402, il les autorisa, non seulement à continuer *leurs jeux* hors de Paris et même dans son enceinte; mais encore à paraître partout avec leurs costumes de théâtre. Après avoir donné des représentations en divers locaux, ils obtinrent enfin la grand'salle de l'hôpital de la Trinité, au coin des rues Saint-Denis et Grenétat, et s'y établirent sous le titre de *maîtres gouverneurs et confrères de la Passion et Résurrection de Notre Seigneur*. On a conservé des lettres-patentes de Charles VI, par lesquelles ce prince accorde divers privilèges à ces comédiens: le titre de *mes Frères*, qu'il leur donne dans ces actes, a fait croire qu'il était lui-même agrégé à leur confrérie; mais c'est une opinion qui ne mérite aucune confiance. Les pièces que représentaient les confrères étaient appelées *Mystères ou Moralités*; ces drames n'étaient assujétis à aucune règle : ils n'offraient ni exposition, ni nœud, ni dénouement, mais seulement une suite de scènes empruntées à l'Écriture sacrée. Les actions des saints, des anges et même de la Divinité, s'y trouvaient grossièrement parodiées de la meilleure foi du monde, et le plus souvent exprimées avec la plus indécente, mais la plus candide naïveté. Ainsi, la sainte Vierge et saint Joseph devisaient en scène sur les sensations que la mère du Christ avait éprouvées durant l'opération du Saint-Esprit, et le *semen emiserit* y était expliqué en termes très précis.

La vogue s'attacha aux spectacles des confrères, le clergé les protégea; il avança plus d'une fois l'heure des offices, afin que les fidèles pussent continuer à s'édifier aux mystères, aux moralités. Plusieurs prêtres sollicitèrent même la faveur de jouer des rôles sur cet autre théâtre. Le spectacle de la rue Grenetat ne se donnait guères que les dimanches et fêtes; il commençait à une heure après midi et finissait à cinq heures : le prix des places était fixé à deux sous. Nous reviendrons plus d'une fois sur ce sujet.

Nous avons signalé les institutions fondées pendant le long règne de Charles VI; mais il nous reste à mentionner rapidement les accroissemens que les fondations préexistantes reçurent durant cette période : nous réunirons celles du même genre. Depuis l'année 1368, époque à laquelle Charles V ordonna que l'abbaye de Saint-Germain fut régulièrement fortifiée, de grands changemens s'opérèrent dans l'ensemble des constructions de ce monastère. Plusieurs bâtimens furent démolis, ainsi qu'une chapelle appelée Saint-Martin-des-Orges, pour faire place aux fortifications qu'on éleva, et qui donnèrent à l'abbaye l'aspect d'un château fort, plutôt que celui d'un couvent. La principale entrée était située à l'est, sur l'emplacement où se trouve maintenant la prison militaire dite de l'Abbaye. Là se trouvait un pont-levis jeté sur le fossé; il communiquait à une porte à plein-ceintre, conduisant à l'Église. A l'ouest, une seconde entrée, qu'on appelait la porte papale, et qui s'élevait sur le terrain occupé maintenant par la rue Saint-Benoît, était également protégée par un pont-levis, et enclavée entre deux grosses tours rondes. Au nord, vers l'endroit où la rue de Furstemberg aboutit à celle du Colombier, était une tour ronde, destinée à consolider le mur d'enceinte; lequel continuait ensuite jusqu'à l'entrée de la rue Saint-Benoît, où se trouvait une tour semblable à celle que nous venons de mentionner. Elle marquait le lieu où la muraille, coupée à angle droit, suivait la direction de la rue Saint-Benoît, dépassait la porte papale et arrivait, par un angle rentrant, à une tour ronde, construite sur le terrain appelé maintenant Carrefour Saint-Benoît. De là l'enceinte, en suivant la direction de la rue Sainte-Marguerite, arrivait à la forteresse sous laquelle s'ouvrait l'entrée principale dont nous avons parlé plus haut. De cette poterne, la muraille s'avançait en biaisant un peu pour devenir parallèle à l'emplacement de la rue de Furstemberg, et venait se perdre dans la grosse tour ronde, située à l'extrémité de cette rue. La muraille était crénelée, renforcée par des piliers buttans, et par intervalle garnie de tourelles se terminant en cul-de-lampe. Un fossé rempli d'eaux vives, provenant du canal appelé la Petite-Seine, enveloppait l'Abbaye et rendait son approche extrêmement difficile. Nous parlerons plus tard des constructions intérieures.

En l'année 1388, il fut dressé de nouveaux statuts pour Saint-Jacques-de-l'Hôpital, qui n'était plus une maison hospitalière, mais un chapitre de gras chanoines. Ces statuts, espèce de loi somptuaire ecclésiastique, défendaient à ces chanoines de jouer aux dés, d'aller à la taverne en habits de chœur, de sortir de l'église, pendant l'office, pour aller jaser sur les places publiques, d'avoir la barbe et les cheveux longs et de porter des chaussures de diverses couleurs. Ce règlement, qui peint bien les mœurs sacerdotales du temps, contenait enfin la défense de faire entendre, pendant la célébration des saints offices, des ris indécens ou des contes facétieux, et de se prendre de dispute.

Depuis long-temps les cordeliers ou frères mineurs, répandus sur toute la surface du royaume, agitaient, dans une controverse animée, la question importante de savoir quelles étaient les dimensions précises de l'habit que portait saint François, leur fondateur, et surtout quelle forme affectait son capuchon : il y avait, à cet égard, trois partis bien distincts, auxquels on appliqua la dénomination de chacune des formes qu'ils prêtaient au précieux vêtement. Ainsi, ces graves dissidens furent appelés les *ronds*, *les carrés et les pointus*. La querelle dura jusqu'au seizième siècle; mais elle fut interrompue, en 1401, par une dispute non moins sérieuse. A cette époque, le provincial des cordeliers de Paris fit bâtir une écurie dans l'intérieur du couvent.... A l'aspect des travaux, les religieux étrangers qui étudiaient dans la maison, s'élèvent avec véhémence contre une innovation qui, prétendent-ils, enfreint les statuts de l'ordre. Les cordeliers français soutiennent que leur supérieur ne peut se passer d'une écurie, et que personne d'ailleurs, n'a le droit de s'opposer à ce qu'il la bâtisse. Les opposans répliquent avec colère, les nationaux ripostent avec

---

* Si l'on est curieux de connaître tous les détails de cette grande controverse, on les trouvera en consultant un ouvrage intitulé *Annales des Capucins*, par *Baverius*, publié à Lyon, en 1632. Cet écrivain a débattu la question *ex professo*, dans un traité complet sur la forme du capuchon : traité divisé en onze démonstrations, dans lesquelles, à l'aide d'une érudition immense, l'auteur prouve que décidément ce capuchon était pointu.

fureur....: *A mort les Français*, s'écrient alors les étrangers. A ces mots, un combat acharné commence dans les cours, dans les cloîtres, dans les dortoirs; les moines se chargent à coups de bâton; on se jette à la tête une grêle de pierres : en un instant les combattans n'offrent qu'une troupe furieuse, meurtrie, sanglante, et des morts sont étendus sur la place. Le roi, averti de ces hostilités monacales, envoie des troupes pour y mettre fin. Les portes sont fermées; on les enfonce. Soudain les deux partis se réunissent pour repousser les soldats : la gent tondue se défend quelque temps, mais enfin elle succombe. Bon nombre de cordeliers franchissent les murs et se sauvent. Quatorze d'entr'eux sont saisis dans le fossé; vingt-six sont pris dans l'intérieur, et tous conduits en prison. Traduits devant les juges criminels, ces moines belliqueux furent absous, admonestés et renvoyés.

L'église de Sain-Jacques--la-Boucherie, d'abord petite, mal bâtie et sombre, fut agrandie au commencement du quinzième siècle; et quoiqu'en 1414 ces constructions nouvelles ne fussent point terminées, Gerard de Montagu, évêque de Turin, en fit la consécration le 24 mars. Les additions faites à cet édifice paroissial consistaient principalement dans un porche, que *Nicolas Flamel*, simple écrivain, fit construire à ses frais. Ce particulier, sur lequel la superstition a débité beaucoup d'absurdités, fut un des bienfaiteurs de cette église; son immense fortune, dont on n'a jamais pu découvrir l'origine, le mit à même de faire beaucoup de bien. Une honnête famille, tombée dans l'indigence, une jeune fille, que la misère avait entraînée dans le désordre, le marchand et l'ouvrier chargés d'enfans, la veuve et l'orphelin, les hôpitaux, en un mot tout ce qui réclamait de prompts secours ne se recommandait pas en vain à la bienfaisance de Nicolas Flamel. Tant de bienfaits répandus, tant de richesses, venant d'une source inconnue furent expliqués par la magie, dans un temps où tout ce qu'on ne comprenait pas était déclaré surnaturel. Flamel passa pour avoir trouvé la pierre philosophale; on chercha des signes cabalistiques dans les scuptures qu'il fit exécuter sur la porte de Saint-Jacques, et dans les embellissemens qu'on entreprit par son ordre et à ses frais, à l'église des Saints-Innocents.

En l'année 1417, il mourut dans sa maison de la rue des Écrivains. Sa femme, *Pernelle*, l'avait précédé de quelque temps au tombeau, et tous deux furent enterrés dans l'église de Saint-Jacques-la-Boucherie*. On voyait la figure de Flamel et

---

* Mais la superstition ne crut point à la mort de ces deux personnages : ils feignirent, dit une chronique, une maladie, s'éloignèrent secrètement de Paris, et firent enterrer deux bûches à leur place. Voici le reste du conte. Flamel rejoignit sa femme en Suisse, d'où ils passèrent dans l'Asie-Mineure. Paul Lucas, qui voyageait à la fin du dix-septième siècle, assure avoir rencontré dans cette contrée un Dervis, qui avait vu récemment Flamel et sa femme, lesquels, continua

celle de son épouse scuplltées sur la porte de l'église, du côté de la rue des Ecrivains, et plus tard cette inscription fut placée sur un pilier de la nef. « Feu
« Nicolas Flamel, jadis écrivain, à laissé, par son
« testament, a l'œuvre de cette église, certaines
« rentes et maisons qu'il a aquestrées de son vi-
« vant, pour faire certain service divin et distri-
« butions d'argent, chacun an par aumosnès tou-
« chant les Quinze-Vingts, Hôtel-Dieu et autres
« églises. Au-dessous on voyait un cadavre gravé
« dans une pièce de marbre avec ce distique : »

De terre je suis venu et en terre retorne,
L'ame rends à toi J. H. S. qui les péchiés pardonne,

En 1405, on fit construire sur la voûte de Saint-Jacques-la-Boucherie, une chambre pour loger les personnes qui se refugieraient dans cette église, en vertu du droit d'asile dont elle jouissait, et qui ne fut guère respecté. Dans le cours du siècle que

ce prêtre, avaient mené, depuis le commencement du quinzième siècle, une vie philosophique, tantôt dans un pays, tantôt dans l'autre..... « Je suis leur intime ami, ajouta le Dervis, et il n'y a que trois ans que je les ai laissés aux Indes, en très bonne santé. » (*Voyage de Paul Lucas dans l'Asie-Mineure*, tome II, chapitre XII).

Comme le voyageur avait écrit gravement les détails que nous venons de rapporter, on fit faire des fouilles dans la maison de Nicolas Flamel; et l'on trouva, dit-on, des urnes, des fioles, des matras, du charbon; puis, dans des pots de grès une matière minérale, calcinée et divisée par petites parcelles, grosses comme des pois. Nous sommes loin de garantir l'authenticité de ces découvertes.

nous traversons, l'église fut décorée d'une belle tapisserie, représentant les principales situations du *Roman de la Rose*; plusieurs de ces scènes n'étaient rien moins que décentes. Mais à la même époque on mettait en action, dans cette église, des sujets plus démonstratifs encore : par exemple, le jour de Noël, on offrait aux fidèles le spectacle *de la gesine de Notre-Dame*, c'est-à-dire l'accouchement de la vierge Marie : nous ignorons quelle actrice était chargée de représenter ce rôle quelque peu profane, et jusqu'à quel point elle poussait la fidélité de l'imitation.

Telles furent, pendant le règne de Charles VI, les fondations nouvelles et les principaux changemens survenus dans celles déjà existantes. Quant aux mœurs de l'époque, il était difficile d'en distinguer le véritable caractère au sein des déplorables factions qui faisaient de tout penchant une passion féroce, de toute action un crime.... Lorsque la discorde secoue sa torche incendiaire sur un pays, toutes les nuances morales se confondent à sa lueur sinistre : nous tâcherons de les ressaisir en des temps plus calmes, et quand l'esprit national sera revenu à ses inclinations naturelles.

Charles VII apprit la mort de son père au fond de l'Auvergne, dans le petit château d'*Espailli*, où ce prince vivait *chichement*, disent les historiens du quinzième siècle, entouré de quelques gentilshommes fidèles, et attendant l'occasion de reprendre à l'Anglais les états dont sa mère l'avait déshérité. Charles possédait cependant quelques provinces, défendues par le grand fleuve de la Loire : il régnait sans conteste sur le Lyonnais, le Bourbonnais, le Forez, l'Auvergne, le Poitou, la Touraine, une partie du Languedoc et le Berry, dont la capitale était devenue celle du royaume. Aussi les Anglais nommaient-ils, par dérision, Charles VII *le roi de Bourges*. L'inauguration de ce prince dépossédé fut modeste comme sa fortune : les seigneurs qui l'environnaient revêtirent leurs habits des tournois, conduisirent leur souverain à la Chapelle, agitèrent, pendant l'office, une bannière aux armes de France au-dessus de sa tête, et crièrent vive le roi.

Cependant les solennités et l'apparat constituant une bonne partie de la grandeur souveraine, Charles jugea politique de se faire couronner, et la cérémonie eut lieu à Poitiers, huit jours après l'humble intronisation du château d'Espailli.

Ce couronnement, tout dérisoire qu'il parut aux vainqueurs, ne laissa pas de faire à Paris une sensation qui produisit des troubles. Le duc de Bedfort se rendit facilement maître de l'insurrection, envoya quelques chefs en prison ou en exil, fit tomber plusieurs têtes, et le mouvement fut comprimé. Alors le régent fit reconnaître Henri VI dans toutes les villes soumises aux armes anglaises ; les actes furent scellés au nom de ce monarque enfant, puis Bedfort s'appliqua à consolider sa domination par des alliances et des dispositions militaires formidables.

Les évènemens qui se passèrent loin de la capitale n'appartiennent point à notre sujet; nous n'en mentionnerons que les résultats. Charles devait reconquérir un royaume; et Charles était un prince de vingt ans, brave peut-être, mais irrésolu; doux, mais faible; capable d'une action généreuse, mais abandonné au plaisir autant qu'insouciant pour les affaires. C'étaient là de tristes élémens de conquête. D'un autre côté Bedfort venait de consolider, par un double mariage, deux alliances importantes : il avait marié Arthur de Bretagne, *comte de Richemont*, frère du duc régnant, à l'une des filles de Jean-le-Bon, et s'était uni lui-même à l'autre; ce qui calmait la crainte que le prince anglais concevait sur l'amitié chancelante du Breton, et sur la tiédeur que le Bourguignon apportait dans la cause de l'Angleterre. Le régent jugeait cette alliance d'autant plus sage, que Richemont penchait secrètement pour Charles VII, et que l'étranger croyait le fixer par ce nouveau lien. Il n'en fut point ainsi. Après les batailles de Cravant et de Verneuil, que Charles VII perdit, une brouille survenue entre Jean-le-Bon et Bedfort, entraîna la défection des deux princes Bretons, qui dès-lors ouvrirent des conférences avec le monarque français : elles commencèrent par l'offre faite à Richemont de l'épée de connétable. La proposition était séduisante pour un prince sans apanage, ambitieux, et qui déja penchait en faveur de Valois. *Jean-le-Sage*, duc de Bretagne, qui

n'inclinait pas moins vers le parti de Charles, invita son frère à partir sur-le-champ pour la cour du jeune monarque. Le Breton promit plus qu'on n'eut osé lui demander : il annonça, comme infaillible, le retour du duc de Bourgogne à la cause du roi; mais, au nom de ce prince et en celui de la maison de Bretagne, il demanda l'éloignement de plusieurs seigneurs, que le roi comptait parmi ses plus zélés serviteurs, entr'autres le président *Louvet* et Taneguy Duchâtel, que Jean-le-Bon persistait à croire l'assassin de son père. Cette demande pouvait s'opposer à l'alliance desirée : Louvet exerçait auprès de Charles les fonctions de principal ministre; ses filles étaient mariées à deux des meilleurs généraux du roi : Joyeuse et Dunois. Le renvoi de Taneguy Duchâtel paraissait encore plus difficile : ce brave gentilhomme avait sauvé la vie au dauphin pendant les massacres de 1418; il était devenu depuis son plus ferme appui. Des deux côtés le monarque allait encourir le reproche d'ingratitude en éloignant des hommes auxquels il devait tout. Son indécision fut longue, et le nouveau connétable était pressant. Il annonçait sa prochaine arrivée avec une partie de la noblesse bretonne; mais il ne dissimulait pas qu'il espérait ne plus trouver à la cour ni Taneguy, ni Louvet, ni les autres personnes dont il avait demandé le renvoi. La générosité de l'ancien prévôt de Paris mit fin aux tergiversations de Charles VII. « Sire, lui dit-
« il, l'alliance avec la Bretagne et la réconcilia-

« tion qu'on vous fait espérer avec le duc de Bour-
« gogne, sont des avantages si desirables, que
« tout doit céder à une telle considération : pour
« moi je suis décidé à faire le sacrifice du plaisir
« et de l'honneur de demeurer auprès de vous;
« donnez-moi vos ordres et marquez-moi où je
« dois me retirer. » Un pareil sentiment ne saurait
jaillir de l'ame d'un assassin : non, Taneguy Duchâtel
ne fut point coupable du meurtre de Montereau.
Charles VII, touché jusqu'aux larmes du dévoue-
ment de son favori, l'embrassa avec transport, et
lui assigna la ville et le gouvernement de Beaucaire,
avec continuation des appointemens qu'il avait
jusqu'alors touchés comme prévôt de Paris. Après
un tel exemple, Louvet et les autres courtisans ne
purent se dispenser d'accepter la proscription,
amicalement imposée par le roi, que les intérêts
de ce prince rendaient indispensable.

Richemont rejoignit la cour à Saumur, et travailla avec ardeur à la conclusion d'un traité entre
son frère et le roi. Les conditions du Breton furent d'autant plus rudes, que son épée était plus
utile à Charles VII. Il se fit donner l'administration financière de tout le pays entre Loire et Guienne : mine féconde, de laquelle il tira peu d'argent
pour le monarque, et beaucoup d'or pour lui. De
plus, il exigea qu'on négociât promptement avec
le duc de Bourgogne; enfin, *Jean-le-Sage* se fit
donner Montargis, Gien, Dun-le-Roi, et Fontenay-
le-Comte, comme dot de la veuve du dauphin

Louis, qu'il avait épousée en secondes noces. Cette alliance, si chère, ne fut pas de longue durée ; mais Charles avait acquis, dans Richemont, un défenseur capable de faire tête à bien des orages. Le connétable remporta d'abord plusieurs avantages sur les Anglais, leur prit Pontorson, et mit le siège devant Saint-James de Beuvron. Mais ce siège tira en longueur ; il fallait de l'argent pour soutenir la troupe : Richemont en demanda au chancelier de son frère, qui s'était fait le premier financier du roi. Les espèces s'étaient épanchées dans les coffres de la Bretagne ; il n'en restait plus pour assurer les services de l'armée française. On dut en demander au nouveau ministre de Charles, le sire de Giac, qui n'était rien moins que l'ami du connétable. Ce fonctionnaire renvoya le grand officier au duc de Bretagne, et profita de l'occasion pour élever des cabales à la cour contre les deux frères. Mais Giac n'était pas capable de lutter avec un adversaire tel que Richemont. Celui-ci appuya, auprès du roi, le comte de la Trémouille, qu'il présenta ouvertement comme devant succéder au ministre. L'aspirant, gentilhomme d'une ambition ardente, convoita tout à la fois la place et la femme du sire de Giac. En peu de jours, il eut réussi dans la moitié de sa tâche : la dame se donna à la Trémouille, comme elle s'était donnée à Taneguy, à Charles VII et à tant d'autres. Mais le ministère était une conquête plus difficile à faire sur le titulaire actuel que les faveurs de sa femme : le protégé de Richemont devint pressant auprès du monarque ; il s'oublia même un jour jusqu'à l'insolence ; Charles VII le chassa, en lui ordonnant de ne plus paraître devant lui.

Ce renvoi ne faisait pas le compte de Richemont, qui, non-seulement voulait perdre Giac, mais placer une de ses créatures auprès du faible souverain. Un matin que la cour nomade de Charles VII était à Issoudun, Richemont et La Trémouille s'y rendent au point du jour, bien escortés, pénètrent dans la maison du ministre, qu'ils trouvent au lit, l'enlèvent, et le font conduire à Dun-le-Roi. Un tribunal gagné se trouve réuni dans cette ville : on juge, on condamne le malheureux gentilhomme ; il est lié dans un sac, et bientôt la rivière d'Auron roule sur son cadavre.

Charles regretta peu ce favori, qui, du reste, était détesté de toute la cour. En ce moment, d'ailleurs, le roi avait d'autres soins en tête que celui de venger sa puissance, qu'on venait de braver outrageusement en faisant assassiner son ministre. Dans les courses vagabondes de la cour, Marie d'Anjou, en traversant la Touraine, s'était attachée Agnès Sorel, dame de Fromenteau; dangereuse acquisition, qui ne tarda point à priver cette princesse du cœur de son mari, qu'elle avait fixé jusqu'alors, à quelques infidélités près. Bientôt le voluptueux monarque perdit de vue sa gloire,

ses intérêts, le salut de la France : il ne vit plus qu'Agnès ; et, malgré quelques sages conseils de cette maîtresse elle-même, il n'aspira plus qu'aux félicités, toujours renaissantes, qu'il trouvait dans ses bras. Content de posséder les charmes d'Agnès, Charles abandonna entièrement les rênes de l'Etat à Richemont : il laissa assassiner, presque sous ses yeux, *Camus de Beaulieu*, gentilhomme auvergnat, qui avait remplacé Giac. Ce nouveau crime ne put le distraire qu'un moment de ses tendres occupations : « Enfin, dit-il au connétable, dans
« cet éclair de retour au sentiment de sa dignité,
« qui donc voulez-vous me donner pour ministre ?
« — Sire, prenez La Trémouille, répondit Richemont. — Vous ne le connaissez pas, répliqua le
« roi, et vous vous en repentirez. » En ce moment, Agnès attendait son amant sous un bosquet de jasmin ; il s'éloigna, et se laissa imposer un homme qu'il détestait, pour surintendant des finances et chef du conseil.

La Trémouille, non moins ambitieux que Richemont, n'était que le faux ami de ce prince : à peine fut-il à la tête des affaires qu'il travailla à perdre le connétable, de concert avec la veuve de Giac, à qui le nouveau ministre avait fait accepter sa main, encore fumante du sang de son prédécesseur. Le Breton combattait avec désavantage l'Anglais *Warwick*, qu'il ne put empêcher de conquérir en grande partie la Bretagne. Le duc regnant, forcé de renoncer à la cause de Charles pour conserver ses Etats, non-seulement signa un traité de paix avec Bedfort, mais conclut une alliance qui l'unissait à la cause de l'Angleterre. Alors le crédit du connétable, déjà bien ébranlé, fut tout-à-fait perdu. Mais Richemont était puissant; il eut promptement un parti et des soldats: la guerre civile vint compliquer les malheurs de la France, et favoriser les succès de l'Anglais. Malgré les efforts héroïques de Lahire, de Chabannes, de Dunois, une partie des provinces situées au-delà de la Loire était sur le point d'être conquise : on opinait dans le conseil pour abandonner l'Orléanais, le Berri, la Touraine, et se borner à défendre les contrées méridionales. Presque tous les conseillers du roi se réunissaient à cet avis : une voix s'éleva pour les repousser, et cette voix c'était celle d'Agnès Sorel, la première des favorites qui ait conquis dans l'alcove royale le droit de délibérer sur les matières d'Etat *. La résolution courageuse d'une femme fit rougir les timides opinans; on se décida à défendre les provinces riveraines de la Loire.

Cependant le siège était devant Orléans; la population, réduite à la dernière extrémité, ne se laissait pas rassurer par la promesse d'un prompt secours, que lui faisait le comte de Dunois, qui

* François Ier a fait sur l'avis d'Agnès Sorel les vers suivans :

> Plus de louange et d'honneur tu mérite,
> La cause étant de France recouvrer,
> Que ce que peut dedans un cloître ouvrer
> Close nonnain ou bien dévôt hermite.

défendait vaillamment la place. Les Orléanais essayèrent de se mettre sous la protection de Jean le Bon, duc de Bourgogne, parent de leur seigneur, retenu, depuis la bataille d'Azincourt, prisonnier en Angleterre. Cette demande flatta le duc de Bourgogne; il chercha à la faire adopter au régent Bedfort; celui-ci lui répondit : « Je « ne suis pas homme à battre les buissons pour « laisser aux autres prendre les oiseaux. » Cette réponse mécontenta Jean ; mais il ne répliqua point, et comprima un ressentiment, déja plusieurs fois excité par ses alliés hautains, et qui devait éclater plus tard.

La cour était à Chinon en Touraine, où le roi de France, occupé de fêtes galantes et de bals, étendait un voile couleur de rose devant le sombre horizon qui s'offrait à lui.... Ce fut sans doute dans cette circonstance que le brave Lahire étant venu prendre les ordres du roi, et ce monarque lui demandant ce qu'il pensait des préparatifs d'une fête, ce guerrier répondit : « Sire, je pense « qu'on ne saurait perdre un royaume plus gaie-« ment. »

Un matin d'hiver, en l'année 1420, le chambellan de Charles VII entre dans sa chambre, et lui annonce qu'une jeune villageoise, que deux chevaliers accompagnent, demande à l'entretenir *.

---

* Jeanne d'Arc, fille d'un aubergiste ou d'un jardinier de Dom-Remi, près de Vaucouleurs, sur la frontière de Lorraine, avait, lors de son départ pour Chinon, dix-sept à dix-

C'était Jeanne d'Arc, dite la Pucelle d'Orléans, la libératrice du royaume.

huit ans. Voici le précis de ce voyage, sur lequel nous ne hasarderons aucun commentaire, dans un siècle où l'inspiration de cette fille est réduite à sa juste valeur. Jeanne se présente au seigneur de Beaudricourt, gouverneur de Vaucouleurs, et lui parle ainsi : « Capitaine Messire, sachez que Dieu, « depuis aucuns temps m'a plusieurs fois fait à savoir et com- « mandé que j'allasse vers le gentil Dauphin, qui doit être, « et est le vrai roi de France, et qu'il me baillât des gens « d'armes, et que je leverais le siège d'Orléans, et le mene- « rais sacrer à Reims. » Beaudricourt regarde cette paysanne comme folle, et l'abandonne à ses gens, qui la trouvant jolie, se prennent à la lutiner. Mais Jeanne ne tarde point à les ramener au respect par un regard imposant, et par on ne sait quelle crainte que son aspect inspire. Au bout de huit jours, la jeune fille revient chez le gouverneur : « Au nom de Dieu ! lui dit- « elle d'un ton solennel, vous tardez trop à m'envoyer; car le « gentil Dauphin a eu près d'Orléans un assez grand dom- « mage (la défaite de Rouvrai), et sera-t-il raillé de l'avoir « encore plus grand, si ne m'envoyez bientôt vers lui. » Or, le dommage dont parlait Jeanne avait eu lieu en effet ce même jour, à cent lieues de là. Quand Beaudricourt en eut la nouvelle, il se rappela l'étrange annonce que la jeune fille lui avait faite dans un moment où l'évènement ne pouvait être connu en Lorraine; et comme elle l'obsédait toujours, il lui dit : « Va donc et advienne tout ce qu'il pourra. » A ces mots le gouverneur appelle deux vieux gentilshommes, et les charge de conduire Jeanne à Chinon. Ils hésitaient à accepter cette mission, dans un temps où le pays qu'ils allaient traverser était couvert d'ennemis et de brigands. Mais l'inspirée leur montra une résolution qui les rassura. On partit; et les historiens rapportent qu'on arriva à la cour, sans avoir rencontré un seul ennemi.

Beaudricourt, en envoyant sa compatriote à la cour, avait craint un ridicule; Charles, après avoir lu la dépêche de ce gentilhomme, se sentit arrêté par une semblable crainte. Avant de recevoir Jeanne il en référa au conseil; il fut décidé qu'elle serait admise. La jeune Lorraine, introduite dans une salle où le roi, très simplement vêtu, se cache pour ainsi dire parmi ses courtisans, marche droit à lui, et lui répète ce qu'elle a dit à Beaudricourt. Puis se penchant à l'oreille du monarque, elle lui révèle un secret qui n'est connu que de Dieu et de lui.

Déjà disposé à la conviction, Charles VII envoie cependant Jeanne d'Arc à Poitiers pour être visitée par les matrones, et interrogée par les docteurs. Nous ne voyons pas bien clairement quelle influence, en fait d'exploits militaires, pouvait avoir la première de ces précautions. Néanmoins Jeanne s'y soumit, et sortit sans doute triomphante de cette épreuve singulière. Celle que, sur l'autorité d'un tel soin, nous pouvons maintenant appeler la Pucelle, répondit ensuite aux questions des prélats, dont la faconde théologique l'obsédait : « Je ne suis pas venue ici pour « discourir; conduisez-moi à Orléans, et je vous « donnerai des signes certains de ma mission. »

A son retour de Poitiers, la Pucelle trouva dans l'appartement que le roi lui avait donné une armure complète, dont elle se revêtit sans aucun secours, comme si elle eut passé sa vie dans les camps.... Mais elle repoussa l'épée qu'on lui présentait, disent les historiens d'une foi robuste; puis indiquant le tombeau d'un vieux chevalier, dans la forêt de Chinon, elle dit qu'au fond de ce tombeau l'on trouverait l'arme que Dieu lui destinait. L'épée se trouva comme elle l'avait dit, et telle qu'elle l'avait dépeinte.

La Pucelle, entourée de tout l'appareil du commandement en chef, se disposa à marcher vers Orléans avec d'Alençon, Dunois, Lahire, et toute la fleur de chevalerie du temps. Elle avait conseillé à Charles VII de faire prendre d'abord toutes les petites villes qui environnaient cette place, afin de pouvoir entreprendre avec sécurité le voyage de Reims, qu'elle regardait comme le point capital de sa mission. On délibérait beaucoup sur cette proposition, et les avis étaient fort partagés : « Gentil dauphin, dit Jeanne en embrassant les « genoux du prince, ne tenez plus tant de conseils « inutiles ; mais ne songez qu'à vous rendre à « Orléans, puis à Reims pour recevoir la couronne. »

Enfin toutes ces indécisions cessent; on part. La Pucelle, armée de toutes pièces, une bannière à la main, conduit les Français au combat de la part de Dieu; elle les remplit de la confiance, de l'ardeur qui l'animent elle-même. Jeanne s'avance vers Orléans avec un convoi de vivres, parti de Blois et qu'on dirige vers la ville assiégée. Parvenue sous ses murs, elle contient l'ennemi pendant qu'on décharge les bateaux, et demeure ensuite dans la place pour en faire lever le siège, selon sa promesse. Les Anglais avaient creusé une puissante ligne de circonvallation, que défendaient encore, de distance en distance, de petits forts, garnis de soldats et d'artillerie. Jeanne s'était fait promettre par les chefs qu'on n'entreprendrait rien sans son ordre ; mais quelques jeunes seigneurs, emportés par une ardeur belliqueuse, attaquèrent en plein jour l'un des forts, et furent repoussés. La Pucelle prenait en ce moment quelque repos ; elle s'éveille au bruit de la déroute, revêt ses armes à la hâte, court au lieu où les Français combattent avec désavantage....... Leur courage est retrempé par l'héroïne ; ils attaquent de nouveau le bastion ; il est enlevé. Les jours suivans, d'autres retranchemens, défendus avec la même opiniâtreté, sont pris avec la même bravoure.... Enfin, après une foule de combats où la victoire couronne toujours les entreprises de Jeanne, elle charge, dans un dernier engagement, les Anglais avec une telle intrépidité, quoique blessée au pied, qu'ils abandonnent une tête de pont presque inexpugnable, élevée par eux du côté de la Sologne....... Les Orléanais sont sauvés. La Pucelle vole ensuite mettre le siège devant Gergeau : elle saisit une échelle, d'une main non moins robuste que celle d'un homme d'armes, et monte la première à l'assaut. Tandis qu'elle fait flotter son étendard pour appeler ses guerriers, une pierre l'atteint ; son casque est rompu par la violence du coup ; elle-même roule au pied du rempart. Mais se relevant soudain, elle s'écrie : « Amis, amis, sus, sus; notre Seigneur a « condamné les Anglais; ils sont à nous. » Les soldats et les chefs deviennent autant de lions : la ville est emportée. Beaugenci se rend avant d'être attaquée; tout cède, tout fuit devant l'intrépide Lorraine.

Après ce dernier triomphe, Jeanne écrivit, ou plutôt fit écrire aux généraux anglais une lettre menaçante, avec cette suscription : « Entendez les « nouvelles de Dieu et de la Pucelle... Au duc de « Bedford, qui se dit régent du royaume de France « pour le roi d'Angleterre. » Après la délivrance d'Orléans, Jeanne revint à ses pressantes sollicitations, pour que Charles se rendît immédiatement à Reims; le jeune monarque, malgré la confiance que l'héroïne lui inspirait, hésitait à entreprendre ce voyage périlleux. Il fallait traverser environ quatre-vingts lieues de pays, dont les Anglais étaient maîtres. On avait peu d'argent, point de magasins et une faible armée. On hasardait tout dans une expédition aussi difficile. Malgré ces considérations, l'autorité de la Pucelle triompha des irrésolutions du conseil, de la mollesse voluptueuse du roi : Agnès Sorel elle-même s'était réunie à l'avis de Jeanne d'Arc... On marcha vers la Champagne. Les Anglais, commandés par l'intrépide Talbot, se présentèrent en bataille dans une plaine de la Beauce, non loin de Patai : l'héroïsme et l'exemple de l'amazone de Dom Rémi donnèrent la victoire aux Français. A peine s'arrêtèrent-

ils pour triompher dans cet engagement, où les troupes de Bedfort, découragées par l'influence étrange que Jeanne exerçait sur leurs ennemis, ne se battirent qu'avec hésitation. Après la bataille de Patai, l'armée, ou plutôt le cortège enthousiaste qui conduisait son roi à Reims, ne rencontra plus les Anglais sur son passage. Mais Jeanne sommait les forteresses de se rendre, et tel était le pouvoir de cette inspirée sur les esprits, que les places ouvraient leurs portes à sa première sommation. «Jesus Maria, très chiers et bons amis,
« disait-elle aux habitans du pays qu'on traver-
« sait, Jeanne la Pucelle vous mande et fait sa-
« voir de par le roi du ciel, son droiturier sei-
« gneur et souverain, duquel elle est en chacun
« jour en son service royal, que vous fassiez vraye
« obéissance au gentil roi de France, qui sera
« bien en brief à Reims et à Paris, qui vienne
« encontre. A l'aide du roi Jesus, Français, venez
« au-devant du roi Charles, et qu'il n'y ait point
« de faute. »

Reims était occupée par une garnison bourguignone; mais les Remois la désarmèrent, et reçurent à bras ouverts leur légitime souverain..... Jamais la légitimité ne fut mieux entendue : Charles était Français, et l'on abandonnait pour lui la cause d'un maître étranger. Ce fut une cérémonie touchante que le sacre de ce prince, qu'une jeune fille, une simple villageoise, amenait par la main sous la vieille coupole de Saint-Remi, à travers les légions ennemies qui couvraient la France, et qui tremblaient devant un enfant. La Pucelle, en habit de guerre, son étendard à la main, se tint debout, à la droite du roi, pendant toute la durée de l'office. A son aspect noble et martial, au souvenir prestigieux des immenses résultats qu'elle venait d'obtenir en cinq mois, on eût pris cette fille, aux traits réguliers mais un peu mâles, pour l'archange Michel, vainqueur de Satan... L'œil fasciné voyait Jeanne touchant à peine la terre, et l'imagination superstitieuse se berçait de la pensée que cet être, aux attributs presque divins, allait remonter au ciel à travers la voûte du temple.

Après la messe, Jeanne, mettant un genou en terre, devant le roi, lui dit d'une voix émue : « Enfin, gentil roi, or est exécuté le plaisir de « Dieu, qui voulait que vous vinssiez à Reims re- « cevoir votre digne sacre, en montrant que vous « êtes vrai roi, et celui auquel le royaume doit aptenir. » Charles VII releva la Pucelle et l'embrassa. Jeanne venait de s'anoblir assez; il ne lui offrit que le parchemin, scellé des armes de France, qui, sans l'illustration personnelle, ne consacre qu'une date. Mais le nom de *Du Lis*, qui fut donné à la Pucelle et à sa famille, portait avec lui un grand souvenir : celui du salut de la dynastie dont cette fleur était l'emblème. Le village de Dom Remi, où résidaient le père, la mère et trois frères de la Pucelle, fut exempté de tailles à perpétuité.

* Le père Daniel assure que de son temps (1712) il y avait

« Désormais, dit l'héroïne, après les solennités
« du sacre, je n'aurai plus de regret de mourir. »
A ces mots, le comte de Dunois l'interrompit, avec
l'accent de l'inquiétude *, pour lui demander si
elle avait quelque pressentiment de sa mort. —
« Non, reprit-elle, je sais seulement que Dieu ne
« m'a pas commandé autre chose que de faire lever
« le siège d'Orléans et de conduire le roi à Reims;
« dans le doute s'il veut de moi davantage, le roi me
« fera plaisir de me permettre de retourner chez
« mes parens, pour y reprendre mon premier état. »
Elle pressa en effet Charles VII de la laisser reprendre ses habits villageois et le chemin de Dom
Remi; mais ce prince la conjura de rester à la tête de
son armée, et toute la cour parut se joindre sincè-

encore en Lorraine des descendans de la famille *du Lis*; l'on
en a retrouvé beaucoup plus tard. Il paraît qu'en 1817 ou
1818, un ancien militaire de cette famille, ayant long-temps
servi dans les armées impériales, et décoré, fut pensionné par
Louis XVIII, et placé dans la maison restaurée de Jeanne
d'Arc, avec une assez forte pension.

* Ce serait un mauvais conseiller, pour se former une opinion
sur la vertu de Jeanne d'Arc, que le poème moqueur de Voltaire; mais les chroniques du temps ont révélé l'attachement,
évidemment tendre, que le comte de Dunois avait voué à la Pucelle. L'amour de ce temps se bornait rarement à des soupirs :
que le bâtard de Louis d'Orléans ait été entreprenant auprès
de Jeanne, durant une campagne, où il ne la point quittée,
c'est ce que laissent présumer les écrits contemporains; mais
que cet amant ait réussi; il est permis d'en douter... Jeanne
était dominée par une exaltation plus puissante que les intimations de la nature matérielle.

rement à lui... On craignait que le prestige glorieux ne s'éloignât avec la Pucelle. Elle se laissa persuader.

Jeanne et les principaux chefs de l'armée, voulaient qu'on marchât droit à Paris, afin d'attaquer cette ville avant que les Anglais fussent revenus de la profonde stupeur où les avaient plongés les exploits de l'amazone. Mais on perdit, à conquérir quelques villes, un temps que Bedford mit à profit : la capitale fut pourvue d'une forte garnison. Cependant la Pucelle, avec un corps d'armée d'environ douze mille hommes, arriva sous les murs de cette ville, le 8 septembre 1429, et l'attaqua. Nous copions ici le *Journal de Paris*, sous le règne de Charles VII : « Les troupes roya-
« les commencèrent à assaillir entre la porte
« Saint-Honoré et la porte Saint-Denis, et
« fut l'assaut très cruel; et en assaillant di-
« saient moult de vilaines paroles à ceux de Paris;
« et la estait *leur* Pucelle avec son estendard sur
« les conclos du fossé, qui disait à ceux de Pa-
« ris : *Rendez-vous, de par Jésus, à nous tost*
« *car se ne vous rendez avant qu'il soit la nuit,*
« *nous y entrerons par force : veuillez ou non,*
« *et vous serez mis à mort sans merci.* » Voire,
« dit un, *Paillarde, Ribaude*, et trait de son ar-
« balète droit à elle et lui perce la jambe; tout
« outre et elle de s'enfuir*. Un autre perça le pied

* Jeanne ne s'enfuit pas; elle tomba sur le revers du fossé; et Anquetil remarque qu'elle fut laissée plus d'une heure sans secours. Déja le crédit de la Pucelle lui avait fait à la cour des

« tout outre à celui qui portait son estendard.
« Quand il se sentit navré, il leva sa visière pour
« voir à ôter le vireton de son pied; un autre lui
« trait et le singue entre les deux yeux, et le
« navre à mort, dont la Pucelle et le duc d'A-
« lençon jurèrent depuis que mieux ils aimassent
« avoir perdu quarante des meilleurs hommes
« d'armes de leur compagnie. »

D'après la chronique en vers de Martial d'Auvergne, on voit qu'avant l'attaque de Paris, le roi s'était avancé jusqu'à Saint-Denis. Son armée vint ensuite camper à la Chapelle, où il y eut une vive escarmouche, puis à Mousseaux. Enfin, elle s'embusqua derrière une petite montagne, voisine du marché aux Pourceaux, et que l'on croit être la butte Saint-Roch. Là, suivant cette version, commença l'assaut *; ce combat est décrit

ennemis; l'on commençait à devenir indifférent pour cette libératrice de la monarchie.

* D'un côté et d'autre canons,
Et coulevrines ruaient,
Et ne voyait ou qu'empanons
De flèches qui en l'air tiraient.
 Adoncques Jehanne la Pucelle,
Se mit dans l'arrière fossé
Où fit de besogne merveille
D'un courage en ardeur dressé.
 Un vireton que l'on tira
La vint à la jambe assener,
Et si point n'en désempara,
Ne ne s'en voulut oncques tourner.
 Boys, huis, fagots faisait geter
Et ce qu'estait possible au monde

assez poétiquement dans la chronique que nous citons; et nous croyons ce récit plus fidèle que celui du journal de Paris, évidemment rédigé par un partisan de la domination anglaise.

Malgré les efforts inouïs de la Pucelle pour faire réussir l'assaut, les troupes du roi durent se retirer, après avoir forcé les premières barrières qui couvraient la porte Saint-Honoré. On avait compté sur un mouvement de la bourgeoisie parisienne; mais il ne se réalisa point. Bedfort s'était empressé d'éloigner du rempart les personnes suspectes; la superstition du surplus des assiégés fut aisément persuadée que les opérations de Jeanne d'Arc étaient dirigées par le diable, épouvantail tout-puissant sur le peuple, qui fit évanouir l'esprit national, prêt à se déclarer pour Charles VII.

La Pucelle, un peu découragée, se rendit à l'église de Saint-Denis, et fit appendre à la voûte les armes qu'elle avait portées dans les combats: elle répéta au roi que sa mission était finie, et le sup-

> Pour cuider sur les murs monter,
> Mais l'eau estait trop profonde.
> Les seigneurs et gens de façon
> Lui mandèrent s'en revenir,
> Et y fut le duc d'Alençon
> Pour la contraindre à s'en venir.

On a vu plus haut que Jeanne était blessée à la jambe, et qu'elle ne pouvait ni *s'enfuir*, comme le dit, avec malveillance l'auteur du Journal de Paris, ni déférer à l'invitation de se retirer, si on la lui fit : il fallait venir l'enlever, et c'est çe qu'on fit tardivement.

plia de la laisser retourner dans son village. Le monarque repoussa encore cette prière. Jeanne, toujours intrépide, mais moins confiante en sa destinée, se jeta alors dans Compiègne, assiégée par les Anglais et les Bourguignons. Peu de temps après, elle fut prise dans une sortie. Guillaume de Flavi, gouverneur de la place, a été soupçonné d'avoir favorisé cette capture, par un sentiment de basse jalousie *.

* La Pucelle s'était portée avec 600 hommes choisis au-devant d'un renfort qu'amenait le seigneur de Saintrailles : c'était le 24 mai 1430. Elle chargea les Anglais avec impétuosité, en tua un grand nombre de sa main ; puis elle se replia, en bon ordre, sur la porte par laquelle elle devait rentrer, fit passer tous ses soldats devant elle, et resta sur la douve du fossé jusqu'à ce que le dernier eut franchi le pont levis. Lorsqu'elle se trouva seule en-dehors, Guillaume de Flavi, qui selon la déclaration qu'il a faite depuis, vit approcher les Anglais, ordonna qu'on baissât la herse précipitamment, et l'héroïne fut abandonnée. Y eût-il en effet trahison de la part de ce gentilhomme? Il serait téméraire de l'affirmer ; mais on sait que sa jalousie avait été vivement excitée par Jeanne, Saintrailles et Renaud des Fontaines, qui, soit au-dehors de Compiègne, soit dans cette ville, agissaient souvent, de concert, sans le consulter.

La Pucelle fut prise par un gentilhomme picard, qui l'emmena prisonnière à Margny... Ce capitaine fit de vains efforts pour séduire sa jeune prisonnière ; puis essaya de lui faire violence. N'ayant pu réussir dans ses entreprises déshonnêtes, il la mit à une sorte d'encan... Si Charles VII eût alors offert une faible rançon, celle à qui il devait sa couronne était sauvée ; il ne le fit point. Le Picard n'ayant pu se procurer avec Jeanne ni plaisir, ni argent, la conduisit à un seigneur bour-

Mais épargnons à la mémoire de Charles VII un nouveau récit de la coupable insouciance, de la hideuse ingratitude, avec laquelle il laissa sacrifier Jeanne d'Arc. La réhabilitation de cette infortunée, qui eut lieu vingt-cinq ans après sa mort, ne réhabilita point l'honneur d'un souverain qui osa prendre le surnom de *victorieux*, après avoir laissé brûler celle qui lui avait acquis la victoire. Quant aux Anglais, elle les avait battus, elle avait préparé leur expulsion du royaume; ils la traitèrent en ennemis, mais en ennemis cruels et de mauvaise foi. Le supplice de cette fille extraordinaire empreint leur histoire d'une tache d'infamie.

Tandis que Bedfort faisait périr la Pucelle à Rouen, il ménageait aux Parisiens le spectacle d'une entrée du jeune Henri VI, que l'infâme Isabelle avait fait roi de France. La marche du cortège était ouverte par un pâtre jouant le prophète, « chevauchant à droite et à gauche, et « montrant parfois ses mains tachées de sang,

guignon, nommé Jean de Luxembourg, qui la lui acheta; puis la revendit aux Anglais, moyennant une somme de dix mille livres et une pension de cinq cents.

La capture de Jeanne la Pucelle fut faite à Compiègne, près de la porte dite du *Vieux Pont;* on voit encore cette porte, mais non plus l'inscription suivante, que les siècles ont effacée :

> Cy fuct Jehanne d'Arck près de cestui passage
> Par le nombre accablée et vendue à l'Anglais,
> Qui brûla, le félon, elle tant brave et sage :
> Tous ceux-là d'Albion n'ont fait le bien jamais.

« comme celles de saint François. » Ainsi, lorsque les cendres du bûcher de Jeanne fumaient encore, ses bourreaux usaient des prestiges qu'on l'avait accusée d'exercer, et qu'ils venaient de punir du martyre. On avait ménagé au jeune triomphateur diverses stations : là, des confrères jouaient devant lui certains mystères, ou simulaient des combats et autres spectacles semblables. Lorsque Henri VI passa devant l'hôtel Saint-Paul, on lui montra Isabelle de Bavière, son aïeule, penchée à une fenêtre. Le roitelet anglais la salua ; elle lui rendit son salut, et se retira presque aussitôt de la fenêtre en versant des larmes. Cette princesse dit aux dames qui l'environnaient qu'elle ne pouvait voir sans attendrissement son petit-fils orné de deux couronnes.... Elle mentait alors : ses pleurs étaient amers, et le remords les lui arrachait. Il y eut, dans cette circonstance, une solennité magnifique ; le *cardinal de Winchester* couronna de nouveau Henri VI, nonosbstant les protestations de l'évêque de Paris, dont l'opposition portait plus sur ses privilèges épiscopaux que sur les droits de la dynastie française,

Cependant l'un des sceptres que Henri VI remporta en Angleterre allait bientôt lui échapper ; l'autre devait tomber un jour de sa main inhabile, taché de son propre sang, versé par des assassins. Charles VII, continuait à remporter sur ses ennemis des succès plus ou moins décisifs, mais constans. Ce fut durant cette succession d'avantages que le roi conclut avec le duc de Bourgogne une trêve de six ans, et se réconcilia avec le connétable. Le comte de la Trémouille s'était toujours opposé à ce rapprochement, parce qu'il redoutait l'influence d'un homme aussi absolu que Richemont : celui-ci mit fin à cette difficulté par un crime. Le premier ministre fut assailli dans son lit, blessé, garrotté et jeté dans une forteresse. Charles d'Anjou, frère de la reine, prit en main la direction des affaires, et le connétable ressaisit à la cour toute son autorité. Cette fois, elle profita au roi.

Enfin, après de longues hostilités durant lesquelles toutes nos provinces échappèrent successivement des mains de l'Anglais, après un congrès tenu vainement à Arras pour traiter de la paix avec l'Angleterre, mais que suivit un traité définitif avec le duc de Bourgogne; Charles VII songea à réunir tous ses efforts afin de reconquérir sa capitale, qui ne pouvait plus lui résister. Dans ce temps la marâtre Isabeau de Bavière termina sa criminelle vie, en pleurant de rage sur le traité signé avec Jean-le-Bon : elle qui eut armé toute la terre pour venger le père de ce prince.... Mais le Bourguignon était devenu l'ennemi de cette mégère, dès qu'il avait renoué les liens de l'amitié avec Charles VII. Isabeau, morte obscurément, et méprisée même des Anglais qu'elle avait servis, obtint à peine, dans la cathédrale de Paris, un service nocturne, que l'on sembla vouloir dérober à l'indignation publique. Le corps fut ensuite embarqué au port Saint-Landry, sur un petit bateau; et l'on dit au batelier de le remettre au prieur de Saint-Denis. Le régent, pour expliquer cet oubli complet d'égards envers une dépouille royale, allégua que le convoi, s'il eut été éclatant, pouvait exciter l'attention des partis royalistes dont l'Ile de France était remplie, et attirer sur les restes de la reine l'insulte des soldats. Bedfort pouvait avoir raison.

Ce frère de Henri V suivit de près au tombeau celle qui avait si bien favorisé la couronne d'Angleterre, au préjudice de son propre fils : il fut remplacé dans la régence du royaume de France par le duc d'Yorck, autre frère du feu roi, qui bientôt acheva de perdre le reste des terres que conservaient les Anglais dans les Etats de Charles VII. Pendant l'inhabile administration de ce nouveau gouvernant, le connétable entra secrètement en pourparlers avec les Parisiens : on leur accorda amnistie générale, la confirmation de leurs privilèges, plusieurs immunités, et l'on resta d'accord avec eux qu'ils livreraient leurs portes au roi. Cependant l'armée française couvrait toutes les hauteurs qui dominent le bassin de la Seine; la garnison anglaise, commandée par le capitaine Wilbi, désespérant de tenir contre ces forces supérieures, en même temps qu'elle voyait éclater la défection à peu près générale des Parisiens, la garnison anglaise, disons-nous, se retira dans la Bastille, où elle parut vouloir se défendre. Mais le connétable, ne voulant pas ensanglanter son triomphe, leur offrit une capitulation honorable, qu'ils acceptèrent. Richemont et Dunois prirent possession de la capitale le 13 avril 1436, au nom de Charles VII; ils y entrèrent aux acclamations d'une foule enthousiaste, tandis que, d'un autre côté, elle poursuivait de ses huées ces mêmes Anglais qu'elle avait salués jadis de ses capricieux applaudissemens.... Les fêtes qui furent célébrées à Paris à l'occasion du retour de la dynastie française, eurent un joyeux retentissement à la cour, alors établie à Tours : on y célébra, dans cette heureuse occurrence, le mariage de Louis, dauphin de France, avec Marguerite, fille de Jacques Ier, fidèle allié de la France.

L'année suivante, au mois de novembre, Charles VII, en personne, fit le siège de Montereau. Ce prince commanda lui-même l'assaut : on le vit marcher intrépidement à travers le fossé et dans l'eau jusqu'à la ceinture ; il monta le premier sur la brèche; puis, maître de la ville, « il défendit sous « peine de mort que homme ne pillât l'église ni « les gens de la ville, ni violât femme ou fille.... » Tel est le seul trait de bravoure personnelle qui fit mérité à ce roi le surnom de victorieux; encore doit-on ajouter qu'Agnès Sorel le poussa, un peu contre son gré, à cette action d'éclat, dans un moment où il importait qu'il se fît auprès des Parisiens une réputation digne de la préférence qu'ils lui accordaient.

Charles rentra à Paris, le 15 novembre 1437, au

milieu des témoignages les plus éclatans d'allégresse et d'amour. Indépendamment des mystères et des pantomimes qu'on joua dans les carrefours, le roi vit le parlement à cheval s'avancer au-devant de lui, précédé des sept péchés mortels et des sept vertus primordiales : on ignore quelle idée était attachée à cette singulière cavalcade, et c'était surtout une étrange avant-garde pour le premier corps judiciaire de la monarchie. Escorté par des transports poussés jusqu'à l'ivresse, Charles se dirigea vers Notre-Dame, où l'évêque de Paris le reçut avec toute la pompe imaginable; mais dans les félicitations qu'il lui adressa, ce prélat ne laissa pas de glisser la recommandation de tenir « loyaument « tout ce que bon roi faire devait. » Un regret se mêla cependant au sentiment de gratitude que le monarque témoignait jusqu'à verser des larmes : Agnès Sorel, sa favorite, celle qui plus d'une fois s'était efforcée de lui inspirer des pensées et des actions dignes d'un grand roi, Agnès fut insultée par les Parisiens lorsqu'elle se montra près de Charles dans les cérémonies de son entrée. Le peuple, qui la confondait avec toutes les concubines des rois, prit sans doute pour l'effronterie du vice la confiance, peut-être trop grande, que cette dame puisait dans la conscience des services réels que ses conseils avaient rendus au moins expérimenté des princes.

Le roi s'appliqua, autant que le lui permirent sa faiblesse et son indolence naturelles, à réparer les maux de la France; s'il ne put diminuer les impôts, il fit du moins des règlemens de finance propres à prévenir beaucoup d'exactions. La justice et l'administration furent aussi, sinon entièrement réformées, du moins améliorées sensiblement. Charles rendit des ordonnances pour réprimer le brigandage des troupes dans les campagnes. Dans le même temps, la prostitution publique, dès long-temps érigée en profession, fut soumise à une nouvelle organisation : la confrérie des filles amoureuses reçut de nouveaux statuts. Durant son règne nomade, le roi avait confirmé les privilèges accordés par son père au refuge des prostituées de Toulouse, lieu qui, sur ses lettres du 13 février 1424, est nommé *Hospitium vulgariter vocatum Bordelum.* Dans ces mêmes lettres, les habitantes de cet *hospice* sont appelées *mulieres publicæ, sive las filias communas.* Le roi ne voulut pas que les filles de sa bonne ville de Paris fussent moins favorisées que celles de Toulouse, et divers édits témoignèrent de la protection que Charles leur accordait. Néanmoins il leur assigna un costume à peu près spécial; on cessa de les confondre, au moins par l'habit, avec les autres femmes, qui souvent ne leur ressemblaient que trop dans leur conduite, ainsi que nous le verrons plus tard.

En général, Charles VII essaya de faire cesser la confusion des états, amenée par les guerres civiles : « On ne connaissait plus l'état des gens, dit

« Villaret, soit princes, nobles, bourgeois, mar-
« chands et artisans, parce qu'on tolérait à chacun
« de se vêtir et habiller à son plaisir, de drap d'or ou
« d'argent. » Une ordonnance défendit de vendre des
étoffes précieuses à d'autres qu'aux princes, grands
seigneurs, officiers de la couronne, et aux ecclésiastiques, pour les ornemens d'église. On poussa même
l'attention jusqu'à faire tailler des patrons d'habille-
ment pour les diverses conditions, et, selon le rang,
on assigna des étoffes particulières qu'on ne pouvait refuser de prendre...... C'est une triste grandeur que celle réduite à se distinguer ainsi par
l'habit.

Ces soins de gouvernement intérieur furent in-
terrompus par les efforts d'une faction, que forma
l'ambitieux La Trémouille, échappé de la prison
où le connétable l'avait confiné. Ce seigneur, ayant
attiré dans son parti un assez grand nombre de
gentilshommes, eut l'art d'y engager le dauphin
lui-même, alors âgé de dix huit ans. Louis, dont
l'esprit était subtil, l'humeur sombre, et l'ambition turbulente, haïssait le connétable, homme
entier et absolu, qui, à grande peine, pliait devant le roi..... On croit que, dès ce moment, un
accord fut conclu, qui tendait à sacrifier Richemont, à renfermer Charles VII, puis à déclarer
le dauphin roi de France, et La Trémouille connétable. Les conjurés, à la tête d'un corps de
troupes, s'avançaient déja vers Amboise où le roi
se trouvait. Charles réunit en toute hâte une partie

de sa noblesse, monte à cheval avec le connétable, marche droit aux rebelles. Déconcertés par son approche, ils s'arrêtent, et demandent à négocier. Charles ordonne à son fils de venir seul à lui. « Loys, lui dit-il, vous, soyez le bien venu ; « vous avez moult longuement demeuré : allez- « vous-en en vostre hostel pour aujourd'hui, et « demain nous parlerons à vous. » Le lendemain, le prince, après avoir fait ses excuses à son père, demanda que La Trémouille et ses complices fussent admis en présence du roi : celui-ci refusa. « Monseigneur, répondit le dauphin, donc faut- « il que je m'en revoise ? car ainsi leur ai pro- « mis. — Loys, répliqua le monarque, les portes « sont ouvertes ; si elles ne sont pas assez grandes, « je vous ferai abattre seize ou vingt toises de « mur pour passer où mieux vous semblera. Allez, « partez : car, au plaisir de Dieu, nous trouve- « rons aucuns de notre sang qui nous aideront « mieux à maintenir notre honneur et seigneurie « qu'encore n'avez fait jusqu'ici. » Cependant, tout en paraissant laisser cette liberté à Louis, son père ordonna qu'il fût gardé à vue. La Trémouille s'éloigna, et la conspiration finit.

Cependant, après trente-cinq ans de prison, le duc d'Orléans, racheté des deniers de Jean-le-Bon, son parent, venait d'être rendu à la liberté ; les Orléanais l'avaient reçu avec enthousiasme, avec une pompe éclatante ; et le duc de Bourgogne, son bienfaiteur, l'ayant reconduit dans ses États, s'était trouvé naturellement associé à ce triomphe. Charles prit de l'ombrage d'une rentrée si solennelle ; il manda son vassal d'un ton d'autant plus impérieux, que d'Orléans, trop long-temps oublié en Angleterre, ne s'était pas hâté de rendre hommage au monarque oublieux...... L'Orléanais se dirigea vers Paris ; mais son cortège, ressemblait fort à une armée ; le roi s'en effaroucha, lui fit ordonner de renvoyer ses troupes, et prescrire de venir seul. Le prince, blessé au vif, ne vint point. Plus tard, Charles se réconcilia avec son cousin, lui donna sa confiance, et l'engagea dans des négociations avec l'Angleterre, qui n'eurent aucun résultat.

Tandis que la guerre se poursuivait mollement, Charles continuait les réformes qu'il avait entreprises : une trève, conclue avec les Anglais en 1444, lui permit de se livrer plus assidûment à ces soins. C'est à cette époque qu'il faut reporter la formation des corps de troupes permanens, dans lesquels le soldat, devant rester constamment sous le drapeau, s'accoutumait à la discipline et à la subordination. Il fallait, pour assurer le succès de cette utile institution, donner aux gens de guerre une solde régulière. Le roi consulta, sur ce point important d'administration, les grands officiers de l'armée, les princes du sang, les seigneurs et même les députés des villes principales : la mesure fut trouvée généralement sage, et du consentement unanime, une taille spéciale demeura affectée perpétuellement à l'entretien des troupes. On forma dès-lors des cadres d'armée, des contrôles, où l'on comprit les hommes les plus braves et les mieux famés. Le surplus fut congédié, avec ordre de se rendre, soit au lieu de naissance, soit ailleurs, mais toujours dans une province désignée d'avance, où les guerriers réformés restèrent sous la surveillance des officiers de la connétablie.

La cavalerie se composa des compagnies, dites d'ordonnance, formées chacune de cent lances, ou hommes d'armes : chaque homme d'arme (ordinairement noble) avait sous lui trois archers, un écuyer et un page. Si l'on en doit croire un écrivain du temps, le roi nomma pour commander ces compagnies, « des capitaines vaillans, sages et « experts en fait de guerre, non jeunes et grands « seigneurs. » L'infanterie fut formée de francs-archers; ces fantassins étaient fournis par les paroisses et payés seulement en temps de guerre. Mais ils jouissaient d'une immunité générale d'impôts, ce qui leur fit donner le nom de francs-archers. Ils devaient porter le dimanche leur habit de guerre, même durant la paix, jouissaient de certaines distinctions à l'église, et s'exerçaient souvent à tirer de l'arc.

Vers l'année 1444, le dauphin perdit sa femme, Marguerite d'Écosse. Elle mourut jeune, victime, à ce qu'on croit, du chagrin que lui causaient les perpétuelles et noires intrigues de son mari contre l'auteur de ses jours. Aussi était-elle si lasse, si dégoûtée de l'existence que, pressée un jour de prendre un médicament qu'on lui présentait, elle le repoussa en disant : « Fi de la vie, qu'on « ne m'en parle plus *. »

Débarrassé d'une surveillante dont les sages avis l'importunaient, le sombre Louis tenta, en 1446, l'exécution du projet qu'il méditait depuis long-temps contre son père. Il y avait plusieurs années qu'il sollicitait Antoine de Chabannes, comte de Dammartin, de le seconder dans ses sinistres pro-

---

* Marguerite d'Ecosse était une femme spirituelle, savante et amie des savans. Un jour passant avec les dames de sa cour dans une salle où se trouvait endormi *Alain Charetier*, le coryphée des beaux esprits du temps, la Dauphine s'approcha de lui, et le baisa doucement sur la bouche en disant : « Ce « n'est point l'homme que j'ai baisé, mais la bouche qui a « prononcé tant d'oracles. » Il faut ajouter que l'amour de l'éloquence avait entraîné Marguerite fort loin, car Charetier était vieux, et l'un des hommes les plus laids du royaume.

Isabelle d'Ecosse, sœur de la Dauphine, passait pour être aussi sotte que Marguerite était spirituelle : ce fut du moins ce qu'on rapporta au duc de Bretagne, qui voulait la demander en mariage pour son fils. « Elle est très belle, dirent les « ambassadeurs; son corps est bien formé pour avoir enfans; « mais nous la tenons pour assez simple. — Chers amis, ré- « pondit le duc, retournez promptement en Ecosse et me l'a- « menez : elle a les conditions que je desire. Ces grandes sub- « tilités en une femme nuisent plus qu'elles ne servent. Je « n'en veux point d'autre. Par saint Nicolas, j'estime une « femme assez savante quand elle sait mettre différence entre « sa chemise et le pourpoint de son mari. »

jets; ce serviteur, incapable de trahir son maître, hésitait à lui découvrir un complot dont son propre fils était l'auteur : le danger prochain que courait le roi, détermina enfin Chabannes à faire cette délicate révélation. Louis voulait d'abord se débarrasser des Écossais, prétoriens fidèles qui gardaient Charles trop assidûment. Le dauphin convint avec des gentilshommes de sa maison qu'on attaquerait l'escorte du roi, pendant un voyage d'agrément que ce prince devait faire. « J'y serai, dit le fils criminel, car chacun
« redoute le roi quand il le voit, et si je n'y étais
« en personne, je craindrais que le cœur ne faillit
« à mes gens; mais en ma présence chacun fera *ce*
« *que je voudrai...* » On frémit en présumant ce qu'il voulait. Tel fut le rapport que fit Chabannes. Charles VII appela sur-le-champ son fils, et le mit en présence de l'accusateur...... ce prince écouta froidement le récit que le comte de Dammartin reprit avec assurance, traita ce gentilhomme d'imposteur, et nia tout sans que la moindre trace d'émotion parût sur son visage. « Prince, ré-
« pondit Chabannes, je ne défierai point le fils
« de mon roi; mais je suis prêt à combattre tout
« gentilhomme de sa maison qu'il voudra dési-
« gner. » Plusieurs des complices de Louis furent exécutés; pour lui, son père se contenta de l'avertir qu'il demeurait convaincu de son crime, et que jamais il ne lui pardonnerait..... Le Dauphin se retira en Dauphiné, où le roi le laissa agir en

souverain. Jamais il ne parlait de lui que par impérieuse nécessité, et lorsqu'il prononçait son nom, un frissonnement universel se faisait remarquer dans toute sa personne. Dès cet instant Charles VII fut tourmenté de terreurs qui durèrent le reste de sa vie.

Il était dans la destinée du roi de paraître ingrat : Agnès Sorel aimait véritablement Charles, tandis qu'il usait de cette femme aimable comme d'un bouquet, dont on respire un instant avec délice la douce senteur, et qu'on jette ensuite dédaigneusement. En 1450, la dame de Fromenteau, enceinte de quelques mois, se retira à l'abbaye de Jumièges pour faire ses couches; elle y mourut durant l'enfantement, et son amant montra peu de regret. Le bruit courut bientôt que la favorite avait été empoisonnée. Alors la célèbre *Jacques Cœur*, argentier de la couronne, avait beaucoup d'ennemis à la cour, parce qu'il y jouissait d'un grand crédit; on l'accusa d'avoir abrégé les jours d'Agnès.

A l'instant, une foule d'imputations vinrent se grouper autour de cette vague accusation: le financier fut prévenu de concussions, de malversations, d'abus d'autorité, en un mot, de tous les crimes qui naissent ordinairement de la disgrace d'un homme puissant. Si Jacques Cœur eut été jugé par le parlement, ce corps, trop nombreux pour que l'animosité y fût générale, n'aurait pas condamné ce ministre, sur des dépositions aussi vagues que celles faites jadis contre Enguerrand de

Marigny. Mais une commission spéciale connut de cette affaire, et elle était composée d'hommes acharnés à perdre l'argentier de Charles VII. La torture, ainsi qu'il arrivait presque toujours, lui arracha l'aveu de crimes qu'il n'avait pas commis. On prononça la peine de mort contre ce financier; tous ses biens furent confisqués. Le roi eut l'air d'examiner les pièces du procès, qu'il s'était fait apporter, et commua la condamnation en un bannissement perpétuel, *en considération de certains services*, disent les lettres de grace. Ces *certains* services étaient, en effet, dignes de quelque considération : Jacques Cœur, dont la fortune était immense, avait souvent pourvu, de ses propres deniers, aux dépenses de l'État, et, pendant une année entière, il fournit des fonds suffisans pour l'entretien de quatre armées. Plusieurs historiens, et entre autres Villaret, révoquent en doute la probité de cet homme d'état; mais quant aux exactions dont ils le soupçonnent coupable, ils n'émettent que des suppositions, fondées sur le procès inique que nous venons de mentionner. Il est authentique que Jacques Cœur, par une rare intelligence dans le commerce maritime, alors peu connu, avait fait des bénéfices considérables. Et ce qui prouve que sa fortune pouvait provenir de cette source pure, c'est que lorsqu'il se fut évadé de la prison où l'on voulait le retenir, dépouillé de tous ses biens, réduit aux ressources que lui procurèrent ses anciens commis, il reprit les entreprises commerciales, et fit une fortune plus brillante que la première. En condamnant l'argentier de Charles VII, on commit donc une grande injustice, et l'on se priva d'une haute intelligence, que personne ne put remplacer *.

Sur la fin de son règne, Charles VII mérita, au moins par sa présence aux armées, le surnom de victorieux, qui lui avait été donné jusqu'alors un peu gratuitement : ce prince conquit la Normandie et la Guienne. Au moment où cette dernière province allait de nouveau lui échapper, par suite d'une révolte, le dauphin fit offrir ses services à son père: « J'ai bien achevé la conquête de la Nor- « mandie sans vous, répondit Charles; sans vous « je recouvrerai la Guienne.» En effet, une seule bataille, où périt le brave Talbot, rendit à la France Bordeaux, ville populeuse et remuante ; elle fut contenue par les châteaux *Trompette et du Ha.*

Rentré à Paris, le roi s'occupa de nouvelles ré-

---

* Jacques Cœur était de Bourges, où il exerçait la profession d'orfèvre, lorsque Charles VII se trouvait confiné dans cette ville. Ce prince le mit à la tête de ses finances, dans lesquelles se fondirent souvent les ressources personnelles de ce grand citoyen. Il ne cessa, pendant toute sa gestion d'argentier, de rendre à l'état les plus éminens services. On a vu comment ils furent reconnus. Evadé de la France, il se réfugia dans l'île de Chypre ; c'est-là qu'il reprit les affaires et acquit une nouvelle fortune : il y mourut en 1461. — On voit encore à Bourges la maison que Jacques Cœur fit bâtir lorsqu'il fut ministre : c'est un édifice fort remarquable; la mairie et les tribunaux y sont établis.

formes. L'université fut soumise à une organisation propre à prévenir les désordres que ses privilèges excessifs causaient journellement : on publia des règlemens pour tous les grades ; des *censeurs* furent chargés de les faire exécuter. Ce corps cessa d'être soumis à la discipline exclusive du saint-siège : Charles lui imposa le frein plus utile de l'autorité séculière. L'ordre judiciaire reçut aussi d'importantes améliorations : le roi publia un édit pour l'abréviation des procédures ; il fit commencer la rédaction des *Coutumes*, en ordonnant que tous les coutumiers et praticiens du royaume rédigeassent par écrit les usages, styles et coutumes de chaque province. Ce put être un bienfait dans un temps où le pouvoir féodal admettait encore des juridictions locales ; après son abolition, ce fut un grand abus, un abus qui retarda long-temps l'action de la justice souveraine, et laissa subsister, comme règles législatives, les traces du despotisme seigneurial. Charles VII prit une mesure plus sage en prescrivant à la chambre des comptes, aux trésoriers de France, aux receveurs-généraux des aides d'avoir à surveiller de près leurs subordonnés.

Dans tout ceci il faut louer au moins les intentions du roi ; mais, ainsi que tant de ses prédécesseurs, il laissait tomber ces réformes du haut de son trône, comme autant d'acquits de conscience qui deviendraient ce qu'ils pourraient, et, par malheur, ils devinrent peu de chose dans l'exécution.

Pendant que Charles VII essayait, avec trop peu d'énergie, de rétablir l'ordre dans le gouvernement, le dauphin, encore en désobéissance ouverte contre son père, et craignant l'effet d'un ressentiment qu'il avait tant de fois excité, se sauva dans les Etats du duc de Bourgogne, où il se lia un commerce intime entre Louis et *Charles, comte de Charolais*, fils de Jean-le-Bon... Nous verrons bientôt jaillir une profonde inimitié de la connaissance que ces deux princes prirent alors, réciproquement, de leur caractère.

Les expéditions de Charles VII se terminèrent, en l'année 1457, par la descente en Angleterre d'un petit corps d'armée, commandé par le sire de Brezé. Cet officier, parti de Honfleur avec quatre mille hommes, aborda sur la côte de Kent, prit d'assaut la ville de Sandwick, et s'empara des vaisseaux qui se trouvaient dans le port. Une armée plus imposante, dans un moment où l'Angleterre était déchirée par les troubles civils, pouvait consommer la perte de cette puissance, et venger la France de la domination hautaine des Anglais. Mais Charles trouva cette échauffourée suffisante pour joindre le titre de conquérant à celui de prince victorieux; il rappela ses troupes.

Après le procès du duc d'Alençon, qui avait conspiré contre son maître avec l'Angleterre*, parce

---

* D'Alençon, prince du sang français, avait en effet conspiré avec les Anglais contre le roi, son parent, pendant la qu'il trouvait ses anciens services mal récompensés, Charles VII pouvait jouir de quelque tranquillité dans le royaume, enfin pacifié, grace à la faiblesse actuelle de son ennemie constante, la Grande-Bretagne. Mais le repos ne pouvait plus rentrer dans l'esprit de ce prince, perpétuellement troublé de craintes sinistres sur sa sûreté personnelle... Par une déplorable fatalité, qui semblait un héritage d'Isabeau de Bavière, Louis lui inspirait la même haine, la même défiance qu'il avait jadis inspirée à cette princesse; et ces sentimens amers étaient assurément plus légitimes chez lui qu'ils ne l'avaient été chez sa mère....... Obsédé par des terreurs continuelles, Charles VII se retira dans son château de *Meun-sur-Yèvre*, en Berry, forteresse presque imprenable, dont les bastions, les fossés et les couleuvrines ne purent le rassurer. Là, tout ce qui l'entourait lui semblait vendu aux noirs projets du dauphin; il finit par retirer sa confiance à ceux qu'il avait jusqu'alors regardés comme ses plus fidèles serviteurs..... Il ne mangeait qu'après

---

révolte, qui avait suivi la réunion de la Guienne au royaume. On crut même que le Dauphin s'était joint aux conspirateurs; et l'on peut juger, en admettant cette hypothèse, combien Charles VII eut raison de refuser ses services dans cette circonstance. D'Alençon fut jugé dans un lit de justice, tenu à Vendôme; il parut devant ses juges sur une *basse sellette*, sans ceinture, sans épée. Ce prince fut condamné à mort; mais gracié sur-le-champ par le roi, on le renferma dans la prison de Loches, où il devait passer le reste de sa vie.

de minutieuses épreuves, les alimens que l'on préparait pour lui, quoique ses gardes écossais eussent surveillé dans les cuisines, dans les offices, à la bouteillerie, jusqu'au moindre geste des cuisiniers, maîtres d'hôtel et sommeliers. Charles VII se laissait donc dépérir, faute d'une nourriture suffisante, lorsqu'un gentilhomme imprudent vint lui parler d'une nouvelle conspiration de Louis, tendant à le faire empoisonner.... Alors l'effrayé monarque refusa toute nourriture, tout médicament; sept jours consécutifs, il persista dans cette abstinence absolue.... Le huitième, ne pouvant plus supporter les douleurs cuisantes d'entrailles qui le faisaient tordre dans son lit, il consentit à prendre un consommé. Il n'était plus temps; ce malheureux prince expira, le 12 juillet 1461, avant d'avoir pu avaler le bouillon qu'on lui présentait... Charles VII, le Victorieux, mourut de faim, ou plutôt de peur.

Le corps du feu roi fut apporté de Meun à Paris, déposé dans la cathédrale, puis transporté au sépulcre royal de Saint-Denis.... Les funérailles de Charles VII furent payées par Taneguy Duchâtel, neveu de celui que ce prince avait proscrit. Cette dépense ne lui fut remboursée qu'au bout de dix ans..... Charles devait être ingrat, même après sa mort.

Que dire d'un souverain voluptueux, indécis, indolent, qu'une femme dut armer, devant sa toilette, pour le pousser à son premier exploit?

Que penser d'un roi qui, après avoir vu reconquérir son royaume par la Pucelle, et remplir souvent son trésor par Jacques Cœur, laissa périr ignominieusement l'une, et bannit lui-même l'autre de la France, après l'avoir dépouillé de tous ses biens? Comment juger favorablement un prince dont l'ingratitude obligea d'Alençon, l'un de ses plus braves généraux, à chercher, dans une conspiration, la vengeance de ses services oubliés? Enfin, ne doit-on pas flétrir d'un juste mépris un monarque assez faible pour avoir exilé Taneguy Duchâtel, serviteur auquel il devait la vie, et laissé égorger, presque sous ses yeux, deux ministres qui étaient ses favoris? C'est, en vérité, se montrer trop indulgent que de dire, après le président Hainault : « Charles VII ne fut que le témoin des « merveilles de son règne, et la fortune le servait « en dépit de son indifférence. »

Charles VII avait eu douze enfans de Marie d'Anjou : huit princesses et quatre princes; deux seulement de ces derniers vivaient : Louis, dauphin de France, et Charles, duc de Berry. Agnès Sorel avait donné trois filles à son amant.

Il n'y eut aucune fondation importante à Paris durant le règne de Charles VII; nous parlerons ailleurs des accroissemens que reçurent les institutions anciennes. Mais nous devons signaler, en terminant ce chapitre, quelques usages, quelques évènemens mêmes échappés à la rapidité de nos récits, et qui servent à peindre les mœurs de cette époque. Les lumières se propageaient, sans que la superstition perdît sensiblement de son empire : Le peuple accueillit avec une grande vénération, en 1440, une fille, nommée Jeanne de l'Epine, qui s'annonçait comme Jeanne d'Arc ressuscitée. Les Orléanais, puis les Parisiens se prosternèrent devant cette intrigante.... Mais elle paya cher les honneurs éphémères qu'on lui avait rendus; arrêtée par ordre de l'université, elle fut montrée au peuple dans la cour du palais, montée sur la grande table de marbre, tandis qu'un prêtre faisait publiquement le récit, vrai ou faux, de ses aventures. Jeanne de l'Epine, jugée par un tribunal ecclésiastique, fut brûlée vive sur le marché aux Pourceaux. Le clergé avait déjà fait subir la même peine à Pierronne de Bretagne, qui, en 1430 ou 1431, s'était aussi imaginée de jouer la pucelle. Catherine de la Rochelle, autre illuminée, imitatrice de Jeanne d'Arc, sut se soustraire à la vindicte ecclésiastique, quoiqu'elle eût suivi long-temps les armées de Charles VI, et se fût avisée de faire des prédictions. Ces atrocités, soi-disant judiciaires, prouvent que le sacerdoce avait contribué puissamment à la condamnation de l'héroïne de Dom-Remi, contre laquelle il avait d'ailleurs montré beaucoup d'animosité durant sa mission.

Cette époque offre d'autres témoignages d'une superstition cruelle : en 1454, on voit fonder à Arras une de ces terribles juridictions, connues sous le nom de *chambres ardentes*, parce que leurs justiciables périssaient toujours par le feu. Un docteur en théologie y est traduit pour s'être donné au diable, afin d'obtenir les faveurs d'une dame noble. Les juges lui demandent gravement par quelles pratiques il a pu s'aboucher avec l'esprit immonde; et l'accusé répond, sans doute avec ironie, car le fanatisme même ne s'abuse pas jusqu'à ce point : « Rien de si aisé ; il ne « s'agit que de chevaucher sur un balai; il vous « rend dans le lieu où se trouve Satanas, déguisé « en mouton. » Ce qui était moins plaisant, c'est que le docteur fut, pour un crime si bien prouvé, « échafaudé, mitré, prêché publiquement, puis « enferré et mené dans la fosse pour y finir sa « vie. »

La cruauté était encore au quinzième siècle, non-seulement dans les institutions et les habitudes, mais dans les plaisirs. En l'année 1425, c'est-à-dire lorsque les Parisiens étaient sous la domination anglaise, les bourgeois se réunissaient à l'hôtel d'Armagnac, pour voir un spectacle d'une atroce originalité. Quatre aveugles étaient enfermés dans une sorte de champ-clos, couverts d'une armure et munis d'un fort bâton. Un gros porc, lancé dans l'arène, devait appartenir à celui d'entre ces champions, privés de la vue, qui parviendrait à l'assommer. Il est aisé de prévoir ce qu'il arrivait : les aveugles, frappant au hasard pour atteindre le cochon, se portaient mutuellement des coups terribles, se brisaient les bras et les jambes, s'ouvraient le crâne...... et les spectateurs d'applaudir *.

Ces inclinations féroces formaient un singulier contraste avec les habitudes voluptueuses et élégantes de l'époque; avec la recherche presque nouie qui s'était introduite dans le costume. Au rapport de Jouvenel des Ursins, la guerre et les discordes civiles n'empêchaient point les dames et les demoiselles de *mener un excessif état* : leur coiffure se composait, dit-il, de cornes merveilleuses, hautes et larges. Les sculptures du quinzième siècle nous offrent, en effet, ces étranges ornemens, qui faisaient ressembler la tête d'une femme à un pot au lait avec ses larges anses. Ces cornes ou ces oreilles étaient si amples que, pour passer dans une porte de moyenne grandeur, les dames devaient se baisser et se tourner de côté.

Nous avons déjà signalé la confusion de rangs qui était née des troubles civiles: on voyait dans cette circonstance ce qui ne manque jamais d'arriver quand le besoin rapproche les hommes : le sentiment de leur égalité naturelle se reproduisait par leur contact dans une opinion ou dans une défense commune. Or, la différence du costume s'évanouissait avec celle des conditions. Les femmes, par exemple, s'habillaient toutes de la même manière: il ne tarda pas d'en advenir un grave incon-

* *Journal de Paris sous Charles VI et Charles VII*, page 104.

vénient; c'est qu'à Paris, où les filles publiques abondaient, les bourgeoises et même les dames nobles étaient prises partout pour ces prostituées et traitées en conséquence. Un édit fut fait en l'année 1446 pour mettre fin à ce scandale. « La se-
« maine avant l'ascension, dit l'auteur du *Jour-*
« *nal de Paris* sous Charles VII, fut crié parmi
« Paris que les ribaudes ne porteraient plus de
« ceintures d'argent, ni de collets renversés, ni
« de pennes (plumes), ni en leurs robes menu
« vair, et qu'elles allassent demeurer es Bor-
« deaulx, ordonné comme il estait au temps
« passé. » Précédemment et sous la domination anglaise, le prévôt de Paris était chargé d'enlever aux *femmes amoureuses* les ceintures d'argent, qui déjà leur avaient été défendues, et cet ordre s'exécutait avec une merveilleuse ponctualité, parce que ce magistrat confisquait à son profit cet ornement prohibé.

Cependant comme on ne pouvait le plus souvent reconnaître les prostituées, qu'en prenant sur le fait leur dissolution, il arrivait parfois des méprises fort piquantes pour les beautés ainsi surprises. « En 1459, dit Sauval, on saisit sur une
« dame, ceinture ferrée de boucles, mordant et
« clous d'argent doré, pesant deux onces et demi,
« avec une surceinture aussi ferrée de boucles, mor-
« dant et clous d'argent doré; plus, un *Pater noster*
« de corail, un *Agnus Dei* d'argent, *des heures*
« avec fermoir d'argent; plus encore, un collet

« de satin fourré de menu vair.... » Or, la femme prise en flagrant délit dans une maison de débauche, était la demoiselle Laurence de Villars, femme incontestablement amoureuse, noble et dévote par dessus le marché.

Malgré le luxe généralement répandu que nous venons de signaler, on ne se procurait pas, au quinzième siècle, toutes les commodités de la vie. Durant l'hiver rigoureux de 1457, les seigneurs et les dames de qualité, n'osant monter à cheval, se faisaient traîner dans des tonneaux, fixés sur le chariot qui leur servait de carosse durant la belle saison.

CHAPITRE IX.

LOUIS XI, L'IMPRIMERIE, ÉCOLE DE MÉDECINE, POSTES, CHARLES VIII, LE MAL DE NAPLES.

La mort de Charles VII n'eut inspiré que de la joie à son fils, s'il n'avait pas craint d'être mal accueilli par une nation qui ne l'aimait point. Jean-le-Bon, voyant le dauphin préoccupé de cette pensée et soucieux, lui offrit d'aller le mettre en possession de ses États, à la tête de cent mille hommes. Louis, à qui cette offre causait plus de défiance que de gratitude, remercia le duc avec un sourire équivoque, et le pria de ne pas lui faire honneur d'un si nombreux cortège. Jean comprit un soupçon que son hôte cachait si mal; il annonça au nouveau monarque qu'il l'accompagnerait à Reims, emmenant seulement le comte de Charolais, son fils, et quelques seigneurs.

Après son sacre, célébré le 15 août 1461, Louis XI s'achemina vers Paris avec les ducs de Bourgogne, d'Orléans, de Bourbon, de Clèves; les comtes de Charolais, d'Angoulême, de Saint-Paul et de Dunois. Il arriva le 30 du même mois dans le faubourg de la capitale, et s'arrêta à l'hôtel des *Porcherons**, situé hors de la porte Saint-Honoré. L'évêque de Paris, le parlement, la chambre des Comptes, l'université, le prévôt de Paris, celui des marchands et les échevins se portèrent au-devant du roi ; tous en robes de damas, fourrées de martre, en dépit d'une chaleur étouffante, et à la plus grande gloire de l'étiquette. Les magistrats présentèrent à Louis XI les clefs de la porte Saint-Denis, par laquelle il devait faire son entrée ; le cortège se mit en marche. On reconnaissait aisément le roi au milieu de la foule illustre qui l'environnait : il était vêtu d'une tunique de velours violet, semée de fleurs de lis d'or, et recouverte d'un manteau de satin blanc, orné d'une riche broderie ; sa coiffure était un *petit chaperon de velours noir loqueté*. Les seigneurs de la suite n'étaient pas habillés moins richement ; leurs chevaux mêmes participaient à cette magnificence : ils portaient des housses de damas, de velours, de drap d'or, doublées d'hermine ou de martre zibeline, et chargées d'ornemens en vermeil. Louis montait un cheval blanc.

Lorsqu'on fut arrivé devant l'église de Saint-Lazarre, le nommé *Loyal-Cœur*, héraut vêtu d'un habit aux armes de la ville, s'avança vers le roi et lui présenta cinq dames fort belles, superbement parées, et montées sur de beaux chevaux

---

* Cet hôtel des Porcherons, qui par la suite donna son nom à un quartier hors barrières, devait être situé sur l'emplacement actuel de la rue des Martyrs ou aux environs.

caparaçonnés aux armes de la ville. Louis XI ne devina pas d'abord ce que signifiait une lettre majuscule, brodée en diamans, que chacune de ces dames portait sur la poitrine; mais elles se rangèrent les unes à côté des autres, et le prince lut le mot *Paris*, formé par le rapprochement des cinq lettres. « Si l'on veut m'apprendre à lire avec si
« gentil alphabet, dit galamment le monarque,
« je deviendrai tôt un savant écolier. » La marche continua. Sous la voûte de la porte Saint-Denis, Louis aperçut un grand navire argenté, emblême de la ville de Paris. La *justice* et *l'équité*, représentées par deux jeunes femmes, se tenaient à la poupe; elles débitèrent une pièce de vers dialoguée et très grave quand le roi passa. A la fontaine du Ponceau, une scène moins morale fut offerte au souverain; écoutons Jean de Troyes, chroniqueur du temps : « On y voyait des hommes sauvages
« qui se combattaient et faisaient plusieurs contenances ; et si y avait encore trois belles filles, faisant personnages de sirènes, toutes nues, et leur
« voyait-on le beau tetin droit, séparé rond et
« dur, qui était chose bien plaisante, et disaient
« de petits motets et bergerettes. Et pour bien
« raffraichir les entrans en la dite ville, y avait
« divers conduits en la dite fontaine, jetant lait,
« vin et hypocras, dont chacun buvait qui vou-
« lait. »

Devant l'hôpital de la Trinité, les confrères de la passion avaient préparé une scène panto-

mime, qui commença au passage du roi : « C'é-
« tait, dit le chroniqueur contemporain, Dieu
« étendu en la croix, avec les deux larrons à
« dextre et à senestre....... » Trois hommes nus,
attachés sur des croix pour rejouir la vue : le caractère de l'époque se révèle tout entier dans ce
spectacle. A la fontaine des Innocens, on avait représenté une chasse « avec moult grand bruit
« de chiens et de cors. » A la boucherie du Châtelet
s'offrit aux yeux du monarque le simulacre
de l'assaut qu'il avait donné dans sa jeunesse à
l'une des portes de Dieppe : les Anglais assiégés
furent pris et eurent tous la gorge coupée, ce qui
fut une des réjouissances les plus remarquables
de la journée.

Sur le Pont-au-Change, les oiseleurs de Paris, en
vertu d'une vieille obligation qui leur était imposée lors de l'entrée des rois*, donnèrent l'essor à
deux cents douzaines d'oiseaux : l'air fut obscurci
par cette nuée volatile, et agité par la multitude
d'ailes qui le battaient. Sans doute cet usage signifiait que le peuple, esclave sous le règne précédent, allait recouvrer sa liberté sous celui qui
commençait; et l'on sait comment cette allégorie
s'accomplissait**.

Après une station à Notre-Dame, Louis XI se

---

* A ce prix, ils avaient la permission d'étaler et de vendre,
les jours de fêtes, leur marchandise emplumée, sur le Pont-au-
Change.

** *Chroniques de Jean de Troyes*, année 1461.

rendit au palais de la Cité, où tous les corps de l'Etat l'accompagnèrent. Là, ce prince dut subir les harangues ampoulées qui commencent les ennuis de la royauté, aussitôt que ses honneurs. Avant le départ du roi de la capitale de Jean-le-Bon, ce duc l'ayant conjuré à genoux de pardonner à ceux qui avaient pu lui déplaire, Louis s'était engagé à donner une amnistie générale, n'exceptant que sept personnes qu'il n'avait point nommées. Ce nombre fut de beaucoup dépassé dans les proscriptions qui suivirent immédiatement l'intronisation du nouveau souverain : le roi déposa le chancelier, renvoya plusieurs magistrats, éloigna fort impolitiquement le connétable de Richemont, qui était devenu duc régnant de Bretagne, enfin disgracia le grand chambellan, plusieurs maréchaux de France, et les principaux régisseurs des finances. Au premier rang des bannis figurait Chabannes, comte de Dammartin, accusateur courageux du dauphin, sous le règne précédent. Louis XI avait soif du sang de cet ennemi; mais un procès eût mis au grand jour le projet parricide de ce prince.... Il préféra l'exil, qui mettrait l'espace entre Chabannes et la nation dont il eût provoqué l'indignation..... Il rejoignit Jacques Cœur dans l'île de Chypre.

Dans le même temps, le roi réhabilita le comte d'Armagnac, et rendit la liberté au duc d'Alençon, qu'il rétablit dans ses honneurs, dignités et apanages.

Le premier acte du règne de Louis XI ne révélait point cette profonde politique qui distingua depuis ce prince : il commença par être dupe du pape Pie II. La pragmatique sanction, établie par Charles VII, en 1458 *, avait fondé la liberté des diverses églises, en limitant l'autorité du pape, en abolissant les annates, c'est-à-dire les droits que le saint siège se réservait sur la collation des bénéfices, les tributs financiers, l'abus des appels au souverain pontife, etc. On conçoit que cette pragmatique sanction dut être désagréable à la cour de Rome : aussi, dès qu'elle vit un nouveau règne commencer en France, s'empressa-t-elle de miner cette institution du dernier roi. Pie II, homme d'un esprit délié et subtil, supposa que l'abolition de la pragmatique était une disposition déjà résolue dans la tête du monarque, et que, se piquant de faire tout par lui-même, il ne voulait point soumettre cette mesure à son conseil. En conséquence, prenant cette détermination absolue pour texte de flatterie, le pape ajoutait : « En cela vous vous montrez un grand roi, qui ne « se laisse pas gouverner, mais qui gouverne lui-« même; vous ne voulez pas mettre en délibéra-« tion ce que vous savez devoir être fait : c'est là « véritablement être roi, et bon roi. » Louis XI

---

* La pragmatique sanction fut décidée dans une assemblée du clergé, réunie à Bourges en l'année 1438; cette grande question avait été déjà débattue au concile de Bâle, commencé en l'année 1431.

se laissa prendre à cette amorce : « Selon que vous
« nous l'avez demandé, écrivit-il à Pie II, quel-
« que temps après, nous rejetons de toutes les
« terres de notre obéissance, cette pragmatique,
« quoique la plupart des hommes instruits s'ef-
« forcent de nous détourner de ce dessein. » Ainsi
Louis XI jeta lui-même sur son autorité royale les
chaînes reforgées du pouvoir ecclésiastique ; il eût
bien dû en ce moment s'inspirer de son axiôme
favori : « Lorsque l'orgueil chemine devant, honte
« et dommage suivent de près. » Mais sans doute
il préféra justifier alors un autre de ses mots coutumiers : « Je loge tout mon conseil dans ma
« tête *. »

Il existe un grand rapport entre les vues de
Louis XI et celles qu'avait émises Philippe-le-
Bel : la même pensée domina dans l'esprit de l'un
et de l'autre : tous deux voulurent que le pouvoir
féodal s'évanouît au pied du trône, et que la noblesse, de quelque rang qu'elle fût, demeurât
constamment soumise au souverain. Mais ces deux
princes tendirent à ce but par des moyens différens :
Philippe, colère, emporté, superbe, voulait tout
soumettre par la puissance de son vouloir ; simple,

* Voici probablement l'origine de ce mot : le maréchal de
Brezé voyant Louis XI monté sur un cheval très faible lui dit :
« Sire, ce cheval est plus fort qu'on ne croit, car il porte le roi
et son conseil. » Il serait à désirer que toutes les flatteries des
courtisans, offrissent un sens critique aussi habilement produit ; mais surtout que les souverains en profitassent mieux.

dissimulé, insinuant, perfide, voilant ses atrocités de piété, Louis renversait ses adversaires par des embûches, par des pièges cachés. Pour résultat, Philippe ne voulait que courber les têtes audacieusement élevées; Louis jugeait plus sûr de les abattre et les abattait. Ces deux rois, avec les projets les plus personnellement intéressés, les plus étrangers au bien-être du peuple, y travaillèrent néanmoins. La féodalité était le ver rongeur de la France : Philippe en la contenant, Louis en l'immolant, servirent le pays....... sans le vouloir. Mais aucun parallèle ne peut être établi entre le monarque Capétien et le prince Valois, quant aux qualités du cœur : le premier, eut de grands travers, qui ne lui firent commettre le crime que par entraînement; le second, se fit criminel par l'influence d'une profonde corruption, qu'une puissance d'esprit peu commune et des lumières étendues érigèrent en système.

Achevons de peindre Louis XI, en disant qu'il était faux, sans foi, sans probité, cruel, d'une faiblesse d'esprit étrange dans un homme, dont la volonté se montrait forte, et d'une superstition si niaise, qu'on ne savait comment la concilier avec l'instruction et le jugement éclairé de ce prince. Une humeur taciturne, sombre, défiante, faisait détester Louis XI, autant qu'on le redoutait. « Sous
« son règne, a dit depuis le prédicateur Jean Cle-
« rée, il y avait des milliers de personnes qui pré-
« féraient offenser dix fois Dieu que d'offenser

« une seule fois le roi. » Du reste, doué d'une confiance ridicule, dans le pouvoir des reliques il en portait toujours plusieurs exposées à son chapeau ; et pour qu'on ne pensât pas qu'il y attachait l'idée d'un ornement, il les prenait en plomb ou en étain. Mais ces pieuses amulettes ne l'empêchaient point de commettre tous les crimes que sa politique ombrageuse exigeait : il se croyait absous, lorsque, ayant pris à la main son chapeau, il s'était précipité à genoux devant les images qui le garnissaient, « si soudainement, est-« il dit dans les Mémoires de Commines, qu'il « semblait plus blessé d'entendement que sage « homme. » Louis XI montrait surtout une profonde vénération pour certaine croix, dite *de saint Lo*, qu'il portait sans cesse sur lui : malgré son inclination au parjure, on pouvait être assuré qu'il tiendrait le serment qu'on était parvenu à lui faire prononcer sous l'invocation de cette croix. Mais on obtenait rarement de lui cette garantie, qu'il exigeait de tous ceux qu'il voulait engager.

Louis XI, le premier, parmi nos souverains, porta le titre de *roi très chrétien*, qu'il ne mérita pourtant que par des pratiques telles que celles que nous venons de décrire, ou plus vaines encore. Par exemple, ce fanatique donnait à la sainte vierge le comté de Boulogne, demandait au pape *le corporal sur quoi chantait monseigneur saint Pierre*, sollicitait de l'église le droit de se faire frotter périodiquement le corps avec la sainte ampoule, et d'assister à l'office sous le surplis et l'aumusse. Tout cela pouvait constituer un prince très dévot aux yeux des gens qui jugent des sentimens d'après les signes; mais, à coup sûr, rien là dedans ne caractérisait un monarque très chrétien... Le vrai christianisme est une morale, non un vain débit de paroles, ou une pantomime théâtrale.

Affligé d'un semblable caractère, Louis XI ne pouvait vivre en paix ni avec ses voisins, ni avec ses sujets · Jean-le-Bon l'avait prévu. «Voirement, « s'était-il écrié d'après certains élans de ce mau- « vais naturel, cet homme ne régnera pas long- « temps, sans avoir un merveilleusement grand « trouble. » Cette prophétie se réalisa dès l'année 1464, par le commencement de la *ligue* dite *du bien public*. Le comte de Charolais, fils du duc de Bourgogne, en fut l'instigateur. Ce prince avait vécu, à la cour de son père, dans l'intimité de Louis; il le connaissait donc bien, et qui le connaissait ne pouvait l'aimer. D'ailleurs, Charles de Bourgogne, vif, impétueux, emporté, possédait toutes les qualités qui découlent de celles-là : il était franc, loyal, d'une foi solide, et chacune de ces vertus du Bourguignon devenait, par un commerce suivi avec le prince français, un élément de discorde et d'antipathie.

Lorsque Louis XI fut parvenu au trône, voulant reconnaître en apparence les bontés dont le duc de Bourgogne l'avait comblé, il donna au comte de Charolais le gouvernement de Normandie. Mais, presque en même temps, le soupçonneux tyran nomma le duc de Bretagne son lieutenant-général dans cette province, dignité qui annulait celle du gouverneur. Charles, outré d'une telle insolence, jura de s'en venger, et quitta dédaigneusement les fonctions dérisoires que le roi lui avait assignées. Bientôt la mésintelligence éclata entre Jean-le-Bon et son ancien hôte, relativement à l'impôt de la gabelle, que ce dernier voulait établir dans les États du premier. *Chimay*, seigneur bourguignon, vint à la cour de Paris, faire, à cet égard, de fermes remontrances : « Eh ! s'écria Louis XI impatienté, quel « homme est-ce donc que ce duc? Est-il d'un autre « métal que les autres princes de mon royaume ? « — Oui, sire, répliqua Chimay; s'il n'avait été « de meilleur acier et plus dur, il ne vous aurait « pas retiré et défendu, cinq ans durant; ce qu'au- « cun prince de l'Europe n'a osé entreprendre.... » Le roi rougit, continua précipitamment son chemin, et la gabelle ne fut point rétablie en Bourgogne.

Bientôt des intelligences secrètes se lièrent, par l'entremise du comte de Charolais, entre le duc de Bourgogne et le jeune François II, nouveau duc de Bretagne. Les démonstrations hostiles de Louis XI n'empêchèrent point les conférences de continuer, et même on chercha à se procurer, au besoin, l'appui de l'Angleterre. Dans ce temps, le roi envoya son chancelier et plusieurs autres députés à la cour de Bourgogne, faire des remontrances sur les complots du comte de Charolais. Que ces imputations fussent fondées ou non, Charles, naturellement emporté, s'en offensa, et répondit si rudement aux ambassadeurs, que le duc lui imposa silence et le réprimanda avec quelque dureté. Il se tut ; mais, au moment où les seigneurs français se retiraient, Charolais arrêta l'archevêque de Narbonne dans une galerie, et lui dit avec un sourire amer : « Recommandez-moi « très humblement au roi, et dites-lui qu'il m'a « bien fait laver la tête par son chancelier ; mais « qu'avant qu'il soit un an, il s'en repentira. »

Peu de temps après cette ambassade, le comte de Charolais trouva l'occasion de réaliser ses menaces, ou, pour mieux dire, il la provoqua. Dans une assemblée de la noblesse à Tours, le roi, non content des réprimandes menaçantes qu'il avait adressées aux ducs de Bourgogne et de Bretagne, se déchaîna contre ces princes, en faisant l'apologie de sa propre conduite à leur égard. Tous les seigneurs, même ceux qui, secrètement, désapprouvaient Louis XI, applaudirent à son discours. Le duc d'Orléans seul mêla à son approbation des remontrances sur plusieurs abus du gouvernement, et pressa le roi de se réconcilier avec le duc de Bretagne. Le monarque, furieux de l'audace de son parent, lui exprima sa colère au milieu de l'assemblée, et s'emporta bientôt jusqu'à lui dire que la restriction unique qu'il mettait à l'assentiment général, cachait des vues criminelles. Le duc, vivement affligé d'une telle scène, succomba, peu de jours après, au chagrin qu'elle lui avait causé. Il laissait un fils, jeune encore, fiancé à Jeanne de France, fille du roi. Ce prince régna plus tard sous le nom de Louis XII.

L'assemblée de Tours et surtout la catastrophe dont le duc d'Orléans venait d'être victime, achevèrent d'exalter les princes engagés dans la ligue du bien public; cette ligue devint menaçante. On y vit entrer successivement les ducs de Bourbon, de Lorraine, d'Alençon, de Nemours, les comtes d'Albret et d'Armagnac; tous mécontens, à divers titres, d'un monarque qui ne mettait plus de bornes à sa tyrannie. Des manifestes circulèrent dans toutes les parties de la France: les griefs de Louis XI y étaient énumérés, et chacun y trouvait l'expression du dommage personnel que ce monarque lui avait fait. Partout des associations se formèrent : les femmes mêmes y entraient. A Paris, les conjurés portaient ostensiblement une aiguillette de soie verte attachée à la ceinture: c'était le signe distinctif des partisans du bien public, qui tenaient leurs assemblées dans les églises et jusque dans la cathédrale. Le duc de Bourgogne, prince sage et prudent, hésita long-temps à se joindre aux confédérés; il s'y détermina pourtant. Alors un vaste réseau de rébellions se trouva tissu, et près d'envelopper la monarchie, qui ne conserva pour allié que le seul duc de Milan.

Dans cette extrémité, Louis XI, justement alarmé, reçut avec une apparente cordialité des ambassadeurs du duc de Bretagne, qui vinrent le trouver à Poitiers, sous prétexte de terminer enfin, par un accommodement, les différens que leur duc avait avec la couronne. Le véritable motif de ce voyage était loin, comme on va le voir, de se rapporter à la conclusion alléguée, et le bigotisme du roi favorisa ces vues cachées. Louis, pressé d'accomplir un pèlerinage à Notre-Dame-du-Pont, prit avec les envoyés bretons quelques mesures provisoires, et partit, libre, pour la première fois de sa vie, des inspirations d'une défiance qui, dans ce moment, n'eut été que prudente. A peine se fut-il éloigné, que les seigneurs bretons enlevèrent le duc de Berry, frère du roi, qui, rallié aux partisans du bien public, suivit volontiers ces gentilshommes à la cour de Bretagne. Ce jeune prince, âgé d'à peine dix-sept ans, devait être d'un faible secours au parti; mais son nom, mis en tête des manifestes, pouvait en augmenter l'influence.

Le roi, informé par les proclamations, et des intentions de la ligue et du nom de ses principaux chefs, n'attendit pas qu'on l'attaquât : parti de Poitiers, il traversa rapidement le Berry, entra dans le Bourbonnais, et obligea le duc de Bourbon, principal agent des confédérés, à solliciter une trêve, que Louis XI commit la faute de lui accorder. Dans le même temps, le roi s'assurait des places fortes, les pourvoyait de garnisons, et faisait armer leurs remparts. Paris surtout attira l'attention de ce prince : il rendit les armes aux bourgeois, augmenta le guet, couvrit la ville de postes nombreux, fit tendre les chaînes, même en plein jour, et ordonna que les portes fussent murées, à l'exception de trois. Le gouvernement de la capitale fut confié au maréchal de Gamache, qui l'approvisionna de vivres, en fit réparer les fortifications et obtint une garnison assez forte pour défendre son enceinte, déja fort étendue. Louis XI, lui-même, parut au milieu des Parisiens, les flatta, les caressa, leur annonça que la reine viendrait faire ses couches à Paris, « la cité du monde qu'il aimait le mieux. »

C'était cependant sous les murs de Paris que le duc de Bretagne, le comte de Charolais et les principaux confédérés s'étaient donné rendez-vous. Déja de nombreuses troupes marchaient vers ce centre de la monarchie; de toutes parts, les enseignes rebelles flottaient dans la campagne; sur tous les points la poussière tourbillonnait, soulevée par des escadrons épais, d'où partait ce cri : *Franchise, bien public, décharge du peuple...* Prétextes banaux de toutes les révoltes : résultats qui ne s'accomplissent jamais après l'évènement.

Cependant le roi faisait avancer, à marche forcée, vers Paris, l'armée qu'il avait menée contre le duc de Bourbon: troupe d'élite et aguerrie, formant environ trente mille hommes. Le comte de Charolais seul en commandait davantage; aussi, Louis XI ne songeait-il pas à l'attaquer, mais à se renfermer dans Paris, et à tirer la guerre en longueur, moyen infaillible pour lasser ou diviser préalablement les alliés. De son côté, le Bourguignon ne voulait point alors en venir aux mains avec le roi; il se portait seulement au-devant des forces qu'amenaient le duc de Bretagne et le duc de Berry, pour offrir ensuite la bataille à Louis XI, avec toutes les chances désirables de succès. Mais Pierre de Brezé, maréchal de Normandie, qui jugeait convenable de combattre Charolais seul, plutôt que d'attendre que sa jonction avec le Breton fût opérée; Brezé attaqua l'arrière-garde des Bourguignons, dans la plaine de Longjumeau. Cet engagement, qui commença d'abord par une simple escarmouche, devint bientôt général, sans prendre le caractère d'une bataille rangée. Les chefs, pris à l'improviste, sans aucun plan ni d'attaque ni de défense, combattirent en quelque sorte au hasard : aussi la mêlée fut-elle sanglante... Ce combat, qui prit le nom de Montlhéri, parce qu'il se livra dans une plaine voisine de cette ville, offrit le singulier spectacle de deux armées fuyant au même instant. Des deux côtés aussi les chefs abandonnèrent le champ de bataille : Louis XI, accablé de fatigue, fut porté dans le château de Montlhéri, tandis que Charolais, entraîné sur les traces des fuyards pour les rallier, augmenta la terreur de ses Bourguignons en leur faisant croire, par son absence qu'il était tombé au pouvoir de l'ennemi. Les Français, ne voyant plus leur roi, eurent la même pensée; d'autres, et ce fut la majorité, crurent ce monarque mort, pendant que, harassé, haletant, il était couché sur un lit de repos, dans ce vieux donjon de Monthléri, dont la tour indestructible insulte encore les siècles à l'heure où nous écrivons... Un moment le duc de Berry fut salué comme roi de France.

Cependant Charolais coucha sur le champ de bataille; non moins vaincu que victorieux, il eut pourtant les honneurs de la journée, quoique Louis XI eut raison de dire: « Vraiment ce lui est « une gloire bien forcée, car il n'a ni ville ni bourg « pour retraite. » Mais ce succès prit bientôt un caractère plus déterminé par l'arrivée des forces du duc de Bretagne. Le roi avait regagné silencieusement Paris, menacé d'un siège. Jamais monarque ne montra autant de popularité que Louis XI en prodigua dans ce danger pressant. Il entrait familièrement chez les bourgeois, les invitait à sa table, s'initiait avec intérêt à leurs affaires domestiques. Le rusé monarque abolit une partie des impôts (seulement à Paris), rétablit les privilèges municipaux, appela au conseil d'État six bourgeois, six membres de l'université, six présidens ou conseillers au parlement. Paris fut dévoué à ce maître, aux allures câlines du tigre, et qui ne tarda point à en montrer la férocité.

Pendant un voyage que Louis avait fait en Nor-

mandie, des auxiliaires Allemands, Italiens, Suisses, que les alliés appelaient à eux, demandèrent à traverser le territoire parisien, sous la réserve d'une sévère discipline. Craignant que ces hordes mercenaires ne pillassent les faubourgs, les magistrats de la ville entrèrent en pourparlers avec ces étrangers. Informé de cette négociation, le roi accourt, fait arrêter les bénévoles négociateurs; plusieurs sont punis de mort; il semble pardonner à d'autres... « Mais, dit Mézerai, les par-
« dons de Louis n'étaient pour la plupart que des
« arrêts de mort; il n'omettait jamais de se venger,
« sinon lorsqu'il en appréhendait de dangereuses
« conséquences. »

Le siège de Paris commença; il dura environ trois mois; mais les alliés le poussaient mollement: le territoire parisien, dit Anquetil, fut plutôt un lieu de négociation qu'un théâtre d'hostilités. Les assiégeans croyaient lasser le roi par ces temporisations; Louis de son côté espérait les conduire, par le même moyen, au terme de leurs ressources...
« En attendant, faisait observer un procureur
« au parlement, ils vendangent nos vignes et
« mangent nos raisins. — Il vaut mieux, répondit
« le roi, qu'ils vendangent vos vignes et mangent
« vos raisins, que de venir dans Paris prendre
« votre argent et vos tasses, que vous avez mussées
« dedans vos caves et celliers, et jusque dans les
« entrailles de la terre. »

Enfin des conférences sérieuses furent ouvertes

et le roi y présida lui-même. Il demanda un rendez-vous au comte de Charolais, qui campait près de Bercy, tandis que les troupes royales occupaient la rive opposée. Charles de Bourgogne lui indiqua, pour lieu de conférence, la plage sur laquelle ses troupes étaient rangées en ordre de bataille. Louis XI traversa la Seine lui cinquième; son ennemi l'attendait sur le rivage, avec le seul comte de saint Paul, son favori. « M'assurez-vous », lui cria le roi de son bateau? — « Comme « frère, répondit Charolais. » Alors le monarque saute à terre, s'avance vers le Bourguignon et l'embrasse. « Mon frère, poursuivit Louis XI, je « connais que vous êtes gentilhomme et de la mai- « son de France. — Pourquoi, monseigneur ? « — Parce que vous m'avez mandé par l'archevê- « que de Narbonne, que vous me feriez repentir « avant le bout de l'an des paroles que vous avait « dites ce fou de Morvilliers. Vraiment vous m'a- « vez bien tenu promesse, encore bien plus tôt que « le bout de l'an..... Avec telles gens j'aime à be- « sogner. »

Tandis que le roi se hasardait avec un tel abandon dans le camp du Bourguignon, les soldats de ce dernier, debout le long de la rive et s'appuyant sur leur lance, devisaient sur cette marque imprudente de confiance, qui en effet ne devait pas toujours réussir au prince français. « Par ma foi si « voulions, disaient-ils, il serait à nous. » La première conférence dura deux heures; une seconde entrevue eut lieu le lendemain, et le comte de Charolais, jaloux d'égaler son suzerain en audace, s'aventura jusque dans l'intérieur de Paris. Lorsqu'il revient à son camp, à la nuit close, les seigneurs bourguignons, déja fort alarmés de son absence, blâmèrent respectueusement sa témérité.

Lorsque Louis XI entamait une négociation, il ne manquait jamais de conclure, à quelque prix que ce fût, parce que ce monarque sans foi avait coutume de ne traiter que sous l'empire d'une nécessité pressante, et seulement pour le temps où elle le dominait. « Il savait, dit un historien, s'ac-
« commoder aux circonstances quand il était le
« plus faible, faire des traités selon la volonté de
« ses ennemis, leur céder ses droits et ses préten-
« tions afin de les désunir. Mais quand une fois il
« avait rompu leur ligue, il reprenait ce qu'il
« avait cédé, et ne tenait rien de ce qu'il avait
« promis. »

Le traité, dit de Conflans, signé à Vincennes le 30 octobre 1465, fut, de la part du roi, tissu de ces déceptions, et tout en le signant il protestait, dans le secret du confessionnal, contre ce qu'il accordait de contraire au bien du royaume. Le point le plus litigieux de cette convention avait été l'apanage du jeune frère de Louis XI, maintenant associé à la ligue du bien public. Les ducs de Bourgogne et de Bretagne demandaient que ce prince fût pourvu du duché de Normandie, au lieu de celui de Berry. L'intention des alliés était clairement exprimée: ils tenaient à ce que le frère du roi, muni d'un apanage limitrophe de leurs possessions, pût s'unir aisément à eux, en cas qu'ils jugeassent utile de s'armer encore contre la monarchie. Dans un but opposé, il importait au roi de ne pas consentir à cet échange; mais, selon sa politique souple et perfide, il céda sur cet article, avec une réserve mentale comprenant peut-être déjà la perte de son malheureux frère. Semblable aux Parthes qui lançaient en fuyant un trait empoisonné, Louis, à propos de ce même article, jeta parmi ses ennemis une pomme de discorde : le duc de Normandie eut l'hommage des duchés de Bretagne et d'Alençon. Ainsi deux princes qui se soumettaient difficilement à la couronne, devenaient vassaux d'un simple duc, d'un enfant. D'autres clauses non moins perfides étaient stipulées dans le traité de Conflans: par exemple, Louis exigea que le comte d'Eu jouit des prérogatives de la pairie; ce qui enlevait au duc de Normandie la suzeraineté sur ce comté. De plus, il rendit au comte de Dunois la seigneurie de Partenay, détachée des apanages du Maine : soustraction qui ne pouvait manquer d'exciter le mécontentement du duc. D'un autre côté, Louis désobligea sensiblement le duc de Nevers, en lui enlevant le comté d'Etampes pour le donner au duc de Bretagne, et ménager entre eux un ferment de discorde.

Satisfait d'avoir semé ainsi des germes de désunion parmi les principaux agens de la ligue du bien public, le roi se montra fort accommodant envers le comte de Charolais, dont il affaiblissait le parti : le comte de saint Paul, favori du Bourguignon, reçut l'épée de connétable avec trente-six mille livres de pension. Mais il y avait encore dans cette magnifique récompense une noirceur cachée : Louis, en donnant la première dignité de France à saint Paul, se flattait de le rendre suspect à Charles. Du reste les autres membres de la ligue : Bourbon, Chalabre, Nemours, Armagnac, Chabannes obtinrent à foison terres, domaines, droits, dignités, pensions..... Tel fut tout *le bien public* qu'accomplit une coalition qui avait inscrit ce noble motif sur ses étendards; la France devait être heureuse : les grands seigneurs étaient gorgés de richesses et d'honneurs. Toutefois et comme par réminiscence, les princes demandèrent qu'une commission de trente-six notables, choisis dans les trois ordres, s'occupât d'une réformation générale; qu'elle commençât à délibérer immédiatement, et qu'elle se séparât au bout de quarante jours. Le roi promit d'avoir pour agréable, ferme et stable, ce que cette commission aurait statué. La félicité publique assurée en quarante jours! et pour garant d'exécution de cette réforme improvisée, la parole de Louis XI! Que pouvait encore demander le peuple.

Ainsi finit une guerre qui pouvait être utile à la France, si le bien général en eut été en effet le but: tous les princes, dit Mézerai, se séparèrent bons amis, et fort satisfaits, au moins en apparence, d'un souverain qui venait de les mettre tous en position de se défier les uns des autres, puis de se haïr, puis de se combattre. Il faut convenir que Louis XI maniait merveilleusement le grand moteur de la politique : diviser pour régner.

Mais à peine le comte de Charolais s'était-il retiré, que Louis entra en Normandie, fit occuper toutes les places fortes, et enleva à son frère la souveraineté de ce pays, qu'il lui avait donnée environ six semaines plus tôt. Ce jeune prince fut en quelque sorte exilé par son royal frère à la cour de Bretagne ; tandis que Louis, suivi de *Tristan l'Hermite* *, prévôt de son hôtel, entrait à Rouen, et punissait comme rebelles les Normands qui venaient de recevoir avec respect le prince que lui-même leur avait donné. Le roi démolit ensuite, pièce par pièce, le traité de Conflans, en faisant signer à tous les contractans des obligations individuelles dictées par son despotisme.

Mais Louis continua de flatter les Parisiens : il se montra à toutes les fêtes qu'ils donnèrent pour

---

* C'est à Rouen que ce gentilhomme, qu'on appela depuis *le bourreau du roi*, tant il versa de sang au nom de ce farouche souverain ; c'est à Rouen, disons nous, qu'il commença son sanglant ministère. Louis assista à l'exécution de plusieurs Normands ; il était présent lorsqu'on en attacha d'autres dans des sacs pour les précipiter dans la rivière. Après ces atrocités, Louis XI termina la conquête de la Normandie par un pèlerinage au mont Saint-Michel.

célébrer la paix; il parut recevoir avec une expansive cordialité un repas qui lui fut offert à la ville par le corps des échevins : là, ce fourbe loua le zèle, l'attachement, la fidélité des bourgeois de sa bonne ville de Paris. Leurs privilèges reçurent un nouvel accroissement dans l'exemption du logement des gens de guerre; dans l'affranchissement du ban et de l'arrière-ban; enfin dans le droit accordé aux possesseurs de fiefs d'appeler à Paris les causes qu'ils soutiendraient comme défendeurs. A ces graces, Louis joignit des témoignages d'une popularité toute patriarcale : il tint une foule d'enfans sur les fonts de baptême, s'associa aux confréries parisiennes, et mangea souvent à la table du plus humble bourgeois. Du reste, la commission demandée par les confédérés se réunit à Paris, et ses membres reçurent le nom, hélas! trop vain, de réformateurs du bien public. Le seul acte d'existence que fit ce comité consista à se rassembler; « car de cette réunion, dit un écrivain « du temps, ne vint aucun profit à la chose pu- « blique. » Avant la fin de leur courte session, ces députés se séparèrent, chassés par la peste qui désola la capitale durant l'année 1466. Plus de quarante mille personnes périrent en deux mois, victimes de ce terrible fléau. Un autre fléau suivit la peste dès qu'elle cessa ses ravages : ce fut l'irruption d'une colonie appelée à Paris, pour remplacer une moitié de la population descendue au tombeau. « Louis XI donna asile, dans cette ville,

« dit le continuateur de Villaret, à toutes sortes
« de personnes indistinctement, gens perdus de
« dettes, notés d'infâmie, chargés de crimes, vo-
« leurs, assassins, sacrilèges....... Les criminels de
« lèse-majesté furent seuls exceptés de cette fa-
« veur générale. » Voilà bien les souverains: tous
les outrages faits à la société, dont ils devraient
être les protecteurs, les touchent peu; la moindre
faute qui blesse leur intérêt personnel est un crime
irrémissible.

Dans ce temps, on vit s'élever de la foule un
homme qui mérite peu d'éloges; mais que beaucoup
d'historiens ont trop flétri. *La Balue* n'apparaît,
dans les annales apologétiques des rois et des grands,
que sous un point de vue défavorable, parce que
ce ministre était, comme dit Anquetil, un *homme
de néant* : expression inconvenante qui déconsi-
dère l'écrivain plus que le personnage auquel il
l'applique. La Balue n'avait pas, en effet, reçu avec
la vie cette illustration, fille de la sottise, qu'on
appelle noblesse; il était fils d'un artisan *, et fut

---

* La Balue était fils d'un tailleur du Poitou. Un moine
l'ayant rencontré, lui trouva de l'esprit, se chargea de son
éducation, puis le donna à Jouvenel des Ursins, évêque de
Poitiers. Ce prélat prit la Balue en grande amitié, et le fit
son exécuteur testamentaire....On prétend qu'il fit sa part très
forte dans le partage des biens de son bienfaiteur. Poussé à la
cour par un esprit d'intrigue bien prononcé, la Balue fut accueilli avec bonté par Charles de Melun, favori de Louis XI,
qui obtint pour lui la charge de conseiller au parlement. Devenu évêque d'Evreux et membre du conseil, cet homme

porté au sommet de l'échelle sociale, par cette fortune qui se plaît quelquefois à favoriser les *gens de rien*, quand elle rencontre en eux du talent.

Louis XI, malgré les promesses faites au saint siège, dans les premières années de son règne, ne s'était pas pressé d'abolir la pragmatique sanction. En 1466, Paul II, alors chef de l'église, rappela avec instance au roi la parole donnée à son prédécesseur, Pie II. L'édit de suppression existait; mais Louis avait toujours évité de le faire enregistrer au parlement : ce prince éludait autant qu'il le pouvait l'exécution d'une ordonnance qui devait remettre l'église française sous la main du pape. Celui-ci parvint à mettre la Balue dans ses intérêts, en lui promettant la pourpre romaine : la séduction était puissante, le ministre travailla l'esprit du monarque, dans l'intérêt de Rome, et réussit à obtenir la présentation de l'édit au parlement. Sur l'avis de ce premier résultat, que Paul II regardait comme le point capital de l'affaire, il envoya la barrette à l'évêque d'É-

---

habile parvint bientôt à diriger les affaires, à la participation desquels il était appelé : Louis XI le fit ministre. Pendant le siège de Paris, sa faveur s'accrut beaucoup. Il montrait un zèle, une activité extraordinaires : on le vit plus d'une fois passer en revue la milice bourgeoise, en rochet et en-camail; monter la garde à la tête des hommes d'armes, au son des trompettes et des clairons, et faire des rondes de nuit aux portes de Paris.

vreux. Mais celui-ci éprouva au parlement une résistance inattendue : toute la chambre des vacations, échauffée par les énergiques remontrances du procureur-général *Saint-Romain*, refusa de consigner sur ses registres une disposition qui, disait-elle, trahissait les intérêts de l'État, et flétrissait l'honneur du roi. La Balue connaissait l'opinion secrète de Louis XI : il savait que ce refus, loin de lui déplaire, entrait parfaitement dans ses vues; le nouveau cardinal, payé d'avance des bons offices qu'il avait essayé de rendre au pape, n'insista que très mollement..... Saint-Romain obtint la récompense d'une conduite hardie qui l'eût perdu, si elle s'était trouvée contraire aux désirs du roi; et le ministre conserva toute sa faveur. Paul II fut seul dupe dans cette affaire; Louis XI, qui l'avait été précédemment, se trouva quitte avec le Vatican.

A l'époque où cette négociation manquée se terminait, Jean-le-Bon, duc de Bourgogne, finissait sa vie, mêlée de dévotion, de sagesse et de voluptés, mais que n'avait pas flétrie un seul crime. Ce prince laissait ses états à l'unique fils légitime qu'il eût, quoique le nombre de ses enfans se fut élevé à plus de trente. Charles trouva l'héritage de son père dans la situation la plus florissante : ses coffres renfermaient un trésor immense; l'armée bourguignone était nombreuse, bien disciplinée, aguerrie; et la bonté du feu duc lui avait concilié l'affection de ses sujets de

Flandres et de Bourgogne. Le nouveau souverain, avec son caractère pétulant, ses inclinations guerrières, son ambition hasardeuse et la haine secrète qu'il vouait à Louis XI, devenait un voisin dangereux pour ce monarque.

Cependant l'élévation du comte de Charolais à la dignité suprême, ne changea rien aux projets de Louis. Depuis long-temps il s'apercevait que, loin d'avoir annulé le pouvoir de son frère en le laissant vivre à la cour de Bretagne, il avait rendu son influence plus dangereuse, en livrant ce jeune prince aux suggestions continuelles des ducs de Bourgogne et de Bretagne; tandis que l'éloignement où il vivait de la cour du roi son frère, desserrait les liens naturels qui l'unissaient à lui. Louis XI était décidé à retirer Berry des mains du Breton; mais il voulait le retirer sans lui laisser la Normandie; et cet acte, contraire au traité de Conflans, déja si lacéré par le cauteleux souverain, pouvait lui jeter sur les bras, non-seulement ses deux redoutables rivaux, mais encore tous les anciens confédérés du prétendu bien public. Il crut rompre la violence du coup en déférant cette affaire aux États-généraux, qu'il réunit à Tours en 1468. Le grand mobile des volontés humaines, l'intérêt, détermina l'adhésion de l'assemblée nationale. Le chancelier Jouvenel des Ursins représenta la Normandie comme fournissant un tiers des revenus de la France, et sa réunion à la couronne comme l'unique moyen

d'opérer le bien public, en diminuant, pour les autres parties du royaume, les contributions que cette province partagerait. Les états décidèrent que la Normandie serait de nouveau incorporée à la monarchie; que le duc serait rappelé et qu'on lui assurerait un revenu de soixante mille livres. Les députés jurèrent que, pour l'exécution d'une mesure reconnue si favorable au bien-être du pays, ils s'engageaient à soutenir le roi de tout leur pouvoir :
« Les gens d'église, par prières, oraisons et biens
« temporels; les nobles et le peuple, de leurs corps
« et de leurs biens, jusqu'à la mort inclusivement.»

Ce serment solennel avait été prononcé, surtout par les grands, avec la légèreté que le monarque, auquel il était fait, apportait d'ordinaire dans les siens. Mais Louis XI, en remerciant l'assemblée de la coopération promise, fit entendre assez clairement qu'il comptait sur un effet sans restriction de la parole donnée; et l'on put comprendre, à travers le sens détourné de son discours, que les infractions entraîneraient des conséquences funestes aux parjures.

Pendant la tenue des États, Louis donna le spectacle du genre de punition qu'il réservait aux grands qui trahiraient ses espérances. *Charles, comte de Melun*, avait été le favori du roi et l'un de ses ministres; accusé de s'être associé secrètement aux confédérés du bien public, son crime fut prouvé, comme tous ceux des hommes qu'on voulait perdre, par la torture. Le véritable forfait de ce gen-

Charles-le-téméraire.

tilhomme, fut d'avoir gêné la fortune de quelque autre ambitieux, peut-être du cardinal la Balue lui-même. Melun était un homme dissolu, généralement décrié pour ses débauches scandaleuses, qui l'avaient fait surnommer *Sardanapale*. On le haïssait surtout à cause de l'extrême dureté qu'il avait montrée durant sa carrière ministérielle. Il fut décapité au Petit-Andely. Louis XI ne pouvait mieux choisir une victime pour prévenir le reproche de cruauté qu'il se serait attiré en frappant un autre seigneur; et l'exemple produisit l'effet qu'il en attendait: une terreur profitable à ses vues. Tel fut le premier coup de hache porté par Louis XI à l'hydre de la féodalité: cette tête en tombant apprit aux grands du royaume que dans une rébellion contre leur suzerain, il ne pouvait y avoir d'autre alternative que la réussite ou la mort.

Cependant Charles de Bourgogne, que son audace habituelle et ses témérités avaient fait nommer *Charles-le-Téméraire*, ne vit pas sans mécontentement échapper l'occasion de conquérir décidément le frère du roi à la cause des princes. D'ailleurs Louis, suivant sa politique favorite, travaillait en secret à soulever contre l'autorité du Bourguignon, les Liégeois, peuple turbulent et difficile à gouverner. Ces motifs réunis excitèrent l'humeur irritable de Charles; il n'attendait qu'un moment favorable pour entrer à main armée sur les terres de France. Mais Louis XI, qui ne manquait jamais de montrer les vues les plus pacifiques au moment même où il agissait en sous œuvre le plus hostilement, Louis XI demanda une entrevue à son impétueux rival, et se rendit, faiblement accompagné, à Péronne, où le duc se trouvait. On a prétendu que le cardinal la Balue avait poussé le roi à faire cette démarche imprudente; mais il s'était déja placé, de son propre mouvement, dans une situation aussi hasardeuse.... Cette fois sa confiance fut trompée par un concours de circonstances qui, sans qu'on put accuser le *Téméraire* de perfidie, lui fit disposer de la liberté de son suzerain. A peine les conférences de Péronne étaient-elles ouvertes, qu'une révolte éclata au pays de Liège. Le duc de Bourgogne n'ignorait point que Louis avait été le premier, le constant instigateur de cette rébellion; la fureur de ce duc fut extrême : un moment il songea à faire rouler la tête de Louis XI sur l'échafaud.... Le calme d'une nuit et l'avis de quelques sages conseillers lui firent abandonner une si violente résolution. Mais Charles-le-Téméraire, après avoir déclaré au roi qu'il était son prisonnier, se vengea de lui d'une manière aussi ingénieuse qu'humiliante pour le perfide monarque. Il continua de traiter avec lui, nonobstant sa nouvelle trahison; à la condition toutefois, qu'il marcherait à ses côtés contre les Liégeois, soulevés par ses manœuvres. Louis sentait qu'en refusant, il pouvait être contraint par l'homme impérieux au pouvoir duquel il se trouvait : le Français eut l'adresse de couvrir d'un consentement l'obligation qui lui était imposée... Ce souverain, la rougeur au front, la rage dans le cœur, accompagna donc son vassal; et après avoir suscité la révolte, parut l'instrument des vengeances du prince offensé... Louis n'échappa à aucun degré d'humiliation : témoin de la victoire du Téméraire, il dut escorter son triomphe, et assister au spectacle des cruautés qu'exerça le vainqueur irrité.... Ce fut une terrible leçon; et quand les deux princes se séparèrent, le cœur du roi débordait de fiel.

A son retour du malheureux voyage dont nous venons de rapporter les circonstances, Louis continua de négocier avec son frère, par l'entremise de la Balue : il offrait au prince dessaisi de la Normandie la province de Guienne à titre d'apanage; il lui proposait en même temps d'épouser Isabelle, sœur et héritière du roi de Castille. On n'a jamais connu, que par des allégations obscures, la trahison dont le cardinal la Balue se rendit coupable durant cette négociation : les historiens, toujours fort sévères pour des hommes *nés dans la fange*, comme ils appellent celui-là, ont rapporté que le cardinal avait travaillé à rompre les mesures de son maître, sans faire comprendre ni par quel moyen, ni dans quel but. Ce qu'on sait de plus positif, c'est que la Balue et Daraucourt, évêque de Verdun, prévenu de complicité avec lui, furent arrêtés et renfermés dans des cages de fer, dont le dernier était, dit-on, l'inventeur.

Ces deux accusés ecclésiastiques devaient être

jugés d'après les lois de l'État; les oppositions du pape, quoique fortement combattues par les ambassadeurs du roi, arrêtèrent le cours de la procédure civile. Mais ce qui prouve que cette affaire ne fut pas seulement dominée par la puissance romaine, c'est que les prévenus ne furent jugés définitivement par aucune juridiction..... Il fallait que Louis craignît le grand jour d'une instruction quelconque; autrement il ne se serait pas privé du sang promis à sa vengeance. La direction de ce procès rappela celui du comte de Dammartin : les hommes réfléchis pensèrent que le roi avait craint un reflet du flambeau de la vérité.

Charles de France s'accommoda du duché de Guienne; mais il n'obtint pas la main d'Isabelle de Castille, qui fut mariée au prince Ferdinand d'Arragon, à qui elle porta l'Espagne pour dot. Le point fondamental du différend entre les deux frères était réglé; mais il en restait d'autres en litige, lorsque le nouveau duc de Guienne mourut, empoisonné, assura-t-on, par un moine bénédictin, son aumônier. « On ne douta guère en Europe, dit Voltaire, que
« Louis n'eut commis ce crime, lui qui, étant
« dauphin, avait fait craindre un parricide à son
« père. L'histoire ne doit pas l'en accuser sans preu-
« ves; mais elle doit le plaindre d'avoir mérité
« qu'on le soupçonnât; elle doit surtout observer
« que tout prince coupable d'un attentat avéré,
« est coupable aussi des jugemens téméraires
« qu'on porte sur toutes ses actions. » Cette me-

sure historique est louable, particulièrement sous la plume d'un écrivain dont l'immense autorité peut emporter tant de convictions; mais la vie de Louis XI a été plus éloquente encore que lui : l'empoisonnement du jeune duc de Guienne est une conséquence si adhérente aux vues du roi, qu'on ne peut guère le révoquer en doute.

Cet évènement rompit le traité de Péronne. Charles-le-Téméraire publia dans toute l'Europe que Louis XI venait de faire mourir son frère *par poison, maléfices* et *sortilèges*; qu'il était parricide, hérétique, idolâtre: que toute la chrétienté devait s'armer contre lui..... A l'empoisonnement près, encore trop peu prouvé immédiatement après ce crime, cette déclamation était absurde, et empreinte de toute l'injustice de la haine. Sur le premier effet de son manifeste, le Bourguignon s'élança, furieux, en France, s'avança jusqu'à Beauvais, et mit le siège devant cette place. L'entreprise de ce hardi conquérant échoua sous les efforts d'une troupe de femmes, conduite par Jeanne Hachette, dont l'histoire a constaté l'héroïsme. On la vit, une hache à la main, sur le rempart de Beauvais, opposer sa cohorte féminine aux tentatives des assaillans, qui roulèrent au pied de la muraille, renversés par ces intrépides guerrières *.

* Louis XI ordonna qu'en mémoire de cette défense héroïque, les femmes de Beauvais auraient le pas sur les hommes, à la procession de sainte Agadrême, patrone de la ville. L'ordonnance portait encore que, ce jour-là, ces dames por-

L'échec que Charles de Bourgogne éprouva devant Beauvais arrêta sa conquête; mais Louis XI eut bientôt les Anglais sur les bras. Edouard IV, monté au trône par les degrés souillés du sang de Henri VI, renouvela, en 1475, les prétentions de l'Angleterre, à la possession de la Guienne et de la Normandie. Un héraut, chargé de réclamer ces provinces, annonça au roi que, s'il refusait de satisfaire à cette demande, Édouard viendrait, à la tête d'une armée, s'emparer des pays réclamés : « Dites à votre maître que je ne le lui conseille « pas », répondit Louis XI. Malgré cette fière réponse, le monarque négociateur, fidèle à son habitude, courba la tête au moment du danger ; il acheta la paix avec son ennemi, dès qu'il le sut débarqué sur les côtes de France. Le traité de Pecquigny assura au roi sept années de trêve, moyennant cinquante mille écus d'or par année, et d'énormes pensions faites aux ministres anglais. Cette convention pourra être citée par les historiens comme un trait d'utile politique, mais non comme un témoignage d'habileté. Il y eut toutefois une clause honorable à la France, sollicitée et obtenue à

---

teraient leurs habits de noces ; et que durant le reste de l'année, elles se pareraient à leur fantaisie, sans que personne pût y trouver à redire.

Jeanne Hachette s'appelait Lainé, de son nom de famille ; elle tenait son surnom de la petite hache ou *hachette*, avec laquelle on l'avait vue combattre sur le rempart de Beauvais.

Pecquigny : ce fut la délivrance de Marguerite d'Anjou, veuve de Henri VI, tenue prisonnière par Édouard IV. La conduite héroïque de cette reine, dont les aventures avaient retenti dans toute l'Europe, méritait la protection que Louis lui accorda.

Louis XI n'aurait peut-être pas obtenu ce repos chèrement payé, si Charles-le-Téméraire, alors en guerre avec le duc de Lorraine, eût été libre de prêter la main aux Anglais ; une réunion de ce grand batailleur avec l'insulaire fût devenue certainement funeste à la France.

Après le traité de Pecquigny, Edouard IV témoigna au roi le desir de voir Paris; le rusé monarque éluda ce voyage avec habileté. Cette visite ne lui souriait point : « Edouard, disait-il à « Comines, est un prince beau et fort galant; quel- « que maîtresse qu'il aurait à Paris, pourrait l'en- « gager à y revenir. Je l'aime mieux en Angleterre « qu'en France. »

Alors se terminèrent les querelles qui avaient subsisté entre Charles de Bourgogne et Louis XI, depuis le commencement du règne de ce dernier. Privé de l'alliance de l'Angleterre, le duc traita avec son suzerain. Des sermens redoublés lièrent encore les contractans : ils s'obligèrent mutuellement à se servir envers et contre tous, à s'avertir même réciproquement de tout ce qui se tramerait contre eux. Cette parole, solennellement échangée, n'empêcha pas le roi de soumettre à ses ca-

suistes une question qui dévoila toute la fourberie de ce prince : elle était ainsi conçue : « Puis-
« je, selon Dieu et ma conscience, permettre,
« souffrir ou tolérer qu'aucuns princes, seigneurs
« ou communautés qui ont ou pourront avoir
« querelle contre le duc de Bourgogne, lui fassent
« la guerre ou portent dommage. » Voici la réponse des ministres du ciel : « Vu la conduite que
« le duc a toujours tenue à l'égard du roi et du
« royaume, le roi peut laisser agir les autres
« princes, et même leur faire entendre que s'ils
« veulent faire la guerre au duc de Bourgogne,
« il en sera content; mais il ne doit ni les sol-
« liciter, ni leur donner aucun secours. » Piété commode, qui, d'une part, cherche à violer ses promesses en sûreté de conscience; et d'autre part, légitime le parjure au gré de celui qui peut en profiter.

Cette morale aisée n'eut pas le temps de s'exercer: Charles-le-Téméraire, battu par les Suisses, à Granson *, et ensuite, dans les défilés de Morat, par ces mêmes Helvétiens, auxquels s'était joint le duc de Lorraine, Charles, disons-nous, vint se faire vaincre une troisième fois sous les murs de

* Après la bataille de Granson tout le bagage du duc de Bourgogne tomba dans les mains des Suisses. Telle était alors la simplicité de cette nation, que la vaisselle d'argent du prince fut vendue pour de l'étain; et que son plus beau diamant, estimé dix-huit cent mille livres de notre monnaie, fut donné pour un florin, et passa, de main en main, au même prix.

Nancy, où ce guerrier périt, dit-on, sans que l'on ait pu découvrir son corps.

Louis, délivré de son plus redoutable ennemi, songea à s'emparer de sa dépouille. Charles ne laissait qu'une fille, Marie de Bourgogne, qui ne pouvait empêcher que cette province ne retournât à la France. Les Bourguignons se soumirent sans résistance; mais les Flamands, et les Artésiens se déclarèrent pour la princesse. Louis manqua de politique en ne la faisant pas épouser au dauphin; l'empereur Frédéric III obtint sa main pour Maximilien d'Autriche, son fils, et Louis XI eut alors un ennemi dans l'époux de l'héritière bourguignone. Mais, d'un côté, Maximilien était encore faible, et le roi n'aimait point la guerre : une trêve suspendit bientôt les hostilités.

A peu près dans le même temps, Louis XI cessa de faire tomber les têtes de l'hydre féodale. Il avait fait décapiter, après le comte de Melun, le duc d'Alençon, le comte d'Armagnac, le duc de Némours *, enfin le comte de Saint-Paul, connétable de France et beau-frère de ce monarque sanguinaire. Plusieurs de ces seigneurs étaient cou-

---

* Ce seigneur, après avoir été renfermé dans une cage de fer, fut décapité aux halles. Ses enfans, traînés sous l'échafaud, par l'ordre du roi, furent inondés du sang de leur malheureux père... Par un raffinement de cruauté, Louis avait ordonné que ces enfans fussent vêtus de robes blanches. Eux-mêmes furent enfermés dans une étroite prison, construite en forme de hotte.

pables, sans doute; mais Louis eut moins en vue de punir leurs crimes que d'effrayer les grands en général, et ce moyen cruel lui réussit.

Peu s'en fallut qu'un prince couronné, René d'Anjou, oncle du roi, ne fut décapité comme les grands que nous venons de nommer; il dut, quoique chargé d'années, s'agenouiller devant son neveu, qui voulut bien consentir à ne pas lui prendre le peu de jours qui lui restait à vivre.

Dans tous les évènemens que nous venons de retracer, Louis XI ne s'est offert que sous un point de vue défavorable : la carrière politique de ce prince fut une longue suite de fourberies, de parjures, d'actes de mauvaise foi, de cruautés, qu'on ne saurait trop blâmer, en isolant les faits de leurs résultats. L'examen de ceux-ci n'absout point Louis XI; mais il le rend moins coupable: car, en définitive, la France profita des perfides négociations de ce prince et des sanglantes exécutions qu'il ordonna. Le royaume, sous son règne, ne subit que de courtes guerres, et la terrible féodalité fut réduite.

Si nous considérons maintenant l'administration de Louis XI, nous lui devrons des éloges. Il fut, en France, le premier protecteur de l'imprimerie : art universellement utile, universellement dangereux, qui propage tour à tour la vérité et l'erreur; mais dont le danger même serait nécessaire si les hommes écoutaient la raison qui leur est donnée, et savaient s'éclairer par l'expérience. Il est digne de remarque que le plus absolu des tyrans du moyen âge, fut le plus zélé propagateur d'un art qui devait être funeste à la tyrannie....; car il ne faut que connaître ce fléau pour le détester et s'en affranchir. Cet art fut inventé à Harlem en Hollande, vers l'année 1430*; mais il ne se répandit en France qu'en 1472. A cette époque, Pierre Schœffer et Conrard Hanequis, qui

* L'imprimerie, selon les rapports les plus recommandables, fut découverte à Harlem par le nommé *Laurent Coster*. Les caractères qu'il imagina était mobiles et en bois. On les plaçait les uns à côté des autres pour former des mots, qu'on attachait avec de la ficelle, afin d'en former ensuite des pages, qui étaient fixées de la même manière. Les cadres et les coins qui servent aujourd'hui à maintenir les formes n'étaient point alors connus : ces formes, simplement ficellées, cédaient à l'effort de la presse, et l'impression était défectueuse. Cependant Laurent Coster, avec le secours d'un seul ouvrier, *Jean Gensfleisch*, imprima le *Donat* et le *Speculum humanæ salvatoris*. Coster étant mort en 1440, Gensfleisch enleva furtivement tous les ustensiles de l'imprimerie, et les transporta à Mayence, où *Guttemberg*, son frère aîné, travailla avec ardeur à perfectionner cette découverte. Il s'associa à cet effet le nommé *Faust* ou *Fust*, qui ne doit pas être confondu avec le fameux docteur célébré par Goethe. Ce Faust ou Fust, orfèvre à Mayence, avait dans son atelier un jeune homme appelé Pierre Schoeffer, qui fut, en 1452, l'inventeur des caractères de métal. Réunis en société, ces trois personnes entreprirent des ouvrages volumineux : dès l'année 1457, leur presse avait produit le *Psautier latin*, la *Bible*, le *Rationale divinorum officiorum* et le *Catholicon*. Voyez, pour de plus amples détails sur la découverte de l'imprimerie, les ouvrages de M. Mermann, qui se trouvent partout.

avaient établi une imprimerie régulière à Mayence, envoyèrent à Paris un de leurs agens, nommé Herman de Stuthoen, qui apportait un certaine quantité de livres imprimés. Ce facteur fit en peu de temps d'heureuses affaires ; ce qu'il est aisé de concevoir, car on ne se procurait alors qu'avec une extrême difficulté le peu de livres, copiés laborieusement à la main, qui se trouvaient en circulation. Voici un témoignage de leur rareté, et du prix qu'on y attachait. Louis voulant consulter un jour les œuvres du médecin arabe Rhasès, les demanda à la faculté de médecine : ce corps savant ne se dessaisit du précieux ouvrage qu'en exigeant les plus fortes, disons mieux, les plus insolentes garanties. Le roi dut déposer, pour gage, une quantité assez considérable d'argenterie, et s'engager, par acte authentique, à rendre le manuscrit prêté par la faculté.

Il existait des libraires à Paris dès l'année 1421 ; mais leur nombre ne s'élevait pas au-delà de quatre, et le mieux achalandé d'entr'eux, Jean de Courtillier, ne possédait pas au-delà de vingt-cinq à trente volumes. Les libraires relevaient de l'université. Herman de Stathoen ne pouvait donc manquer de débiter promptement les livres sortis de la presse des Mayençais Schœffer et Hanequis, et qu'il avait apportés à Paris. La *Bible*, surtout, eut un succès prodigieux. Mais tout à coup le libraire allemand fut atteint d'une maladie aiguë : il y succomba en peu de jours. Alors les officiers

du roi, en vertu du droit d'aubaine, qui rendait l'État héritier de tout voyageur étranger décédé dans le royaume, s'emparèrent des livres qu'ils trouvèrent au domicile de Stathoen, et de l'argent produit par ceux qu'il avait vendus. Les imprimeurs allemands, alarmés de cette double et importante capture, firent parvenir à la cour de France une réclamation que l'empereur et l'archevêque de Mayence appuyèrent. Malgré ces respectables autorités, la restitution ne s'opéra pas immédiatement : en avril 1475, Conrard Hanequis réclamait encore. Enfin, à cette époque, parut une ordonnance de Louis XI, ainsi conçue : « Désirant traiter favo-
« rablement les sujets de l'archevêque de Mayence;
« ayant aussi considération de la peine et labeur
« que lesdits exposans ont prins pour le dit art et
« industrie de l'impression, et au profit et utilité
« qui en vient et peut en venir à toute chose
« publique, tant pour l'augmentation de la science
« que autrement; et combien que toute la va-
« leur et estimation desdits livres et autres biens
« qui sont venus à notre connaissance, ne mon-
« tent pas de grand chose ladite somme de 2,425
« écus et 5 sous tournois, à quoi lesdits exposans les
« ont estimés; néanmoins, pour les considérations
« susdites et autres à ce nous mouvans, nous som-
« mes libéralement condescendans à faire resti-
« tuer audit Conrard Hanequis ladite somme de
« 2,425 éscus et 5 sous tournois *. » Cependant les

---

* *Mémoires de l'Académie des Inscriptions et Belles-Lettres,*

imprimeurs de Mayence ne reçurent que 800 écus d'or par an; ce qui porta à trois années le terme de l'entier remboursement de la somme!

Avant que cette affaire fut terminée, il y avait des imprimeurs établis à Paris. Ulrich Gering, de Constance, Michel Friburger, de Colmar, et Bertholt de Rembolt, du pays de Strasbourg, avaient établi des presses au collège de Sorbonne, sous la protection des docteurs ou bacheliers Guillaume Fichet, Jean Heynlin, dit la Pierre, et Jean Gaisser, dont les noms méritent de passer à la postérité. Cet établissement publia bientôt *Les lettres de Gasparin de Bergame*, *l'Abrégé de Tite-Live, par Florus*, *Sallusie*, *et la Réthorique de Fichet*: ces livres étaient imprimés en caractères romains bien fondus, et d'une forme ronde assez régulière. En 1473, c'est-à-dire, environ une année après le premier établissement de l'imprimerie à Paris, Ulrich Gering transporta ses presses rue Saint-Jacques, *au Soleil d'Or*, et imprima une édition de la Bible. Durant cette même année, Pierre Césaris et Jean Statt fondèrent à Paris une se-

---

tome XIV, page 243. Il faut regarder comme une fable l'arrivée à Paris de *Faust* ou *Fust*, lui-même, sa poursuite en justice pour surpaiement des exemplaires de la Bible vendus, l'adjonction de l'Université aux réclamans pour accuser Faust de magie, et l'asile que lui aurait donné Louis XI, au moment où cet Allemand se serait trouvé sur le point d'être brûlé vif comme sorcier. Faust ne vint point à Paris; le facteur dont nous venons de parler, fut le seul agent des imprimeurs de Mayence qui parut dans cette capitale.

conde imprimerie, dans un quartier qui n'est pas indiqué par les historiens du temps : il sortit de cette maison des livres ecclésiastiques, imprimés en latin. Un troisième établissement fut fondé en 1482, par Marc Remhardi, imprimeur venu de Strasbourg. Nous continuerons plus tard cette énumération, que l'ordre chronologique nous prescrit de suspendre ici.

L'utilité générale d'une institution ne fut jamais reconnue par ceux dont elle froissa les intérêts : six mille personnes, patentées par l'université, vivaient, à Paris, en copiant et en coloriant des manuscrits; l'imprimerie ruinait entièrement leur industrie; le mécontentement de ces industriels éclata plusieurs fois. Mais Louis XI se déclara le protecteur zélé de la presse, et punit les fauteurs des troubles que son établissement en France avait causés.

Louis XI contribua aussi à la fondation des *écoles de médecine*. Il existait déjà une confrérie des chirurgiens, établie en 1278, par Jean Pitard[*]. Mais les médecins, réduits à l'enseignement universitaire, semé d'erreurs et de formules magiques, ne pouvaient acquérir que des lumières imparfaites et obscurcies de superstitions. L'université elle-même sentit qu'une science aussi importante devait être professée séparément; tous les gradés de ce corps se réunirent en 1469, dans l'église de Notre-Dame, et l'on décida qu'un local spécial se-

[*] Voyez tome II de cette *Histoire*, page 248.

rait choisi pour l'établissement des écoles de médecine. Une maison appartenant aux Chartreux, et située rue de la Bucherie, parut propre à cette destination; elle fut achetée à ces religieux, moyennant dix livres de rente. On commença en 1472 la construction des bâtimens nécessaires à l'institution projetée; les travaux étant finis en 1477, les écoles furent définitivement constituées, et l'enseignement y commença. A cette époque encore on n'admettait, soit comme professeurs, soit comme élèves en médecine, que des ecclésiastiques : ils portaient les noms de *physiciens*, de *mires*, rarement celui de *médecins*.

Vers l'an 1474, le corps enseignant des médecins, déja séparé de l'université, voulut introduire en France l'opération de la pierre, alors pratiquée en Allemagne, avec quelque succès. *Olivier le Daim*, barbier, ministre et favori de Louis XI, fut chargé de demander à ce prince l'autorisation nécessaire, et en outre la permission d'opérer un archer, condamné à mort, et qui se trouvait affligé de la pierre. Le roi consentit à l'expérience, et promit à l'archer de lui accorder sa grace, s'il consentait à supporter l'opération. Le pauvre soldat préféra une mort incertaine à un supplice assuré; on le tailla publiquement dans le cimetière de Saint-Severin. L'expérience fut heureuse : au bout de quinze jours l'archer était parfaitement guéri, gracié, pourvu d'une pension, et la science venait de faire un grand pas.

On doit encore à Louis XI l'établissement *des postes aux lettres*, qui, dit-on, avaient été connues des anciens, et englouties dans le grand naufrage des connaissances humaines, à la chute de l'empire romain. La première idée de cette institution appartient toutefois à l'université, ainsi que celle des messageries. En 1464 parut le premier règlement sur les postes : deux cent trente courriers firent le service dans le royaume. Mais la nation ne participa point alors à ce bienfait; les postes n'étaient primitivement destinées qu'un transport des dépêches du roi et du pape. Cependant, pour subvenir aux frais de cette fondation, le peuple dut supporter un nouvel impôt de trois millions. Ce ne fut qu'en l'année 1630 que les courriers commencèrent à porter les lettres des particuliers. L'université conserva, jusqu'au commencement du dix-huitième siècle, le privilège de cette institution; mais alors la direction des postes et des messageries étant rentrée dans l'administration publique, on indemnisa le corps universitaire, en lui accordant le vingt-huitième du bail général des fermiers. Nous reviendrons sur cette fondation en mentionnant l'établissement des postes aux chevaux.

Louis XI accorda une protection spéciale au commerce, et surtout aux fabriques qui l'alimentaient. Il fit venir de l'Orient et de l'Italie d'habiles ouvriers en étoffes précieuses, qui pussent former des élèves dans le royaume. Le roi exempta de tous droits, taxes, impôts, les Français et les étrangers occupés à ce genre de fabrication; il étendit ces immunités à leurs veuves et à leurs enfans. La noblesse et le clergé purent, sans dérogation, se livrer aux opérations commerciales* : ces encouragemens, que Millot qualifie à tort d'excessifs, imprimèrent un élan d'activité, dont la nation ne tarda point à profiter; un tel système ne pouvait émaner que d'une haute sagacité et d'une mûre expérience.

Personne n'exerça moins la justice que Louis XI; et personne ne prit plus de soin d'en assurer l'exercice régulier. Une de ses ordonnances porte que nul office de judicature ne sera donné s'il n'est vacant par mort, résignation ou forfaiture : moyen légal pour exciter les aspirans à mériter les emplois qu'ils recherchaient. Louis XI eut la pensée de faire réunir toutes les lois en un code

---

* Louis XI, pour relever le commerce, faisait manger quelquefois avec lui des négocians distingués, par leur intelligence et les vastes résultats qu'ils avaient obtenus. Un jour, certain marchand, enhardi par une telle distinction, demanda au roi des lettres de noblesse. Ce prince les lui accorda sur-le-champ; mais dès-lors il ne daigna plus le regarder. Le marchand anobli en témoigna son chagrin au souverain : « Allez, monsieur le gentilhomme, lui répondit-il, quand je « vous faisais asseoir à ma table, je vous regardais comme le « premier de votre condition; aujourd'hui que vous êtes le « dernier de celle où vous êtes monté, je ferais injure aux « autres si je vous estimais autant qu'eux. » Quel philosophe porta plus loin l'appréciation des hommes et des choses!

fixe: conception d'une tête fortement organisée, qui ne devait recevoir son exécution que sous le règne de Napoléon. Il projetait encore l'établissement d'un système uniforme de poids et mesures pour toute la France : amélioration importante, dont l'inspiration ne devait également renaître que dans un siècle policé. Ce monarque élevait donc, du sein d'une demi-barbarie, ses idées et ses vues jusqu'au niveau d'une civilisation achevée.

Louis XI mit à la tête du parlement, Jacques de la Vacquerie, homme d'une intégrité inflexible, dont il ne pouvait attendre aucune complaisance pour l'enregistrement des édits qui blesseraient les droits de la nation. Aussi profita-t-il d'un mouvement d'éloquence hardie que lui fit entendre ce magistrat. Louis XI avait fait porter au parlement des actes tyranniques, dont il demandait l'enregistrement : La Vacquerie s'opposa à cette formalité, et s'achemina vers le palais avec une députation de son corps. Le roi, les voyant entrer dans sa chambre, leur demanda ce qu'ils voulaient. « La perte de nos charges, et même la mort, « plutôt que de trahir nos consciences, » répondit le président. Frappé de cette réponse, le roi retira ses édits oppresseurs.

Les ordres de chevalerie que les souverains avaient institués jusque-là étaient tombés dans le mépris, parce qu'on les avait prodigués; la chevalerie elle-même s'anéantissait par l'usage de l'artillerie. Que pouvaient les armures, les lances, les lourdes épées à deux mains, contre une arme terrible qui enlevait les paladins par escadrons, avec toute leur enveloppe de fer et leurs chevaux de bataille? Louis XI songea à créer une distinction pour ce mérite moral, qu'aucune puissance matérielle ne peut égaler: il constitua, en 1469, l'ordre de *Saint-Michel*, destiné à récompenser le génie et le talent. Ce roi, tout subtil qu'il était, ne prévoyait pas qu'un jour on supposerait le mérite, l'honneur, le courage, pour orner la boutonnière d'un homme nul, puissant ou favorisé.

On ne sait comment concilier ces actes d'attentive sollicitude, ces inspirations de haute sagesse, avec la profonde perfidie, l'insigne mauvaise foi et la révoltante cruauté qui marquaient toutes les actions de Louis XI. Il y avait dans ce souverain deux personnages distincts : le politique et l'administrateur. Tout, dans le premier, était répréhensible, criminel ; tout, dans le second, paraissait bienveillant. Nous disons paraissait, car, en examinant la vie privée de Louis XI, qui formait comme une troisième nuance de son caractère, on y trouvait plus de mauvaises inclinations que de bonnes : réunissons-en quelques traits.

La superstition obscurcissait cette vaste intelligence dans presque tous ses élans : on ne sait encore comment expliquer cet esprit qui savait se mettre au-dessus des préceptes de la religion comme de la morale, en demeurant l'esclave des plus vaines croyances. Irrité un jour contre un astrologue qui avait prédit la mort de sa maîtresse, il le fit venir devant lui avec les plus criminelles intentions : « Toi qui prévois tout, lui dit-il, quand « mourras-tu ? — Trois jours avant vous, ré- « pondit l'habile imposteur...... » On pense bien que le superstitieux Louis XI perdit l'envie de le faire tuer. On vit ce monarque se lancer dans l'extravagante dispute des *réalistes* et des *nominaux*, ouverte sur la question de savoir si les choses ou les mots étaient l'objet de la logique. Cette controverse, qui dura pendant une grande partie du règne de Louis XI, devint non-seulement un cas de religion, mais une affaire d'état. Toutes les écoles se partagèrent à l'occasion de cette billevesée, ainsi qu'il arrivait toujours dans ce genre de discussions. On se traitait mutuellement d'hérétiques ; les deux partis s'efforçaient d'attirer les puissances à eux. Le roi se déclara pour les *réalistes*, et fit enchaîner les livres de leurs adversaires : aussi insensé que Xerxès, donnant des chaînes à la mer après la défaite de Salamine. Heureusement la réflexion ne tarda point à éclairer Louis XI ; il rendit la liberté aux rapsodies des *nominaux*, que personne n'a peut-être lues depuis, non plus que les écrits de la secte opposée.

Louis XI affectait, dans ses habits, la hideuse simplicité de Diogène, et l'on eût pu lui dire ce que Platon disait à ce cynique : « On voit ton or-

« gueil à travers les trous de ton habit. » Dans une entrevue que Louis eut en 1463 avec le roi de Castille, il s'appliqua certainement à opposer au costume magnifique du Castillan un habit de gros drap, et un vieux chapeau jauni, garni d'une multitude de reliques en plomb. Lorsqu'il recevait des ambassadeurs à sa cour, il était toujours assis sur un mauvais fauteuil, ayant un vilain chien sur les genoux. Dans un compte de sa maison, on trouve un article de 15 sous pour deux manches neuves, mises à un de ses vieux pourpoints. Ce potentat est pourtant le premier auquel on ait donné le nom de *majesté*. Mais Louis XI n'était pas aussi sobre qu'il s'efforçait de paraître simple : la dépense de sa table fut portée jusqu'à trente-sept mille livres par an, ce qui formerait aujourd'hui une somme énorme. Aussi l'évêque de Chartres eut-il raison un jour de ne pas prendre au mot la prétendue modestie du roi, qui lui reprochait d'être monté sur une mule magnifiquement harnachée : « Ce n'est point dans « cet équipage, disait ce prince, que marchaient les « anciens évêques ; ils se contentaient d'un âne, « qu'ils menaient par le licou. — Cela est vrai, « sire, répondit le prélat ; mais c'était dans le « temps que les rois étaient bergères, et n'avaient « qu'une houlette. » Un historien, après avoir cité ce fait, ajoute plaisamment : Louis XI ne se regarda comme pasteur que pour tondre ses brebis.

Louis XI.

Le grand moyen politique de ce roi était la dissimulation. Si mon chapeau savait mes secrets, avait il coutume de dire, je le brûlerais à l'instant. Il faisait élever Charles, son fils, à Amboise, non-seulement dans l'ignorance des affaires d'Etat, mais encore sans l'initier aux études les plus utiles à l'homme appelé à lui succéder. Il ne voulut pas qu'on lui apprît le latin, prétendant qu'il suffisait que son successeur pût entendre sa maxime favorite : *Qui nescit dissimulare, nescit regnare* (qui ne sait pas dissimuler, ne sait pas régner.)

Nous ne voyons pas que, sous le règne de Louis XI, de nouveaux édifices civils, religieux ou destinés à des établissemens de bienfaisance, aient été fondés à Paris : voici les accroissemens que reçurent ceux précédemment établis. En 1464, le palais des Tournelles s'était beaucoup agrandi, particulièrement durant la domination anglaise. On y voyait une longue galerie conduisant à la chambre du roi, plusieurs autres, enfin trois grandes salles : la salle des Ecossais, la salle de brique et la salle pavée. Une partie de l'édifice portait le nom spécial d'*Hôtel du Roi* ; dans cette même année 1464, Louis XI fit construire une galerie qui, traversant la rue Saint-Antoine, conduisait de ce dernier bâtiment à l'*Hôtel-Neuf*, habité par madame d'Etampes. Pendant ce règne, l'hôtel du Roi fut orné de diverses peintures et sculptures. Au-dessus de l'entrée principale, on plaça un écusson aux armes de France, peint à fresque par Jean de Boulogne. On fit aussi de grandes réparations à l'hôtel de la Reine, situé dans les dépendances du palais de Saint-Paul *.

Louis XI n'habita guère que l'hôtel des Tournelles : le Louvre lui déplaisait, le palais de la Cité avait été abandonné entièrement au parlement sous le dernier règne, et l'hôtel Saint-Paul n'offrait point à l'ombrageux monarque une résidence assez sûre. Nous devons dire, à cette occasion, qu'il lui arriva souvent de se renfermer dans la Bastille, où il avait fait construire un appartement.

En 1449, le tonnerre tomba sur le clocher des Grands-Augustins, en enleva toute la couverture, et une partie de celle de l'église, puis s'étant fait jour jusque dans l'église, brisa les bras du crucifix placé au-dessus du maître autel. L'argent ne manquait pas aux Augustins pour faire réparer ces dégâts; mais ce ne fut pas dans leurs coffres qu'ils puisèrent. Les aumônes abondèrent : non-seulement elles servirent aux travaux urgens; mais on les employa à des embellissemens dont la vanité des moines se fit les honneurs. Voici à quelle occasion. En 1440, Nicolas Aimery, maître en théologie, accusé d'hérésie, s'était réfugié dans le monastère des Augustins. Dès cette époque, on ne respectait plus guère les asiles; des huissiers du parlement pénétrèrent dans le couvent pour se

* *Antiquités de Paris*, par *Sauval*, tome *III*, p. 373.

saisir du prévenu. Les Augustins, dont les inclinations martiales commencèrent à se révéler en cette circonstance, repoussèrent la force par la force : un frère fut tué dans la mêlée. Soudain l'université se réunit aux religieux, fait valoir ses privilèges, dresse des mémoires fulminans, et menace de fermer les écoles : extrémité terrible, qui répand ordinairement l'effroi sur toute la rive gauche de la Seine. Le prévôt de Paris, terrifié, condamne les huissiers assiégeans à faire trois amendes honorables au Châtelet, au lieu du délit et sur la place Maubert; ayant les pieds nus, une torche de poix ardente au poing, et demandant à tous miséricorde. Or, les moines vaniteux, pour éterniser le souvenir de cette réparation solennelle, firent exécuter un bas-relief, représentant les huissiers subissant leur condamnation. Ce bas-relief ne fut point placé dans l'église; mais hors de l'enceinte du couvent : à l'angle du quai et de la rue des Grands-Augustins. L'on put ainsi se convaincre perpétuellement que des réclus, pauvres et mendians par leur institution, avaient substitué à l'humilité claustrale le plus insolent orgueil. Les travaux d'utilité et d'embellissement que firent entreprendre ces moines avec l'argent des fidèles, ne furent terminés que sous le règne de Louis XI. On remarquait dans l'église un bas-relief représentant un jeune homme en costume de fou, montrant une paille qu'un autre avait dans l'œil, sans s'inquiéter d'une poutre qui lui couvrait entièrement les deux yeux...... Si cette allégorie s'appliquait aux Augustins, prêchant contre la vanité, elle était exacte.

Pendant la période que nous parcourons furent, sinon achevés, du moins très avancés, les travaux dès long-temps entrepris *à l'église et au cimetière des Innocens*. Selon les meilleures traditions, rapportées par l'abbé Lebœuf, l'église des Innocens avait le titre de paroisse dès le règne de Philippe-Auguste, qui, comme nous l'avons dit en son lieu, fit clore le cimetière d'une forte muraille. En 1445, l'édifice fut en partie reconstruit; Denis Dumoulins, évêque de Paris, en fit alors la dédicace. Ce fut apparemment lors de cette reconstruction que l'on joignit à l'église une de ces chambres étroites, où des femmes pénitentes venaient s'emprisonner volontairement pour le reste de leur vie, sous le nom de *Recluses*. La cérémonie de leur réclusion se faisait avec un grand appareil : l'église était tapissée, l'évêque officiait pontificalement, prêchait et allait ensuite sceller, sur la dévote prisonnière, la porte du réduit où elle s'enfermait, après l'avoir bien aspergé d'eau bénite. On ne laissait à cette chambre qu'une petite fenêtre grillée, ouvrant sur l'église et à travers laquelle la pieuse solitaire entendait l'office divin. Jeanne-la-Vodrière était, en 1442, recluse à la paroisse des Saints-Innocens; en 1466, on y voyait Alix, dite *la Bargotte*. D'ordinaire, le repentir d'une vie dissolue déterminait, dans les ames superstitieuses, cette étrange vocation; et l'on conçoit cet élan de zèle chez des femmes naguère exaltées par l'amour : leur fanatisme changeait seulement d'objet. Mais ce qu'on ne conçoit qu'avec peine, c'est que le parlement, corps essentiellement grave, ait pu joindre une telle punition aux peines qu'il prononçait. Ce fut pourtant ce qui arriva vers la fin du quinzième siècle. Renée de Vendomois, femme noble, adultère, voleuse et coupable de meurtre sur la personne de son mari, le seigneur de Souldai, fut condamnée, par le premier corps judiciaire du royaume, à finir sa vie au cimetière des Innocens.

Tout autour de la clôture de ce cimetière et extérieurement, on construisit, à diverses reprises, dans le cours du quinzième siècle, une galerie voûtée, sombre et humide, qu'on appela *les Charniers*. C'était là qu'on enterrait les personnages riches; en sorte que le sol de cette galerie, servant de passage aux piétons, était garni de tombes, qu'un continuel concours de passans foulait aux pieds. On voyait en outre, aux parois des Charniers, une nombreuse collection d'épitaphes, d'allégories funèbres, d'os et de têtes de morts sculptés; se confondant avec l'étalage des marchandes de modes, lingères, revendeuses à la toilette, qui exposaient leurs marchandises hors des petites échoppes dont la galerie était environnée. Cette construction fut commencée par le maréchal de Boucicaut, et à peu près terminée au moyen des dons faits à la paroisse par Nicolas Flamel.

Sur la partie du mur des Charniers qui regardait la rue de la Ferronnerie (autrefois de la Charonnerie), on avait peint *la danse des Morts*, ou *danse Macabre*, ou *danse Macabrée* *. Cette peinture existait dès 1426; car l'auteur du *Journal de Paris*, sous Charles VI et Charles VII, rapporte qu'en cette même année, un prédicateur,

---

* Il paraît que primitivement la danse macabre n'était qu'une allégorie en peinture : dans un manuscrit composé sur cette danse, un ange prononce cette moralité :

Hæc pictura Decus, pompam luxumque relegat.

Mais plus tard on produisit ce sujet sous la forme dramatique, en Allemagne, en Suisse, puis à Paris. L'auteur du Journal de Paris, sous Charles VI et VII, rapporte qu'en 1424 fut faite la *danse macabre* au cimetière des Innocens, et que cette représentation, commencée au mois d'août, dura jusqu'au carême. Quelques bibliophiles conservent manuscrites des comédies, intitulées *danse macabrée*, *danse des femmes*, etc. L'action est partout la même : des rois, des reines, des papes, des princes, des cardinaux, des évêques, des dames illustres, des chanoines luxurieux et gourmands, arrachés par la mort aux douceurs d'une vie opulente et semée de délices, se plaignent amèrement d'une si rude destinée, et clament merci d'une voix dolente. Mais la Mort se montre inflexible : elle dit aux prêtres de tous les rangs, avides de richesses enlevées au labeur du pauvre peuple :

Le vif et mort souliez (vouliez) manger
Mais vous serez aux vers donné.

Elle annonce aux beautés coquettes qu'il faut quitter beaux *gorgias empesés, solas, esbats, déduits d'amour;* et la nou-

nommé le frère Richard, prêchait du haut d'un échafaud, ayant une toise et demie d'élévation, et qui se trouvait aux Charniers des Innocens, adossé à *la danse Macabre*.

Depuis le règne de Charles V, l'église des Célestins avait été embellie et progressivement ornée d'une foule de sepultures fastueuses. On y voyait le tombeau de Léon de Lusignan, roi d'Arménie, chassé par les Turcs des états donnés à sa famille au temps des croisades, et mort à Paris en 1393. Près du monument de ce monarque croisé s'élevaient ceux de Jeanne de Bourbon, femme de

velle épousée, femme *mignotte*, qui dort jusqu'au dîner, doit se préparer au sommeil que ne finira plus *moult doux réveil*.

Indépendamment des compositions dramatiques que nous venons de citer, il existe plusieurs autres ouvrages portant le titre de *danse*, mais entendu dans le sens de critique, moralité, leçon, remontrance, reproches; sens fort usité au quinzième siècle. Telle est l'origine de cette locution : *donner une danse* à quelqu'un, pour dire le corriger, le châtier.

Un écrivain ingénieux, M. Lacroix (le bibliophile Jacob), romancier habile à *dramatiser* les sujets du moyen âge, a publié récemment un roman intitulé la *Danse Macabre*, composition remplie d'intérêt, et surtout d'heureuse imitation. Nous saisissons avec plaisir l'occasion de rendre hommage au talent de ce jeune auteur. Puissions-nous inspirer ainsi à nos critiques du siècle le desir de louer les productions contemporaines, à cause de leur mérite réel! non sous l'influence déplorable des coteries de journalisme, de coulisses, de café; et moins encore par l'appréciation d'une mode d'habit, ou d'une coupe de cheveux plus ou moins nouvelle.

Charles V, morte en 1377, et de Jeanne de Bourgogne, épouse du régent Betfort, morte en 1432. Nous parlerons ailleurs de la chapelle, dite d'Orléans, où reposaient le prince Louis, assassiné Vieille-rue-du-Temple, Valentine de Milan, sa femme, ainsi que plusieurs autres princes de cette maison.

Nous avons mentionné ailleurs la fondation de l'abbaye de Saint-Antoine, instituée en 1198, par Foulques de Neuilly pour servir de refuge « aux « filles folles qui se mettaient aux bordeaux et « carrefours des voyes. » Dans la suite, ce couvent reçut d'autres religieuses, et, nonobstant son origine, obtint le titre d'*abbaye royale*. L'édifice, environné d'une forte muraille et d'un large fossé, ressemblait plus à un fort qu'à un monastère. Ce fut au bord de ce même fossé que Louis XI et le comte de Charolais, depuis Charles-le-Téméraire, conclurent une trêve, pendant la guerre du bien public. Cette suspension d'hostilités ayant été violée par les alliés, qui en cela avaient reçu l'exemple du roi, ce prince donna à ce lieu le nom de fossé *des trahisons*, et dans le cours de l'année 1479, il y fit élever une croix de pierre portant cette inscription : *L'an MCCCLXV, fut ici tenu le landit des trahisons, et fut par une trêve que furent données : maudit soit il qui en fut cause.* Il est à remarquer que ce monument injurieux ne fut élevé qu'après la mort de Charles-le-Téméraire, qui eut pu répondre à Louis XI : Sire, faites donc votre *mea culpa*, et confessez-vous.

Nous avons parlé de la fondation du couvent des semi-religieuses, nommées *Beguines*, qui, selon le poète Thomas Chantpré, ne menaient pas une vie fort exemplaire. La commode réclusion de ces sœurs en avait singulièrement augmenté le nombre durant les premiers temps de leur institution : on en compta jusqu'à quatre cents dans la maison de Paris. Mais les faciles communications qu'elles conservaient avec le monde, et la facilité d'y rentrer, qui leur était laissée, ne tardèrent pas à dépeupler le monastère des béguines. En 1471, leur nombre se réduisait à trois. Louis XI disposa alors de l'édifice, presque abandonné, pour y établir d'autres nonnes, appelées *de la tierce pénitence et observance de M. Saint-François*; et ordonna que cette communauté prendrait le nom d'*ave Maria*. C'était la seconde institution religieuse dont ce monarque se faisait le fondateur : nous ne devons pas omettre de dire qu'il avait imaginé précédemment la prière de l'*angelus* ou le salut. Le nouvel ordre de l'*ave Maria* ne fut pas établi sans opposition : l'université, les jacobins et les cordeliers, trouvant sans doute l'investiture royale de ces sœurs trop peu valable, voulurent les proscrire et s'emparer de leur maison en faveur des filles de Sainte-Claire. Mais le parlement, par arrêt de l'année 1482, maintint les religieuses de la tierce pénitence.

Depuis la reconstruction de Saint-Severin, dont

nous avons mentionné ailleurs l'origine incertaine, cette église, qui ne fut terminée qu'en l'année 1489, jouissait d'une grande prépondérance sur la rive gauche de la Seine. Elle avait acquis, par diverses bulles du pape, le droit de vendre des indulgences : le saint père en partageait le prix, mais il en était resté d'assez fortes parts au clergé paroissial pour faire reconstruire et embellir l'édifice. Le porche principal était orné de deux lions sculptés en ronde-bosse, qui sans doute figuraient là comme le symbole d'une foi puissante. Selon l'historien Lebœuf, quelques dignitaires de Paris venaient rendre la justice en ce lieu : il cite plusieurs sentences se terminant par cette formule : *Donné entre deux lions*, etc. Nous devons faire mention de certaines singularités propres à l'église de Saint-Severin. On voyait un des battans de la porte principale presque couvert de fers à cheval, qu'on y avait cloués par suite d'un usage anciennement adopté. Saint-Martin, qu'on honorait dans cette église, était ordinairement invoqué par les voyageurs au moment où ils allaient entreprendre une course lointaine ; or, dans cette circonstance, et probablement avec l'espoir de se rendre le bienheureux favorable, ils venaient attacher l'un des fers de leur cheval sur la porte de Saint-Severin ; puis, ayant fait rougir la clef de la chapelle du saint, ils en appliquaient l'empreinte sur l'animal. Les femmes relevant de couches allaient, de préférence, faire leurs prières à Saint-

Severin; alors le sacristain, prévoyant par spéculation, posait doucement un manteau sur les épaules de ces dames, pour les préserver du froid. Le jour de la Pentecôte, on lançait dans l'église, à travers des ouvertures pratiquées à la voûte, un certain nombre de pigeons, en commémoration de la descente du Saint-Esprit sur les apôtres. Cet usage, commun à plusieurs églises de Paris, se pratiquait particulièrement à Notre-Dame et à Saint-Jacques-la-Boucherie. Sur l'une des portes de Saint-Severin, on lisait ce quatrain, formé d'un jeu de mots très en vogue aux quinzième et seizième siècles.

> Passant, penses-tu passer par ce passage
> Où, pensant, j'ai passé ;
> Si tu n'y penses pas, passant, tu n'es pas sage,
> Car, en n'y pensant pas, tu te verras passé*.

Le collège de Seez, fondé dès l'année 1427 par Grégoire Langlois, évêque de Seez, pour quatre élèves de ce diocèse et quatre de celui du Mans, s'accrut beaucoup sous ce règne, durant lequel l'instruction publique reçut du roi des encouragemens et des secours. Il en fut de même du *collège de Navarre*, qui, ruiné pendant la domination anglaise, reprit en 1464 son ancienne activité, et obtint un accroissement de privilèges, de revenus et de territoire.

---

* *Histoire de la Ville et du Diocèse de Paris*, par l'abbé Lebeuf, tome I, pages 170 et 174 ; *Recherches sur la ville de Paris*, par Jaillot, tome V, page 133 ; *Antiquités de Paris*, par Sauval, tome II, page 633.

Sur la rive gauche de la Seine, à une demi-lieue environ de Paris, à l'ouest du chemin de cette ville à Fontainebleau, on voyait encore au quinzième et même au seizième siècle, un château que Jean, *évêque de Winchester* en Angleterre, fit bâtir, vers l'an 1204. Il est probable que ce prélat donna le nom de son diocèse à cet édifice; nom qui, par corruption, s'est changé en celui de *Vinchestre*, puis en celui de *Bicestre*. Confisqué en 1294, par Philippe-le-Bel, ce château fut réuni au domaine de la couronne. Charles VI l'habita, à diverses reprises, et l'on a de lui des lettres datées de Bicestre, en 1409. Depuis lors, il appartint au duc de Berry, oncle du même Charles VI, qui le fit embellir et le donna, vers l'année 1416, au chapitre de Notre-Dame. Il paraît que les chanoines négligèrent cette nouvelle propriété, car on lit dans le *Catholicon Français* qu'au temps où cet ouvrage fut publié, *Bicestre* ne présentait plus que des masures, dans lesquelles on avait établi un hôpital; les malades qu'on y recevait, dit le même auteur, étaient des *courtisans estropiés*, c'est-à-dire des officiers blessés au service du roi. L'on peut donc regarder Bicestre comme le premier établissement formé en France pour les militaires invalides. Louis XIII lui conserva cette destination après la reconstruction de l'édifice, en 1634. Parmi les nouveaux bâtimens on peut encore remarquer quelques parties conservées des anciens : c'est ce qui nous détermine

à placer ici le dessin de cette maison, devenue, comme nous le verrons en son temps, une succursale de l'hôpital-général.

Nous grouperons, en terminant le tableau du règne si remarquable de Louis XI, quelques évènemens, quelques usages, qui achèveront de le caractériser. Les aurores boréales, phénomènes inexpliqués au quinzième siècle, et qui se remarquaient assez rarement dans nos climats tempérés, causaient une terreur indicible lorsqu'elles apparaissaient. Nos pères, toujours disposés par la superstition à prendre pour merveilleux les effets dont la cause échappait à leur intelligence, attachaient à une auréole boréale les idées les plus sinistres : tantôt c'étaient des armées de démons qui se livraient bataille, au milieu des flammes, leur élément ordinaire ; tantôt on croyait voir des enchanteurs à cheval, armés de toutes pièces, et courant les uns contre les autres ; l'oreille même partageait l'erreur des esprits troublés : on entendait le cliquetis des armes, le galop des chevaux, le son des trompettes... Ailleurs les yeux fascinés voyaient tomber des pluies de feu ou de sang. En 1465, pendant le siège de Paris par les Bourguignons, une aurore boréale se montra vers onze heures du soir, et fit paraître la ville tout en feu. Les sentinelles, effrayées, se cachèrent dans leurs guérites. Les habitans, surpris au milieu de leur sommeil par une rumeur extrême, éblouis en s'éveillant par une lueur inaccoutumée, se levèrent pour échapper à l'incendie qu'ils croyaient allumé dans leur voisinage. Ne voyant de feu nulle part, ils se prirent à courir les rues comme des insensés... « Un homme, « dit la chronique contemporaine, en devint fou, « perdit sens et entendement. Si en furent por- « tées les nouvelles au roi, en son hôtel des Tour- « nelles, qui incontinent monta à cheval, et s'en « alla dessus les murs, au droit de ardoise, et y « demeura grand espace de temps; et fit assembler « tous les quartiers de Paris, pour aller, cha- « cun en sa garde, dessus lesdits murs; et à cette « heure courut bruit que les ennemis devant Paris, « en allaient et délogeaient; et qu'à leur dit par- « tement mettaient peine de brûler et endom- « mager ladite ville par où possible leur serait; et « fut trouvé que de tout ce il n'était rien. »

Les recherches de la cour, en fait d'amusemens à procurer aux étrangers, n'allaient pas beaucoup plus loin que les connaissances astronomiques, au temps de Louis XI. En 1476, Alphonse V, roi de Portugal, vint à Paris solliciter des secours contre Ferdinand, fils du roi de Castille, qui lui avait enlevé l'Arragon. Le roi, disent les histo- riens, lui fit rendre de grands honneurs, et tâcha de lui procurer tous les amusemens possibles. Or voici les principaux points du cérémonial. Louis, ayant appris que le monarque portugais était rendu à la porte Saint-Honoré, où il attendait, dans une maison, le bon plaisir de son frère de France pour entrer à Paris, envoya à Alphonse un héraut d'armes, chargé de lui porter son premier compliment, et l'invitation de venir à lui. L'officier s'étant acquitté de sa commission, le prince portugais se dépouilla du riche habit qu'il avait alors, et le donna, selon l'usage, au héraut, avec cent pièces d'or... On logea l'illustre étranger dans la maison d'un épicier, rue des *Prouvaires* *, rue alors large d'une toise et demie. Après la première réception du Portugais à l'hôtel des Tournelles, on le conduisit au Palais, où il eut le plaisir d'entendre plaider une belle cause. Le lendemain un nouveau divertissement l'attendait à l'évêché : on procéda, en sa présence, à la réception d'un docteur en théologie, lequel soutint une controverse qui ne dura pas moins de cinq heures. Le dimanche suivant, une procession de l'université, ordonnée exprès pour récréer Alphonse V, passa sous ses croisées, en chantant des cantiques : voilà, dit Saint-Foix, un monarque honorablement logé et bien amusé.

Les bains étaient d'un usage encore plus général à Paris, au quinzième siècle, que durant les périodes précédentes : on les appelait *estuves*, et les personnes qui faisaient état de les administrer, *barbiers-estuvistes*, parce qu'elles se chargeaient en même temps de faire la barbe. Les particuliers qui tenaient les étuves rendaient ordinairement cette industrie fort lucrative, en favorisant la débau-

* Ou des prêtres : *prouaire*, en vieux langage, signifiait prêtre.

che dans leur établissement, qui souvent était le lieu de réunion des femmes galantes et de leurs amans. On criait les bains par les rues, comme une marchandise ou une denrée; on trouve ce genre de crierie consigné dans les fabliaux de Barbasan :

  Seignor, quar vous aller baingner
  Et estuver sans délayer,
 Li bains sont chaut, c'est sanz mentir.

Quoique les étuves, dit Sauval, fussent si communes à Paris qu'on ne pouvait faire un pas sans en rencontrer, les riches habitans de cette ville en avaient encore chez eux; et, selon un usage qui s'était perpétué depuis la plus haute antiquité, les personnes que l'on priait à dîner ou à souper, étaient en même temps invitées à se baigner. « Le « roi et la reine, dit la chronique de Louis XI, « firent de grandes chères dans plusieurs hôtels de « leurs serviteurs et officiers de Paris. Entr'autres, « le dixième de septembre mil-quatre-cent « soixante-sept, la reine, accompagnée de madame « de Bourbon, de mademoiselle Bonne de Sa- « voie, sa sœur, et de plusieurs autres dames, « soupa en l'hôtel de maître Jean Dauvet, pre- « mier président au parlement, où elles furent re- « çues et festoyées très noblement; et on y fit « quatre beaux bains richement ornés, croyant « que la reine s'y baignerait; ce qu'elle ne fit pas, « se sentant un peu indisposée; et en l'un desdits « bains se baignèrent madame de Bourbon et

« mademoiselle de Savoie ; et dans l'autre bain à
« côté, se baignèrent madame de Monglat et
« Perrette de Chalon, bourgeoise de Paris. Le
« mois suivant, le roi soupa à l'hôtel du sire
« Denis Hesselin, son panetier, où il fit grande
« chère, et y trouva trois beaux bains, riche-
« ment tendus, pour y prendre son plaisir de se
« baigner ; ce qu'il ne fit pas, parce qu'il était en-
« rhumé. »

La mode des habits éprouva une sorte de révolution au commencement du règne de Louis XI :
nous avons vu que, dans les siècles précédens, les
hommes portaient de longs vêtemens, excepté sous
l'armure ; cet usage fut abandonné durant la période qui nous occupe : écoutons Monstrelet. « Les
« hommes se prindrent à se vestir plus court qu'ils
« n'eussent onques fait : tellement que l'on veait
« la façon de leur c... et leurs genitoires, ainsi
« comme l'on soulait vestir des singes, qui estait
« chose très malhonnête et impudique. Et si fai-
« saient fendre les manches de leurs pourpoints,
« pour monstrer leurs chemises déliées, larges et
« blanches ; portaient aussi leurs cheveux si longs,
« qu'ils leur empeschaient leurs visages, mesme-
« ment leurs yeux, et sur leurs testes portaient
« bonnets de drap, hauts et longs d'un quartier ou
« plus. Portaient aussi, comme tous indifférem-
« ment, chaisnes d'or moult somptueuses, cheva-
« liers et escuyers, les varlets mesmes, pourpoints
« de soie, de satin et de veloux, et presque tous

« spécialement ez cours des princes, portaient
« *poulaines* (pointes) à leurs souliers d'un quar-
« tier de long. Et si estait cette manière si com-
« mune, qu'il n'i avait si petit compagnon qui ne se
« voulsit (voulût) vestir à la mode des grans et
« des riches, non regardant au coust ne à la dé-
« pense, ne s'il appartenait à leur estat *.

Les femmes, selon le même historien, cessèrent de porter, en 1467, de longues queues à leurs robes, et les bordèrent de fourrures de martre ou de bandes en velours. Ces robes découvraient beaucoup les épaules et la gorge. Nous avons parlé des *cornes merveilleuses* qui ornaient la coiffure des dames au temps de Charles VI; vers l'année 1467, elles y substituèrent des bonnets de forme pointue, et hauts d'une demi-aune au moins. Au sommet de ces bonnets, on attachait un voile, qui pendait en arrière plus ou moins bas, selon la qualité de celle qui le portait : le voile d'une bourgeoise ne descendait que jusqu'aux épaules, celui de la femme d'un chevalier tombait jusqu'à terre. Les dames, dit Monstrelet, commencèrent à porter leurs ceintures de soie beaucoup plus larges. Les robes, en été comme en hiver, étaient fourrées de martre, d'hermine, de menu vair ou de petit gris. Les colliers, les pendans d'oreilles, bracelets, agraffes de ceinture et autres joyaux étaient d'une richesse ex-

* *Chronique de Manstrelet*, tome *III*, édition de 1603, page 139.

trême. Les femmes se fardaient de blanc et de rouge, de manière à ce que leur visage ressemblait à un masque.

Toutes ces modes, tous ces ornemens luxueux étaient communs aux dames nobles, aux bourgeoises et aux prostituées, malgré les nombreuses ordonnances rendues, sous plusieurs règnes, pour différencier les états par le costume. Il en résultait toujours le plus grave inconvénient : les femmes les plus sages étaient prises, sur la voie publique, pour des filles joyeuses, ce qui mettait leur chasteté dans la plus critique situation. En 1480, le parlement fut contraint de rendre un arrêt qui condamnait ces créatures à rester dans les quartiers qui leur étaient assignés, sous peine d'amende, de prison, puis enfin de bannissement. Il existait alors à Paris cinq à six mille belles filles vouées à la prostitution. Le poète italien, Antoine Ostezan, dans la description de son voyage à Paris, s'exprime ainsi : « J'y ai vu avec « admiration une multitude de filles extrême- « ment belles ; leurs manières étaient si gracieuses, « si lascives qu'elles auraient enflammé le sage « Nestor et le vieux Priam. »

Les ecclésiastiques étaient particulièrement les pourvoyeurs du luxe des prostituées : toujours cupides, toujours vendeurs d'indulgences, de sacremens, de messes et de miracles, ils alimentaient leurs orgies et leurs débauches des produits de l'autel et du confessionnal. Citons un trait sur mille : l'historien Robert Gaguin, général des Mathurins, après avoir écrit un ouvrage sur la conception de la Vierge, rempli de descriptions ordurières, se livra lui-même à la plus scandaleuse dissolution. Non content d'entretenir publiquement une cabaretière de Vernon, il se prit à chanter en vers latins ses amours avec cette belle Normande. Rien n'est oublié dans ce poème, ni les chaises commodes, ni le lit moelleux, ni le vin qui excite aux *doux esbats*, ni les charmes les plus secrets.... Ceux de nos lecteurs à qui la langue de Virgile est familière, pourront juger de l'indépendance poétique de Gaguin, par la citation que nous rapportons au bas de cette page *.

Malgré tant de vices et de traces encore si remarquables de barbarie, le règne de Louis XI fut l'aurore d'une heureuse révolution dans les lettres, les sciences et les arts. L'architecture et la sculpture acquirent une élégance et un caractère de noblesse qu'elles n'avaient pas eus jusqu'alors. Des voûtes à plein ceintre et d'une grande hardiesse remplacèrent les voûtes en ogives; plusieurs artistes reculèrent les limites de la statuaire; enfin la peinture sur verre et la miniature furent portées à

* *Risus, verba, jocos, fulcra, cubile merum,*
  Albentes coxas, inguina, crura, nates,
  Et veneris....

Voyez les Récréations Historiques, par Dreux Radier, tome II, page 187.

un degré de délicatesse et de fini très remarquables. Dans le même temps, l'étude de la langue d'Homère était introduite à l'université; tandis que les premières éditions des poètes illustres de l'antiquité grecque sortaient de la presse, nouvellement imaginée. En 1482, naquit un art précieux, digne auxiliaire de l'imprimerie : on vit des cartes géographiques, gravées sur bois, jointes à l'ouvrage de Ptolémée. Non moins heureux en découverte, l'Allemand Muller imprimait alors le premier calendrier.

Après cet exposé des mœurs du règne de Louis XI, terminons en peu de mots l'histoire de cette époque. Le roi, qui avait soutenu quelque temps les Médicis en Italie, forcé de songer à ses propres affaires signa, vers l'année 1479, une trêve avec l'Angleterre... Elle devait durer cent ans. Mais alors, Maximilien d'Autriche, époux de Marie de Bourgogne, rompit la trêve qu'il avait signée lui-même avec Louis XI en 1477. Une alternative d'hostilités et de suspensions d'armes se prolongea jusqu'à la mort de Marie, arrivée en 1482. A cette époque, les Gantois, sur le point de se révolter contre Maximilien, l'obligèrent à conclure le traité d'Arras, par lequel l'Allemand fiançait au dauphin Charles, Marguerite, sa fille, et lui donnait l'Artois et la Franche-Comté pour dot. Là se termina la carrière militaire de Louis XI. La jeune princesse fut amenée en France; mais elle n'épousa point l'héritier de la couronne, ainsi qu'on le verra bientôt.

Le roi n'avait pas commandé ses armées dans les dernières hostilités : retiré dans son château de Plessis-les-Tours, il languissait, depuis plusieurs années, accablé de souffrances physiques, de soupçons injurieux sur tout ce qui l'entourait, et de sombres terreurs des tourmens de l'autre vie. Le déclin de ses forces était rapide : un ennemi contre lequel nulle précaution ne pouvait le défendre, se tenait toujours à ses côtés, cet ennemi, c'était la maladie, une maladie incurable. Ce prince, moribond essayait de toutes les distractions sans que rien pût le distraire. « Tantôt, dit M. de Ba-
« rante dans son excellente histoire des ducs de
« Bourgogne, il faisait venir des joueurs d'instru-
« mens, et il en eut jusqu'à cent vingt logés près
« du château; tantôt il donnait ordre qu'on lui
« amenât des bergers et des bergères du Poitou,
« pour danser et chanter devant lui les joyeuses
« rondes de leur pays, et une fois venus, il ne
« les regardait plus. Pour remplacer la chasse, qui
« avait toujours été son divertissement favori, il
« imagina de faire prendre les souris du château
« par de petits chiens, qu'on dressait à ce gibier. Il
« avait rempli le Plessis de toutes sortes d'animaux
« étrangers, et, dans sa fantaisie, il semblait qu'il
« n'en eût jamais assez. Il faisait venir des élans
« de Pologne, des rennes de Suède, des adives et
« de petites panthères de Barbarie. »

Mais la méfiance du roi dominait en lui tout autre sentiment : c'était une sorte de monoma-

nie, qui lui montrait, dans la solitude de son noir appartement, des fantômes armés, brandissant des poignards près de sa poitrine, ou lui présentant, avec d'affreux sourires, une coupe empoisonnée... Terribles images qu'enfantait une conscience bourrelée de remords, et qui se faisait justice. « Chaque année, dit ailleurs M. de Ba-
« rante, il avait environné le Plessis de plus de
« murailles, de fossés et de grilles. Sur les tours
« étaient des guérites en fer, à l'abri du trait et
« même de l'artillerie. Plus de dix-huit cents de
« ces planches hérissées de clous, qu'on nomme
« chausse-trapes, étaient dispersées sur le revers
« du fossé. Un nombre considérable d'arbalètriers
« veillaient tout à l'entour, et avaient ordre de ti-
« rer sur ceux qui approchaient. Il y en avait
« chaque jour quatre cents de service, quarante
« étaient placés en sentinelles, et un guet nom-
« breux faisait sans cesse des rondes. Tout passant
« suspect était saisi, amené au prévôt Tristan, qui
« ordonnait aussitôt son exécution. Les arbres,
« aux environs du château, étaient chargés de ca-
« davres pendus. Toutes les maisons voisines du
« Plessis, et dont on avait fait des lieux de déten-
« tion, étaient remplies de prisonniers. Souvent,
« le jour et la nuit, on entendait les cris lamen-
« tables de ceux qu'on mettait à la torture... » Apparemment ces plaintes déchirantes étaient une suave harmonie pour Louis XI; car le même historien ajoute que ce prince se cachait derrière une porte pour entendre donner la question.

Ce monarque, emprisonné lui-même par ses terreurs perpétuelles, inspirait presque autant de pitié que de haine et de crainte. Il avait éloigné, comme suspects, tous les membres de sa famille. « Sa femme, poursuit l'historien des ducs de Bour- « gogne, il la tenait à l'écart; son fils n'avait ja- « mais été élevé sous ses yeux; sa fille Jeanne, du- « chesse d'Orléans, lui avait toujours déplu ; il « n'avait non plus jamais montré beaucoup de « tendresse à Anne, dame de Beaujeu, son autre « fille, qu'il aimait pourtant davantage. » Du reste, il ne croyait pas beaucoup à la vertu qu'on attribuait généralement à cette dame; car un jour qu'il refusait un beau chien que lui offrait M. du Lude, celui-ci lui dit : « En ce cas, il sera « pour la plus sage dame du royaume. — Qui « donc? demanda le roi. — Ma très honorée dame, « votre fille, madame de Beaujeu. — Dites la « moins folle, reprit Louis; car de femme sage il « n'en est point. »

Dans les derniers mois de sa vie, ce tyran, dont le nom seul faisait trembler nobles, bourgeois et paysans, était l'esclave de Jean Coitier, médecin cupide et insolent, qui menaçait à chaque instant de l'abandonner : « Je sais qu'un beau matin, « disait-il au roi, vous m'envoyerez comme vous « faites d'autres, mais je jure Dieu que vous ne « vivrez plus trois jours après... » L'effrayé moribond prodiguait alors les richesses à son médecin... Louis XI ne chassa point ce savant avide; mais il n'en mourut pas moins peu de temps après les dernières prodigalités qu'il lui avait faites.

Voyant que les neuvaines, les dons faits aux églises, la réunion des reliques dont il s'était entouré et la présence même de la sainte ampoule dans sa chambre à coucher, ne lui avaient procuré aucun soulagement, Louis XI fit venir à grands frais, du fond de la Calabre, François de Paule, fondateur de l'ordre des Minimes, et dont les connaissances en médecine étaient renommées. Louis, à l'arrivée du saint homme, se précipite à ses pieds et le conjure de le guérir..... François examine attentivement le roi, l'interroge, consulte, étudie quelques jours les symptômes du mal, et finit par exhorter le roi à se disposer à mourir chrétiennement. Ce coup fut terrible; mais la résignation succéda promptement à l'effroi dans l'esprit de Louis : il parla avec calme de sa fin prochaine, et ordonna même le cérémonial de la pompe funèbre.

Ainsi que tous les tyrans qui meurent, Louis XI laissa d'excellens avis pour son successeur, et lui recommanda de maintenir le royaume en paix. « Le « pauvre peuple a trop souffert, disait-il d'une « voix dolente ; il est en grande désolation. Si « Dieu eut voulu me laisser la vie, j'y aurais mis « bon ordre : c'était ma pensée et mon vouloir. » Pas un cruel despote qui, à son heure suprême, ne déclare qu'il avait pour l'avenir les intentions les plus bienveillantes, les plus paternelles.

Enfin, le 30 août 1483, vers le soir, arriva le dernier moment de Louis XI ; il avait récité des psaumes toute la journée, il expira en disant : « Notre-Dame d'Embrun, ma bonne maîtresse, « ayez pitié de moi.... » Huit jours après, il fut porté en grande pompe à l'église de Notre-Dame de Cléri, qu'il avait désignée pour sa sépulture *.

A peine le roi fut-il mort, que tous les courtisans coururent à Amboise, résidence du dauphin; il ne resta au Plessis-les-Tours que les officiers dont le devoir absolu était de garder le corps..... Le règne de Charles VIII était commencé..... Ce moment, impatiemment attendu, fut regardé comme le signal d'une délivrance générale de la nation. Les Parisiens surtout témoignèrent hautement leur joie. Nul roi peut-être n'avait jamais

* Le mausolée était placé en face de l'autel de la Vierge. On y voyait la statue de Louis en bronze doré, à genoux, la tête découverte et les mains jointes dans son chapeau, comme il se tenait d'ordinaire. N'étant point mort en bataille et les armes à la main, il était vêtu en chasseur, avec des brodequins, une trompe de chasse suspendue en écharpe, son chien couché près de lui, son ordre de Saint-Michel au cou, son épée à la ceinture. Quant à sa ressemblance, il avait demandé qu'on le représentât, non point tel qu'en ses dernières années, chauve, voûté, amaigri; mais comme dans sa jeunesse et dans la force de l'âge, le visage assez plein, le nez aquilin et les cheveux tombant par derrière, jusque sur les épaules. Ce travail avait été exécuté par Conrard, orfèvre de Bologne, et par Laurent Wren, fondeur allemand. (*Histoire des ducs de Bourgogne*, par M. de Barante; tome XXIII, page 123.)

autant pesé sur son peuple, et n'en avait été plus haï. Les motifs de cette haine n'étaient pourtant pas sans restriction, et nous croyons l'avoir prouvé.

Charles VIII, en montant sur le trône, recueillit et, nous devons l'avouer, vit recueillir à la France, non-seulement le fruit de l'habileté gouvernementale de son père, mais encore celui de ses crimes. Il trouva les grands soumis à la couronne, non comme jadis par de vains hommages, mais par une subordination réelle, d'autant plus solide qu'elle était cimentée du sang d'une multitude de seigneurs. Les communes avaient reçu, sous le règne précédent, une organisation assez forte pour braver le despotisme et surtout l'arbitraire capricieux des nobles : une égide de lois et de coutumes les couvrait, et ces lois, ces coutumes, imparfaites, indigestes encore, avaient au moins l'avantage d'appartenir à la monarchie, ou d'être sanctionnées par elle.

Le jeune roi, à peine âgé de treize ans, était faible, valétudinaire, et d'une ignorance que son père avait entretenue, afin que ce prince ne put jamais porter ombrage à sa tyrannie. Les rênes du gouvernement avaient été confiées par le roi mourant à *Anne de France*, sœur du monarque actuel, mais son aînée de treize ans. Cette princesse, mariée à Pierre de Bourbon, *sire de Beaujeu*, jouissait d'une réputation de sagesse, de prudence et de sagacité que nous ne contesterons point ici : les faits parleront. Anne était d'ailleurs belle, affectueuse, prévenante, capable en un mot de faire supporter doucement le pouvoir, après le règne d'airain qui se terminait. Cependant, nonobstant les dernières volontés de Louis XI, la régence fut vivement disputée à la fille de ce prince. La reine, Charlotte de Savoie, si long-temps tenue loin des affaires par son époux, éleva les premières prétentions. Vint ensuite le *duc de Bourbon*, frère aîné du mari de la régente. Mais le plus constant, le plus impérieux des concurrens fut *Louis, duc d'Orléans*, petit-fils du prince assassiné Vieille rue du Temple, et fils de celui que Louis XI avait fait mourir de chagrin, après les États de Tours. Louis se croyait d'autant plus fondé à réclamer la tutelle royale, qu'il était l'époux de Jeanne, seconde fille du feu roi. Ses droits recevaient un appui plus puissant encore de son titre d'héritier présomptif de la couronne : car si le jeune roi mourait avant lui, sans enfans mâles, la couronne de France tombait en ses mains et dans la maison d'Orléans. Cette perspective, sous un roi d'une santé délicate et sujet à de dangereuses maladies, ne pouvait manquer de faire des partisans au duc. On comptait au premier rang *le duc d'Angoulême*, son cousin-germain, *le vicomte de Narbonne*, *le duc de Bretagne*, *le duc d'Alençon*, *le comte du Perche*, enfin *le comte de Dunois*, fils du héros de ce nom, et principal agent de la confédération. Ces personnages illustres pouvaient, en fort peu de temps, engager une forte partie de la noblesse dans la cause du prétendant; Anne le sentit, et, trop prudente pour combattre, sous un monarque enfant, une ligue aussi puissante, elle s'efforça de la rompre par l'attrait des honneurs. D'Orléans obtint les gouvernemens de Paris, de l'Ile de France, de la Brie et de la Champagne, avec l'entrée au conseil. Dunois fut nommé gouverneur du Dauphiné. Les autres membres influens du parti eurent aussi quelque part aux bienfaits de la cour. L'orage fut conjuré pour le moment; mais d'Orléans, se flattant d'obtenir légalement ce qu'il renonçait alors à conquérir par la force ouverte, persuada à la régente, sous le prétexte banal du bien public, de convoquer les états-généraux. Leur réunion fut indiquée à Tours pour la fin de l'année.

Tandis que les provinces et les villes nommaient leurs députés, Anne de Beaujeu, en politique habile, s'efforçait de faire aimer son gouvernement: non-seulement elle s'appliqua à gagner l'estime des grands par sa justice et sa modération, mais elle diminua les impôts, congédia un corps auxiliaire de six mille Suisses qui grevait le trésor royal, et retrancha d'autres dépenses inutiles ou peu nécessaires. Dans le même temps elle rappela de l'exil, réintégra dans leurs biens, réhabilita dans leur honneur une foule de personnes, proscrites sous le règne précédent. Mais ce qui surtout lui concilia l'affection des peuples et de la cour, ce fut la punition de plusieurs grands coupables, qu'avait protégés le despotisme ou l'affection de Louis XI. *Olivier-le-Dain*, simple barbier élevé jusqu'au favoritisme, jusqu'au ministère, avait fait assassiner un noble, pour jouir sans trouble des faveurs de sa femme; après la mort du protecteur couronné de le Dain, la veuve du gentilhomme, qui n'avait jamais éprouvé pour son meurtrier qu'une profonde aversion, reproduisit la procédure, assoupie par l'ex-favori; elle retrouva ses preuves: le barbier, chargé d'ailleurs d'une foule d'attentats, fut pendu avec l'assassin qu'il avait employé. Une punition publique fut aussi infligée, au milieu de Paris, au nommé *Doyac*, exacteur audacieux, dont le crédit du barbier-ministre avait long-temps favorisé l'impunité. Promené de carrefour en carrefour, et fouetté sur chacune de ces places, il eut ensuite la langue percée d'un fer rouge, pour délation calomnieuse; puis on lui coupa les oreilles. Le peuple fit éclater des transports de joie en voyant le supplice de ce vampire, sans réfléchir qu'il n'était puni que parce qu'il avait cessé d'être puissant. *Jean Cotier*, ce médecin de Louis XI qui semblait lui mesurer les secondes d'existence au poids de l'or, fut condamné à une amende de cent cinquante mille livres, somme énorme, qu'il paya sans balancer, aux rires universels de la nation.

Continuant à mettre le temps à profit avant les états-généraux, Anne de Beaujeu fit rendre gorge à d'autres enrichis, signalés par l'animadversion publique. Elle révoqua des donations excessives, faites à des églises par le terrifié Louis XI, à charge de messes et de prières perpétuelles ; les biens furent rattachés au domaine, l'argent fut repris et mis en réserve pour les nécessités de l'État. Elle confirma dans leurs charges les magistrats qui s'étaient acquis le respect du peuple. Les parlemens (car il y en avait alors plusieurs en France) furent reconstitués, ainsi que le conseil d'État.

Les états-généraux, après ces utiles et judicieuses réformes, s'assemblèrent à Tours, sous les auspices les plus favorables à la régence. Le chancelier *Pierre d'Oriole*, homme habile et éloquent, fit valoir, avec autant de chaleur que d'adresse, les vertus de la princesse gouvernante, puis il exalta ce qu'elle avait déja fait dans l'intérêt du royaume, et développa complaisamment ce qu'elle méditait pour achever cette tâche généreuse. L'assemblée, déja prévenue favorablement, écoutait avec une grande faveur le chancelier, qui, attentif à la sensation qu'il produisait, se hâta d'ajouter : « Le roi vous assemble,
« messieurs, pour vous exposer ses desseins ; et
« vous associer, en quelque sorte, à son gouver-
« nement... Ce qu'il attend surtout de vous, c'est
« que vous lui découvriez les abus échappés jusqu'à
« ce jour à sa connaissance, et que vous ne lui
« déguisiez aucun des maux qui affligent le peu-
« ple. Ne craignez pas que vos plaintes soient im-
« portunes ; le roi aura égard à vos remontran-
« ces........ » Puis d'Oriole, se tournant vers les

princes, poursuivit en renforçant sa voix : « Et
« vous, princes qui m'écoutez, je vous supplie et
« vous adjure, au nom de la patrie, notre mère
« commune, d'oublier tout esprit de parti, et de
« laisser aux députés une pleine et entière liberté. »
C'était répandre avec adresse un jour disgracieux
sur les intrigues toujours subsistantes de la ligue,
et les signaler à l'assemblée, comme attentatoires
au bien du royaume. Ce mouvement oratoire mit
les états en défiance contre les suggestions des orateurs que les princes avaient chargés de soutenir
leur cause.

Les délibérations de l'assemblée furent longues,
les débats vivement soutenus. Enfin, les États décidèrent que, le roi approchant de sa quatorzième
année, il n'y aurait point de régence proprement
dite; que le roi présiderait son conseil le plus souvent possible; que toute ordonnance, même quand
il ne serait pas présent, s'expédierait en son nom,
et qu'en son absence, le duc d'Orléans, premier
prince du sang, présiderait le conseil. A son défaut,
la présidence appartiendrait au duc de Bourbon;
à défaut de son frère aîné, au sire de Beaujeu; puis
ensuite aux autres princes, selon leur rang. L'assemblée décida en outre que les anciens conseillers
seraient conservés; mais qu'on leur en adjoindrait
douze nouveaux, choisis parmi les députés. Quant
à la tutelle du roi, il fut dit : « Considérant avec
« quelle prudence le roi a été jusqu'alors élevé et
« nourri, les États souhaitent qu'il ait toujours

« auprès de sa personne des gens sages, éclairés
« et vertueux, qui continueront de veiller sur sa
« santé, et de lui inspirer des principes de modé-
« ration et de vertu. » Ce règlement qui, sans la
nommer, concernait spécialement Anne de Beaujeu, non-seulement lui donnait un témoignage
éclatant de la satisfaction de la nation, mais lui
déférait par le fait toute l'autorité souveraine. Il
était évident que si l'influence de Louis d'Orléans
la gênait dans le conseil, il lui serait toujours facile de le faire présider par le roi, qu'elle gouvernait entièrement, et d'annuler ainsi toutes les intrigues du prince.

Les lois règlent la conduite des hommes; mais
elles n'offrent souvent qu'un frein insuffisant à
leurs passions, et, s'ils sont puissans, ils bravent
sans scrupule cette sauve-garde sociale. Le duc
d'Orléans voyait son pouvoir à peu près anéanti
par la dernière disposition des Etats : la tutelle
toute personnelle du roi devenait, pour madame
de Beaujeu, plus qu'une régence, et le prince le
sentait fort bien. Cependant cette princesse ne pouvait se dissimuler que la rivalité d'un premier
prince du sang devait être redoutable à son
ambition : elle essaya, disent les historiens, de
conclure avec Louis une alliance où leur intérêt commun viendrait se fondre dans un sentiment qui, d'ordinaire, exclut toute mésintelligence.
Les beaux yeux de la dame devinrent des interprè-
tes d'autant plus éloquens qu'ils exprimaient le de-

sir sincère d'une transaction, au moyen de laquelle Anne eût trouvé le bonheur, pour compensation de la portion de puissance qu'elle eût concédée. Si l'on admet cette version, et si, comme le sire du Lude le disait un jour à Louis XI, sa fille aînée était la dame la plus sage du royaume, que penser des autres, en suivant l'échelle décroissante de la sagesse? Le duc d'Orléans était beau, bien fait; son attitude héroïque sous les armes lui avait conquis les faveurs d'une foule de beautés; il ne pensa pas, disent toujours les historiens, que les bonnes graces de sa belle-sœur pussent équivaloir à la moitié de pouvoir qu'il eût fallu laisser à une amante. Quelques écrivains ont ajouté que le prince se divertit avec ses courtisans des soupirs, des langueurs de la princesse, et qu'informée de cette injure, ineffaçable dans le cœur d'une femme, son amour se changea en profonde antipathie.

Quoi qu'il en soit, Anne demeura, dans ces premiers temps, maîtresse des esprits et des forces du royaume. Ce fut sous ses ordres que se firent tous les apprêts du sacre. Durant cette cérémonie, elle occupa la droite du jeune monarque; à son entrée à Paris, qui fut marquée par une allégresse sincère, la sœur du roi marcha seule à ses côtés : les princes se tinrent en arrière. Toutes les réjouissances étant terminées, Anne revint avec une active sollicitude aux soins du gouvernement; elle renouvela les anciens traités avec les Suisses et l'Écosse. L'alliance de cette dernière puissance avait toujours été recherchée par la France, parce qu'elle assurait une diversion dans les îles britanniques, en cas de guerre contre l'Angleterre. Une trêve avec le roi d'Arragon, qui élevait des prétentions sur le Roussillon, assura, au moins pour quelque temps, la tranquillité vers les Pyrénées. Au nord, madame de Beaujeu se fit un allié de René, duc de Lorraine, contre les attaques de Maximilien d'Autriche : le duché de Bar, cédé au Lorrain, fut le gage de cette alliance d'une sage politique. Puis, rapportant son attention sur les détails d'administration intérieure, la fille de Louis XI, se conciliait, de plus en plus, l'estime des seigneurs par des graces éclairées, et l'affection du peuple en travaillant aux réformes sollicitées par les Etats. Dès la première année de son règne, le jeune roi, dont l'air était affable, le caractère doux et bienveillant, donnait souvent des audiences publiques, dans lesquelles ils écoutait tout le monde, et surtout les pauvres. « Il ne se faisait pas grandes expéditions à ces au-« diences, dit Philippe de Comines ; mais au moins « était-ce tenir les gens en crainte, et principale-« ment ses ministres et ses officiers. »

Tout cet appareil de justice et de sollicitude donnait beaucoup de partisans à la cour, et en enlevait, de jour en jour davantage, au duc d'Orléans, que *Madame* annulait d'ailleurs au conseil, en le faisant présider constamment par Charles VIII. Le prince et ses confédérés résolurent de changer cet état de choses par un coup de main audacieux. Le roi habitait Vincennes, où l'on procurait à ce prince adolescent les divertissemens qui convenaient à son âge : tels que les exercices militaires, l'équitation, la chasse, surtout les tournois : simulacres de cette chevalerie, désormais à son déclin, dont il ne restait plus guère que ces pompes théâtrales. Le duc d'Orléans se fit le compagnon assidu des récréations du roi: attentif, complaisant auprès de ce monarque, ses prévenances le séduisaient; son habileté dans les exercices le charmaient. Aisément captivé par les plaisirs d'une jeunesse aimable et folâtre, dont Louis d'Orléans l'avait entouré, Charles ne tarda point à lui donner la préférence sur la société grave, pédantesque, gourmée de sa sœur : un peu plus tard, gêné dans ses nouvelles affections par les austères représentations de la princesse, il se considéra comme prisonnier, et fit entendre quelques plaintes à ses nouveaux amis. C'était où d'Orléans l'attendait. Dès-lors on lui fit progressivement des propositions tendant à rompre l'espèce d'esclavage dont il se plaignait; le roi s'accoutuma au blâme habituel de la conduite d'Anne de Beaujeu; enfin on l'amena probablement à mander à François II, duc de Bretagne, de venir *le délivrer*.

Le complot touchait à sa réussite, si Madame n'eût été plus prudente encore que son adversaire n'était entreprenant. Elle s'avait qu'en cas d'entreprise contre elle, on comptait sur l'appui du Breton, prince puissant, et mal disposé à son égard : l'adroite princesse s'était donc ménagé une créature auprès de lui, dans le nommé *Landais*, qui le gouvernait... Cet homme dénonça le complot à Madame.

Soudain la gouvernante se précipite avec vivacité dans la chambre du monarque, le gourmande comme un faible écolier, puis, s'adressant à trois seigneurs dont le duc d'Orléans a fait les favoris du roi, elle leur ordonne de sortir... Ils allèguent l'ordre du prince, qui les attache au souverain. « Votre prince, reprend la princesse, en faisant « jaillir tout le feu de la colère de son regard irrité, « qu'il paraisse lui-même, et je..., elle s'arrête... » Sans perte de temps, Anne ordonne que la cour quitte Vincennes, trop rapprochée qu'elle est, dans cette résidence, de ce Paris dont Louis d'Orléans est le gouverneur, et qu'il pourrait armer dans l'intérêt de sa cause... On se rend à Montargis : de là Madame pourra observer en même temps et la capitale et les démarches du Breton...

En effet, Louis s'efforça de soulever Paris contre sa belle-sœur : il se montrait dans les lieux publics, ouvrait sa maison à toutes les classes, donnait des fêtes, auxquelles il invitait le commerce, la bourgeoisie, et se popularisait en secourant les pauvres, en déplorant la misère du peuple, accablé, disait-il, d'impôts, qu'on avait promis d'alléger. Il fondait, en un mot, cette tactique de la maison d'Orléans, qui devait se reproduire plus d'une fois dans la suite. Louis, portant plus loin ses manœuvres, se rendit au parlement, déclama contre le gouvernement de Madame, qui ne se soumettait, disait-il, à aucun des règlemens arrêtés par les Etats, gouvernait despotiquement le roi, ne souffrait à la cour de France que les créatures en crédit auprès d'elle, et poussait l'audace jusqu'à emprisonner, en quelque sorte, sa majesté dans le donjon de Montargis, loin du parlement, son meilleur, son plus sûr conseiller. Voyant que ce discours, malgré le trait de flagornerie qui le terminait, ne produisait pas l'effet qu'il en attendait, il ajouta avec véhémence : « Et qu'on ne croie pas que je veux écarter Ma- « dame pour me mettre à sa place; qu'elle s'é- « loigne seulement du roi de dix lieues, et je me « retirerai à quarante. »

L'incorruptible Lavacquerie se chargea de répondre aux remontrances du duc : il ne lui dissimula point que, nonobstant ses dernières paroles, le parlement voyait bien qu'il n'était question dans tout ceci que d'une rivalité de domination, à laquelle la compagnie voulait demeurer étrangère; se bornant à le prier de ne point troubler la paix du royaume, et de donner, en qualité de premier prince du sang, l'exemple de la concorde et de la soumission aux lois et à l'autorité légalement constituée. Louis, mécontent du résultat de cette première démarche, tourna ses vues vers l'université, dont les milliers de bras pouvaient opérer un mouvement à Paris: même réponse, même échec. Le duc envoya ensuite des agens dans les principales villes du royaume; ils y échouèrent également. Preuve irréfragable qu'on ne produit point une révolution avec de l'intrigue seulement : il faut que son principe soit l'oppression ; les peuples qui se révoltent ne sont point factieux, mais vengeurs, mais instrumens de la justice éternelle.

On remarqua dans cette suite d'hostilités personnelles, ce genre de dépit vif, acrimonieux, plein de subtilités qui naît dans les cœurs où l'amour n'a pu trouver place. Anne, aux ruses de Louis, opposa les siennes : le duc avait voulu faire enlever Charles VIII; madame tenta d'enlever le premier prince du sang au milieu de Paris. Les gens apostés pour ce coup de main ne manquèrent le prince que de quelques minutes. D'Orléans, se sauva déguisé en paysan et à franc étrier; il se réfugia à Verneuil, dans le Perche, forteresse appartenant au duc d'Alençon.

Anne de Beaujeu ramena le roi à Paris, ôta le gouvernement de cette ville à son adversaire, et le donna au comte de Dammartin. Dunois, partisan zélé du duc d'Orléans, fut aussi remplacé dans le gouvernement du Dauphiné. Tous deux furent privés, ainsi que leurs partisans, des pensions dont ils jouissaient, et leurs compagnies d'ordonnance, corps dévoués et redoutables, furent licenciées..... La guerre civile éclatait: Anne elle-même en levait l'étendard.

Nous ne suivrons point, sur un théâtre étranger à notre sujet, les hostilités qui résultèrent de la querelle survenue entre le duc d'Orléans et madame de Beaujeu. Elles durèrent près de quatre ans : le duc de Bretagne et Maximilien d'Autriche y prirent parti contre la cour de France; et l'habile princesse qui gouvernait le royaume, digne fille de Louis XI, triompha de cette ligue puissante par l'adresse de sa politique, plutôt que par la puissance des armes. Vaincu et fait prisonnier à la bataille de Saint-Aubin du Cormier, par le connétable de la Trémouille, le duc d'Orléans fut traité avec tous les égards dus à son rang, ainsi que les princes pris dans les rangs des rebelles. Eux et les seigneurs tombés en même temps au pouvoir du connétable, furent admis à la table de ce dignitaire. Mais voici un trait qui caractérise bien le reste de barbarie dont les mœurs du quinzième siècle étaient encore empreintes : à la fin du repas, la Trémouille, fait un signe, et l'on voit entrer deux cordeliers..... A cet aspect, trop significatif, les princes se troublent et pâlissent. « Princes, leur
« dit le vainqueur, rassurez-vous, il ne m'appar-
« tient pas de prononcer sur votre destinée : cela
« est réservé au roi. Mais vous, capitaines, qui
« avez été pris en combattant contre votre souve-
« rain et votre patrie, mettez promptement ordre
« aux affaires de votre conscience.... » Et le connétable montra aux officiers les moines qu'il avait fait entrer. Vainement le duc d'Orléans et les

autres princes implorèrent-ils la grace de leurs malheureux compagnons d'armes. La Trémouille, inflexible, les fit décapiter en sortant de table*. Le premier prince du sang, l'héritier présomptif de la couronne, promené long-temps de prison en prison, fut enfin enfermé dans la tour de Bourges, et, durant la nuit, resserré dans une cage de fer.... Louis XI lui-même eut gardé plus d'égards envers un parent que son droit appelait à régner : il fallait bien que la vengeance de madame fut excitée par l'amour blessé.

Cependant la guerre avec le duc de Bretagne continuait lorsque François II vint à mourir, et laissa ses Etats à sa fille unique, Anne, princesse âgée d'à peine quatorze ans. La main de cette riche héritière était engagée : François, lors de son alliance avec Maximilien, l'avait fiancé à sa fille; un ambassadeur du prince allemand avait même glissé sa jambe nue près des charmes d'Anne de Bretagne; elle se croyait irrévocablement mariée au roi des Romains. Mais les chances malheureuses de la guerre obligèrent la jeune Bretonne à rompre ce lien, qui, à l'apposition d'une jambe près, n'était encore que diplomatique. Anne devint reine de France, et son duché fut réuni au royaume.

---

* Soit imitation, soit invention déduite des mœurs de ce temps, M. Victor Hugo a mis en scène cette situation, c'est-à-dire l'entrée des moines confesseurs à la fin d'un repas, dans son drame de *Lucrèce Borgia*, ouvrage supérieur représenté en 1833.

Toutefois si le roi mourait sans enfans, Anne rentrait dans tous ses droits sur ses anciens Etats; mais alors la veuve ne pouvait se remarier qu'au roi de France, et, s'il était déja marié, au plus proche héritier de la couronne. Par cette union, Maximilien d'Autriche se trouvait doublement déçu. D'une part, il perdait la perspective d'un brillant mariage pour sa fille Marguerite, dès long-temps promise à Charles VIII; d'autre part, la Bretagne, qu'Anne devait lui porter en dot, échappait irrévocablement à son ambition. Le roi, qui, depuis quelque temps, régnait en effet, suivit, dans cette circonstance, les inspirations de son caractère juste, doux et conciliant; une ambassade fut envoyée au roi des Romains, pour justifier, comme on justifie en diplomatie, les infidélités faites par le roi de France au traité d'Arras, et déclarer que ce prince était disposé à rendre l'Artois et la Franche-Comté, qui, sous le règne précédent, avaient été cédés à la France comme gage du mariage projeté. L'Allemand s'apaisa, et, plus tard, on conclut un nouvel arrangement avec lui. *Marguerite* épousa le fils de Henri VII, roi d'Angleterre, ce qui n'eût pas lieu sans d'autres vicissitudes. En se rendant par mer auprès de son nouvel époux, cette princesse vit le vaisseau qui la portait, tourmenté par la plus violente tempête : on rapporte qu'au moment où Marguerite n'espérait plus de salut, elle composa philosophiquement ce distique, exprimant un regret quelque peu mondain :

> Ci-gît Margot, la gente demoiselle,
> Qu'eut deux maris et si mourut pucelle.

Le mariage du roi, auquel nous revenons, avait été célébré à Langeais; la cour se rendit ensuite à Saint-Denis, où l'une des plus belles reines qu'on eût encore vues en France reçut la couronne. L'entrée à Paris des nouveaux époux fut, comme de coutume, marquée par des cérémonies brillantes, par des acclamations d'enthousiasme, par des discours emphatiques et ennuyeux : programme invariable de toutes les entrées de souverains. Le duc d'Orléans assistait à celle-ci : ce prince était sorti de sa prison de Bourges [*], aux pressantes sollicitations de Charles VIII et de sa sœur Jeanne, épouse du prisonnier; sollicitations qui eussent échoué, si le roi n'eût enfin rappelé à la dame de Beaujeu qu'il pouvait ordonner... Bien décidément, Louis était coupable envers cette irascible princesse de ce genre d'injure que les femmes ne pardonnent jamais.

[*] Charles VIII, qui n'avait pas encore fait usage de son autorité, se rendit furtivement à une petite distance de Bourges, et envoya deux chambellans ouvrir la prison du duc d'Orléans. Il l'attendit dans un château voisin. Le prince, en y arrivant, embrassa les genoux du roi sans pouvoir proférer une parole. Charles le serra plusieurs fois dans ses bras. Le reste du jour se passa en conversations amicales, et le soir le roi fit dresser dans sa chambre un lit pour son cousin. Dès ce moment commença entre ces deux princes une affection qui ne se démentit jamais. (*Anquetil, Histoire de France*, édit. de 1805, t. V, p. 297.)

Le roi termina ensuite, par traités ou accommodemens, des différends qu'il avait avec l'Angleterre et avec Ferdinand, surnommé le Catholique, roi d'Arragon. Il rendit à ce dernier le Roussillon, qui n'avait été que momentanément cédé à la France, pour gage d'une somme prêtée à l'Arragonais, par Louis XI. Comment concilier cette recherche évidente d'une paix, en effet bien nécessaire à la France, et qu'il avait fallu acheter par des sacrifices, comment, disons-nous, concilier cette recherche avec l'expédition lointaine que Charles VIII conçut en 1493? La maison d'Anjou était descendue du trône de Naples par indifférence, plus encore que par expulsion; l'entreprise contre le possesseur espagnol du royaume de Naples, fut donc plutôt chevaleresque qu'ambitieuse, quoique le roi fut devenu l'héritier de la couronne de Sicile. Charles, enthousiasmé des exploits d'*Alexandre* et de *César*, qu'il se faisait raconter, brûla d'imiter ces héros: il rêva la conquête de l'Italie, se berça de l'espoir d'un triomphe au vieux Capitole. Ce prince, tout en s'efforçant d'alléger les charges, de diminuer les malheurs de la France, songea, sans frémir, à répandre le sang des Français, sur une terre plus d'une fois déja fatale à leurs armes, et où nulle nécessité ne l'obligeait à porter la guerre.

Le roi partit au mois d'août 1494, laissant le gouvernement du royaume à sa sœur Anne de Beaujeu, assistée de quelques vieux seigneurs, trop âgés pour prendre part aux prouesses d'Italie. Dans cette guerre, où Charles VIII vainquit en courant, le fameux *Bayard*, surnommé *le chevalier Sans Peur et Sans Reproche*, combattit aux côtés du roi, son maître, dont il avait été page. Le vainqueur fit à Rome l'entrée triomphante qu'il avait rêvée... A l'exemple de Charlemagne, il exerça tous les actes de la souveraineté dans la capitale du mon de chrétien. Le pape qui occupait alors le saint-siège, était cet *Alexandre Borgia*, dont les crimes avaient rempli le monde d'une affreuse renommée. Il tremblait en ce moment, dans le château de Saint-Ange, que ce poids énorme de forfaits ne retombât sur sa puissance, et ne le fit déposer avec éclat. Le cardinal *César Borgia*, fils de cet indigne pontife, obtint un traité pour son père, et convint de rester en otage à la cour de France.

Après cette négociation, bientôt oubliée et violée, de plus d'une manière, par le criminel Alexandre VI, Charles poursuivit sa conquête, et se rendit maître de Naples, presque sans coup férir. Le roi de France ramassa alors la couronne napolitaine, que l'Espagnol Ferdinand II venait de déposer, par abdication. La cérémonie du couronnement fut magnifique : on vit le jeune monarque français parcourir Naples à cheval, avec un cortège nombreux, aux bruyantes acclamations d'une population enthousiaste et capricieuse, qui n'attendait qu'un revers pour insulter, pour couvrir de bouc le triomphateur, qu'elle adorait maintenant. Charles VIII, ivre de gloire, portait sur la tête un diadême éblouissant, dans la main droite un globe d'or, dans la gauche un sceptre... Il était vêtu d'un riche manteau d'écarlate, doublé d'hermine... En ce moment le roi, qui, peut-être, croyait renouveler Charlemagne, tant l'orgueil peut s'abuser, sentait grandir ses projets à mesure que la fortune les favorisait; l'insensé rêvait la conquête de Constantinople... l'empire d'orient!

Cependant Charles, qui croyait reposer en Italie sur un lit de roses, parce qu'il recueillait partout les hommages des grands et les tributs plus doux de la beauté, Charles avait fondé son nouveau trône sur un volcan. Une ligue redoutable se formait contre l'imprudent Français : le pape, le duc de Milan, Ferdinand, roi d'Espagne, les Vénitiens, et toutes les autres républiques d'Italie, se réunissaient pour envelopper l'armée française, et l'écraser sur le théâtre même de ses victoires. *Comines* avait vu, dans la méditation et le silence, se former l'orage; il avertit à temps son maître du danger imminent qu'il allait courir... Le lendemain du jour où Charles promettait à son ambition la capitale de Constantin, une retraite vers la France fut décidée. L'humiliation de cette fuite fut déguisée par la victoire de Fornoue, qui, par malheur, n'empêcha point les Français d'être harcelés et poursuivis jusqu'aux Alpes. Environ quinze mois plus tôt, le roi et son armée avaient traversé le midi de la France, gais, magnifiques, bouillans de courage et d'orgueil. On les vit traverser de nouveau ce pays, tristes, écloppés, couverts de lambeaux et maigris par la faim et la maladie... Des monceaux d'or, des habits semés de pierreries, une multitude de chevaux du plus grand prix, étaient restés en Italie comme gages d'une expédition téméraire; et les Français, par une déplorable compensation, rapportaient, pour unique fruit de cette croisade lointaine, *ce mal de Naples, ce syphilis*, qui devait dès-lors mêler son poison aux félicités ineffables de l'amour.

En l'absence de Charles VIII, Anne de Beaujeu avait gouverné sagement ; les exigences du roi, à son retour, en parurent plus intolérables. Ce prince avait laissé en Italie quelques garnisons et un corps de troupes, sous les ordres du comte de *Montpensier*; tous ces malheureux Français, et même leur chef, succombèrent successivement dans les combats ou sous les atteintes redoublées des privations. Cependant, Charles VII conservait le désir de reconquérir *son* royaume de Naples, et ce prince levait des soldats pour une nouvelle expédition. Dans cette occurrence, qui ne pouvait offrir une nécessité aux hommes sages, le roi osa frapper la France d'un nouvel impôt, que, le premier parmi nos souverains, il voulut faire partager au parlement, afin, disait-il, que ce corps donnât l'exemple aux privilégiés. La remontrance qu'on lui fit en réponse à cette demande fut grave et sincère : « Dure chose, dit le premier président, de rendre les bonnes villes franches, les grands personnages et cours souveraines contribuables à si grands, merveilleux et insupportables emprunts.... laquelle chose, en brief temps, peut être cause de grande désolation. » Le roi n'osa pas insister; mais il exprima hautement son mécontentement à la cour, et fut sur le point de le lui témoigner par des effets, en établissant un parlement à Poitiers, pour les provinces riveraines de la Loire... Les magistrats, ainsi que leurs suppôts et en général tous les habitans de Paris, supplièrent Charles de renoncer à ce projet : la capitale tirait un grand profit de l'affluence de plaideurs que les procès y amenaient sans cesse ; c'eût été ruiner une partie de la population que d'empêcher les étrangers de venir à Paris se ruiner eux-mêmes, en suivant d'interminables procédures. Le roi, touché des doléances qu'on lui fit entendre à cet égard, renonça à son projet, d'ailleurs affaibli dans sa pensée, avec le ressentiment que la réponse énergique du parlement avait provoqué.

Les idées de conquête s'affaiblirent dans la tête de Charles, à mesure que la raison et l'expérience prirent en lui plus d'empire; il parut vouloir s'appliquer aux affaires, et songea à réparer, par un gouvernement sage, le mal que le dépit passionné de sa sœur et sa propre fougue militaire avaient fait au royaume. Charles porta principalement ses vues sur l'amélioration de la justice, toujours entravée ou corrompue par la cupidité et la prévarication. Il fixa à Paris le grand conseil, qui jusqu'alors avait suivi la cour, dans ses nombreuses mutations de résidence : inconvénient grave dont s'étaient plaints souvent les justiciables de ce tribunal souverain. On dut à ce prince un édit portant que tous les dix ans un concile national s'assemblerait à Paris : loi vraiment paternelle que les souverains éludèrent presque toujours. Charles donna, à l'exemple de son aïeul et de son père, une attention soutenue à la rédaction des coutumes. Les Bretons, sujets de la reine, que ce monarque affectionnait à cause d'elle, obtinrent un parlement spécial. En un mot, la France commençait à recueillir le fruit des intentions bienveillantes de l'un de ses meilleurs rois, lorsqu'un accident l'enleva à son peuple, qui l'aimait à cause de ses bonnes qualités, et qui n'eut pas tardé à l'aimer à cause des actes de son règne. Charles VIII, en voulant passer par la porte fort basse d'une galerie du château d'Amboise, se donna un coup violent à la tête et mourut des suites de cet accident, le 7 avril 1498. Ce prince n'avait que vingt-huit ans.

Anne de Bretagne montra la plus vive affliction : elle avait épousé Charles sans l'aimer, et l'on ne pouvait guère, en effet, s'attacher à lui par l'examen de ses qualités physiques. Il était petit et mal fait : sur un corps fort grêle, ce monarque portait une tête démesurément grosse, et ses traits offraient un ensemble disgracieux, que ne pouvait dissiper un sourire plein de douceur et de bienveillance. Anne passait au contraire pour l'une des plus belles femmes de l'Europe; cependant elle aima sincèrement son premier époux, lui donna quatre enfans, qui moururent avant lui, et n'enleva jamais, disent tous les historiens, le tribut d'un soupir au chaste amour qu'elle vouait au roi. Les mêmes écrivains rapportent pourtant que Charles VIII, avec une complexion aussi faible que celle de la reine était belle et puissante, n'imita point la fidélité de cette princesse. Il soupira tour à tour pour une des filles de sa femme, pour une jeune Italienne de Novare, et pour d'autres beautés, qui se montrèrent promptes à récompenser son amour royal. Ajoutons néanmoins que ce prince savait au besoin imposer à ses passions le frein de l'honneur : dans le sac de Toscanelle, petite ville du royaume de Naples, un courtisan lui amena une demoiselle charmante. Charles était incapable d'user brutalement des droits que la victoire lui donnait sur cette belle créature : il employa ces séductions que la nature met dans la bouche de tout galant Français ; ce fut en vain ; l'Italienne le repoussa. Exalté alors par sa passion, il allait agir en vainqueur, en roi, lorsque la jeune fille se jeta à ses pieds et s'écria, en montrant une figure de la Vierge : « Au nom de celle qui, par

« sa pureté, a mérité d'être mère de Dieu! O roi, « sauvez-moi, sauvez-moi l'honneur!.... » Touché jusqu'aux larmes, le monarque relève la pauvre enfant, et la rend à ses parens avec toute sa pureté... Charles imita la retenue que Scipion montra à la belle Espagnole, mais il l'imita un peu tard : il eût mieux valu qu'il laissât vaincre ses sens par sa propre générosité que par les alarmes de sa conquête.

En résumant le règne de ce prince, on y trouve mille témoignages de bonté, pas un seul de méchanceté, disons plus, pas un seul de malice. On peut reprocher beaucoup d'erreurs à son esprit; mais son cœur fut irréprochable. Il faut ajouter à sa louange qu'arrivé au suprême pouvoir le plus ignorant des hommes, il forma son moral au milieu des adulations, des soins corrupteurs d'une cour dont il devait percer d'un regard les mensonges et les vices, pour apercevoir les bons exemples, toujours tenus si loin des rois. Charles prit de lui-même le goût des livres, que son père lui avait toujours fermés ; il fit traduire les bons auteurs, encouragea les savans, les artistes, et recula les limites de l'art funeste des combats. L'artillerie française, qu'il fit perfectionner, contribua au salut de l'armée française en Italie.

Charles VIII, surtout après un tyran tel que son père, mérita les regrets que la France lui donna, quoiqu'il n'eut rien fait de précisément grand pour elle. Voici les établissemens fondés ou agrandis, durant ce règne, dans la ville de Paris.

La foire Saint-Germain, qui subsistait encore au moment de la révolution, fut fondée régulièrement en l'année 1486. Dès 1176, l'abbaye de Saint-Germain jouissait du privilège d'établir une foire, et du droit de percevoir les redevances que les marchands devaient payer pendant sa durée; mais ce monastère était tenu de verser dans les coffres royaux la moitié de ce produit. Cette foire commençait alors quinze jours après Pâques, et durait trois semaines. En 1278, l'abbaye, par suite d'une condamnation judiciaire, se vit contrainte d'abandonner au roi la seconde moitié du revenu de la foire Saint-Germain, qui se tenait dans le Pré aux Clercs. Elle fut, par suite de cet abandon, transportée aux halles.

Cependant, les moines de Saint-Germain ayant fait comprendre à Louis XI, par de fréquentes doléances, que leur maison avait beaucoup souffert pendant de longues guerres, particulièrement sous les règnes de Charles VI et de Charles VII, le monarque leur accorda, à titre de dédommagement, un nouveau privilège pour l'établissement d'une foire franche, dans le faubourg Saint-Germain, sur l'emplacement de l'hôtel de Navarre. Charles VIII ayant, comme nous l'avons dit, autorisé définitivement cette fondation, et fixé sa durée à huit jours, l'abbé de Saint-Germain acheta, en 1489, de nouveaux terrains pour agrandir le champ de foire, dont le marché Saint-Germain n'occupe plus aujourd'hui qu'une partie. Dans la suite, la durée de cette foire fut considérablement augmentée : pendant les derniers siècles, elle ouvrait le 3 février, était fort brillante durant le carnaval, continuait presque tout le carême, et ne se fermait que le dimanche des Rameaux. Les religieux avaient fait construire, dit-on, cent quarante loges en charpente, qui passaient pour des chefs-d'œuvre de l'art. On les voyait encore en 1763, époque à laquelle un incendie les détruisit dans la nuit du 17 mars.

Le terrain sur lequel tenait la foire Saint-Germain s'étendait jusqu'auprès du Luxembourg : une partie de cet emplacement, située entre les rues Garancière et de Tournon, servait à la vente des bestiaux. On nommait ce lieu le *Champ-crotté*, et ce nom n'était pas usurpé. Le marché tenait dans une autre partie, qu'on nommait le *Préau* : il s'étendait vers la rue de Buci. Nous aurons occasion de reparler de la foire Saint-Germain, qui, durant les seizième, dix-septième et dix-huitième siècles, fut un centre de plaisirs, d'orgies, de débauche et de scandale : le produit de tout cela formait pourtant une partie du revenu de l'abbaye, qui eut un saint pour fondateur.

Nous ne trouvons plus, sous le règne de Charles VIII, qu'une seule fondation nouvelle : c'est la maison des *Filles Pénitentes*, instituée dans une partie de *l'hôtel d'Orléans*, depuis hôtel de Soissons, rue d'Orléans-Saint-Honoré. En 1494, le duc de ce nom abandonna une portion du bâtiment qu'il habitait lui-même, pour favoriser le projet pieux d'un cordelier, nommé *Jean Tisserand*; lequel venant de convertir environ deux cents filles publiques, se proposait de les réunir en communauté religieuse. Charles VIII, par lettres-patentes de l'année 1496, autorisa définitivement cette fondation. Mais ce ne fut que vers l'an 1500 que Jean Simon, évêque de Paris, fit pour les Filles-Pénitentes le plus étrange règlement qui jamais soit sorti d'une plume épiscopale. Les prostituées, pour être admises dans le couvent, devaient faire preuve suffisante de libertinage, et jurer, sur les Saints Evangiles, qu'elles s'étaient vouées précédemment au vice. Le besoin d'échapper à la misère fit essayer aux aspirantes divers genres d'abus ou de supercherie. Quelques-unes se livrèrent à la prostitution, afin de se ménager un asile; d'autres jeunes personnes, qui avaient vécu chastement, mais dont les parens voulaient se débarrasser, se présentèrent pour être admises aux Filles-Pénitentes, en affirmant, sur serment, qu'elles s'étaient prostituées, quoiqu'elles fussent encore vierges*. Pour se garantir à l'avenir de ces subtilités, les religieuses assujétirent les néo-

* Un article du règlement de Jean Simon, porte : « Vous « savez qu'aucunes sont venues à vous qui étaient vierges et « bonnes pucelles et telles ont été par vous trouvées, com- « bien qu'à la suggestion de leur père et mère, qui ne de-

phites à une visite faite par des matrones, en présence des mères, sous-mères et discrètes de la maison. A la suite de cet examen scrupuleux, toute aspirante convaincue de virginité était expulsée, comme indigne d'être admise au couvent.

En 1572, Catherine de Médicis, voulant faire bâtir un hôtel sur l'emplacement occupé par le monastère des Filles-Pénitentes, les transféra dans le convent de Saint-Magloire, rue Saint-Denis. Nous reparlerons de cette institution.

Le 6 juin 1483, le tonnerre étant tombé sur l'abbaye de Sainte-Geneviève, y produisit de grands dégats: le clocher fut brûlé, quatre cloches furent fendues, et plusieurs parties des bâtimens renversées. Informé de cet accident, le pape Sixte IV expédia aux génovéfins une cargaison d'indulgences, marchandises d'un débit facile, et qui ne manquait jamais de procurer beaucoup d'argent aux débitans. Les religieux de Sainte-Geneviève eurent bientôt amassé assez d'aumônes pour faire réparer leurs bâtimens et leur église: cette réparation fut achevée sous le règne de Charles VIII.

Vers la fin du quinzième siècle, le bourg de Sainte-Geneviève s'étant accru considérablement, les fidèles affluèrent à l'église de Sainte-Étienne-

« mandaient qu'à s'en défaire, elles eussent affirmé être cor-
« rompues. » *Histoire des Ordres Monastiques*, tom. *IV*,
». 239.

du-Mont, encore petite et fort incommode. Alors les marguilliers de cette église demandèrent aux suzerains de l'abbaye quelques toises de terrain et de bâtimens pour agrandir cette même église. Ils sollicitèrent en même temps la permission de faire élever un clocher et d'y placer quatre cloches; enfin ces administrateurs, dirigés par un beau zèle, joignirent à ces deux demandes, celle du droit de faire ouvrir une porte particulière, qui communiquât directement du dehors dans leur nef. L'abbé de Sainte-Geneviève, moyennant un subside assez considérable, satisfit ses voisins sur les deux premiers points; mais il refusa obstinément de condescendre au troisième : les paroissiens durent continuer de traverser l'église de l'Abbaye pour entrer dans celle de Saint-Étienne-du-Mont. En 1517 seulement, c'est-à-dire quand le vaisseau eut été presque entièrement reconstruit, il fut permis au curé et aux marguilliers de cette paroisse d'avoir une porte ouvrant sur la rue. Nous reparlerons de cet édifice, en mentionnant l'élévation de sa façade actuelle, commencée en 1610.

En 1483, le monastère hospitalier des Filles-Dieu, établi rue Saint-Denis, était à peu près abandonné, par suite du désordre introduit parmi les religieuses; les bâtimens tombaient en ruine. Charles VIII donna cette maison et ses revenus à l'ordre de Fontevrauld, fondé par Robert d'Arbrisselle. En conséquence, huit religieuses et sept religieux vinrent, selon leurs statuts, s'établir en

Église St Étienne du Mont.

communauté au couvent des Filles-Dieu * : alors on commença la reconstruction de l'église, qui ne fut terminé qu'en 1508. Le vice religieux, consacré par Robert d'Arbrisselle, s'établit en paix dans le monastère des Filles-Dieu, jusqu'en l'année 1648; époque à laquelle il arriva une aventure que nous rapporterons en son temps.

Dans le cours du cinquième siècle, il y eut à Paris trois débordemens de la Seine, qui causèrent les plus grands dommages; les deux premiers, survenus en 1426 et 1427, n'égalèrent pas néanmoins le troisième, arrivé le 7 janvier 1493. Les eaux sorties intempestivement de leur lit, couvrirent la place de Grève, la place Maubert, la rue Saint-André-des-Arts et toute la Cité. Cette fois, comme tant d'autres, on fit des processions, on opposa aux ordres déchaînées les châsses des bienheureux Marcel, Landri, Blanchard, et celles de sainte Anne et de sainte Geneviève. L'inondationne céda pas insensiblement aux injonctions tacites de ces vénérables autorités; il fallut bien rapporter le fléau. Pour en perpétuer le souvenir, on fit

---

* La pensée du fondateur avait été que, les religieux et les religieuses vivant ensemble, les épreuves auxquelles ils mettaient leur chasteté seraient plus difficiles, et conséquemment plus dignes d'être offertes en sacrifice à Dieu. Par malheur, ni hommes ni femmes ne résistèrent à ces dangereuses séductions, et ce que Robert d'Arbrisselle s'était proposé comme un moyen de pénitence, devint une occasion de luxure et de prostitution.

élever, sur une partie du quai de la Mégisserie, appelée la *Vallée de Misère*, un pilier portant l'image de la Vierge, au-dessous de laquelle on fit graver une inscription commémorative de cette calamité.

Malgré les désastres de la guerre civile, les exécutions, les bannissemens qu'elle avait entraînés, les maladies contagieuses et diverses autres causes de dépopulation, Paris, dont nous mentionnerons l'accroissement dans le chapitre suivant, renfermait, vers le commencement du règne de Charles VIII, *cent cinquante mille habitans*. Cette évaluation modérée n'est point celle d'un chroniqueur contemporain, nommé Jean de Troyes, qui, dès le milieu du règne précédent, prétendait avoir vu deux cent mille personnes réunies sur la place de Grève, pour assister à l'exécution du connétable de Saint-Paul. Ce n'est qu'avec une extrême défiance que nous consultons les écrivains du moyen âge, gens naturellement portés à tous les genres d'exagération. On retrouve dans leurs écrits la physionomie morale du temps où ils ont vécu; mais on doit sagement retrancher, le plus souvent, quelque chose de leurs appréciations.

CHAPITRE X.

LOUIS XII, DIT LE PÈRE DU PEUPLE, LE THÉÂTRE ORGANISÉ A PARIS.

Louis, duc d'Orléans, le premier prince de sa maison qui ait régné sur la France, monta au trône le 7 avril 1498, à l'âge de trente-six ans. Ce monarque ne fut point un grand politique: on le vit souvent dupe des hommes, des évènemens et de ses propres conceptions. Mais il eut de la bonté, de la justice, l'amour sincère du peuple qu'il gouvernait, et le desir constant de le rendre heureux. Fidèle à ses promesses, premier observateur des lois qu'il rendait, ennemi des intrigues, des subtilités; aimant à prendre conseil des hommes instruits, et repoussant cette vanité, commune à tant de souverains, qui croit tout le savoir attaché à la toute-puissance, Louis fut véritablement un *bon roi*. Aussi voyez les hommes dont il s'entoura : ce règne offrait une magistrature intègre; Bayard, simple chevalier, mais vertueux, brave et capitaine expérimenté, commanda les armées; les emplois ne furent point donnés aux brigues, aux sourdes menées, à la délation; la prostitution du sexe ne fit pas de dignitaires;

en un mot, toute la moralité de l'époque semblait être régie par cette maxime de Louis XII :
« Suivez toujours la loi, malgré les ordres con-
« traires à la loi que l'importunité pourrait arra-
« cher au monarque. »

Le premier acte du règne de Louis fut un de ces élans de générosité, qui caractérisent l'homme vertueux : il oublia les injures de ceux qui l'avaient offensé avant qu'il eût ceint la couronne. Nous avons mentionné la rigueur que le connétable de la Trémouille avait montrée aux vaincus, après la bataille de Saint-Aubin : ses ennemis crurent qu'il serait facile de le perdre auprès de Louis XII, en rappelant à ce prince le supplice de ses compagnons. « Si la Trémouille a bien servi
« son maître contre moi, répondit le roi, il me ser-
« vira de même contre ceux qui seraient tentés
« de troubler l'État....... Ce n'est pas au roi de
« France à venger les injures faites au duc d'Or-
« léans. »

Le roi eut pour la jeune veuve de Charles VIII des soins qui dépassèrent la mesure des égards : Anne avait été aimée tendrement, avant son mariage, par le duc d'Orléans. A peine sortie de l'enfance, la fille de François II, s'était, dit-on, senti une vive inclination pour ce prince, homme aimable et paré de tous les avantages qui séduisent le regard..... Les évènemens ultérieurs avaient desserré peut-être, mais non pas rompu, ces liens : un premier amour laisse dans le cœur des traces ineffaçables. Louis s'attendrit d'abord avec la reine, pleura comme elle le feu roi, dont il était l'ami, et bientôt, au sein de cette communauté de douleur, se ranima un tendre sentiment, qui s'était assoupi aux intimations laborieuses du devoir. Anne retourna en Bretagne ; mais elle promit en partant au roi, qu'elle l'épouserait, s'il parvenait à faire rompre légalement son mariage avec Jeanne de France.

Ce divorce et généralement tout ce qui concerne les rapports de Louis avec sa première femme, forment une tache dans la vie, d'ailleurs si pure, de ce prince. Jeanne aimait son mari, et l'aimait fidèlement : point conjugal alors d'une extrême rareté, surtout parmi la noblesse. Mais la fille de Louis XI avait le malheur d'être sans beauté, boiteuse, un peu contrefaite ; et l'œil mécontent d'un époux rend aisément son cœur complice d'une telle disgrace. Malgré la soumission, les soins assidus, la tendre sollicitude de Jeanne, vertus qui s'étaient rendues si attentives, si secourables pendant la prison du duc d'Orléans, celui-ci dédaignait sa femme et la traitait peu convenablement, tandis que, presque sous les yeux de cette princesse délaissée, il se montrait coupable d'infidélités redoublées. Le délaissement même de la nouvelle reine faisait espérer à Louis XII que, regrettant peu des liens sans charme, elle ne s'opposerait que faiblement à leur rupture ; mais abandonner le rang suprême ! un tel sacrifice était dur; et le roi, en comptant sur la résignation de Jeanne, s'était complètement trompé. Un tribunal ecclésiastique, réuni à Tours, connut de cette affaire délicate, sous la présidence de *Ferdinand*, nonce de l'infâme Alexande VI, qui ne pouvait manquer de protéger une de ces actions immorales dont toute sa vie avait été tissue. Le procureur du roi, chargé de porter la parole, allégua pour motifs du divorce : 1º la parenté au degré prohibé; 2º des violences faites, dans le temps, au duc d'Orléans, pour l'obliger à contracter cette union; 3º l'inhabileté de la reine à consommer l'œuvre du mariage. Les avocats de Jeanne répondirent que les dispenses apostoliques avaient levé la difficulté d'alliance prohibée; que les violences faites à Louis d'Orléans étaient supposées; et que, quant au troisième point, la plainte du roi était bien tardive, bien contraire à ses assertions passées. Car, poursuivirent ces orateurs, non-seulement les époux n'ont eu souvent qu'un même lit; mais il est arrivé plus d'une fois au prince, en sortant des bras de sa femme, de vanter, même avec exagération, les plaisirs qu'il avait goûtés. La reine, s'étant levée, ajouta en rougissant un peu : « Je sais que je ne « suis ni aussi belle ni aussi bien faite que beaucoup « d'autres; mais je ne m'en crois ni moins propre « aux fins du mariage, ni moins capable d'avoir « des enfans. » Du reste, Jeanne rejeta avec indignation la visite des matrones, que le procureur du roi avait proposée, afin de prouver que S. M.

malgré dix-huit années de mariage, conservait encore une virginité qui témoignait de ses infirmités.

Louis XII voyait, avec un vif regret et une sorte de remords, s'élever des difficultés, qu'il n'avait pas prévues; mais l'amour qu'Anne de Bretagne lui inspirait, et qu'il savait payé de retour, le détermina à persister. Le divorce fut prononcé et sanctionné par le pape; le fils de ce pontife, César Borgia, fut porteur de la bulle de son père, et reçut du roi le duché de Valence. Il prit alors le nom de duc de *Valentinois*, après avoir déposé la pourpre romaine et ceint l'épée.

Anne de Bretagne donna la main à son amant avec des transports de tendresse qui firent sourire malignement quelques dames françaises... Celles-ci avaient toujours refusé de croire à la vertu d'une princesse qui, disaient-elles, avait connu l'amour à l'âge de treize ans, et dont la complexion annonçait une nature impérieuse. La renommée de la belle Bretonne a pourtant triomphé de ces soupçons malveillans. Tandis que Louis épousait à Nantes celle qui, depuis long-temps, possédait son cœur, Jeanne fondait à Bourges l'ordre des *Annonciades*, s'enfermait dans leur maison, et, dépouillant la pompe suprême, s'efforçait d'oublier dans la prière un bonheur qui lui arracha souvent des soupirs, jusqu'au dernier moment de sa vie. Cette princesse, aussi vertueuse qu'infortunée, mourut à Bourges six ans après son divorce.

Il faudrait se répéter sans cesse si l'on voulait mentionner, avec une minutieuse exactitude, toutes les réjouissances auxquelles les entrées de souverains à Paris ont donné lieu : bornons-nous à dire qu'Anne de Bretagne fut couronnée, pour la seconde fois, à Saint-Denis; que son retour dans la capitale fut célébré par la suppression d'un dixième des impôts, et que le roi supprima tout-à-fait, dans cette circonstance, le droit de *joyeux avènement*, qui consistait en présens d'un prix exorbitant.

Un léger nuage plana sur la première année de ce règne; l'université, corps toujours infatué de ses privilèges, était blessée de n'avoir pas été consultée dans l'affaire du divorce ; elle se déchaîna avec véhémence contre la décision qui l'avait prononcé. Non-seulement des écrits nombreux furent publiés à cet égard ; mais toutes les chaires retentirent d'une censure injurieuse, dirigée contre le souverain. Ne pas arrêter ces excès eût été faiblesse : des remontrances vigoureuses furent adressées aux mutins, dont le nombre ne s'élevait pas à moins de vingt-cinq mille ; la menace vint ensuite : elle suffit pour rétablir l'ordre.

Après son second mariage, Louis XII ouvrit une série d'actions utiles, nobles et généreuses, qu'il ne cessa jamais d'alimenter, même lorsqu'une erreur politique lui fit rechercher la gloire périlleuse des armes au-delà des Alpes. Le roi forma d'abord son conseil d'hommes recommandables par leurs vertus et leurs capacités, mais qu'il était digne de présider à tous égards. Nul d'entre eux n'eut des vues plus sages, une judiciaire plus équitable, un jugement plus sûr que ce souverain. Son premier ministre fut *Georges d'Amboise*, évêque de Luçon, et depuis cardinal; personnage dont la fortune ressembla à celle d'un autre évêque de Luçon, fameux dans l'histoire (Richelieu), sans avoir été consolidée par les attentats qui marquèrent la carrière de ce dernier. Georges d'Amboise n'était point un homme de haute capacité; mais, attaché au duc d'Orléans depuis son enfance, il servit Louis XII en ami, c'est-à-dire selon les intentions bienveillantes de ce prince. Aidé des soins d'un ministre honnête homme, et des avis d'un conseil où siégeaient, au premier rang, *Mallet, seigneur de Graville, Guy de Rochefort, Florimont, Robertet* et *Etienne Poncher*. Le roi fit des règlemens empreints d'une sollicitude vraiment paternelle. La solde des troupes, encore mal assise, quoique déjà fixée, fut assurée par des ressources invariables. Cette disposition autorisa l'émission de règles sévères sur la discipline, dont les violations demeurèrent sans prétextes. Une ordonnance de police intérieure occupa ensuite le monarque : des traitemens honnêtes furent alloués aux magistrats, pour que le besoin n'éveillât point en eux la cupidité, et ne pût produire la corruption. Une loi détermina le mode de cession des emplois de magistrature, afin que la finance ne continuât pas d'être l'unique condition de l'investiture, dans un genre d'emploi où le talent et l'équité peuvent seuls assurer l'exercice régulier de la justice. La pragmatique sanction, cette garantie des libertés de l'église nationale, si souvent attaquée par les papes, fut remise en pleine vigueur, et prise pour base de l'élection aux bénéfices. La haute finance, la perception des impôts, le commerce intérieur, la navigation, les fabriques, l'agriculture, tout fut remis sur le métier législatif du conseil; tout fut régi par de nouvelles lois, et plus précises et plus sages que les parcelles de législation diffuse qui, jusqu'alors, avaient concerné ces diverses branches de la prospérité publique. Assurément Louis XII, par les premiers travaux de son règne, s'acquit une place distinguée parmi les rois législateurs. La rédaction même des édits et ordonnances en faisait aimer l'esprit : on remarquait, dans leur texte, une droiture, une sincérité d'intentions, une expression affectueuse, un élan de noblesse et de générosité, qui révélaient toute la bonté du prince, et lui méritèrent dès-lors le beau surnom de *Père du peuple*.

Malheureusement Louis XII atteignit trop tôt le terme de ses travaux paternels ; trop vite il en vit poindre le fruit, chez un peuple qui retrouvait enfin l'espoir d'une prospérité dont il était privé depuis tant de siècles. Le bon roi, après avoir travaillé à rebâtir l'état social sur les fondemens de la justice et de la loyauté, crut pouvoir songer à la gloire de son règne, et ne l'entendit pas aussi bien que le soulagement de ses sujets. Le don fatal fait à la couronne de France par le dernier prince du nom d'Anjou, se reproduisit à la mémoire de Louis XII avec toutes ses séductions, et sans le souvenir des maux que ce présent funeste avait déjà coûtés aux Français. Pour surcroît de malheur, Louis, au desir de conquérir une seconde fois l'État napolitain, joignit celui de ressaisir, comme héritier de Valentine Visconti, sa bisaïeule, le duché de Milan, usurpé par les *Sforces* et gouverné alors par *Ludovic-le-Maure*.

Pour franchir les Alpes avec quelque sécurité, il fallait assurer la paix sur d'autres points : Henri VII, roi d'Angleterre, ne put être contenu que par l'assurance du paiement annuel de cinquante mille écus, stipulé sous le règne de Louis XI. D'un autre côté, les Suisses qui, sollicités par le duc de Milan, semblaient chanceler dans l'alliance de la France, ne purent y être maintenus qu'au moyen d'une avance considérable, sur le montant des capitulations faites avec eux. Il fallut soudoyer plusieurs petits princes ou républiques d'Italie, non pour s'en faire des alliés, mais seulement afin d'éviter qu'ils ne se joignissent aux ennemis que Louis allait combattre.

Tant de sacrifices épuisèrent les finances de l'État, avant même qu'on eût cessé de payer toutes les sommes promises. Louis XII, ce prince qui venait d'apporter tant de soin au choix des fonctionnaires, recourut, dans sa nécessité, au dangereux expédient de vendre les offices des finances, moyen très propre à remettre le peuple sous la main des hommes cupides et immoraux... Rien ne nuit à la sagesse comme la nécessité. Cependant, les traitans firent au roi de fortes avances, dont le remboursement progressif fut assigné sur la perception des impôts. Dans la suite, le bon roi, ayant senti ce que cette mesure avait eu d'immoral, remboursa en masse le montant de ces emprunts. Il espérait enlever ainsi à ces successeurs l'exemple de cette triste opération; mais il était donné, et ne fut que trop suivi.

Pourvu de cette nouvelle ressource, Louis XII leva promptement une armée qui, marchant vers le Milanais sur trois colonnes, en fit rapidement la conquête. Maître de Milan, le roi y fut couronné avec magnificence, tandis que Ludovic-le-Maure et sa famille recevaient un asile à la cour de l'empereur Maximilien.

Cette conquête, cette investiture souveraine, ne furent pas plus solides que le triomphe de Charles VIII à Naples. Le Milanais, plusieurs fois perdu, plusieurs fois reconquis, fut, ainsi que toute l'Italie, abreuvé de sang, blanchi d'ossemens français, durant une guerre que quatre règnes successifs ne devaient pas voir finir..... Là combattirent Bayard, Gonsalve de Cordoue, et Gaston de Foix, duc de Nemours; chevaliers dignes du renom des Renaud et des Roland : là, périt le dernier de ces trois preux, qui laissa des regrets universels.

Le roi ne commanda point ses armées en Italie; mais, par malheur, il y envoya négocier Georges d'Amboise, ministre intègre, mais politique maladroit, qui ne sut faire que des traités obscurs, qu'il fut aisé d'éluder. Ce cardinal, dans son voyage d'Italie, avait obtenu le titre de *légat a latere*, et les pouvoirs attachés à cette dignité, afin de les exercer en France. Louis XII lui permit d'user de son autorité pour la réformation de plusieurs ordres religieux, dont l'orgueil, l'audace et l'immoralité étaient devenus intolérables. On commença par les jacobins de Paris, qui, sous ce triple rapport, devaient subir un prompt renouvellement de règle et de discipline. Leur maison contenait quatre cents moines, pensionnés par les provinces pour étudier dans la capitale : le légat ayant décidé que ce nombre serait réduit à moitié, deux évêques commissaires se présentèrent au couvent pour signifier cette décision; on refusa de les écouter. Ces prélats revinrent, appuyés d'un corps de troupes; les jacobins se mirent en défense, et soutinrent long-temps l'assaut qu'on livra à leur monastère. La faim les détermina cependant à capituler, après un siège de trois jours. Les cordeliers, qu'on voulut assujétir à la même réforme, préférèrent la ruse aux hostilités ouvertes : ils laissèrent entrer les évêques commissaires; mais, se renfermant dans leur église, ils se mirent à chanter des psaumes, à haute voix, et chaque fois que les envoyés du légat voulaient prendre la parole, ces intrépides chanteurs redoublaient leur bruyante mélodie. Après avoir entamé plusieurs fois un discours, toujours interrompu par le chœur malicieux, les évêques, impatientés, se retirèrent sans avoir pu se faire entendre. Mais le prévôt de Paris, escorté d'une soixantaine d'archers, trouva moyen d'obtenir audience, et la réforme s'opéra. Elle s'étendit aux abbayes de Saint-Germain-des-Prés, de Sainte-Geneviève et de Saint-Martin-des-Champs, également encombrées de religieux indociles à la discipline. Ceux qui ne voulurent pas s'y soumettre furent expulsés; les autres sentirent qu'un réformateur qui disposait des lances de la monarchie, parviendrait tôt ou tard à se faire obéir; et comme la vie monastique était douce, même rentrée dans les limites d'une réserve dérobant au plus les apparences du désordre, ils se résignèrent.

En 1504, la guerre d'Italie, longue, malheureuse, prodigue de sang, et stérile en résultats; cette guerre, que Louis XII regrettait maintenant d'avoir entreprise, mais qu'il croyait de sa gloire d'achever avec honneur, causait à ce prince un profond chagrin, qui bientôt altéra sa santé, affaiblie déjà par les prouesses dont il voulait payer la fidélité d'Anne de Bretagne. Le roi fut en peu de jours aux portes du tombeau. Alors la reine lui montra la plus vive, la plus attentive sollicitude : elle ne quitta ni le jour ni la nuit le chevet de son époux, le soigna en amante empressée, et ne prit de repos que lorsqu'on l'eut assurée que tout danger était passé. Cependant, au milieu de cette compassion affectueuse, la reine songea à l'avenir de ses enfans : Louis XII ne lui avait donné que deux filles, qui ne pouvaient succéder au trône. Si le roi mourait, la couronne appartenait à *François, duc d'Angoulême* descendant, ainsi que le roi régnant, du duc d'Orléans, assassiné Vieille rue du Temple, et de Valentine de Milan. La mère de ce prince, Louise de Savoie, restée veuve à vingt-deux ans, faisait élever son fils avec beaucoup d'éclat dans le château d'Amboise; elle aimait à caresser des espérances de royauté qui ne paraissaient pas sans fondement, puisque la postérité actuelle du roi était féminine. Louise de Savoie réunissait autour de François une cour aimable, quelque peu légère, surtout fort empressée, dont ni la mère, ni le fils ne repoussaient les soins et la légèreté. Le maréchal de Gié, en qualité de gouverneur du jeune d'Angoulême, résidait presque continuellement à Amboise : cette résidence lui devint funeste. Au moment où la maladie du roi ne laissait plus qu'un faible espoir aux médecins, Anne, par suite de la précaution que nous avons indiquée, fit embarquer sur la Loire ses meubles et ses bijoux les plus précieux, qu'elle envoyait à Nantes. Gié, qui, du château d'Ambroise, vit plusieurs bateaux bien escortés descendre le fleuve, se douta de ce qu'ils pouvaient contenir, et crut qu'il était dans les intérêts de son élève, héritier d'une couronne qu'il allait saisir, de s'opposer à ce qu'on déplaçât des effets auxquels le futur monarque pouvait avoir des droits. Gié descend sur la rive, fait arrêter le convoi, et Louise de Savoie l'approuve. On a ajouté, mais sans preuves, que le maréchal poussa la prévoyance jusqu'à ordonner qu'on arrêtât la reine elle-même, et surtout la princesse Claude, sa fille aînée, héritière présomptive du duché de Bretagne.

C'était à Blois que Louis XII se trouvait malade; Gié s'y rendit sur-le-champ, afin de surveiller de plus près les intérêts du jeune François; tandis que le maréchal d'Albret amenait vingt mille Gascons, pour soutenir au besoin les droits du nouveau souverain. En même temps, le gouverneur du château d'Amboise recevait l'ordre de conduire le jeune prince dans le donjon d'Angers, dès qu'il apprendrait la mort de Louis XII.

Mais le roi ne mourut point, et tout cet appareil de précautions devint funeste au gouverneur de François d'Angoulême. Le monarque convalescent se montra vivement touché des tendres soins que la reine venait de lui prodiguer durant sa maladie;

l'ascendant que l'amour lui avait toujours donné sur son époux en devint plus grand : il fut aisé à cette princesse, furieuse contre les machinations de la cour d'Amboise, de perdre le maréchal de Gié, qui s'en était fait le principal instrument. Ce seigneur fut arrêté comme criminel de lèse-majesté. Les mesures prématurées qu'il venait de prendre ne furent pas, ainsi qu'on le pense bien, le seul grief qu'on allégua : il eût été trop difficile d'y trouver un crime capital. Ces imputations furent grossies de diverses accusations tendant à démontrer l'attentat de lèse-majesté, dont on voulait, à tout prix, trouver l'accusé coupable. On le rechercha sur les propos ironiques qu'il ne cessait de tenir, disait-on, contre l'extrême faiblesse conjugale du roi, contre les mesures, nuisibles aux intérêts de l'État, que ses condescendances aux désirs de la reine faisaient prendre journellement à ce monarque; enfin, contre tout cet intérieur de déférence et d'amour qui mettait, faisait-on toujours dire à Gié, le sceptre de la France aux mains d'Anne de Bretagne. Ces propos, vrais peut-être dans le sens de la plaisanterie, avaient été faussement dénoncés à titre de reproches amers: le maréchal, homme vif et impétueux, repoussa, avec emportement, l'interprétation malveillante donnée à des paroles prononcées sans conséquence, et surtout sans malice. Il demanda qu'on fit comparaître les témoins à charge: les plus importans étaient le sire de *Pontbrillant*, chambellan du comte d'Angoulême, le *maréchal d'Albret*, qui venait de participer aux précautions prises par l'accusé, et cette même Louise de Savoie, dont Gié avait servi le fils et reçu l'assentiment personnel. Le maréchal demeura un moment anéanti, lorsqu'il entendit ces trois personnages déposer en effet contre lui. La mémoire lui manquait en ce moment : Pontbrillant s'était toujours montré mécontent de la supériorité hautaine que ce gouverneur du jeune François exerçait à la cour d'Amboise; il en était de même d'Albret, seigneur d'une grande naissance, qui souffrait impatiemment la domination que Gié usurpait. D'ailleurs, ce Gascon illustre brûlait d'un amour malheureux pour la reine; il espérait qu'une délation, propre à flatter la vengeance de cette princesse, lui mériterait un regard bienveillant de l'inhumaine Bretonne · l'amour achète des faveurs à tout prix. Louise de Savoie ne fit pas une déposition moins acrimonieuse que les précédens témoins. Cette dame, dont la galanterie était aussi impérieuse qu'inconstante, avait aimé, pendant quelque temps, le maréchal de Gié; mais une passion violente pour un jeune seigneur captiva bientôt les sens de la princesse, et le gouverneur fut éconduit. Sa jalousie devint hostile au nouveau favori ; il le reçut au château d'Amboise avec mépris. Le gentilhomme, d'ailleurs fort bien traité par la mère de François d'Angoulême, se moqua des dédains du maréchal, et continua de cultiver les

bonnes graces d'une femme aimable et puissante. Las d'une telle persistance, l'irascible Gié fit jeter un jour le soupirant à la porte. Madame d'Angoulême, blessée tout à la fois dans son amour et dans son autorité, dévora néanmoins le vif dépit que cette brutale expulsion lui causa, de peur d'exciter l'attention de la cour sur un sujet aussi délicat; mais elle voua dès ce moment une haine profonde à son ancien amant, et ne continua de s'en servir que par politique... Croyant le maréchal perdu, après les évènemens d'Amboise, elle déposa contre lui, et satisfit en cela son ressentiment. Le prévenu repoussa ainsi la déposition de Pontbrillant : « il
« a faussement et mauvaisement menti ; c'est un
« franc hypocrite, un diseur de patenotres : il en
« dit plus qu'un cordelier, et voudrait me donner
« un tour de cordon. Quant à d'Albret, poursui-
« vit Gié, il est amoureux, conséquemment il est
« fol: je lui fais miséricorde du mal qu'il me veut;
« mes juges ne feront aucun état de la déposition
« d'un esprit à l'envers.

« Pour vous, madame, poursuivit le maréchal,
« je n'aurais qu'un mot à dire pour être autorisé à
« renverser votre témoignage; mais ce mot je le
« tairai. Le beau temps de la chevalerie n'est pas
« si loin de nous qu'on n'en puisse avoir souvenance
« et prendre avis : je me fais donc aussi discret que
« votre altesse est imprudente, et me borne à dire
« que si j'avais toujours servi Dieu comme je vous
« ai servi, je n'aurais pas grand compte à rendre
« à la mort. »

Dans toutes ces dépositions, on voyait évidemment ressortir la vengeance, la jalousie, l'animosité d'une rivalité envieuse, et pas le moindre grief sur lequel pût se baser une procédure. Cependant, Anne de Bretagne voulait la vie du connétable, en expiation de quelques précautions légales, sur lesquelles les magistrats n'osaient pas même asseoir l'accusation.... Louis XII, de son côté, abandonnait l'existence d'un grand dignitaire de la monarchie : l'un et l'autre attiraient sur eux un blâme mérité. Heureusement pour leur gloire, ce seigneur, que sacrifiaient leurs vœux, ne fut point sacrifié par la justice : *Guy de Rochefort*, chancelier et président du tribunal devant lequel Gié comparaissait, sauva au couple royal une tache d'infamie ineffaçable. L'affaire fut renvoyée devant le parlement de Toulouse, qui, écartant le crime de lèse-majesté, concilia, autant qu'il le put, les désirs vengeurs de la souveraine, avec le sentiment d'une équité impassible. L'accusé perdit ses fonctions de gouverneur du comte d'Angoulême, le commandement des châteaux d'Amboise et d'Angers, celui de sa compagnie de cent lances, et fut condamné à s'abtenir, pendant cinq ans, des fonctions de maréchal de France. Durant ce même espace de temps, il devait se tenir à dix lieues au moins de la cour. L'ex-gouverneur paya en outre une légère amende, se retira dans sa belle terre du Verger en Anjou, et vécut magnifiquement au milieu d'une noblesse qui compensa en estime la disgrace qu'il subissait. Anne de Bretagne parut peu satisfaite d'une peine aussi légère; mais Louis XII s'en félicita secrètement. Il trouvait que la destitution et l'exil d'un bon serviteur récompensaient assez la reine du soin assidu avec lequel elle lui avait offert des tisanes, dans le cours de sa maladie, sans oublier toutefois de prendre des précautions pour le cas présumé de sa mort. On voudrait ne pas trouver cet inique procès aussi adhérent à deux vies souveraines, auxquelles peu de reproches peuvent s'attacher.

Il y eut, dans ce même temps, un procès et une condamnation plus justes. L'armée française avait été chassée du royaume de Naples, malgré l'héroïsme des *Bayard*, des *Gaston de Foix*, des *la Palice*, des *Louis d'Ars*. Mais les rois ne veulent jamais être vaincus tant que leur orgueil aspire à la victoire; les troupes fugitives étaient consignées au-delà des Alpes, par le trop obstiné Louis XII. Cependant, un des principaux officiers, *Louis d'Hédouville*, affrontant les dangers qui peuvent résulter de son utile désobéissance, se rend à Paris, et paraît *en piteux état* à l'audience du roi. Il apprend à ce prince les véritables causes qui ont amené la perte du royaume de Naples: elle ne vient, dit-il, ni des capitaines, qui ont fait habilement leur devoir, ni des soldats, dont la bravoure ne s'est jamais démentie... Hédouville accuse hautement, des malheurs de l'armée, *les commissaires pour les vivres, et les trésoriers, harpies ravissantes, arrivées en Italie*

uniquement dans le dessein de s'enrichir. «Qua-
« rante jours durant, poursuit avec chaleur le
« brave officier, nous avons vu les ennemis de-
« vant nous, et les voleurs derrière. Au retour,
« ces impitoyables maltotiers ont refusé d'aider
« les pauvres soldats, et ont retenu même leur
« paie. A présent ils triomphent de nos calamités,
« et se montrent hardiment à la cour, dont ils
« voudraient nous bannir, nous qui portons sur
« nos corps déchiquetés et sur nos visages haves
« et desséchés, les témoignages de leurs vols.....
« Louis XII répondit, en soupirant : *Hélas! il est*
« *trop vrai.* » Ce prince, que venait d'éclairer un
rayon du flambeau de la vérité, ne se borna
point à de stériles plaintes : deux des exacteurs furent pendus, d'autres exposés au pilori, et un
grand nombre condamnés à des amendes, appli-
cables au soulagement des troupes spoliées*.

* Louis XII, équitable toutes les fois que sa justice était
éclairée, ne donna ni cordons ni baronies aux spoliateurs;
il ne crut pas bénévolement que les trésors enlevés en
pays conquis, ou retranchés aux besoins du soldat, étaient
des héritages tombés des nues aux administrateurs des
troupes. Le bon roi ne laissa point incriminer les intentions
de ceux qui dénonçaient justement ce brigandage, par le crédit des hommes qu'on accusait; et l'opulence, acquise par la
concussion, n'éblouit pas ce monarque au point de lui faire
regarder comme innocens des coupables, qui pouvaient payer
chèrement l'impunité... Cette anomalie morale était réservée
à notre époque, éminemment civilisée... Bon nombre de
gens nous ont entendu.

Vers la fin de l'année 1504, une convention consentie, mais non pas signée à Blois, fut sur le point de régler les intérêts litigieux entre les maisons de France, d'Espagne, d'Autriche et leurs grands feudataires de diverses principautés. Le traité de Blois eût été, comme on va le voir, une faute politique de la plus haute conséquence : le roi promettait sa fille *Claude* à Charles, archiduc d'Autriche (depuis Charles-Quint), petit-fils de l'empereur Maximilien. Par ce mariage, la Bretagne, la Bourgogne, Milan et Naples, devenaient le partage de Charles, indépendamment des états d'Allemagne, possédés par son grand-père, et de ceux que Philippe, son père, possédait en Espagne. De sages conseillers représentèrent au roi qu'une telle union, en portant d'immenses possessions à un prince étranger, déja fort redoutable par les héritages qu'il avait en perspective, pourrait faire de lui un ennemi d'autant plus dangereux, que ses immenses états embrasseraient la France de toutes parts. On mit ensuite respectueusement sous les yeux du roi tous les inconvéniens d'une telle conclusion : on fit ressortir, avec franchise, l'atteinte qu'elle porterait aux lois du royaume, par l'aliénation d'une partie du domaine; enfin, on en vint à dire au monarque que, n'ayant pu prendre avec réflexion de semblables engagemens, il ne devait et ne pouvait songer à les exécuter. Louis XII, qui jamais ne se piqua d'une orgueilleuse obstination, quand des hommes sensés lui démontrèrent les fautes de sa politique, retira sa parole, et promit par testament la main de Claude de France au comte d'Angoulême, héritier présomptif de la couronne*?

Le roi, voulant que le mariage projeté reçut toute l'authenticité desirable, réunit les états-généraux à Tours, pour le leur soumettre d'abord, et solliciter ensuite leur adhésion. Un orateur du tiers, nommé Picot, député de Paris, et chanoine de cette ville, porta la parole. Son discours fut une apologie. Il remercia le roi de tous les actes de bonté qu'on lui devait, et surtout de l'oubli des offenses qu'il avait proclamé en montant sur le trône. « Dans ce temps de troubles et d'alar« mes, ajouta le Parisien, dans ce temps où les

* Lorsque Louis XII rétracta le dangereux engagement de Blois, il était une seconde fois arrivé aux portes du tombeau : la vertu d'Anne de Bretagne imposait un rude devoir à ce prince ; deux fois, en moins d'une année, il faillit succomber à cette surcharge d'obligations conjugales, qui devait le tuer un jour, quoique acceptée pour une princesse moins exclusivement tendre que la chaste Bretonne. Se voyant si près de sa fin, le bon roi répugnait beaucoup à rompre le serment qu'il avait fait aux ambassadeurs étrangers : Georges d'Amboise, en sa qualité de *legat a latere*, lui donna absolution complète pour ce retour sur une promesse imprudente, si nuisible au bien-être de son royaume. Anne de Bretagne, de son côté, vit, avec chagrin, manquer le mariage de sa fille aînée, parce qu'elle espérait toujours donner un héritier mâle à la couronne ; mais d'Amboise décida aussi cette princesse, et la convention de Blois demeura sans exécution.

« revenus de la couronne paraissaient insuffisans,
« les tailles ont été diminuées d'un tiers; vous
« avez pourvu à la sûreté et à la tranquillité des ci-
« toyens par de sages lois, réprimé les excès des sol-
« dats par une exacte discipline. Le laboureur n'a
« plus tremblé à l'approche du guerrier, et, pour
« me servir de l'expression du prophète : le mouton
« bondit au milieu des loups, et le chevreau joue
« parmi les tigres *. Quelles actions de graces
« ne vous doivent pas des sujets que vous avez
« protégés et enrichis ! Daignez, sire, accepter le
« titre de *Père du peuple*, qu'ils vous défèrent au-
« jourd'hui par ma voix. Sire, reprit l'orateur,
« après un moment de silence et de recueillement,
« dans ces cruels instans où vous paraissiez tou-
« cher à votre dernière heure, vous déclarâtes
« que vous ne regrettiez la vie que parce que vous
« n'aviez pas encore assuré le repos de votre peu-
« ple. Ce sont ces paroles, à jamais mémorables,
« qui nous enhardissent à déposer aux pieds de
« votre majesté, notre très humble requête..... »
A ces mots, l'assemblée entière, oubliant que les
représentans d'un peuple peuvent être respectueux
sans se montrer serviles, tomba aux pieds du
roi, et Picot poursuivit : « Sire, vous avez devant
« vous un précieux rejeton du sang des *Valois*, fils
« d'un père vertueux, élevé sous les yeux d'une

---

* Nous avons vu précédemment, par le rapport d'Hédouville, que les loups et les tigres donnaient quelques coups de dents et de griffes aux moutons et aux chevreaux.

« mère vigilante, formé par vos conseils et votre
« exemple; il promet d'égaler la gloire de ses
« aïeux...... Qu'il soit l'heureux époux que vous
« destinez à votre fille! et puisse-t-il retracer à nos
« neveux l'image de votre règne. »

Louis XII, attendri jusqu'aux larmes, remercia les Etats du surnom flatteur qu'ils lui déféraient. Il demanda six jours encore pour conférer avec les princes du sang, sur le sujet important de la requête; sujet qu'il avait lui-même proposé, ajouta-t-il, mais qui, se rattachant aux intérêts les plus chers de la monarchie, devait être l'objet d'un mûr examen. Après six jours de réflexion, Louis XII donna une réponse conforme aux desirs des Etats : ceux-ci jurèrent de faire exécuter le mariage projeté, et, sur-le-champ, les jeunes fiancés furent conduits au pied de l'autel, où le cardinal d'Amboise les attendait, pour bénir leurs fiançailles. Le comte d'Angoulême avait douze ans; la princesse Claude n'en avait que quatre. Dès ce moment, l'héritier présomptif de la couronne prit le titre de *duc de Valois*.

Ces évènemens se passaient en 1506, époque à laquelle commencèrent simultanément des troubles graves en Flandres, en Espagne et à Gênes; troubles étrangers à notre sujet, et que nous nous bornons à indiquer, en ajoutant toutefois, quant à ceux de Gênes, que le roi crut devoir y intervenir. Or, au moment où les Etats venaient de le féliciter sur la diminution des impôts, il dut songer à les augmenter de nouveau, pour subvenir aux frais d'une guerre renaissante en Italie. Mais la nouvelle levée ne devait avoir lieu que dans le cas où l'épuisement des revenus ordinaires de l'Etat la rendait indispensable. Louis passa les Alpes en personne, châtia Gênes révoltée, et qui avait fait mépris de la France, et termina, plus promptement qu'il n'avait osé l'espérer, cette expédition. Tout aussitôt le bon roi contremanda la perception des taxes projetées : « Je remercie mes sujets de leur bonne volonté, « ajouta-t-il; mais je renonce à en faire usage. « Leur argent fructifiera mieux dans leurs mains « que dans les miennes. » De semblables exemples de modération et de justice se reproduisent rarement dans les fastes de notre monarchie : on prend souvent plus qu'on n'avait demandé; jamais moins qu'on ne devait prendre.

Cette mesure si bienveillante, si sage, et par là même si politique, ne satisfit point les courtisans; ils taxèrent le monarque d'avarice, et le firent critiquer dans les comédies. * Rieurs avant même d'être justes, les Parisiens partagèrent cette hila-

---

* Les comédiens représentaient un malade, dont le costume faisait aisément reconnaître le roi : des médecins étaient en consultation autour de lui. On préparait plusieurs remèdes, tour à tour rejetés; enfin, toute la faculté demeurait d'accord de faire prendre au malade de l'or potable; il en avalait et se trouvait guéri. Le dénouement n'était pas exact : il fallait guérir le malade avant d'avoir avalé le remède.

rité moqueuse. Ils oubliaient sans doute alors qu'étant d'ordinaire les premiers payans, les premiers à pleurer des surcharges d'impôts, il eût été conséquent d'accueillir avec un sentiment plus sérieux, l'exemption proclamée. Louis XII, informé des farces du théâtre et des plaisanteries de la ville, dit froidement : « Laissez-les s'égayer : « j'aime mieux faire rire le peuple de mon ava-« rice, que de le faire pleurer par mes profusions. » Quant aux comédiens, comme on pressait le roi de les punir, il répondit en souriant : « Non, ils « peuvent nous apprendre des vérités utiles; lais-« sons-les se divertir ; pourvu qu'ils respectent « l'honneur des dames, je ne suis pas fâché que « l'on sache que, dans mon règne, on a pris cette « liberté impunément. » Cette ambition philosophique aura peu d'imitateurs sur le trône de France; et nous verrons un temps où la vérité sera punie plus sévèrement que le crime, même par des rois que les révolutions auront intronisés.

Après la pacification de Gênes, Louis assista à des fêtes magnifiques dans le duché de Milan*; puis il se rendit à Savone, où ce prince devait avoir

---

* Les historiens du temps ont exalté une fête donnée au roi par Jean-Jacques Trivulce, seigneur milanais, attaché à la France. On n'avait encore rien vu, dit-on, d'aussi beau. Douze cents dames y assistaient avec toute la cour de Louis XII, et un nombre prodigieux de seigneurs italiens. Cent soixante maîtres d'hôtels, répartis dans les salles, réglaient le service avec douze cents officiers de bouche, reune entrevue avec Ferdinand-le-Catholique. Il eut mieux valu que le roi dansât plus long-temps à Milan. *Germaine de Foix*, épouse du vieux monarque arragonais, produisit, dit-on, une vive impression sur le roi de France : elle était sa nièce, et devint peut-être, dans cette circonstance, quelque chose de plus, au grand préjudice de la politique française... On eut lieu de soupçonner peu de temps après, et lors de la fameuse ligue de Cambrai, qui mit en feu toute l'Italie, que le rusé catholique avoit profité des tendres épanchemens de Louis XII... Toujours est-il constant que le bon roi, mal représenté par d'Amboise, qu'on flattait de la perspective du trône apostolique, s'engagea imprudemment dans cette ligue de Cambrai, dont tout le résultat devait profiter à la maison d'Autriche. Les conférences étaient dirigées par cette Marguerite d'Autriche, repoussée jadis du lit de Charles VIII ; ce motif eût dû la rendre suspecte au négociateur français : il devait savoir qu'une femme pardonne rarement le mépris fait de ses charmes. Soit appréciation de cette circonstance, soit aperçu des conséquences funestes qui pouvaient résulter des évènemens qu'on préparait, le cardinal-ministre, qui défendait bien les intérêts du roi,

vêtus d'uniformes de velours et de satin. Le roi ouvrit le bal avec la marquise de Mantoue. On vit à cette fête danser des cardinaux ; et, parmi eux, les cardinaux de Narbonne et de Saint-Severin, se faisaient remarquer par la grace avec laquelle ils frisaient la jambe.

quand il savait en juger, disputa quelquefois très vivement avec la princesse autrichienne : « Monsieur le légat et moi, écrivait-elle à son père, « nous sommes cuidés prendre au poil. » On reconnaît à ce ton cavalier l'auteur du distique que nous avons cité, en parlant du passage de Marguerite en Angleterre.

Le principal but de la ligue était de faire la guerre à Venise, république puissante, qui gênait l'ambition de la maison d'Autriche en Italie; mais qu'elle n'eut pas attaquée seule. On avait adroitement exhumé, à Cambrai, les anciens griefs de la France contre cette alliée infidèle et perfide : on flattait Louis de joindre à son Milanais, Bresse et diverses autres villes, conquises sur les fiers républicains des Lagunes.

Le sénat entretenait à Paris un ambassadeur nommé *Condomier*, qui s'efforçait de conjurer l'orage déja formé sur la république; mais ses efforts ne pouvaient contrebalancer ceux des confédérés, et souvent il entendait des propos bien durs contre son gouvernement. Un jour qu'on lui demandait des nouvelles de sa santé, il répondit avec cette finesse italienne qui se joue de tout : « Je me porte assez bien, si ce n'est que j'ai grand « mal aux oreilles en entendant journellement ce « qui se dit contre la république. » Ce Vénitien, qui savait néanmoins être sérieux et même fort sensé, donnait certainement au roi de meilleurs conseils que les négociateurs de Cambrai. « Il y a du

« danger, disait-il, à quitter d'anciens alliés, dont
« la France n'eut pas toujours à se plaindre,
« pour vous attacher à des ennemis à peine et peut-
« être seulement en apparence réconciliés. La ré-
« publique, ajoutait-il, a de grandes ressources,
« et c'est une entreprise bien périlleuse de s'atta-
« quer à une puissance gouvernée par tant de têtes
« sages. — Monsieur l'ambassadeur, répondit
« Louis, avec plus de gaieté que de réflexion, tout
« ce que vous venez de me dire est fort bien;
« mais j'opposerai tant de fous à vos sages, qu'ils
« auront bien de la peine à les gouverner. Nos
« fous sont gens qui frappent à droite et à gauche,
« et qui n'entendent pas raison quand ils ont une
« fois commencé. » Le Vénitien aurait pu répondre au monarque, « c'est donc à leur prince d'en-
« tendre pour eux la raison, avant qu'ils com-
« mencent. »

La guerre s'ouvrit : elle fut sanglante, et d'abord funeste aux Vénitiens, que Louis XII tailla en pièces à la bataille d'*Agnadel*. Ce fut pendant ce combat que le roi fit entendre ces belles paroles aux courtisans qui le pressaient de moins exposer sa personne : « Que ceux qui « ont peur se mettent à couvert derrière moi. » Louis poursuivit les phalanges de Venise jusqu'au bord de la mer : il vit cette ville, déja superbe, élever au-dessus des flots ses dômes orgueilleux ; il n'apprécia pas assez les innombrables mâts de vaisseaux qui, comme une forêt flottante, environnaient la reine de l'Adriatique... Ce qu'il fit dans cette circonstance ne semble pas digne de la modestie ordinaire de ce prince. Après avoir regardé long-temps l'opulente cité, dont un large fossé d'ondes amères le séparait, il fit mettre en batterie sur le rivage six grosses couleuvrines, et fit tirer cinq volées contre Venise : volées perdues, qui ne pouvaient arriver au but. « Mais « Louis XII, remarque Brantome, voulait qu'il « fut dit, dans l'avenir, qu'il avait canonné la « ville imprenable de Venise. » Peut-être eût-il mieux valu que la postérité ne redît pas une vaine bravade, incompatible avec l'idée favorable qu'elle a conçue du règne de ce souverain.

Louis XII, tranquille possesseur de Milan, persista trop long-temps dans cette guerre d'Italie, que Georges d'Amboise regardait comme un moyen de parvenir à ceindre la tiare, en faisant déposer Jules II, allié perfide de la France. Cependant, ce cardinal légat n'aspirait pas seul au saint-siège : il avait un rival dans l'empereur Maximilien lui-même, qui, devenu veuf, songait à se faire nommer coadjuteur du saint-père. Il écrivait à sa fille Marguerite qu'il avait résolu « de ne plus jamais hanter femme nue; qu'il envoyait un évêque à Rome, devers le pape, afin de prier Jules II de le prendre pour coadjuteur, afin d'être assuré de devenir pape, au décès de ce pontife. Alors, ajoutait-il, on sera contraint de m'adorer après ma mort, ce dont je me trouverai bien glorieux.

Cette double candidature à la papauté pouvait devenir un sujet de jalousie entre l'empereur et le premier ministre de Louis XII; elle pouvait être le motif d'un redoublement de perfidie de la part du premier qui, ainsi que toute la maison d'Autriche, ne s'était jamais montré l'allié sincère de la France. Mais le cardinal d'Amboise mourut sans avoir su que l'empereur fût son compétiteur, au vicariat de Jésus-Christ.

Lorsque la maladie de ce prélat devint dangereuse, des gémissemens universels se firent entendre autour de son palais : il était chéri du peuple, dont il s'était efforcé d'alléger les charges, et qu'il avait constamment soulagé par ses bienfaits personnels. Les vues de ce prélat pouvaient être souvent erronées; mais jamais elles ne furent malveillantes. Le désir qu'il eut d'arriver à la papauté reposait même sur une pensée vertueuse : il n'ambitionnait la tiare, disent les écrivains du temps, que pour travailler à la réforme des abus et des mœurs.... Lui-même n'était pourtant pas irréprochable sous ce rapport : d'Amboise, tout en respectant les deniers du peuple et les trésors royaux, avait amassé une fortune immense, dont la source n'était pas précisément pure. Il recevait diverses pensions des républiques d'Italie, pensions qui ne pouvaient pas être payées sans motifs intéressés, et la politique vendue est rarement juste. Florence seule payait annuellement, à d'Amboise, trente mille ducats. Quelques jours avant la mort de ce favori, Louis XII, vivement affligé, vint le visiter. Le moribond avoua, en pleurant, à ce prince, qu'il laissait des biens considérables, dont l'acquisition excitait, en ce moment, les reproches de sa conscience. Il pria cependant le roi de lui permettre d'en disposer. Louis, les larmes aux yeux, répondit qu'il n'avait rien à refuser à son plus fidèle ami. Alors, le ministre légua à son neveu, Georges d'Amboise, archevêque de Rouen, toute sa *deserre*, estimée deux millions d'or, et le mobilier de son château de Gaillon. Un autre neveu du cardinal-légat, qu'il nommait le grand-maître, chef de ses armes, eut cent cinquante mille ducats d'or, une coupe évaluée deux cent mille écus, et cent pièces d'or d'une énorme dimension, dont chacune valait cinq cents écus. Ce légataire obtint encore la vaisselle d'or de son oncle, et cinq mille marcs de vaisselle d'argent. Le fils du même héritier eut tout le patrimoine de son grand-oncle. D'autres legs particuliers remplirent le testament de Georges-d'Amboise : il en fit de considérables à sa sœur, à divers neveux, aux ordres mendians, afin qu'ils dissent des messes pour son repos éternel; enfin à cent cinquante pucelles bonnes à marier : nombre égal aux chapitres qui composent le psautier.

Dans les derniers momens de sa vie, le cardinal-légat disait à un religieux qui se trouvait auprès de lui : « Ah! frère Jean! frère Jean, mon ami, que

« n'ai-je été toute ma vie frère Jean ! » Puis il ajouta, en se tournant vers les membres de sa famille, qui entouraient son lit : « Mes amis, ne « vous mettez jamais jusque-là où je me suis mis. » Ce cri du repentir pouvait se rapporter à l'élan ambitieux qui avait fait rechercher la tiare au cardinal d'Amboise, par le sacrifice de l'or et surtout du sang des Français ; mais la postérité a dû l'absoudre, en reconnaissant que jamais le peuple ne fut plus ménagé, la fortune des citoyens plus respectée, la police du royaume plus exactement observée que sous le ministère de cet homme d'État.

Georges-d'Amboise mourut à Rouen, le 25 mai 1510. On raconte que deux cents gentilshommes, douze cents prélats, et onze mille prêtres assistèrent à son enterrement, qui fut accompagné d'une pompe jusqu'alors sans exemple, et d'un concert de regrets et de lamentations. On peut douter, sans trop de septicisme, de la présence d'une armée ecclésiastique, qu'il eût été presque impossible de réunir *.

Après la mort de son premier ministre, Louis XII, qui connaissait bien sa cour, déclara qu'il ne le remplacerait pas, et qu'il remplirait lui-même ses fonctions. La tâche était cependant difficile : si le

* *Voyez les loisirs d'un ministre d'état, par M. de Paulmy ; voyez aussi l'Histoire de la République de Venise, par M. le comte Daru, deuxième édition, tome III, pages* 520 *et* 521.

gouvernement intérieur, grace à de bonnes institutions, devait offrir peu de difficultés, il n'en était pas de même de cette fatale guerre, qui moissonnait toujours, au-delà des Alpes, des hommes et des richesses : il fallait sans cesse surveiller l'alliance équivoque de Maximilien, se défendre des ruses de Ferdinand; surtout se tenir en garde contre les violences du pape Jules II, prêtre et guerrier tout à fois, qui maniait simultanément les armes spirituelles et les armes temporelles. Tantôt on le vit devant Ferrare, la cuirasse sur le dos, l'épée à la main, en dépit de ses quatre-vingts ans, dirigeant ses troupes en tacticien consommé; tantôt il dressait sous la tente des bulles de censure et d'excommunication. Ce fut par ces doubles hostilités que le pontife parvint à détacher les princes italiens de l'alliance de Louis XII; tandis que, d'un autre côté, il tâchait de soulever le corps germanique contre l'empereur Maximilien. Ce vieillard fougueux parvint aussi à brouiller les Suisses avec le roi de France : le refroidissement commença par une demande d'augmentation de salaire que ces Helvétiens firent à Louis: outré de leur exigence, il répondit, sans calculer assez l'effet de sa vivacité: « Que prétendent donc ces misérables mon-
« tagnards; est-ce qu'ils me regardent comme leur
« tributaire ou leur caissier. » Les Suisses abandonnèrent la cause de la France; et ce fut l'origine des nouveaux désastres de nos armes en Italie.

Louis XII, indigné des perfidies du pape, était

déterminé à lui faire la guerre : un concile national, réuni à Tours pour examiner ce projet sous le point de vue religieux, demeura d'accord que la conduite du souverain pontife justifiait ces hostilités. « L'assemblée a bien jugé, dit en riant le roi, lors-
« qu'il apprit cette décision : il en est d'une excom-
« munication du saint père, comme de l'infidélité
« d'une femme : c'est une chose terrible quand on
« s'en soucie ; ce n'est rien quand on ne s'en soucie
« pas. » Anne de Bretagne, princesse dévote et superstitieuse, ne voyait pas aussi gaîment la guerre entreprise contre le pape : elle s'en plaignit amèrement au roi, qui écouta ses doléances, un peu vives, avec douceur. « Que voulez-vous, dit le
« monarque à un de ses courtisans, dès que la reine
« fut sortie, il faut bien souffrir quelque chose
« d'une femme quand elle aime son honneur et
« son mari..... car c'est rare. »

La guerre commença : Jules II eut l'art d'attirer dans sa cause Maximilien, Ferdinand-le-Catholique et tous les princes qui les soutenaient ou les craignaient. Cette ligue prit le nom de *Sainte-Union*. Louis XII obtint d'abord des succès ; le pape trembla dans Rome ; ses alliés se troublèrent et commencèrent à biaiser pour revenir au roi. L'armée française était commandée par *Gaston de Foix*, fils d'une sœur de Louis XII, et l'un des plus intrépides guerriers de son temps. Le roi lui avait montré la couronne de Naples comme le prix de ses exploits : il marcha d'abord avec une telle intrépidité, un tel bonheur, qu'il acquit le nom de *Foudre d'Italie*. Bologne était enlevée, Bresse conquise, lorsque Gaston atteignit à Ravenne l'armée fugitive des alliés et la força de combattre. Elle était vaincue; mais l'ardent général, voyant fuir à travers la plaine un corps de deux mille Espagnols, ne voulut pas qu'un seul rayon de sa gloire demeurât incomplet. Il poursuivit ce débris d'armée, et tomba frappé mortellement au moment où il l'atteignait... Le comte de Foix avait vingt-deux ans: si vaillant et si jeune! il fut pleuré de toute la France. *Bayard* et *la Palice* lui donnèrent les premières larmes; Louis XII fut long-temps inconsolable, et comme on essayait de calmer sa douleur en le félicitant au moins sur la victoire de Ravenne, il répondit: « Souhaitez-en de pareilles « à nos ennemis. »

Avec la vie du brave Gaston finirent les succès de l'armée française en Italie: la suite des hostilités ne fut qu'une longue succession de désastres, dont nous épargnons à nos lecteurs le récit affligeant. Bornons-nous à dire que Louis perdit bientôt le duché de Milan, reconquis par *Ludovic*, de la maison de Sforce; tandis que le Catholique, profitant des malheurs de l'armée en Italie, enlevait la Navarre à Louis XII.

Il ne manquait plus au malheur de la France que d'avoir la Grande-Bretagne sur les bras; ce complément de calamités ne se fit pas long-temps attendre. Une ligue, formée à Malines, unit contre nous, Maximilien, Henri VIII, roi d'Angleterre, les Suisses, qui déja s'étaient joints avec Ludovic Sforce, et Marguerite, gouvernante des Pays-Bas, toujours disposée à prouver sa rancune à la maison de Valois, pour avoir été renvoyée de cette France où elle devait régner. On va voir cependant qu'elle n'eût porté ni un cœur bien pur, ni une personne bien chaste dans le lit de Charles VIII. Lorsque le duc d'Orléans avait épousé Anne de Bretagne, il était en commerce de tendresse avec Marguerite; de sorte qu'elle s'était trouvée deux fois rivale de la reine. Après son mariage, Louis XII écrivit à l'Autrichienne ce billet, qui donne la mesure exacte de leur intimité, et de la chasteté de cette princesse : « Vous êtes la seconde personne du « monde que j'aime le plus tendrement; je veux « absolument embrasser ma cousine, ma vassale, « ma première maîtresse, et, après l'avoir fait « rougir de ses coquetteries, lui jurer une éter- « nelle tendresse. »

Apparemment le souvenir des douces impressions d'un amour de jeunesse était loin de la mémoire de Marguerite; car elle fut le principal moteur de la ligue de Malines, où les confédérés s'engagèrent à envahir la France. Mais différens avantages, que les Français remportèrent par mer, s'opposèrent aux résultats que les alliés se promettaient. Le roi avait un assez grand nombre de galères dans les mers d'Italie, où elles devenaient malheureusement inutiles ; il ordonna à l'amiral Prejean de les ramener dans l'Océan. Pour la première fois on vit dans le détroit de Gibraltar, devenu depuis si fameux, ce genre de vaisseaux, légués par l'antiquité à la presqu'île Italique, et qui se manœuvraient à l'aide de rames. Un capitaine Breton, nommé *Primaudet*, y joignit vingt gros vaisseaux; divers combats, toujours terminés par l'abordage, mirent la marine anglaise en désordre, et, comme nous l'avons dit, retardèrent les progrès de l'invasion ennemie.

Dans ce temps, Anne de Bretagne mourut : elle n'avait pu se consoler de la guerre faite au pape, et s'était persuadée que de là venaient tous les désastres de la France. L'opiniâtreté bretonne de la reine amena souvent entre elle et son époux d'assez vives discussions : un jour que le couple royal se trouvait engagé, dans un tel démêlé, Louis s'écria : « Sachez, madame, qu'à la création du monde, « Dieu avait donné des cornes aux biches aussi bien « qu'aux cerfs; mais que, comme elles se virent « un si haut bois sur la tête, elles entreprirent de « leur faire la loi, dont le souverain créateur « étant indigné, ôta cet ornement aux biches pour « les punir de leur arrogance. » Malgré ces petits nuages répandus sur la vie conjugale du roi et de la reine, Louis regretta vivement cette princesse; car on peut dire qu'il n'avait jamais cessé d'en être amoureux : juste, mais non pas fidèle réciprocité d'un amour qu'elle n'avait éprouvé que pour lui.

Tel est l'ascendant de la vertu, que la reine, quoique hautaine, capricieuse, et quelquefois aigre dans les relations sociales, emporta les regrets universels de la France, qui l'estimait, ou plutôt la vénérait... Elle descendit au tombeau à l'âge de trente-six ans, encore éclatante d'une beauté pour laquelle cent gentilshommes avaient poussé de vains et malheureux soupirs : ce trésor ne s'était prodigué, mais, dit-on, prodigué avec transport, qu'au seul Louis XII.

Anne de Bretagne était devote, grave et sévère dans ses discours. La première, parmi nos reines, elle réunit à sa cour plusieurs demoiselles nobles, qu'elle formait aux devoirs et aux vertus de leur sexe. Sous les règnes suivans, on les appela *filles d'honneur*, titre qui leur convenait bien du vivant de leur fondatrice; mais que, plus tard, elles ne pouvaient plus recevoir que par dérision, au milieu du libertinage où presque toutes ces jeunes filles vivaient. Anne de Bretagne institua, pour les dames, *l'ordre de la cordelière*, dit Mézerai, en l'honneur des liens dont le Sauveur du monde fut garotté la nuit de sa passion. L'oraison que l'on prononçait en conférant le cordon portait qu'il était donné aux consœurs afin d'éteindre en elles les flammes de l'impureté. Dès le règne suivant, la cordelière devint un objet de simple parure, et ceignit certainement plus d'un sein où brûlaient, fort ardentes, les flammes que ce talisman pieux devait éteindre. Quant à l'ordre, il finit avec sa fondatrice : il était trop difficile de faire ses preuves pour y être admis.

Après la mort de la reine, Louis XII investit le duc de Valois et Claude, son épouse, du duché de Bretagne, dont l'administration et les revenus leur appartinrent dès ce moment. Le bon roi avait bien assez d'embarras pour gouverner le reste de son royaume. Les Anglais venaient de jeter une armée assez nombreuse sur les côtes de Calais : l'empereur y avait joint quelques troupes; tandis que les Suisses, descendus de leurs montagnes avec la rapidité d'un torrent, inondaient les campagnes de la Bourgogne. Louis XII, atteint d'une goutte douloureuse, se fit néanmoins transporter à Amiens, pour être à portée de diriger les troupes qu'il opposait à ses ennemis, et auxquelles il ordonna de se tenir strictement sur la défensive. Le début de cette guerre fut malheureux : un premier engagement sérieux amena la déroute de notre armée; elle devait vaincre si l'on eût suivi le conseil de Bayard, qui était d'attaquer. Dans cet engagement, appelé bataille *de Guenegate*, ou *journée des Eperons*, par allusion à la fuite précipitée des Français, le chevalier sans peur, qui ne savait pas fuir, soutint tant qu'il put, à l'arrière-garde, les charges anglaises; mais les efforts de ce brave officier furent vains : il perdit la liberté, mais non pas son épée; car, se voyant tomber inévitablement au pouvoir des vainqueurs, il jeta loin de lui cette redoutable épée, qu'on ne put retrouver.

Les Suisses assiégèrent Dijon, où s'était renfermé l'habile maréchal de la Trémouille. Ces montagnards ignoraient l'art des sièges, et n'avaient que de mauvaise artillerie. Le vieux tacticien, quoique mal servi par les remparts démantelés de la ville, se défendit aisément contre ces maladroits assaillans. Bientôt la Trémouille offre aux Helvétiens un traité : ils demandent beaucoup de choses, qu'il leur accorde, parce qu'il sait que sa parole n'engagera point le roi, et le servira bien au premier moment. Mais, dans les stipulations, était comprise une somme de quatre cent mille écus, dont il fallait acquitter un quart sur-le-champ : l'exécution de cette clause paraissait difficile. Le général tira pourtant soixante mille écus de la bourse de ses officiers et de la sienne... Les Suisses saisirent avidement cet or et décampèrent; se contentant de quelques otages pour le surplus des conditions. D'autres négociations avec les alliés de Malines achevèrent de conjurer le danger qui avait menacé la France : la ligue s'évanouit, les étrangers sortirent du royaume, et le calme y reparut. L'un des articles du traité conclu avec Henri VIII fut que Louis XII épouserait Marie d'Angleterre, sœur du monarque anglais. Cette princesse, jolie, aimable, âgée de dix-huit ans, fut reçue à la cour de France avec de grandes démonstrations de joie : des fêtes charmantes se succédèrent pendant six semaines, et changèrent complètement les habitudes tranquilles du bon roi. « Car, dit un historien du temps, où il « soulait dîner à huit heures, il convenait qu'il « dînât à midi ; où il soulait se coucher à six « heures du soir, souvent se couchait à mi- « nuit. »

Marie, qui n'avait pas débuté en amour à l'autel de l'hymen, montrait des inclinations bien différentes de celles de la feue reine : cette jeune anglaise était vive, inconséquente, encline à la galanterie; ce dont le duc de Valois, prince fort libertin, ne tarda point à s'apercevoir. Sans trop s'arrêter au lien qui unissait la sœur de Henri VIII au roi de France, l'héritier du trône fit une cour assidue à la reine ; celle-ci parut prendre un grand plaisir aux mignardises de l'un des plus beaux cavaliers du royaume..... D'une part, Louis XII fut justement alarmé d'une rivalité fort désagréable, bien qu'elle vint de son héritier; d'autre part, Louise de Savoie craignit que le roi futur ne fit des guirlandes de l'amour, les chaînes de son règne avenir. Dans cette double appréhension, le roi et la comtesse d'Angoulême s'entendirent pour entourer jour et nuit les amans de surveillans attentifs..... Mais quelle surveillance une vive passion ne parvient-elle pas à tromper.

Cependant Louis XII, tiré de ses habitudes ordinaires par les longues veilles des fêtes du couronnement; consumé, dit-on, par les efforts inouis qu'il fit pour égaler ses devoirs conjugaux aux desirs juvenils de sa femme; Louis XII tomba malade, deux mois et-demi après son mariage ; « et finit sa vie, dit Mézerai, dans son lit nu- « ptial... Il passa, ajoute le même écrivain, des joies « de ce monde à celles du paradis. »

Louis XII mourut, le 1er janvier 1515, à l'hôtel des Tournelles, dans la cinquante-troisième année de son âge; sa mort fut, sans la moindre exagération, une calamité publique. Assurément aucun des souverains qui ont régné sur la France ne fut plus aimé que celui-là; aucun ne mérita mieux de l'être. Le jour où ce prince cessa de vivre, un crieur parcourut la ville en agitant une sonnette et en criant le long des rues : *Le bon roi, Louis, père du peuple, est mort* : éloge funèbre naïf, auquel bien des têtes couronnées ont aspiré vainement.... En effet, malgré l'obstination de ce monarque à ressaisir le royaume de Naples et le duché de Milan, sa mémoire sera éternellement en vénération parmi les Français : les malheureuses expéditions de son règne tinrent à une erreur de sa politique; il n'y eut pas dans son cœur un vice, dans son esprit une pensée qui pût nuire au peuple. Il était sobre, doux, modeste, laborieux, ami des sciences et des arts. Tous ses sentimens étaient inspirés par l'honneur, la véritable religion, l'humanité, la bienfaisance. « Aussi, dit saint Gelais, historien « contemporain, il ne courut oncques du règne « de nul autre, si bon temps qu'il a fait durant le « sien. »

Louis XII avait de la vivacité dans l'esprit, de

la grace et de la gaieté dans l'élocution; quelquefois sa critique était mordante, presque toujours elle était ingénieuse *. L'économie, première vertu des maîtres que les peuples se donnent, et qu'ils dorent comme les saints de leurs chapelles, l'économie n'était point dans Louis XII une vertu étroite et parcimonieuse, née d'une passion sordide pour les richesses: souvent lorsqu'il diminuait les impôts, il vendait ou aliénait temporairement les domaines de la couronne, et les rachetait ou les libérait en des temps plus favorables. Son axiome favori était: « Qu'un bon pasteur ne saurait trop engraisser son troupeau. »

* Les historiens ont conservé quelques traits d'esprit de ce prince, qui peignent bien son caractère. « Le menu peuple et les paysans, disait-il, sont la proie des traitans et des gens d'armes, et ceux-ci sont la proie du diable. — Les chevaux courent les bénéfices, et les ânes les attrapent. — Les procureurs et les avocats, ainsi que les cordonniers, ont coutume d'alonger le cuir avec les dents, en expliquant les lois à leur façon, et conformément à leurs intérêts. »

Un officier de Louis XII avait maltraité un laboureur : le roi l'ayant appris, invita ce gentilhomme à sa table, et ne lui fit servir que du vin et de la viande. Le lendemain, le malicieux souverain demanda à son homme s'il avait fait bonne chère la veille. « Sire, répondit-il, elle eût été meilleure avec du pain. — Bon, est-ce qu'on ne peut se passer de pain ? — Non, certes! répondit l'officier.—Vous vous moquez, le pain n'est pas nécessaire à la vie. — Votre majesté m'excusera si je soutiens que les Français ne peuvent s'en passer. — Pourquoi donc, reprit le roi, avez-vous battu ce pauvre laboureur, qui vous met le pain à la main.

Les courtisans sont une nation à part: tandis que le peuple pleurait son père, beaucoup d'entre eux se réjouissaient secrètement. Leur vie fastueuse et dissipée, contenue durant le règne d'un prince ennemi des excès, allait reprendre son essor sous François, duc de Valois, dont la prodigalité et l'insouciante étourderie devaient ouvrir une ère de dissipation, de prodigalités, de plaisirs, et d'abandon. Louis XII mourant prévoyait aussi ce changement: il disait un jour avec chagrin à ses confidens : « Hélas! nous travaillons en vain, le « gros garçon qui va me succéder gâtera tout. »

Sous le règne d'un prince aussi bienfaisant, aussi éclairé que Louis XII, Paris ne pouvait manquer de s'enrichir d'institutions et d'établissemens utiles. Trois ponts furent construits dans cette période de seize ans. On n'avait pas encore trouvé le moyen de bâtir solidement un seul de ces monumens; et nous avons fait remarquer ailleurs que le principal défaut de ce genre de construction consistait à ne pas proportionner l'élévation des arches à la hauteur des crues du fleuve. En octobre 1499, s'écroula *le pont Notre-Dame*, construit en 1415 avec une sorte de recherche, qui s'était peu attachée à la solidité. Les soixante maisons qui s'élevaient sur ce pont furent entraînées dans sa chute, avec un assez grand nombre de leurs habitans..... Le cours de la Seine en fut encombré. On attribua généralement cet accident au défaut d'entretien de la charpente compliquée qui composait le pont.

Les magistrats de la ville percevaient, avec une ponctualité exemplaire, le prix de location des maisons bâties sur le pont Notre-Dame; mais beaucoup moins empressés de dépenser que de recevoir, ils en laissaient dégrader les constructions, malgré les avis fréquens qu'ils recevaient à ce sujet *. La négligence bien démontrée des magistrats ne demeura pas impunie : emprisonnés d'abord, ils furent ensuite destitués, par arrêt du parlement en date du 5 janvier 1500, et déclarés incapables d'exercer à l'avenir aucune fonction publique. Ils durent payer en outre de fortes amendes, qui

* Robert Gaguin rapporte que, dès l'année 1498, le maître des œuvres du pont avait prévenu les échevins de l'urgente nécessité d'une réparation importante. On ne tient compte de cet avis. Le jour même de l'évènement, un charpentier courut chez le magistrat chargé de la police, et lui annonça que, dans la journée, le pont Notre-Dame, qu'il avait examiné, s'écroulerait infailliblement. L'homme de la police fait, par provision, emprisonner le donneur d'avis, et court, à sept heures et demie du matin, au parlement solliciter la punition d'un individu assez osé pour prévoir la chute d'un pont. Le président Baillet, auquel cette plainte était adressée, jugea plus sagement de la chose : il dépêcha, en diligence, aux habitans du pont l'ordre de déménager; ordre qui, par malheur, ne fut pas généralement exécuté. Dans la matinée on vit bientôt le pavé s'entrouvrir et les maisons se fendre; puis la chute s'effectua avec un épouvantable bruit, et la ville fut couverte d'un nuage de poussière; tandis que le fleuve obstrué, se refoulant vers ses bords, entraîna plusieurs blanchisseuses qui lavaient sur la rive droite, et qui n'eurent pas le temps de se retirer. (*Compendium Roberti Gaguini de gestis Francorum*, *lib. II*).

furent employées en partie à rebâtir le pont *Notre-Dame* *.

Louis XII ordonna la reconstruction immédiate de ce pont : il accorda, pour y subvenir, six deniers pour livre à percevoir, pendant six années consécutives, sur tout bétail *à pied fourché*, entrant à Paris. Le Rosier, dans son Historial, dit que le roi chargea Jean Doyac de présider aux travaux ; mais ou cet écrivain se trompe, ou deux personnes eurent la même direction ; car un distique latin, qu'on vit long-temps gravé sous l'une des arches, prouve qu'un nommé *Joconde* contribua au moins à cette reconstruction. Voici l'inscription :

JOCUNDUS GEMINOS POSUIT TIBI, SEQUANA, PONTES ;
NUNC TU JURE POTES DICERE PONTIFICEM.

On doit croire d'autant plus volontiers que ce Joconde, qui était un moine cordelier, fut en effet le constructeur du nouveau pont Notre-Dame, qu'on lui devait déjà le *Petit-Pont*. Malgré l'assertion de l'auteur de l'*Historial*, qui rapporte que le premier fut refait *en petit de temps*, il est cependant authentique que les travaux n'atteignirent leur complément qu'en l'année 1512 : une seconde inscription, gravée sur l'une des arches, constatait cette date. Elle se terminait ainsi : « Pour la joie du parachèvement de si grand et

---

* *Histoire de Paris des pères Felibien et Lobineau, Preuves*, tome III, *pages* 570, 571, 572.

« magnifique œuvre, fut crié *Noël*, et grande
« joie démenée avec trompettes et clairons, qui
« sonnèrent par long espace de temps. » On avait
d'abord reconstruit soixante-dix maisons sur ce
pont, le même que nous voyons encore aujourd'hui; mais, par suite de la construction des quais,
le nombre de ces bâtimens fut réduit à soixante:
trente de chaque côté. Pendant que l'on bâtissait le
pont Notre-Dame, un bac fut établi pour faire
le service sur ce point, en vertu d'une transaction
qu'il fallut faire avec les moines de Saint-Germain-des-Prés, *propriétaires de la Seine et d'une partie
de ses rives.*

Nous devons dire que, cette fois, l'élévation des
arches en pierre du pont Notre-Dame fut calculée
d'après l'évaluation des plus hautes crues de la Seine.
Par suite de cette précaution, on dut, à diverses reprises, exhausser le sol de la Cité. L'œuvre de Jean
Joconde résista enfin aux glaces et aux folles eaux
de la grosse rivière; ajoutons qu'on eut soin de
l'entretenir. Les principales réparations de ce monument eurent lieu dans les années 1577-1659 et
1786. A cette dernière époque, disparurent les
maisons qui chargeaient le pont Notre-Dame.

On n'a pas de renseignemens certains sur l'époque précise de la reconstruction du *Petit-Pont*, emporté par une débâcle en l'année 1408.
Mais l'inscription que nous avons citée ne laisse
pas douter que cette reconstruction, antérieure
à celle du pont Notre-Dame, ait été dirigée

par Jean Joconde. Elle était, dans tous les cas, terminée en 1499.

Nous devons dire quelques mots du *Pont-aux-Meûniers*, qui, d'un côté, aboutissait au quai de l'Horloge, et, de l'autre, au quai de la Mégisserie, vers le lieu où se trouve la rue de la Saunerie. Ce pont, ne fut construit que pour le service des moulins attachés dessous; il existait dès le treizième siècle. Vers la fin du quatorzième, le Grand-Pont (aujourd'hui Pont-au-Change), se trouvant impraticable, et le premier pont Notre-Dame n'étant pas encore achevé, on permit temporairement au public de passer sur le *Pont-aux-Meûniers*. En 1510, le parlement refusa aux habitans de la Cité la même facilité, qu'ils avaient sollicitée. A cette époque, le Pont-au-Change était de nouveau détruit, et l'on ne pouvait se servir du pont Notre-Dame, encore inachevé. Il fallut se contenter, pour communiquer du vieux Paris à la rive droite de la Seine, du bac qu'on avait difficilement obtenu la permission d'établir, parce que cet établissement contrevenait aux privilèges accordés par Childebert à l'abbaye de Saint-Germain. Une cause semblable détermina le parlement à refuser au public le passage sur le Pont-aux-Meûniers. Les moulins qui se trouvaient attachés à ses piles appartenaient au chapitre de Notre-Dame : on conçoit qu'une jouissance obtenue au détriment de ce corps religieux devait être hérissée de difficultés insurmontables ; en sorte que, si les moines de Saint-Germain se fussent montrés aussi intraitables que les chanoines, toute communication entre la Cité et la rive droite du fleuve eût été interdite, tant que la reconstruction des ponts aurait duré... Mais le commerce, mais l'industrie !.... qu'importent de telles considérations. Les métropolitains buvaient, mangeaient, s'enivraient, courtisaient les belles : Paris était heureux. Quel déplorable abus !

Nous avons parlé, dans cette histoire,* des *aqueducs de Saint-Gervais et de Belleville*, construits ou du moins commencés pendant le règne de Philippe-Auguse, pour amener à Paris les eaux des hauteurs de Romainville et de Ménilmontant. Sous le règne de Louis XII, ces deux aqueducs alimentaient seize fontaines publiques, tant dans la ville que dans ses faubourgs : ces fontaines étaient celles *des Halles*, ou *des Innocens*, *Maubuée*, *Salle-au-Comte*, *Saint-Avoie*, *Bar-du-Bec*, *Porte-Baudoyer*, *Saint-Julien*, *du Ponceau*, *de la Reine*, *de la Trinité*, *des Cinq-Diamans*, *de Saint-Lazare*, *des Filles-Dieu*, *des Cultures-Saint-Martin* et *du Temple*. La situation de ces mêmes fontaines est, au moment où nous écrivons, suffisamment indiquée par leur nom.

A l'époque où nous sommes parvenus, on comptait à Paris quatorze ports, dont voici la désignation. Sur le bord septentrional de la Seine,

* Tome II, page 112.

au-delà des fossés de l'arsenal, se trouvait le port *aux Plâtres*; puis en descendant le cours du fleuve, on rencontrait successivement, le port *aux Barrez* (depuis *Saint-Paul*), le *port au Foin*, le *port Saint-Gervais* (depuis port au Blé ou quai de la Grève) le *port de Bourgogne*, ainsi nommé, parce qu'en ce lieu étaient amarrés les bateaux chargés de vin, venant de cette province; le *port de la Saunerie*, situé à l'embouchure de la rue du même nom; enfin le *port du Louvre* (depuis Saint-Nicolas.)

Dans l'île de la Cité, il n'existait que les *ports Notre-Dame* et *Saint-Landri*. Sur la rive méridionale étaient les *ports Saint-Bernard, Saint-Jacques* et *de Nesle*.

Les *égoûts* de la ville furent long-temps nuls ou négligés; mais *Hugues Aubriot*, prévôt de Paris, dont les utiles travaux eurent pour récompense la prison et l'exil, donna le premier des soins à cette partie essentielle de la salubrité publique. Ce magistrat fit creuser des canaux pour faciliter l'écoulement des eaux stagnantes et infectes, dont les rues étaient inondées, au grand préjudice des habitans. Ces foyers permanens de maladies disparurent en grande partie; le lit de l'ancien ruisseau de Ménilmontant, recreusé, élargi et connu sous le nom de *Grand-Egoût*, reçut ces immondices, et les porta à la Seine, au-dessous de Chaillot. Un autre égoût principal, appelé du *Pont-Perrin*, passait sous la porte Saint-Antoine; il fut détourné lorsque l'on construisit la Bastille, et se dirigea, à travers la rue Culture-Sainte-Catherine, vers les fossés du Temple, où il versait ses eaux, au lieu nommé la *Maison d'ardoise*.

Nous avons signalé l'établissement de la boucherie privilégiée des Templiers, puis de la boucherie Saint-Germain, et de la grande boucherie, située auprès du Grand-Châtelet. Sous le règne de Charles VI, et dans un moment où la fortune des *Armagnacs* triomphait de celle des *Bourguignons*, les premiers firent abattre cette grande boucherie, et privèrent de ses privilèges le corps des bouchers, qui avait servi le duc de Bourgogne. Les étaux de ces bouchers furent alors établis sur le pont Notre-Dame. Mais une ordonnance de 1416 prescrivit l'établissement de quatre nouvelles boucheries, et fixa ainsi leur emplacement : 1° dans une partie de la Halle-Beauvais; 2° à l'extrémité méridionale du Petit-Pont; 3° près du Grand-Châtelet; 4° autour des murs du cimetière Saint-Gervais.

Malgré ces diverses améliorations, malgré quelques beaux édifices, et une enceinte imposante, l'intérieur de Paris offrait un aspect disgracieux au commencement du seizième siècle : pour être satisfait de l'ensemble de cette ville, il fallait la voir de loin ou de haut. Le charme cessait dès qu'on circulait dans ses rues, encore pour la plupart dépourvues de pavé, tortueuses, étroites et infectes. On ne pouvait cependant refuser dès-lors à notre capitale la physionomie d'une grande ville : on ne voyait presque plus de champs plantés en vignes, labourés ou cultivés en vergers, dans l'enceinte. Sur la rive gauche, c'est-à-dire dans le quartier de l'Université, se pressaient une multitude de collèges, de monastères, d'églises, de chapelles, que surmontaient de leurs tours les deux vieilles abbayes de Sante-Geneviève et de Saint-Germain-des-Prés. La rive droite était couverte d'hôtels, habités, une partie de l'année, par des princes, des seigneurs, des évêques, des abbés. Sous le règne de Charles V, le faste des constructions, que ce prince affectionnait, fut imité par les grands de sa cour, et la perfection à laquelle fut bientôt portée l'architecture dite sarrasine, se produisit dans plusieurs de ces petits palais, appelés *séjours*, où l'art semblait s'être complu à imprimer l'expression de sa recherche et de sa patience. Les édifices de cette époque, qui ont résisté aux perpétuelles atteintes du temps, offrent encore des traces du bon goût et de la grace qui ont présidé à leur construction : on peut citer en ce genre le portail de Saint-Germain-l'Auxerrois, celui de Saint-Étienne-du-Mont, l'hôtel de Clugny, rue des Mathurins, et par dessus tout, une tour de l'hôtel de la Couronne, rue des Bourdonnais.

Mais, nous le répétons, tout cela ne constituait que des beautés de détail, dont on ne jouissait guère en parcourant une capitale déjà vaste, mais bâtie sans assujétissement à un plan général, sans règles de voirie, et selon le caprice de tous ceux qui construisaient. La ville, et surtout la Cité, sous des prévôts qui n'imitaient pas souvent Hugues-Aubriot, offrait un sol sans cesse délayé en hiver ou pulvérisé en été par une circulation active; en sorte qu'il fallait marcher à travers les boues, ou enveloppé d'un nuage de poussière, que soulevait le pied des chevaux ou la marche des piétons. Nous avons déjà témoigné de notre admiration pour les descriptions étincelantes de poésie de M. Victor Hugo; mais, en vérité, cet écrivain supérieur outre toutes les licences poétiques, lorsque, dans sa belle composition de *Notre Dame de Paris*, il réduit au néant de l'art le Paris de nos jours, et reporte toute notre admiration sur le Paris du quinzième siècle, dont nous venons d'offrir une esquisse fidèle.

On ne trouve, sous le règne de Louis XII, qu'une seule fondation religieuse nouvelle : ce sont les *Bons-Hommes*, ou Minimes de Chaillot. Cet ordre, fondé par François de Paule, n'avait point encore de maison à Paris, lorsque la reine, Anne de Bretagne, lui abandonna *son manoir*, situé au penchant du coteau de Chaillot; elle joignit, en 1496, à cette donation un hôtel contigu à celui qu'elle abandonnait à ces moines, et qui se trouvait dans un enclos de sept arpens, renfermaient une chapelle, appelée *Notre-Dame de toutes Grâces*. Les nouveaux religieux officièrent dans cette chapelle, pendant la construction d'une église plus vaste, commencée par Anne de Bretagne, mais qui ne fut terminée qu'en 1578 *.

Plusieurs institutions s'améliorèrent ou s'accrurent sous le règne de Louis XII : voici l'aperçu de ces changemens. En 1500, mourut à Paris André d'Épinay, cardinal-archevêque de Lyon, prélat doué d'une foi solide et héroïque. L'histoire rapporte qu'à la bataille de Fornoue, en Italie, on vit ce prince de l'église combattre vaillamment auprès de Charles VIII. Il n'avait, dit-on, pour cuirasse que son surplis, pour casque que sa mître, et sa principale arme défensive était un morceau de la vraie croix. La famille du cardinal d'Épinay lui fit élever un beau tombeau dans l'église des Célestins, où il fut inhumé : c'était un des principaux ornemens de cette église.

A propos de l'église *de Saint-Pierre-aux-Bœufs*, en la Cité, restaurée durant le règne du bon roi Louis XII, nous devons rapporter un évènement qui fit beaucoup de bruit alors, et qui fait connaître jusqu'à quel point la superstition était encore intolérante et cruelle. Dans le mois d'août 1503, un écolier, nommé Hémon de la Fosse, possédé d'une sorte de monomanie antique, disait, à qui voulait l'entendre, qu'il était impossible que la religion d'Homère, de Virgile,

* Voyez la planche représentant l'église des Bons-Hommes de Chaillot, tome II de cet ouvrage, p. 495.

de Cicéron, ne fut pas la véritable. Avec ces dispositions payennes, étant entré dans la sainte chapelle, pendant la célébration de l'office, il s'élança sur le prêtre officiant, lui arracha l'hostie des mains, en s'écriant: *Quoi, toujours cette folie!* et mit en pièces le pain sanctifié par la présence réelle. A l'instant même le sacrilège fut jeté en prison, jugé en bref délai et condamné au feu. Louis XII, toujours humain, mais pas assez fort pour se mettre au-dessus du fanatisme de l'époque, demanda qu'il fût sursis au supplice du coupable, espérant qu'il abjurerait sa fougueuse erreur. Mais toutes les exhortations furent vaines : l'universitaire persista à proclamer la puissance de Jupiter, et soutint qu'il n'existait pas d'autre paradis que le gracieux Elysée du paganisme. L'infortuné fut précipité dans un bûcher, après avoir eu la langue percée avec un fer rouge, et le poing coupé. A la suite de cette exécution, on fit une procession solennelle, en action de graces de la grande expiation qui venait d'être consommée. Comme le cortège passait devant l'église paroissiale de Saint-Pierre, en la Cité, deux bœufs, que l'on conduisait à la boucherie, s'agenouillèrent devant le Saint-Sacrement. En commémoration de ce miraculeux évènement, on fit sculpter deux bœufs en relief au-dessus du porche de cette église. Malheureusement pour l'authenticité du miracle, cette paroisse, qui était celle où se réunissait la confrérie des bouchers, portait dès long-temps, et sans doute pour ce motif, le nom *Saint-Pierre-aux-Bœufs*.

Il s'opéra, en 1505, un changement majeur dans l'administration de l'*Hôtel-Dieu* : des désordres financiers, résultant sans doute de la gestion peu scrupuleuse du chapitre de Notre-Dame, excitèrent le mécontentement du roi ; et la dissolution effrénée des hospitalières, qu'on nommait *Sœurs Noires*, acheva de déterminer une réforme dans cet établissement. D'après le nouveau plan, l'administration fut confiée à huit bourgeois de Paris, qui rendirent compte à l'autorité séculière. Les sœurs et frères, qui, jusqu'alors, avaient fait le service conjointement, furent renvoyés, et l'on admit seulement des *Sœurs Grises*, dont la conduite ne fut pas beaucoup plus exemplaire. Le chapitre et les servans des deux sexes, désemparés par un arrêt du parlement, récriminèrent vivement contre cette mesure ; mais leurs efforts furent sans succès.

En l'année 1513, il fallut consacrer de nouveau l'église de Saint-Hilaire : voici à quelle occasion. Deux peintres, dont l'un était l'auteur d'un tableau représentant Adam et Eve, que l'on voyait dans cette église, se disputaient un jour vivement devant cette peinture. Celui qui n'avait pas fait le tableau soutenait que les deux aînés du genre humain ne devaient pas être représentés avec un nombril. — Vous êtes fou, lui disait l'autre artiste. — Je suis sage, répondait-il, et vous seul méritez un cabanon : je vais raisonner en anatomiste.— Voyons votre raisonnement. — L'enfant, quand il est sorti du corps de la mère, y reste encore attaché par un assemblage de vaisseaux, que l'on coupe et que l'on noue près du ventre; opération qui produit, par la suite, un petit enfoncement dans la peau, qu'on nomme le nombril. Or Adam et Eve n'ayant pas eu de mère, il faut être aussi sot que vous l'êtes pour les avoir peints, avec un nombril. » — Toute démonstrative qu'était l'explication, elle ne convainquit nullement le peintre ; il injuria grossièrement son confrère, qui, nonobstant la sainteté du lieu, riposta par des coups violens. Le sang des querelleurs coula sur les dalles, et de là la nouvelle consécration.

S'il exista jamais un règne où l'on put désirer que l'exemple partît de la cour, certes, ce fut celui du bon roi Louis XII : sa conduite personnelle et celle d'Anne de Bretagne étaient d'excellens modèles à suivre. On remarque, durant cette période, une chose qui ne s'est pas vue depuis : les récompenses allaient chercher le mérite, qu'il est honteux de réduire à les solliciter : le roi tenait, avec un soin extrême, deux listes ; l'une désignant les graces ou emplois dont il avait à disposer ; l'autre offrant le nom des personnes les plus recommandables du royaume. Un poste venait-il à vaquer, une faveur devait-elle être faite, l'élu était toujours l'homme le plus méritant... Justice distributive d'une immense influence sur la tran-

quillité des Etats, qu'êtes vous devenue? L'équité était pour ce prince un besoin journalier:
« Lorsqu'il séjournait à Paris, dit saint Gelais, il
« se rendait familièrement au palais, monté sur
« sa petite mule, sans suite et sans s'être fait an-
« noncer. Il prenait place parmi les juges, écou-
« tait les plaidoyers et assistait aux délibéra-
« tions. »

En d'autres instans, Louis, qui songeait à donner un grand lustre aux sciences, que Léon X, pape vraiment éclairé*, encourageait alors en Italie; Louis, disons-nous, se plaisait à lire, particulièrement la vie de Trajan et *les Offices* de Cicéron. L'aurore de cette époque lumineuse qu'on a nommée *la renaissance*, et qui brilla d'abord au-delà des Alpes, commença donc à nous luire sous le règne de Louis XII, qui véritablement fit plus que son successeur pour le développement des connaissances humaines, comme pour tous les genres de prospérité nationale.

Par malheur, la cour, qu'il eût été sage d'imiter sous ce règne, ne fournit point l'exemple des mœurs; aussi le prédicateur Maillard, qui prêchait dans l'église de Saint-Jean-en-Grève, pendant l'année 1508, nous a-t-il laissé un tableau moral de l'époque, aussi peu édifiant qu'il est com-

* Léon X, que l'on peut regarder comme le véritable restaurateur des arts en Italie, et par suite dans le reste de l'Europe, était fils de Laurent de Médicis. Il fut fait cardinal à l'âge de 14 ans.

plet. Ses sermons, empreints de tout le cynisme qu'il avait observé dans le monde, offrent un tableau tellement coloré que, s'il n'eût été tracé en latin, la censure ecclésiastique qu'il présente eût été plus scandaleuse que les vices mêmes qu'elle attaque. Nous adoucirons quelquefois les teintes du peintre moraliste en les reproduisant. A son début, Maillard apostrophe les marchands. « Mes-
« sieurs les marchands, s'écrie-t-il, c'est le dia-
« ble qui vous inspire la fraude dont vous êtes
« chaque jour coupable. Parlez, marchands de
« vin, ne vendez-vous pas du vin de votre façon
« pour de l'Orléans ou de l'Anjou? Vous, mar-
« chands de draps, n'est-ce pas de mauvais drap
« de Beauvais que vous nous donnez pour du drap
« de Rouen... Et la mesure, grand Dieu, comment
« la faites-vous? L'acheteur, qui croit avoir deux
« aunes d'étoffe, n'en a souvent qu'une... Vous aussi,
« mesdames les marchandes, achetez à la grande
« mesure et vendez à la petite... on vous a vues,
« lorsque vous pesez, donner le petit coup de
« doigt sur le plateau, pour faire descendre la ba-
« lance du côté de la marchandise. ».

Les changeurs, les *gros godons* (usuriers), les notaires, sont ensuite traduits au tribunal de Maillard : il reproche aux premiers *de rogner les escus*; aux seconds, d'imaginer des ruses diaboliques pour doubler et tripler l'intérêt de leur argent; aux derniers, d'employer dans leurs actes des *et cœtera* perfides.

La magistrature n'est point ménagée par notre Juvenal tonsuré : les juges, dit-il, vendent leur voix et leur conscience à qui veut les payer ; puis, faisant allusion à l'ignorance de ces magistrats, il ajoute : « Les pères et mères qui achetent un office de judica-« ture à leurs fils, feraient mieux de leur faire gar-« der les bœufs ou les cochons. » Les procureurs et les avocats ont une ample part de fiel dans les sermons que nous citons : « Nos charges nous coû-« tent cher, disent-ils : il faut se compenser, se « rembourser...... Plumons donc les oies...... Et « lorsqu'ils s'entretiennent entre eux à la buvette, « ne leur entend-on pas dire : vous avez bien fait, « vous lui avez bien fait déployer ses écus..... Il « semble un grand papelard. » Maillard ajoute que les membres du parlement eux-mêmes, lorsqu'ils plaident pour leur compte, doivent inviter les avocats à boire, et donner une robe à leur demoiselle*.

Frère Maillard se déchaîne ensuite contre les

* Un autre prédicateur, du même temps, *Menot*, déclame, dans ses sermons, contre les juges et les avocats. Il n'est, dit-il, ni prince, ni évêque, ni marchand, qui ne puissent être ruinés par les procès. Les animaux qui rongent les bourgeons de la vigne, les fruits de l'arbre, les épis de la moisson, font moins de mal qu'un mauvais avocat, un procureur cauteleux et un juge ignorant ou acheté. — Ajoutons que les travers du barreau à cette époque étaient tellement remarquables, qu'on y a puisé le sujet d'une comédie contemporaine, *l'Avocat Patelin*, qui, après les chefs-d'œuvre du genre, est restée au théâtre, et se voit toujours avec plaisir.

joueurs qui, négligeant leurs affaires ou leurs devoirs*, passent la journée à jouer aux cartes, aux dés, au glic, en blasphêmant, lorsqu'ils perdent, le nom de Dieu, de la Vierge et de tous les saints... Les jeunes libertins, qualifiés par le critique sacré de *gaudisseurs*, de *ribauds*, de *sans-soucis*, de *mauvais garçons*, sont réprimandés avec virulence dans ses sermons. « Non-seulement, leur dit-il,
« vous vous adonnez au jeu, à l'ivrognerie, à la
« débauche; mais, pour subvenir à tout cela, vous
« commettez des escroqueries et faites parade de
« votre adresse dans l'art des filous... Et quand
« l'occasion des voleries vous manque, vous
« faites de *franches repues* ** aux dépens des pau-
« vres dupes qui veulent bien vous offrir la *chère*
« *lie* ***. Dans cette folle et détestable vie, ajoute le
« frère, les *garçons* (amoureux) font les maris
« cornus, et les libertins mariés ne craignent pas
« de rendre leurs femmes *sottes* (trompées).

L'université a son lot dans les censures de Mail-

---

* Le jeu était, au quinzième siècle, une sorte de fureur: le prêtre jouait dans la sacristie; le juge dans le vestiaire, et jusque dans la salle d'audience. Louis XII, ayant un jour trouvé deux conseillers au parlement qui jouaient avec intrépidité, leur fit une vive réprimande, et leur dit qu'ils profanaient la dignité du corps vénérable auquel ils appartenaient. Il les menaça de leur ôter leur charge et de les mettre au rang de ses valets, s'ils retombaient dans la même faute. (*Mézerai, règne de Louis XII*).

** Bons repas, qui ne coûtent rien.

*** Bonne chère, chère succulente.

lard : « Les professeurs, s'écrie-t-il avec indigna-
« tion, donnent l'exemple de la débauche aux
« écoliers. Apostrophant ensuite les uns et les au-
« tres, il demande aux maîtres s'ils sont payés
« pour entretenir des prostituées, et aux élèves
« s'ils sont envoyés à Paris pour former leur édu-
« cation dans les mauvais lieux. » Le corps universitaire est encore accusé par l'intrépide censeur de
laisser vendre à Paris des livres obscènes, et particulièrement la *bible traduite en français et l'É-
vangile des quenouilles*. « O pauvres libraires !
« s'écrie le prédicateur, n'est-ce donc pas assez que
« vous soyez damnés ; faut-il encore que vous
« damniez les autres en imprimant des traités de
« luxure?.. Allez à tous les diables !.... C'est ordi-
« nairement par cette exclamation que se termi-
« nent les périodes critiques du frère. »

Puis, abordant à fond le chapitre des galanteries
contemporaines, Maillard est long-temps intaris-
sable sur cette matière. Il reproche avec amertume aux bourgeois de louer leurs maisons aux
femmes publiques, afin d'en tirer meilleur prix ;
et se rendant ainsi les agens de la prostitution,
de vivre du produit de la débauche : *vultis vivere
de posterioribus meretricum*. L'ire du prédicant
s'attache ensuite aux entremetteurs avérés du libertinage : on voit par son texte qu'il y en avait
des deux sexes, et l'homme de Dieu laisse tomber
du haut de la chaire leur qualification grossière,
candidement énoncée. Du reste, on verra bientôt

que Maillard, afin de rendre le vice plus hideux, n'en déguisait ni les tableaux obscènes, ni les mots orduriers: son éloquence était éminemment pittoresque.

Les femmes sont traitées avec une grande sévérité par le prédicateur de Saint-Jean-en-Grève; il passe en revue leur fard, leurs *perruques* *, leurs robes à longues queues qui balayent les rues, leur habit ouvert par-devant, et qui laisse voir la poitrine nue jusqu'au ventre: *pectus discoopertum usque ad ventrem*. Les robes à *la grandgore* (à grandes manches), irritent surtout la bile de notre satyrique, que ne réconcilie point avec

---

* Sous le règne de Louis XII, les perruques furent non pas imaginées, mais renouvelées; car Guillaume Coquillard, *dans son Monologue des Perruques* (poésies, *pages* 75 et 172) nous apprend que les Lombards et les Romains faisaient usage de cet ornement, et que les perruques antiques étaient de laine. On les reprit dans le cours du quinzième siècle, parce qu'alors la mode de laisser tomber ses cheveux sur le front, ne pouvait être suivie par les personnes qui n'avaient pas une belle chevelure. Les faux cheveux étaient ordinairement de couleur blonde, couleur fort en vogue. Coquillard s'exprime ainsi:

> A Paris un tas de bejaunes
> Lavent trois fois le jour leur teste,
> Afin qu'ils aient les cheveux jaunes.
> Hector se promène au soleil
> Pour faire sécher sa perruque.

Si l'on en doit croire le même poète, il y avait aussi des perruques faites avec du crin de cheval, teint en couleur blonde: cet usage grossier paraît peu probable.

les dames *gorières* le chapelet qu'elles portent pendu à leur ceinture dorée : chapelet aux grains d'or, de corail ou de jais, qui lui-même est un objet de parure plutôt que de dévotion. Pour montrer ces atours, poursuit l'irrité Maillard, les Parisiennes vont aux bals, aux banquets, à l'église..... A l'église où les indignes font des mines à leurs amans, et jasent de galanterie, tout en ayant l'air de lire dévotement leurs heures ; tandis que les agens de prostitution et les ribauds guettent ces dames derrière un pilier.

Si l'on doit en croire l'élan d'indignation du sévère orateur, ce n'était pas toujours par des moyens honnêtes que les dames réprimandées pourvoyaient à leur élégante toilette. « La femme « d'un avocat, qui n'a pas dix francs de revenu, « et qui doit son office, s'écrie Maillard, s'ha-« bille comme une princesse, étale l'or en coif-« fure, en collier, en ceinture..... Partout elle dit « qu'elle est vêtue selon son état : qu'elle aille à « tous les diables, elle et son état..., et vraiment « cela ne peut manquer de lui arriver, car ce n'est « pas son mari qui lui donne ces attifets...; elle les « gagne, nous dira-t-elle, à la peine de son corps... « A trente mille diables une telle peine.... »

Dans un autre mouvement d'éloquence, le prédicateur, apostrophant directement son auditoire féminin, ne se fait pas scrupule de lui dire : » N'est-« il pas vrai, *mesdemoiselles* *, qu'il existe parmi

* Les femmes mariées s'appelaient alors mademoiselle, à

« vous plus de ribaudes que de femmes honnêtes.» *Vos, domicillæ, numquid plures sunt ribaldæ Parisiis quam probæ mulieres?*

Continuant d'atteindre le sexe d'une critique sanglante, le frère reproche aux bourgeoises de se prostituer aux membres du parlement, aux évêques, aux abbés, aux moines, pour tirer d'eux de l'argent; il les accuse de souiller leurs bains * par des indécences devant leurs filles, de faire coucher leurs enfans dans leur lit, de les rendre témoins des mystères de l'hymen, et de consulter les devins ou les sorciers sur les moyens de faire réussir leurs intrigues galantes. Puis, allant plus loin, le prédicateur flétrit des mères du reproche de prostituer elles-mêmes leurs filles à des riches, pour gagner leur dot… « Oui, répète-t-il, dans plu-
« sieurs de ses sermons, nous avons des mères
« qui, se faisant les mac……. de leurs propres filles,
« leur font gagner leur mariage à la peine et à la
« sueur de leur corps : » *et faciunt eis lucrari matrimonium suum ad pœnam et sudorem sui corporis.*

Les bourgeois paraissent encourir le même blâme dans les sermons que nous citons : « Vous aussi,
« bourgeois, dit l'orateur, c'est afin de mieux pros-

moins que leur mari ne fût chevalier, grand seigneur ou prince.

* On trouve cette apostrophe, aussi crue que précise, dans un des sermons de Maillard : «Mesdames, n'allez-vous pas aux étuves, et n'y faites-vous pas ce que vous savez…»

« tituer vos filles que vous les fardez et les parez
« comme des idoles. » Nous abrégeons ces détails,
exprimés en termes grossiers, qui sont un témoignage de plus de la dégradation du siècle.

L'esprit de corps n'inspire aucun ménagement
au frère Maillard : les ecclésiastiques de tous les
rangs sont atteints de ses stygmates. « Quoiqu'il
« soit contraire aux lois apostoliques de posséder
« plusieurs bénéfices, dit le prédicateur avec vé-
« hémence, nos abbés mîtrés et nos prélats en
« possèdent cependant jusqu'à trois ou quatre. Il
« n'est pas de turpitude qu'on ne pratique à Rome
« pour obtenir les prébandes, les abbayes et les
« sièges. » Poursuivant cette revue ecclésiastique,
le frère signale au mépris public *les porteurs de
reliques ou de rogatons*, ainsi que les prêtres qui
se font payer un nombre infini de messes, qu'ils ne
peuvent jamais dire, et en *suspendent la moitié
au croc*. Il dénonce ensuite à son assistance les
trafiqueurs de confessions, de sacremens, de béné-
dictions du lit et du repas nuptiaux. Enfin, ce rude
déclamateur contre les vices contemporains, s'attache à décrier le luxe des prélats et de leurs concubines : lesquelles portent des habits rouges, plissés,
fourrés de martre ou de peaux de Lombardie, et
ont les doigts chargés d'une multitude d'anneaux
d'or. Ces prélats, au dire de Maillard, quoique
déja gorgés de biens, généralement mal acquis,
usurpent le patrimoine des pauvres, des hôpitaux, et refusent de tendre une faible aumône

aux infortunés qu'ils ont dépouillés... Ils ne possèdent jamais assez d'or pour entretenir des chiens de chasse, des oiseaux, des filles publiques et des ma...... pourvoyeurs.

Descendant au clergé inférieur, frère Maillard dit au vicaire ou au desservant : « *M. Jean*,
« renvoyez votre concubine, ou vous irez à la
« léproserie du diable. M. Jean, M. Jean, vous
« montez à l'autel en sortant du lit d'une ribaude;
« vous souillez de vos doigts impurs la sainte
« hostie; vous recevez, d'une bouche polluée par
« des caresses impures, l'Eucharistie que vos su-
« périeurs n'osent vous interdire, parce qu'ils
« sont aussi vicieux que vous.

« Non, s'écrie l'orateur en concluant, saint
« Nicolas n'entassait point les trésors comme vous
« tous, prêtres impies; il n'entretenait pas des
« femmes *à pain et à pot*. A trente mille charre-
« tées de diables une telle conduite... » Choisissant un exemple plus illustre encore, Maillard poursuit : « Croyez-vous que Jésus-Christ soit venu
« dans ce monde pour son plaisir, pour être car-
« dinal, évêque ou abbé ; pour s'engraisser aux
« dépens du pauvre, pour forniquer avec des con-
« cubines, pour chasser aux courre ou à l'oiseau ?
« Voilà pourtant ce que vous faites en prêchant la
« morale du Sauveur... Ah! si les piliers des égli-
« ses avaient des yeux, et qu'ils vissent ce qui s'y
« passe ; s'ils avaient des oreilles pour entendre et
« qu'ils pussent parler, que diraient-ils? Je n'en

« sais rien. Messieurs les prêtres, qu'en dites-
« vous? »

Voici la péroraison du prédicateur de Saint-Jean-en-Grève, ses adieux aux Parisiens : « Il
« existe en enfer quarante mille prêtres, autant
« de marchands, autant de riches oppresseurs du
« pauvre, qui n'ont pas autant que vous, mérité
« de brûler éternellement *.

On retrouve un tableau moins virulent de cette époque dans les jeux de la scène, qui, durant la période que nous terminons, et particulièrement sous le règne de Louis XII, prirent un grand développement. Nous avons mentionné, sous le règne de Charles VI, l'établissement des *Confrères de la Passion* **, première troupe de comédiens

---

* *Mailliardi Sermones*, 4, 5, 6, 9, 10, 11, 14, 16, 17, 19, 20, 21, 23, 24, 25, 28, 29, 30, 32, 33, 34, 38, 42, 44 et 60.

** M. Berriat de Saint-Prix, auteur d'un Mémoire sur les anciens mystères, donne quelques détails fort curieux. Dans les grandes villes, dit-il, les premiers personnages du pays briguaient l'honneur de jouer le rôle de Jésus-Christ dans la passion du Sauveur. A Grenoble, maître Pierre Bucher, avocat, noble et docteur en droit, avait accepté ce rôle; mais on lui dit qu'il fallait apprendre quatre à cinq mille vers, et que, par suite d'une exactitude d'imitation poussée à l'extrême, l'acteur jouant le Christ était quelquefois sur le point d'expirer au naturel. Alors, il remercia du pénible et dangereux honneur qu'on lui avait fait en le choisissant, et l'homme-Dieu fut joué par un autre amateur. En l'année 1437, le même personnage fut représenté à Metz par un curé, nommé Nicole, qui, battu, poussé, torturé, resta

organisée qu'on ait vue à Paris. Le succès qu'elle obtint excita l'émulation de plusieurs autres compagnies; les clercs des deux basoches et les élèves de divers collèges, qui dès long-temps avaient joué accidentellement quelques compositions informes, se mirent à donner des représentations permanentes. Les clercs au parlement établirent leur théâtre sur la grande table de marbre du palais; ceux du Châtel en firent construire un dans cet édifice; les élèves de l'université en eurent plusieurs. Enfin, on vit un théâtre jusque sous les halles... C'était une fureur, un délire.

Ces différentes sociétés avaient chacune leur genre : les confrères de la passion continuaient à jouer, sous le nom de *mystères*, des sujets sacrés, puisés dans la Bible, dans les actes des apôtres, dans la vie des Saints; sujets graves qui n'excluaient pas toutefois les propos et les gestes obscènes ou grotesques, parce qu'on ne savait pas alors arranger un drame autrement *. Mais bien-

---

presque mort sur la croix, et eût infailliblement rendu l'âme s'il n'eût pas été secouru. Un autre prêtre, appelé Jean de Nicey, jouait le rôle du juif Judas. Or on l'avait pendu d'une manière si complètement imitative, qu'il montrait une langue d'un quart d'aune, lorsqu'on arriva pour le dépendre.

* Dans un mystère de ce temps, un ange qui arrive de la terre, après la passion du Christ, apostrophe ainsi Dieu le père :

> Père Éternel, vous avez tort,
> Et devriez avoir vergogne;

tôt les confrères, dont on commençait à déserter le spectacle, pour se porter aux jeux plus spirituels et plus plaisans des clercs, s'adjoignirent une seconde troupe, sous le nom *des enfans Sans-Soucis*, et qui fut dirigée par un chef, appelé *le prince des sots*. Cette compagnie représenta exclusivement des farces et des bouffonneries.

Les clercs des basoches, surtout ceux du parlement, furent les véritables créateurs de la comédie en France : *leurs farces, soties ou moralités*, grossièrement imitées des compositions d'Aristophane, de Plaute, de Térence, dont l'étude commençait à se répandre, offraient toujours une critique, plus ou moins fidèle, de la politique, des abus, des fautes du gouvernement et des grands, ou la censure des vices et des ridicules de la société. Sur les théâtres des collèges, on explorait l'histoire, dont on mettait en scène les évènemens héroïques et les crimes fameux : là naquit notre

> Votre fils bien-aimé est mort
> Et vous dormez comme un ivrogne.
> DIEU LE PÈRE.
> Il est mort?
> L'ANGE.
> Oui, foi d'homme de bien.
> DIEU LE PÈRE.
> Diable emporte si j'en savais rien.

Notre poète Béranger n'aurait-il pas trouvé là l'idée de sa chanson intitulée le *Bon Dieu ?* Nous répugnons à citer d'autres passages de cette nature dont les mystères abondent, et qui, orduriers jusqu'à la plus infâme licence, ne rachètent pas même ce vice par une intention vraiment comique.

tragédie. Louis XII, qui sentait tout ce que l'on pouvait acquérir d'expérience par ces divers spectacles, et dont l'esprit ne pouvait s'affranchir assez des habitudes de son siècle pour condammer l'indécence de l'exécution théâtrale; Louis XII favorisa ce début informe de l'art dramatique... Plusieurs de ses successeurs, s'étant reconnus dans le miroir comique que la vérité présentait au théâtre, donnèrent des entraves aux comédiens.

Le plus fameux auteur dramatique, à la fin du quinzième siècle et au commencement du seizième, était *Jean Michel :* on a imprimé une multitude de ses mystères, entre autres *le mariage de la vierge Marie, la Conception, la Nativité,* etc. Il est difficile de donner une juste idée de l'obscénité qui frappait les yeux et retentissait à l'oreille dans les ouvrages de ce poète, représentés devant des dames et de jeunes demoiselles. On comptait encore parmi les écrivains qui alimentaient la scène, Jean Dabundance, les deux frères Simon, Arnould Greban et Pierre Gringoire *.

En 1476, le parlement, qui sans doute avait été traduit au tribunal de la scène par les clercs, défendit aux deux basoches de jouer publiquement au Palais, au Châtelet ou ailleurs *farces*, *soties*,

---

* Ce Pierre *Gringoire*, surnommé *Vaudemont*, était héraut d'armes du duc de Lorraine. Il composa plusieurs *soties* et *moralités*. Il prenait lui-même le nom bizarre de la *Mère Sotte*. C'est ce poète dramatique que M. Victor Hugo a mis en scène dans son roman de *Notre-Dame de Paris*.

moralités, sous peine de bannissement et de confiscation de leurs biens. Malgré cet arrêt, les basochiens se disposèrent, l'année suivante, à jouer une comédie; un nouvel arrêt du 19 juillet, signifié à *Jean Léveillé*, se disant roi de la basoche, renouvela la défense de 1476, et porta que les contrevenans, outre les peines déjà mentionnées, seraient battus de verges par les carrefours de Paris. Les représentations furent alors suspendues au Palais et au Châtelet, jusqu'après la mort de Louis XI. Les deux basoches voulurent les reprendre sous le règne suivant : une critique imprudente de Charles VIII lui-même attira sur ces comédiens-amateurs une nouvelle interdiction; plusieurs même furent emprisonnés.

Louis XII fit rendre aux basoches leur privilège théâtral; les jeunes comédiens s'armèrent de nouveau du fouet de la satire, et frappèrent fort. Le monarque, comme nous l'avons dit ailleurs, fut joué lui-même sous les traits de l'avarice. Ses courtisans, dont les basochiens s'amusaient souvent, jetèrent clameur de haro sur les jeux du palais; mais le roi déclara qu'il entendait qu'ils fussent maintenus. Nous reparlerons bientôt des progrès de l'art dramatique à Paris.

Après avoir signalé les censures dont la chaire et le théâtre atteignirent les vices du quinzième siècle et des premières années du seizième, terminons ce chapitre par le tableau plus suave, plus général, qui s'offrait aux yeux de l'observateur au

moment où la France perdit le meilleur de ses rois. Peissel, écrivain contemporain, nous fournit l'aspect de cet ensemble heureux. « La population, « dit-il, fut plus grande qu'elle n'avait jamais été ;
« les villes se bâtirent mieux, les faubourgs s'a-
« grandirent, les landes et autres lieux incultes se
« défrichèrent : cependant les denrées se soute-
« naient à plus haut prix : preuve d'une plus
« grande consommation. Les péages, gabelles,
« greffes et autres revenus semblables furent de
« deux tiers plus considérables que sous le règne
« précédent. Les faveurs accordées avec équité,
« avec discernement au commerce, le rendirent
« florissant. On vit une augmentation d'aisance
« chez les gens pourvus d'une fortune modeste,
« d'opulence chez les gens riches. Le luxe des meu-
« bles, la profusion de l'argenterie, des bijoux,
« des dorures, des habits magnifiques élargit les
« canaux des arts et de l'industrie, encouragés d'ail-
« leurs par le souverain.... Enfin ce règne fut une
« époque d'émulation générale. On ne fit guère
« de maisons, continue Peissel, qu'il n'y eut de-
« vant une boutique pour marchandises ou pour
« art mécanique. Les marchands, ajoute le même
« écrivain, firent moins de difficulté pour aller à
« Rome, à Naples, à Londres et plus loin au-delà
« des mers, qu'ils n'en faisaient autrefois pour al-
« ler à Lyon ou à Bordeaux. L'autorité du roi ré-
« gnant était si grande, son caractère si respecté,
« que ses sujets étaient honorés en tous pays, et

« qu'il n'y avait pas si grand prince qui eût osé
« les outrager. »

Il est aisé de voir maintenant que cette brillante époque de la renaissance, dont on a trop gratuitement fait les honneurs à François Ier, avait été commencée, ou du moins préparée par son prédécesseur.

SIXIÈME ÉPOQUE.

PARIS JUSQU'AU RÈGNE DE HENRI IV.

CHAPITRE Ier.

FRANÇOIS Ier, LE PÈRE DES LETTRES, PERSÉCUTE LES ÉCRIVAINS, AUTO-DA-FÉ A PARIS, LE LOUVRE RECONSTRUIT.

Le président Hainault a dit de François Ier : il ne lui manqua, pour être le premier prince de son temps, que d'être heureux... et sage, doit-on se hâter d'ajouter : toute la vie de ce roi démontre cette vérité, désormais incontestée. On peut dire, sans crainte d'être démenti par les historiens exempts de préventions, que le caractère de François ne se composa que d'extrêmes : son règne fut un long dérèglement. Prodigue, fastueux, magnifique, il ne vit que dans l'éclat et le bruit cette grandeur suprême, que chaque souverain conçoit au gré de ses passions favorites. Dans le plan de vie théâtrale qu'il s'était formé, le successeur du bon Louis XII voulait se montrer religieux, guerrier, admirateur fervent des dames ; il songeait à parodier la chevalerie du bon temps : c'était sa manie favorite.

Mais les mœurs de ce monarque n'étaient plus au niveau de ce beau culte de toutes les hautes vertus : la dévotion de François devait se signaler par une horrible intolérance, qui n'avait pas même la conviction pour excuse. Sa fougue martiale ne reposait que sur une valeur qu'il serait injuste de lui contester; mais qui ne savait que frapper, nullement concevoir, combiner et prévoir. Dans sa galanterie, il méprisait cet honneur du sexe, que l'homme délicat doit toujours respecter chez les femmes, même quand elles en seraient dépourvues: il ne se vouait au sexe que par élan de débauche. Du reste, homme d'esprit, prince affable, cavalier superbe, François avait reçu de la nature tout ce qui peut imposer et séduire. Mais il faut d'autres qualités pour former un roi digne de sa noble mission : aimable, il peut se faire chérir des dames et des courtisans; il n'est ni aimé ni estimé de son peuple, s'il ne possède la sagesse, la prudence et la bonté.

François Ier monta sur le trône à l'âge de 21 ans; plein de feu et de confiance dans l'avenir, avide de réputation et de gloire, souriant avec dédain de la sagesse de son prédécesseur, le nouveau roi fut sacré à Reims avec une magnificence qui surpassa tout ce qu'on avait vu jusqu'alors. Son entrée à Paris eut un caractère de solennité, d'élégance et de grace qu'on n'avait point encore remarqué; mais l'allégresse publique baissa dès qu'on sut qu'à son couronnement le roi avait pris le titre de duc *de Milan*;... on vit que la France n'était pas encore délivrée de cette funeste guerre qui, sans utilité pour elle, l'épuisait, depuis long-temps de ressources et de sang.

En effet, le premier regard souverain de François, s'était porté, avec envie, vers cette belle province italienne, où Sforce commandait en maître; la première pensée du jeune monarque fut de reconquérir le Milanais. Louis XII, qui n'avait jamais renoncé à le reprendre, entretenait, sur la fin de son règne, une armée au pied des Alpes, prête à les franchir dès que l'occasion serait favorable. Son successeur la renforça; mais avant de l'ébranler, il prit la précaution de renouveler les alliances dont la rupture pourrait l'inquiéter durant l'expédition qu'il méditait.

Après la mort de Louis XII, la reine Marie ayant déclaré qu'elle n'était point enceinte, François Ier la fit reconduire honorablement en Angleterre : sa dot avait été scrupuleusement payée; Henri VIII se montra fort satisfait, et donna sa sœur au duc de Suffolc, premier amant de cette princesse. Un nouveau traité avec le monarque anglais, confirma celui conclu précédemment par le feu roi; la tranquillité fut assurée de ce côté. Dans le même temps, Charles, depuis *Charles-Quint*, souverain des Pays-Bas, et prétendant légitime à la Castille, par la mort de Jeanne-la-Folle, sa mère, eut besoin d'un secours de troupes et de navires pour s'assurer cet héritage, sur lequel Ferdinand-le-Catholique, grand-père de ce prétendant, lui laissait concevoir des inquiétudes, ainsi que sur la succession du royaume de Naples. Ce secours, Charles le demanda au roi de France. Il fut alors convenu que François prêterait à l'archiduc une armée et une flotte, pour s'emparer, après la mort de son aïeul, des possessions qui lui reviendraient; et qu'immédiatement le roi ferait sommer, par ambassadeurs, Ferdinand-le-Catholique de reconnaître son petit-fils héritier des Espagnes. De son côté, Charles consentait à ce que Ferdinand fut sommé, par les mêmes envoyés, de rendre la Navarre à la France; l'Autrichien s'engageait en outre à détourner son autre grand-père, l'empereur Maximilien, de soutenir Sforce dans le Milanais. En concluant ce traité, les deux princes se jurèrent une *amitié indissoluble*, dont ni l'un, ni l'autre ne sentait en lui le germe. Egalement jeunes, impétueux, dévorés d'ambition, ils n'éprouvaient qu'une secrète jalousie l'un de l'autre, qui devait accumuler les orages sur leur règne respectif. Toutefois, Charles et François parurent s'entendre en ce moment, et le dernier eut encore de ce côté une sorte de sécurité, qui l'enhardit à presser l'expédition d'Italie, après avoir renouvellé son alliance avec Venise.

Cependant une guerre lointaine nécessitait une émission de finances considérable, qu'on était bien loin de pouvoir faire aisément. Dans cette situation difficile, le chancelier Duprat imagina un expédient plus digne d'un traitan italien, dit le judicieux historien Millot, que du premier magistrat de la France; ce fut de vendre les charges de judicature. Par cette malheureuse institution, les plus importantes, les plus vénérables des fonctions, celles qui consistent à rendre la justice, furent entachées d'une hideuse et malheureusement légale * vénalité. L'appât de la finance des offices en fit créer plusieurs dans le parlement de Paris et dans les autres : ce fut une ressource, mais elle ne suffit pas. Il fallut augmenter les impôts, disposition fâcheuse à laquelle le peuple n'était plus accoutumé, et qu'il trouva rude, en la comparant aux mesures paternelles du dernier règne. Cette levée d'espèces parut d'autant plus sensible à la nation que des prodigalités de cour l'avaient précédée : le règne de François Ier s'était ouvert par des graces accordées à tout ce qui approchait sa personne. Le comté d'Angoulême fut érigé en duché, en faveur de Louise de Savoie, mère du roi. Charles de Bourbon reçut l'épée de conné-

* Cependant le président Hainault remarque que la vénalité des charges s'établit par le fait, plutôt que par le droit : on ne connaît point de loi écrite à ce sujet, dit-il, et même longtemps après François Ier, on faisait encore serment, au parlement, de n'avoir pas acheté sa charge, tant ce mode d'investiture paraissait contraire aux principes d'une saine magistrature. Mais, par malheur, dans les gouvernemens absolus, l'autorité royale constitue une légalité, usurpée, il est vrai, mais qu'on respecte autant qu'elle ne devient pas trop oppressive.

table, et un grand nombre de seigneurs obtinrent des titres et des grades dans le militaire.

L'armée expéditionnaire ne tarda point à s'ébranler; le jeune souverain, bouillant de valeur, éclatant de luxe, marcha à la tête de ses troupes, entouré d'une suite et d'un appareil qui rappelaient l'ère chevaleresque de Philippe-Auguste; mais qui l'imitaient comme nos représentations d'opéra imitent les temps héroïques d'Athènes et de Sparte. Le roi venait d'apprendre la ligue formée entre l'empereur, le roi de Naples, le pape Léon X et divers princes Italiens, pour maintenir Sforce dans le Milanais; l'impétueux monarque se montrait peu soucieux de cette coalition. Les Suisses, au nombre de quarante mille hommes, s'étaient chargés de défendre le passage des Alpes; ils avaient pris des positions avantageuses au pied de cette chaîne de monts. Mais François Ier commandait une armée formidable, se composant de deux mille cinq cents lances, formant environ vingt-cinq mille hommes de cavalerie, et de quarante mille fantassins. Il y avait en outre trois mille pionniers, et une nombreuse artillerie. Du reste, les grands seigneurs, selon la coutume, traînaient à leur suite une multitude de valets, de vivandiers, de pourvoyeurs, de filles publiques, de juifs, cortège servile ou intéressé, favorisant ou exploitant les besoins et les caprices de cette noblesse guerrière. François Ier, paladin aventureux plutôt que tacticien réfléchi, se disposait à passer les Alpes, en présence même des Suisses, et de combattre tout à la fois les lances ennemies et les obstacles de la nature. Soudain le marquis de Trivulce, Italien fidèle, voué au service de la France, annonce au conseil qu'on vient de découvrir un passage, appelé *Roqueperrière*, que les montagnards ont négligé de garder, parce qu'ils le croient inaccessible. L'armée est dirigée sur ce point, et malgré l'escarpement des montagnes, l'entassement des rochers, la profondeur des précipices, elle effectue son passage en quatre jours *.

* Les Français avaient donc franchi les Alpes avant cette armée intrépide, qui les passa, en courant, la première année du consulat de Napoléon. Mézerai a tracé une esquisse de cette expédition, où l'on trouve des rapports frappans avec le passage du Saint-Bernard effectué en l'an VIII de la république française. Nous copions l'historien. « Par-dessus « ces effroyables montagnes, par lesquelles il faut grimper « dans une continuelle frayeur de la mort, par ces détroits « horribles, non-seulement à passer, mais à regarder, les « Français font monter leur artillerie et leurs charois à force de « bras et de poulies, les traînant de rocher en rocher avec une « peine incroyable et un ardent travail. Les soldats mettaient « la main à l'œuvre avec les pionniers; les capitaines ne s'é- « pargnaient pas à remuer, qui la pioche, qui la coignée, à « pousser aux roues, à tirer sur les cordages? Tantôt ils dres- « saient des esplanades et cassaient de gros rochers, tantôt « ils se servaient de ceux qu'ils ne pouvaient briser, pour ap- « puyer les cabestans et tirer les fardeaux. En d'autres lieux « ils couvraient les précipices avec de grands arbres, qu'ils « renversaient en travers, et jetaient des fascines par-dessus. En

Prosper Colonne, général du pape, qui était loin d'attendre l'armée française, fut surpris, dînant paisiblement à Villefranche, et fait prisonnier sans coup férir. Les Suisses, forcés de se replier sur Milan, voulaient traiter avec le roi, qui leur offrait sept cent mille écus; le cardinal de Sion, arrivé dans leur camp au bruit de leur défection, les détourna de la consommer, en leur offrant la perspective d'un butin immense, après la défaite aisée de l'armée française..... Subjugués par le discours du prélat, les Helvétiens reviennent sur leurs pas, et attaquent avec fureur les Français, surpris à leur tour. Leurs charges impétueuses, reçues par de foudroyantes décharges d'artillerie, n'en sont point ralenties. Les barrières du camp sont forcées; l'ennemi pénètre jusqu'au quartier du roi. Une mêlée compacte s'engage et dure toute la journée.... La nuit suspend les coups des combattans..... Suisses et Français, harassés de fatigue, s'étendent pêle-mêle sur le lieu où les ténèbres les ont surpris : l'ennemi s'endort paisiblement à côté de l'ennemi, qui, au premier rayon du jour, lui donnera la mort ou la recevera de lui. François, étendu sur l'affût d'un

« telle sorte, qu'après quatre jours de fatigues, toute l'ar-
« mée se trouva dans la vallée d'Argentière. » Ainsi, entre le passage des Alpes par Annibal et la même expédition accomplie par Napoléon, il faut mentionner avec honneur celle effectuée par François Ier. Le Carthaginois passa en un mois, le monarque du seizième siècle en quatre jours, le premier consul en quelques heures.

canon, prend un bref repos, à quelques pas d'un bataillon suisse..... On doit éteindre une lumière allumée près de lui, afin qu'elle ne le trahisse pas... Aux premiers rayons de l'aurore, on se lève, on se frotte les yeux; les ennemis se reconnaissent..., le combat recommence..... La victoire vole incertaine des drapeaux helvétiens, au gonfanon des lis. *L'Alviane*, général Vénitien, qui toute la nuit a marché au secours des Français, arrive, prend l'ennemi en dos, et l'oblige à se retirer. Sa retraite s'effectua en bon ordre, non comme déroute; mais quatorze mille montagnards restaient sur le champ de bataille. On ne poursuivit point les vaincus. Telle fut *la bataille de Marignan*, livrée le 13 septembre 1515, qui remit le Milanais aux mains du roi de France, et qu'on surnomma le *combat des géans* *.

Sforce, abandonné par les Suisses, qu'il n'avait pu payer, dut céder à François Ier tous ses droits sur le Milanais, moyennant une pension de soixante mille ducats, qu'il s'obligea de dépenser

* A la tête des Suisses, on voyait le cardinal de Sion; à la tête des Français marchait le roi paladin. Mézerai met ces deux chefs en parllèle, dans un tableau de la journée de Marignan. « Un grand roi, dit-il, selon sa qualité, desireux « de gloire et de triomphe; et un cardinal, contre sa profes- « sion, respirant le sang et le carnage, paraissaient tous deux « à la tête de leurs troupes, et se faisaient voir, de rang en « rang, pour les animer. Le cardinal, prodige épouvantable ! « avec ses habits sacrés, avec ce chapeau apostolique, cette « sainte pourpre, allait encourageant les Suisses par des ex-

à la cour de France, d'où il s'engagea à ne pas sortir sans l'agrément du roi. Il partit sur-le-champ pour Paris en disant : « Je suis vraiment « bien heureux d'être délivré de la servitude des « Suisses, des caprices de l'empereur et des four- « bes de la nation espagnole. » A peine cette conclusion était-elle signée, que les princes d'Italie, n'aguère ennemis de la France, accoururent auprès du roi ; Léon X, le plus acharné d'entre eux, les devança tous. Cet homme habile, dominé par les évènemens, devait plier comme les autres ; mais il sut tirer de sa défaite un avantage plus grand que tous ceux que la victoire eût pu lui procurer. Le roi, vaincu par les ruses caressantes de ce pontife, renonça volontairement à cette *pragmatique sanction*, maintenue si long-temps, malgré tous les efforts du saint-siège. Elle fut remplacée par un *concordat* : accord duquel devait résulter une bonne intelligence permanente entre la couronne de France et la cour romaine; puis une répartition bien entendue de l'autorité à exercer en France sur l'ordre ecclésias-

« hortations, de feu et de furie, comme un homme hors de
« sens, ou qui eût été tourmenté d'un frénétique démon; et
« le roi, se déclarant généreusement tel qu'il était par une cotte
« d'arme de couleur d'azur, parsemée de fleurs de lis d'or,
« et par un riche armet, sur lequel brillait une prodigieuse
« rose d'Escarboucles, montrait aux siens, par ses paroles et
« son exemple, comme il fallait employer tous les efforts de
« leur vertu. »

tique, et des deniers à percevoir sur le clergé*.

Après une campagne qui n'avait pas duré plus de huit mois, François Ier revint à Paris, ressaisir le sceptre remis, en son absence, aux mains de la duchesse d'Angoulême, sa mère. Le gouvernement du Milanais était confié au connétable Charles de Bourbon, auquel le roi laissa assez de troupes pour contenir un pays à peu près soumis, contre lequel l'empereur fit plus tard une tentative aussi vaine qu'elle était tardive.

L'archiduc Charles d'Autriche devint, dans ce temps, légitime possesseur de plusieurs états, après la mort de Ferdinand, son grand-père, empoisonné, dit-on, par un breuvage aphrodisiaque, que lui avait fait prendre Germaine de Foix, afin d'en avoir des enfans. Or, les nouvelles possessions du prince autrichien lui causèrent, pour le moment, autant d'embarras qu'elles devaient, dans l'avenir, lui procurer de puissance. Nonseulement il craignait des divisions intestines, mais il redoutait de toutes parts un voisin tel

---

* Nous avons vu un autre concordat, conclu en 1802, par l'empereur Napoléon, avec le pape Pie VII. Les droits du clergé furent établis sur une base beaucoup moins large que dans le concordat de 1515, et cet accord avec le chef de l'église fut un des actes les plus heureux de ce grand homme. En fondant son trône sur l'autel, il ralliait à sa cause le clergé, encore si influent dans les campagnes, et mettait fin aux guerres, plus religieuses que royalistes, de l'ouest de la France.

que le roi de France. Dans ces justes appréhensions, il conclut avec François un nouveau traité dont les clauses étaient singulières. Selon les premières conventions, Charles devait épouser Renée de France, fille de Louis XII; d'après les dernières, sa fiancée fut Louise, fille du roi régnant, âgée d'un an. Si cet enfant venait à mourir, le prince autrichien épouserait toute autre princesse à naître de la reine Claude, et seulement à défaut de progéniture féminine sur le trône de France, Charles s'unirait à Renée, dont la main lui avait été précédemment promise. En sorte que cette fille de France devenait le pis-aller de la politique matrimoniale des deux contractans. Ce traité renfermait d'autres clauses non moins bizarres, non moins illusoires que celle-là. Charles, rassuré du côté de la France, s'affermit dans ses États de Flandres, de Castille, d'Arragon, et prit le titre de *roi d'Espagne*.

Les choses en étaient là, lorsque l'empereur Maximilien étant mort, l'empire devint une riche proie, convoitée par Charles d'Autriche et François Ier: l'un et l'autre avaient des partisans, des soutiens à la diète de Francfort, où l'élection du nouvel empereur s'agitait. Il était bien difficile que deux princes mus par une ambition égale, dirigée vers le même objet, restassent amis. Cependant ils s'envoyèrent réciproquement des ambassadeurs dans cette occurrence critique : « Nous devons nous « conduire, disait Charles, avec les mêmes égards

« que deux gentilshommes voisins et bons amis,
« qui cherchent à acquérir par des services les
« bonnes graces de leur maîtresse. » Il ajouta
que, quelle que fût l'élection, l'amitié entre eux
subsisterait. Malgré cette belle promesse, à laquelle François répondit par des protestations semblables, les compétiteurs intriguèrent à la diète, comme on intrigue partout, à l'aide des ruses, des subtilités, des perfidies. Charles fit plus, il appuya les négociateurs d'un corps de troupes, qui resta à une certaine distance de Francfort.... L'Autrichien fut élu, et prit le nom de *Charles-Quint*.

Voyant son rival empereur, François Ier, ne manqua pas de prétextes pour dire que ce prince avait violé sa promesse en plusieurs points, et que la bonne foi jurée s'était démentie dans ses démarches auprès de la diète. Le roi ouvrit alors des négociations pour une alliance intime avec Henri VIII, roi d'Angleterre, afin de s'assurer un appui contre un ennemi aussi redoutable que pouvait le devenir Charles-Quint. Le cardinal de *Volsey*, ministre du monarque anglais, fut d'abord l'intermédiaire des pourparlers des deux souverains; puis une entrevue fut décidée. Le rendez-vous était fixé entre Guines et Ardres, en rase campagne. François Ier et Henri s'y rendirent; les deux reines les y accompagnèrent, ainsi que la plus brillante noblesse des deux cours : « Plusieurs, dit le mémoria-
« liste Dubelai, y portèrent leurs forêts, leurs prés et

« leurs moulins sur leurs épaules. » La magnificence du camp de plaisance qui se forma répondit à celle des habits et des équipages : on éleva une multitude de palais simulant des tentes, quoique construits en bois, et on les recouvrit des plus riches étoffes ; ce qui fit appeler le lieu des conférences *le champ du drap d'or*. Après des dépenses ruineuses faites en bals, en festins, en tournois ; après maintes aventures dont bien des maris anglais ou français eurent à se plaindre, on se sépara sans conclusion fixe : François n'emportant qu'une promesse vague d'être secouru par l'Anglais, si l'empereur troublait la paix de l'Italie. Le roi de France en fut pour les présens considérables faits au cardinal de *Volsey* ; pour l'humiliation que lui fit subir les hauteurs de l'orgueilleux Henri, qui avait fait peindre au-dessus de sa tente, au camp du drap d'or, un archer anglais avec cette inscription : *qui j'accompagne est maître*.

Charles-Quint alla plus directement au but auprès du monarque anglais, dont il n'appréciait pas moins que François Ier la puissante alliance. En se rendant par mer d'Espagne en Allemagne pour recevoir la couronne impériale, il descendit sans bruit, sans faste, sans suite en Angleterre. Charles ne demanda à Henri aucune espèce de secours, mais seulement son arbitrage entre lui et le roi de France, si quelque différend survenait, promettant de s'en rapporter aveuglément à sa décision. Ce témoignage de haute déférence fit plus sur le vaniteux Henri VIII que tout le clinquant étalé au camp du drap d'or par François Ier. Le prince de la Grande-Bretagne pencha pour le souverain qui avait des vices utiles et des vertus politiques, plutôt que pour celui qui affectait des vertus éclatantes, et ne montrait réellement que des vices ruineux.

Dès l'année 1521, les hostilités éclatèrent entre Charles-Quint et François Ier, à propos de certains démêlés entre les maisons de *Crouy* et de *Bouillon*, pour quelques toises de terrain au fond des Ardennes. Dans les bravades de Robert de la Marck, prince de Bouillon et de Sedan, qui envoya défier l'empereur en pleine diète, Charles-Quint supposa l'instigation du roi de France, et sans provoquer la moindre explication, ce prince, débouchant de la Flandres, entra en France et ravagea le pays. François se porta au-devant de son ennemi; il pouvait le battre dans la position vulnérable qu'il avait prise. Le connétable de Bourbon voulait qu'on l'attaquât; le roi s'y refusa*, et accepta la médiation de Henri VIII, pour une troisième conclusion, que ni l'un ni l'autre des deux rivaux ne voulait observer.

Cependant la situation des Français en Italie n'était point rassurante : l'empereur y entretenait

---

* On dit que dans cette circonstance le roi, qui se montrait fort jaloux de la réputation militaire du connétable de Bourbon, ne refusa de combattre que dans la crainte que cet officier, dont la charge était de conduire l'avant-garde, n'eût le principal honneur de la victoire.

des intelligences avec les princes italiens, dont il espérait profiter au premier moment favorable. Le comte de Lautrec, frère de Françoise de Foix, *comtesse de Châteaubrillant*, maîtresse du roi, commandait au-delà des Alpes, à la place du connétable, que François avait appelé à lui au moment où la guerre paraissait devoir s'allumer dans le Nord. Tel fut du moins le motif avoué du rappel de Charles de Bourbon; mais on soupçonna que deux causes secrètes l'avaient plus sûrement déterminé : d'une part, la favorite s'était efforcée d'obtenir un commandement général pour son frère; d'autre part, la duchesse d'Angoulême, hardie dans ses desirs, comme toutes les femmes encore ardentes quoique surannées, avait contribué à faire rappeler le connétable qu'elle aimait, afin d'obtenir de lui quelques hommages, rendus à ses charmes flétris. Lautrec prit donc le gouvernement du Milanais, mais dans de fâcheuses circonstances. Soit oppression des Français, soit éloignement des Italiens, soit effet des intrigues de Charles-Quint, des révoltes éclatèrent simultanément dans plusieurs villes du duché, et le nouveau gouverneur, commandant à des troupes mal payées, craignit de voir échapper de ses mains une conquête à laquelle François Ier tenait essentiellement. Le comte accourut à la cour faire part de sa perplexité, et demander de prompts secours. Grace au crédit de sa sœur, il obtint à peu près ce qu'il demandait, et repartit en toute hâte sur la promesse qu'on lui avait faite d'être accompagné d'un convoi d'argent, s'élevant à quatre cent mille ducats. Mais le général arriva avant les espèces à Milan ; il les attendit encore quelque temps, mais forcé d'agir avec des Suisses, qui ne combattaient que pour de l'argent qu'on ne pouvait leur donner, cet officier eut la douleur de voir son armée se débander faute de paye. Il ne resta à Lautrec que la ressource de renfermer dans les places fortes le peu d'infanterie qui lui restait, et de tenir la campagne avec une faible cavalerie, campée avantageusement. Dans cette extrémité, il fut facile à Charles-Quint d'introduire des troupes en Italie, à l'aide des intelligences qu'il s'y était ménagées : il fit occuper, sans coup férir, plusieurs places-fortes ; Milan même tomba au pouvoir des légions impériales : il ne resta aux Français que la citadelle. En ce moment même, l'empereur faisait élire son ancien précepteur à la papauté, sous le nom d'Adrien VI. Ainsi cet habile politique s'assurait en même temps l'appui des armes spirituelles et celui des armes temporelles au-delà des Alpes, tandis que François-Marie Sforce, sous les auspices de l'Autrichien, prenait le commandement d'une armée d'Italiens.

Que pouvait faire Lautrec contre tant de forces réunies, avec une armée faible, nue, sans vivres et sans paye ? cependant, toujours confiant dans la promesse de ducats qu'on lui avait faite, le général français était parvenu à rallier temporairement dix mille Suisses ; avec ces étrangers, réunis à sa bonne gendarmerie française, il espéra parvenir à battre l'ennemi. Mais l'ayant trouvé dans une position inexpugnable, il voulait différer l'attaque. Les Helvétiens lui crièrent : *de l'argent ou le combat.* — *Eh bien combattez-donc*, répondit Lautrec désespéré... Les Suisses fondent comme des lions sur les retranchemens; mais, repoussés par une formidable artillerie, ils se découragent, se débandent, passent tranquillement une rivière, et s'éloignent, malgré les représentations du général, qui, sur un autre point, commençait à vaincre avec sa cavalerie. Tout fut perdu. Le comte envoya coup sur coup des officiers supplier les fugitifs de revenir : vaine tentative; on *n'avait point d'argent, on n'eut point de Suisses.*

L'armée française dut quitter l'Italie, ne conservant de tout le duché, que les châteaux de Navare et de Milan. François Ier, malgré les supplications de madame de Châteaubrillant, assaisonnées de toutes les tendresses dont elle était capable, ne voulait pas voir le comte de Lautrec; elle fit tant et de si séduisans efforts, que sa majesté consentit cependant à recevoir ce malheureux capitaine, au palais des Tournelles. L'entrevue fut froide et Lautrec s'en plaignit. « Puis-je, répondit
« le roi, voir de bon œil un homme coupable de
« la perte de mon duché de Milan. — Sire, répon-
« dit vivement le comte, j'ose dire à votre majesté
« que c'est elle seule qui en est cause. Votre gen-
« darmerie a servi dix-huit mois sans recevoir

« un sou de votre épargne, et les Suisses, dont vous
« connaissez le génie, n'ont point été payés. Ma seule
« adresse les a retenus plusieurs mois dans votre
« armée, menaçant toujours de la quitter. Enfin
« ils m'ont forcé à donner un combat sanglant;
« j'en prévoyais l'issue; mais j'ai dû le hasarder
« malgré le peu d'apparence de succès. Voilà tout
« mon crime. — Eh quoi! s'écrie le roi avec sur-
« prise, n'avez-vous pas reçu quatre cent mille
« ducats que j'ai donné ordre de vous envoyer. —
« J'en ai reçu les lettres; mais l'argent n'est pas
« venu. »

Le monarque, hors de lui, fait appeler Jacques de Baulne, *seigneur de Sablancay*, surintendant des finances, qui possède toute la confiance de sa majesté. François interpèle sévèrement ce ministre; il répond sans se troubler qu'en effet les ducats n'ont point été envoyés en Italie, parce que la duchesse d'Angoulême a exigé qu'il lui donnât cet argent, se chargeant, a-t-elle dit, de pourvoir aux besoins de l'armée d'Italie. « J'ai la quittance de son al-
« tesse, ajoute Sablancay.

A ce rapport le roi se précipite dans l'appartement de sa mère : cette princesse nie avoir reçu l'argent; certaine de ne pouvoir être démentie par le témoignage de la quittance, qu'elle a fait enlever des cartons du surintendant, par un commis de confiance, nommé Gentil.... Quelque temps après cette explication, Gentil est pendu, pour un crime peu avéré. La suite de cette affaire couvre d'infamie la duchesse d'Angoulême, déja couverte d'opprobre pour ses déréglemens. Le malheureux Sablancay expire au gibet de Montfaucon, après un procès de deux ans. Ce meurtre, accordé par d'indignes juges au repos de Louise de Savoie, achève d'attirer sur elle l'indignation publique. Le roi lui-même fut atteint du juste mécontentement que mérite un prince insouciant sur sa gloire, sur l'honneur de sa famille, sur le supplice d'un homme d'Etat, qu'il a nommé *son père*, et qu'il laisse sacrifier blanc d'une innocence évidente.

A cette époque de sa vie, nous voyons en effet François Ier abandonné à tout ce que la galanterie, les plaisirs et les voluptés offrent de séductions : sa cour est un harem; son conseil se compose des compagnons de sa débauche : on y délibère non sur les intérêts de l'Etat, mais sur la forme des habits, le choix d'une maîtresse nouvelle, la disposition d'un bal. Bientôt d'horribles conséquences, des taches indélébiles imprimées à la mémoire de François résulteront de cet abandon sybaritique, de ce laisser-aller insoucieux et coupable.

Que faisait cependant Charles-Quint, pendant que son rival languissait ainsi dans la mollesse et l'oubli de ses devoirs sacrés? retiré au fond de son cabinet, il prolongeait ses veilles laborieuses dans de profondes et habiles méditations; ou bien, parcourant ses royaumes avec agilité, il y consolidait la soumission, et calculait les ressources d'or et de bras qu'il en pourrait tirer, dans les guerres que sa prudence prévoyait sans cesse. On pouvait déjà entrevoir, en 1522, l'extrême humiliation où tomberait un roi qui ne considérait les besoins de l'empire qu'à travers le prisme des plaisirs; et à quel degré de gloire, en foulant son rival aux pieds, parviendrait un autre souverain, qui ne hasardait pas une action sans qu'elle eut son intérêt pour objet.

Nous signalerons sommairement une longue suite d'évènemens qui tous tendirent à ce résultat, honteux pour la France, avantageux à l'empire : partout se dessine à grands traits l'habileté politique de Charles-Quint; partout périclite et languit la vaniteuse incapacité de François Ier. D'abord l'empereur attire Henri VIII dans sa cause et le fait déclarer contre le roi, par le traité de Vindsor. Charles promet d'épouser la fille unique de l'Anglais, remplace la pension que le monarque français lui payait, et double celle accordée par François Ier au cardinal de Volsey. L'effet de cette convention est immédiat : trente-cinq mille Anglais ou Impériaux font irruption en France par la Picardie.

Tandis que le roi, arraché aux délices du palais de fée qu'il fait élever à Chambord, court à Lafère au-devant des conquérans, une ligue formidable, dont Charles-Quint est l'ame, se forme en Italie pour en exclure décidément les Français. François songe alors à combattre un état de choses qu'il aurait pu prévenir, avec moins d'oubli de ses devoirs. Il augmente les contributions, en crée de nouvelles, vend plusieurs domaines de la couronne, et rassemble une forte armée, qu'il se dispose à conduire lui-même en Italie. Un incident majeur l'arrête et complique sa situation.

Nous avons dit que la duchesse d'Angoulême était éprise du connétable de Bourbon : cette princesse, belle encore dans un âge assez avancé, avait-elle fai accepter ses faveurs au prince? c'est assez probable. Mais devenu veuf en l'année 1523, par la mort de *Suzanne de Bourbon*, sa cousine, le connétable refusa crûment la main de Louise de Savoie, et repoussa même, avec quelque ironie, l'offre qu'elle lui en avait faite, afin, disait-elle, de prévenir un procès qu'elle était en droit de lui intenter. En effet, divers apanages, après le décès de sa femme, devaient revenir à la branche de *Bourbon Montpensier*, dont la mère du roi était issue, et le mariage entre elle et le connétable rendait ces possessions indivises. Mais Charles de Bourbon, sacrifiant son intérêt à sa liberté, ne voulut point se prêter à ce genre de transaction, qui jetait dans son lit une femme surannée et galante, incapable, sans doute, de se montrer plus fidèle à l'hymen qu'elle ne l'avait été dans ses amours durant son veuvage.

L'injure, si outrageante pour toutes les femmes, que le connétable de Bourbon faisait à la duchesse d'Angoulême, à une princesse du sang, puissante ne pouvait manquer d'avoir des suites fatales à son repos. Louise de Savoie lui intenta d'abord le procès qu'elle avait voulu prévenir, et le fit poursuivre avec une animosité dans laquelle s'exhala toute sa vengeance. Une princesse qui venait d'être régente, qui pouvait le devenir encore, plia comme on le pense bien, la justice vénale du temps à tous ses desirs passionnés : Bourbon vit qu'il allait se voir ruiné, et que le roi lui-même aiderait à sa ruine. Il existait entre ce prince et le monarque une antipathie qui, avant que François montât sur le trône, avait failli, plus d'une fois, dégénérer en combat singulier, et qu'augmentait chaque jour les prétentions des deux princes à la gloire militaire. D'ailleurs le connétable réunissait dans sa maison une société connue pour fronder la conduite du roi : c'était un centre de mécontentement et presque de sédition. Bourbon songea à profiter de cet appui pour combattre l'inimitié de la cour. Cet illustre mécontent fit-il le premier des propositions à Charles-Quint, ou se borna-t-il à écouter favorablement celles que l'empereur lui adressa d'abord? c'est ce qui n'a jamais été éclairci. Toujours est-il que l'ennemi de François fit accepter au connétable un asile dans ses états, la main d'Éléonore sa sœur, et l'une des trois premières charges de l'Espagne, pour prix de la trahison qu'il attendait de lui. Charles de Bourbon entraîna, dit-on, dans sa défection, une grande partie des seigneurs dont il s'était fait des partisans ; mais *d'Argouges et Matignon* repoussèrent avec indignation ses instances, essayèrent de le détourner du honteux parti qu'il voulait prendre, et, n'ayant pu réussir, dénoncèrent le prince félon au souverain.

Le connétable s'était retiré dans sa terre de Moulins, où, dit-on, il faisait le malade, en attendant l'occasion de franchir les Pyrénées et de se rendre à la cour de Charles-Quint. François, craignant de voir la plus habile épée de sa noblesse tournée contre lui, court en Bourbonnais; prenant d'abord son parent par la douceur, excitant en lui les sentimens généreux que le ressentiment comprime, il le conjure de lui rester fidèle, et donne sa parole de roi que, si la duchesse d'Angoulême triomphe dans le procès qu'elle suit avec tant d'acrimonie, toutes les terres du connétable lui seront rendues par l'autorité d'un édit. Bourbon avoue qu'il est sollicité par l'empereur; mais il proteste que sa parole n'est point engagée, et promet de rejoindre la cour aussitôt que sa santé sera rétablie.

Si le connétable eût reconnu la sincérité de cette démarche du roi, peut-être n'eût-il pas trahi son devoir; mais bientôt il apprit que son procès était perdu; que François venait de faire emprisonner l'évêque d'Autun, confident intime de Bourbon, et que des troupes s'avançaient vers Moulins pour l'arrêter lui-même. Alors le prince n'hésite plus; il part du château de Chantelle, suivi d'un seul gentilhomme, et se jette en Italie.

Le parti du connétable était d'autant plus puissant, qu'on regardait ce dignitaire comme victime de la lubricité de Louise d'Angoulême et de la jalousie du roi. L'armée elle-même désapprouvait hautement les rigueurs exercées, sur d'aussi déplorables prétextes, contre le meilleur de ses officiers. François appela près de lui la noblesse douteuse, afin d'être à même de l'observer. Un assez grand nombre de seigneurs furent envoyés à la Bastille; on fit le procès de plusieurs : l'un d'eux, le comte *de Saint-Vallier*, entendit prononcer contre lui la peine capitale, et la grace que François Ier lui accorda sur l'échafaud, fut l'action la plus honteuse du règne de ce prince. Diane de Poitiers, fille de cet illustre condamné, et mariée à Louis de Brezé, grand sénéchal de Normandie, avait sollicité vivement cette grace; la dame était d'une beauté éclatante mais vertueuse : le roi mit la vie du père au prix de l'honneur de sa fille... Diane céda, Saint-Vallier fut sauvé, et François Ier infame *.

* Un faiseur d'anecdotes, dit Saint-Foix, affirme « que le « pucelage de la jeune Diane était un friand morceau, et bien « digne d'être présenté aux plus grands monarques; aussi « notre bon roi François ne l'éconduisit-il pas. » Par malheur, pour la véracité de ce conteur, mademoiselle de Saint-Vallier avait épousé Louis de Brezé dès l'année 1514, et son pucelage n'existait plus que dans les traditions. Mais la conquête d'une si belle dame n'en offrit pas moins d'attraits au monarque libertin. Voici le portrait que l'on trouve de cette beauté dans les Mémoires de Condé. Elle avait les cheveux extrêmement noirs et bouclés, la peau très blanche, les

Cependant le connétable de Bourbon s'était déclaré coupable par le seul fait de son évasion; le roi fit confisquer tous ses biens, et mit des garnisons royales dans tous ses châteaux. Son hôtel, situé rue du Petit-Bourbon, près du Louvre, fut barbouillé par le bourreau de cette couleur jaune, qui était le signe infamant du crime de lèse-majesté; on effaça les armoiries peintes au-dessus de la porte; puis on sema du sel à l'entrée de cette maison : pratique qui donnait le témoignage le plus authentique du mépris que l'on faisait d'un homme*.

La vengeance de François et le sale ressentiment de sa mère étaient satisfaits; mais Charles de Bourbon devait exercer de plus longues, de plus terribles représailles contre le roi et contre la France. L'empereur lui avait confié le commandement de ses troupes en Italie. Les désastres de l'armée française furent rapides au-delà des Alpes : le château de Crémone seul tenait encore pour le roi : le capitaine *Bunon* s'y défendait avec

---

dents, la jambe et les mains admirables. Dans le plus grand froid elle se lavait le visage avec de l'eau de puits, et n'usa jamais d'aucune pommade. Elle s'éveillait tous les matins à six heures, montait souvent à cheval, faisait une ou deux lieues, et venait se remettre dans son lit, où elle lisait jusqu'à midi. Tout homme un peu distingué dans les lettres pouvait compter sur sa protection. On a mis Clément Marot au nombre de ses amans. Nous reparlerons de cette dame.

* Brantôme, *Vie des Hommes Illustres*, tome I, page 229.

sept soldats..... le reste était mort de faim. L'intrépide Bayard, à la tête d'une poignée de braves, arrive dans cette place à travers les ennemis : il trouve les sept martyrs de l'héroïsme exténués, desséchés, ne pouvant plus se soutenir sur leurs jambes; et s'accroupissant pour arquebuser par les meurtriers..... Le chevalier sans peur recule deux pas en voyant ces squelettes encore animés, mais n'ayant plus figure humaine.... valeur réfléchie, persévérante, tenace jusqu'à la barbarie, et préférable au courage impétueux, né du délire et de l'entraînement.

Mais le moment approchait où le roi allait perdre plus qu'une bataille, plus qu'une armée, plus que ce Milanais qui lui échappait encore. Charles de Bourbon poursuivait l'amiral Bonnivet; qui avait essayé de rentrer dans Milan; le défectionnaire, malgré la rapidité que le général français imprimait à sa retraite vers le Piémont, l'atteignit à *Rebec*. Bonnivet, blessé grièvement dès le commencement de l'action, laissa le commandement au capitaine *Vaudenesse* et au chevalier Bayard; mais, à peine ce dernier avait-il donné quelques ordres, qu'un coup d'arquebuse lui rompit les reins...... Ainsi se termina la plus belle vie militaire du moyen âge : avec le preux Bayard finissait la loyale chevalerie, dont seul en Europe il avait conservé les pures traditions. Ne pouvant plus supporter le mouvement du cheval, le vertueux guerrier se fit descendre et appuyer contre un arbre, le visage tourné vers les ennemis. Bientôt Charles de Bourbon, en poursuivant les fuyards, passa près du paladin mourant : « Ah! « s'écria le connétable attendri, vous en cet état, « chevalier ! que j'ai grand'pitié de ceci ! — Ce « n'est pas de moi, monsieur, répondit Bayard « en réunissant toutes ses forces, ce n'est pas de « moi qu'il faut avoir pitié ; je meurs en homme « de bien. Mais vous, qui êtes Français et prince « du sang de France, vous avez aujourd'hui, « contre votre honneur et votre serment, les « livrées d'Espagne sur les épaules, et les armes « la main toutes teintes du sang français. » Bourbon, confus, s'éloigna sans repliquer.... et peu de temps après, s'évanouit dans le sein de l'éternité, cette dernière fleur de la chevalerie, qui dès-lors ne fut plus qu'une parodie théâtrale.

A quelque temps de là, Charles de Bourbon entamait la France ; il faisait le siège de Marseille. Telle était la conséquence des soupirs lascifs d'une vieille coquette : l'élan de ses désirs de couchette attirait l'ennemi sur les terres de France, et rendait infame un prince allié à la maison régnante.

Aussi obstiné que malheureux, le roi rentra bientôt en Italie ; mais ce fut pour y voir périr sa fortune, et la prospérité de son royaume. Tout le monde connaît la défaite de *Pavie*, où le roi se couvrit d'une gloire éclatante, mais inutile, et perdit la liberté, comme le roi Jean à Poitiers *

* Presque tous les historiens ont dénaturé le commence-

La nouvelle des malheurs de Pavie causa à Paris une désolation générale, et la régente, que les Parisiens n'aimaient point, fut hautement accusée d'avoir attiré sur la France les calamités dont elle avait à gémir. On plaignait le connément de la lettre que le roi prisonnier écrivit à sa mère dans cette fâcheuse circonstance ; on a voulu, à toute force, y trouver cette phrase héroïque, bien belle, bien arrondie : *Tout est perdu, madame, fors l'honneur.* Voici le texte de cette lettre. « Pour vous advertir comment se porte le ressort
« de mon infortune, *de toute chose ne m'est demouré que*
« *l'honneur et la vie, qui est sauve*, et pour ce que en notre
« adversité cette nouvelle vous fera quelque peu de reconfort, j'ai prié qu'on me laissât vous escripre ces lettres, ce
« qu'on m'a agréablement accordé ; vous suppliant ne volloir
« prendre l'extrêmité de vous-mesmes, en usant de vostre ac-
« coustumée prudence, car j'ai espoir en la fin que Dieu ne
« m'abandonnera point ; vous recommandant vos petits en-
« fans et les miens ; vous suppliant faire donner son passage
« pour aller en Espagne, et retour à ce porteur, qui va vers
« l'empereur pour savoir comment il faudra que je sois traité.
« Et sur ce très humblement me recommande à vostre bonne
« grace. Vostre humble et obéissant fils François. » (*Registres manuscrits du Parlement*, 10 *novembre* 1525).

Ces mêmes registres contiennent, à la même date, la lettre que le roi écrivit par le même courrier à Charles-Quint. On y lit ce passage : « Par quoi, s'il vous plaît avoir cette hon-
« neste *pitié*, et moyenner la sûreté que mérite un roi, lequel
« on veut rendre ami et non désespéré, vous pouvez faire un
« aquest', au lieu d'un prisonnier inutile, *de rendre un roi à*
« *jamais votre esclave.* » Ce langage servile altère un peu le *fors l'honneur*, si obligeamment imaginé par les historiens panégyristes.

table d'avoir été contraint de trahir son pays, plus qu'on ne le blâmait de s'être livré à la trahison, et presque tout le hideux de cette démarche retombait sur Louise de Savoie. Des conversations à haute voix s'engageaient dans tous les quartiers à ce sujet : partout on disait librement qu'il convenait d'ôter la régence du royaume à madame d'Angoulême et de la donner au duc de *Bourbon Vendôme*, le seul prince du sang qui eût échappé à la captivité de Pavie. Mais cet homme vertueux, loin d'abuser d'une telle disposition de l'esprit public, se servit de l'ascendant que la confiance populaire lui donnait pour raffermir l'autorité de la régente. Il accepta toutefois le titre de chef du conseil.

Louise de Savoie, affectant un repentir hypocrite, passait des journées entières au pied des autels. Elle enjoignit, par une ordonnance, de réformer le luxe des habits, de substituer la laine à la soie, les couleurs sombres aux couleurs tendres, la prière aux élans de la gaîté, et de s'abstenir même de faire des noces somptueuses... Plusieurs fois cette princesse, tardivement simple et modeste, adressa des remontrances au parlement touchant la réforme somptuaire qu'elle voulait introduire dans la capitale. L'avocat-général Gaillard, répondit un jour : « Les pompeuses super-
« fluités de la cour ont été par malheur imitées
« par les sujets, et ont consommé la ruine d'un
« grand nombre d'entre eux. Que la cour donne

« donc aujourd'hui l'exemple de la réforme, et
« bientôt elle sera adoptée par les rangs infé-
« rieurs. »

On sait comment, par le traité de Madrid, conclu en 1526, François Ier déposa les liens de sa captivité, en les jetant sur les bras de ses enfans. Et cette clause, déja si affligeante, était accompagnée de conditions que nulle nécessité ne devait obtenir d'une ame généreuse. Le roi renonçait au duché de Milan, à ses prétentions sur Naples, à l'hommage sur la Flandres et l'Artois; il abandonnait une multitude de provinces, se démettait de ses droits sur une foule d'autres, et s'obligeait à faire renoncer Henri d'Albret au royaume de Navarre. François Ier réintégrait Charles de Bourbon dans ses biens meubles, immeubles, fruits, revenus, et promettait de lui laisser exercer ses droits sur la Provence. De plus, le roi de France se rendait garant des sommes considérables que l'empereur devait au roi d'Angleterre, ce qui équivalait à la promesse de les payer. Enfin, achevant d'emplir, avec une insolence ironique, la coupe de fiel présentée à son prisonnier, Charles-Quint fit stipuler par le traité que lorsqu'il lui plairait d'aller se faire couronner à Rome, François Ier lui fournirait douze galères, armées, équipées, pourvues de toutes choses nécessaires, et paierait deux cent mille écus pour leur entretien.

Le roi signa ce traité et ne se coupa point en-

suite le poignet. Il le signa lorsqu'un peu de patience et de courage dans l'adversité pouvait, sous quelques jours, changer la face de sa fortune. En effet, depuis sa victoire de Pavie, Charles-Quint, qui précédemment appelait le pape Clément VII *mon père*, traita ce pontife avec hauteur; il fit sentir aux autres princes d'Italie le poids d'une supériorité qui leur laissa concevoir des craintes sur ses intentions : tous les alliés de l'empereur, sans rompre précisément avec lui, se détachèrent de sa cause; il en fut de même du roi d'Angleterre. Charles ne lui écrivait plus que des lettres froides, embarrassées et évidemment dictées par une politique perfide. La régente, informée de ce refroidissement, en profita avec habileté : elle obtint de Henri VIII un traité d'alliance offensive et défensive, et y fit stipuler cette clause importante :
« Pour la délivrance du roi, on ne pourra dété« riorer aucune des possessions qui sont sous la
« couronne du roi. »

François Ier, dans les premiers temps de sa prison, avait montré un élan de générosité qui pouvait sauver sa gloire, s'il se fût maintenu : il avait écrit à sa mère qu'il se décidait à abdiquer, plutôt que de consentir aux sacrifices honteux qu'on exigeait de lui ; qu'il ne fallait plus le regarder que comme une personne privée ; et qu'il envoyait le pouvoir de remettre la couronne au dauphin, avec l'ordre de le faire sacrer, au plus tard dans deux mois. Mais ce beau mouvement ne se soutint pas : l'ennui de la captivité, la privation des plaisirs et surtout de ceux de l'amour; enfin quelques accès de fièvre changèrent les dispositions héroïques du royal captif; il signa le fatal traité, avant de connaître les embarras qui allaient rendre Charles-Quint moins exigeant.

En exécution de cette funeste conclusion, la régente amena en pleurant, sur les bords de la Bidassoa, les deux fils de François et de la reine Claude, morte récemment. L'échange de ces enfans contre leur père, devait se faire sur un ponton établi au milieu de la rivière : Louise y conduisit les jeunes princes, que le roi embrassa avec transport, puis il les livra aux officiers espagnols. Après cet échange déchirant, le roi toucha la rive française, s'élança sur un cheval turc qu'on tenait prêt ; et lui fit prendre le grand galop jusqu'à Saint-Jean-de-Luz.

François Ier passa quelque temps sous le suave climat de la Gascogne, pour achever de rétablir sa santé. Ce fut à Bayonne qu'il connut *Anne de Poisselin*, devenue si célèbre sous le nom *de duchesse d'Etampes*. Dans les chaînes de roses que cette dame lui donna, ce prince perdit de vue et celles plus pesantes qu'il venait de déposer, et celles dont ses pauvres enfans étaient maintenant chargés... Le roi avait cependant promis sa main à *Eléonore*, sœur de l'empereur : il préluda par une infidélité amoureuse aux infractions, peut-être déja méditées, qu'il devait bientôt faire au traité de

Madrid. Ces infractions commencèrent par l'adhésion du roi à la *ligue sainte*, formée entre le pape, presque tous les princes d'Italie et la république de Venise contre Charles-Quint : ligue à laquelle Henri VIII accéda, et qu'épousa secrètement, dit-on, Charles de Bourbon lui-même, qui pourtant fut tué dans la cause de l'empereur, en donnant l'assaut à Rome. Malgré les preuves irréfragables que le roi avait données de son parjure en aidant la ligue sainte, il s'était efforcé de se justifier auprès d'une diète réunie à Spire; mais les ambassadeurs n'avaient pu convaincre ces Allemands, fort pointilleux sur le point d'honneur.

Cependant cet état de choses, où toutes les lois de la droiture et de l'équité étaient renversées, ne pouvait durer : tous les souverains se réunirent pour demander la paix à Charles-Quint; ce qui dut lui faire concevoir que sur son refus de s'y prêter, une coalition générale se déclarerait contre lui. Des conférences s'ouvrirent donc à Madrid en 1527 : des ambassadeurs y accourent de toutes parts. On fut promptement d'accord sur les points principaux; mais les conférences furent rompues sur la question incidente de savoir si François Ier, avant d'obtenir la liberté de ses fils, devait évacuer l'Italie et mettre Sforce en possession du duché de Milan; ou s'il couvenait que Charles-Quint s'exécutât le premier, en renvoyant les enfans de France à leur père.... Le congrès se sépara; on se prépara de nouveau à la guerre.

En ce moment, dit-on, le roi eut une inspiration à la *Régulus*: il convoqua à Paris les notables, et leur déclara qu'il allait reprendre ses chaînes. Les États s'y opposèrent: « Sire, répondit le président « du tiers, vous n'appartenez pas à vous, mais à « vos sujets. Il ne vous est pas libre de disposer de « notre bien. Si vous ne pouvez autrement ravoir « vos enfans, il faut faire vigoureusement la guerre, « et nous sommes prêts à nous cotiser pour les « sommes qui seront jugées nécessaires.... » Le roi se soumit sans se faire beaucoup de violence.

Sur la nouvelle de cette détermination, les ambassadeurs, encore réunis à Madrid, se joignant aux hérauts, porteurs de manifestes, arrivant de Paris et de Londres, déclarèrent la guerre à l'empereur.

Charles-Quint, un peu surpris d'une telle levée de boucliers, se remit toutefois promptement, et feignant de couvrir d'un rire ironique la déclaration menaçante qu'on lui faisait, il ajouta que François Ier, après avoir refusé avec couardise un cartel que l'ambassadeur *Calvimont* lui avait porté, se parait d'une vaine bravade par le défi qu'il venait d'envoyer *à son vainqueur*. L'empereur ajouta que si le roi de France était sans moyens de payer rançon pour ses enfans, il serait d'un honnête homme de venir tenir prison à Madrid, non d'insulter de loin un ennemi qu'il ne lui était jamais venu à l'idée de provoquer de près. Pour conclusion, Charles-Quint fit emprisonner les ambassadeurs français.

Par réciprocité, François Ier envoya au Châtelet l'Espagnol qu'il avait à Paris. Mais peu de temps après, les ambassadeurs français ayant été relâchés par l'empereur, le roi rendit également la liberté au Castillan. Avant de lui faire expédier un sauf-conduit, il le fit venir dans la grande salle du palais, où le roi siégeait au milieu d'une cour nombreuse. Là ce monarque, bien informé du reproche de couardise que Charles lui avait adressé, nia que jamais *Calvimont* lui eût apporté un cartel de la part de son maître. « Au reste, ajouta-t-il
« en élevant la voix, ces appels ne se font point
« par paroles vagues, qu'on peut supposer; mais
« par écrit bien signé. » Alors François lut un cartel ainsi conçu : « Si l'empereur dit de moi que pour
« ma délivrance, ou en d'autres occasions, devant
« ou après, j'ai fait chose qu'un gentilhomme ai-
« mant son honneur ne doit faire, je lui en donne
« le démenti, et lui mande qu'au lieu d'explica-
« tions et de justifications, pour ne pas retarder la
« définition de nos différens, il m'assure le champ,
« et j'y porterai les armes. »

L'empereur envoya sa réponse par un héraut; mais cette réponse n'était qu'un long mémoire, que le bouillant François ne lui permit pas de lire. L'officier de Charles-Quint, chassé avec ignominie, fut chargé de porter mille sanglans reproches à son souverain sur sa perfidie et *sa lâcheté*.

La guerre recommença en Italie; mais elle se fit mollement et fut bientôt terminée par le *traité de Cambrai*. Deux femmes conclurent, en quelques jours, une convention que tant de diplomates n'avaient pas même ébauchée dans le cours de plusieurs années : ces deux femmes étaient Louise d'Angoulême et cette Marguerite d'Autriche qui, fiancée de Charles VIII et maîtresse de Louis XII, n'avait été l'épouse ni de l'un, ni de l'autre. Le traité de Cambrai, dit Anquetil, fut comme un bilan de banque soldé par la France : elle paya 1° 2,000,000 écus d'or au soleil, pour la rançon des jeunes princes; 2° 50,000 écus au roi d'Angleterre, à l'acquit de l'empereur ; 3° 50,000 écus, pour racheter *temporairement* la Bourgogne, l'Auxerrois et le Maconnais, cédés par le traité de Madrid; 4° et enfin, 30,000 écus par mois pour aider l'empereur à faire la guerre aux Vénitiens. Du reste, le roi s'obligeait à rendre tout ce qui lui restait dans le royaume de Naples et le Milanais, s'engageait à rappeler sur le champ ses troupes, et promettait de ne faire en Allemagne ou en Italie aucune alliance ou pratique contraire aux intérêts de l'empereur. On voit que Charles-Quint savait bien se dédommager des vaines bravades de son rival.

Après la conclusion de Cambrai, la douairière de Portugal, fiancée à François Ier par le traité de Madrid, ramena les enfans de France, et épousa le roi dans la Sainte-Chapelle. *Eléonore* fut, comme l'avait été Claude, souvent témoin, rarement participante des félicités de son volage époux.... Elle les partagea toutefois assez pour y puiser le germe d'une maladie infame.

Laissons pour un moment les guerres, les éternels différens entre François Ier et Charles-Quint, et tâchons de considérer le règne du roi sous un aspect moins défavorable, en mentionnant les fondations que la capitale lui dut. Nous aurons ensuite à déplorer la part cruelle qu'il prit aux persécutions des fondateurs de l'église réformée, dont il s'était d'abord montré le protecteur. On frémit en songeant que cette déplorable versalité couvrit la France de bûchers. Mais parlons des monumens.

Le Louvre, commencé par Philippe-Auguste, fini par Charles V, tombait en ruines sous François Ier. Il avait résolu, dès son avènement au trône, de faire reconstruire ce palais, dont l'aspect sombre et les formes disgracieuses lui déplaisaient. Après ses premières campagnes d'Italie, le roi fit élever, à grands frais, les élégantes constructions de Chambord, où se réalisa, sous la main des artistes français, les délicieux souvenirs de la Toscane, devenue si coquette de monumens, grace au goût éclairé des Médicis. Dans le même temps, et tandis que le monarque, vivement épris de la belle *Diane*, faisait marier des F, des D et des *croissans* à tous les ornemens de l'architecture, *Sébastien Serlio*, architecte italien, dressait les plans d'un nouveau Louvre. Ces plans ne furent point adoptés; et plus tard l'édifice fut

Ancien Louvre du côté de la Seine

rebâti sur les dessins de *Pierre Lescot*, architecte français et abbé de Clugni. Il est présumable que le projet de ce moine a subi des changemens majeurs dans son exécution. Toutefois, la disposition générale arrêté par Lescot fut, dit-on, conservée, particulièrement pour la façade du palais qui regarde la rivière, laquelle pourtant n'était point encore terminée au commencement du règne de Louis XIII.

Les embarras qui remplirent les vingt premières années du règne de François Ier, ne lui permirent pas de pousser activement les travaux du Louvre, et l'épuisement de ses finances lui en ôtait d'ailleurs les moyens. Mais, vers la fin de cette période, le roi ordonna du moins que quelques réparations urgentes fussent faites aux vieux bâtimens : son orgueil était humilié de voir un château royal tomber en ruines au milieu de la capitale. Alors, on abattit la grosse tour qui s'élevait au centre de la cour : les matériaux servirent à réparer d'autres constructions, et le fossé fut comblé. Mais l'hommage des grands feudataires rendu *au pied de la tour du Louvre* lui survécut : les nobles continuèrent à s'agenouiller sur la place où cette forteresse s'était élevée, et peut-être leur imagination superstitieuse la leur représentait-elle encore, fantôme gigantesque, prête à refermer ses portes de fer sur le vassal félon. En même temps que l'on réparait quelques parties du Louvre, dont la pénurie d'espèce retardait la reconstruction, on fit les quai du Louvre, non comme nous le voyons aujourd'hui, mais au moins praticable, et à peu près nivelé.

En présentant à François Ier le nouveau plan du Louvre, Pierre Lescot, qui, pour faire valoir son dessin, avait tracé une esquisse topographique du cours de la Seine, indiquait un pont au lieu où l'on a depuis construit le *Pont-Neuf*, et développait, dans un mémoire joint à son projet, la nécessité de cette construction, afin de lier le bourg Saint-Germain, dès-lors fort considérable, avec la rive où devait s'élever le palais projeté. Il est probable que, plus tard, l'architecte André du Cerceau se sera inspiré de cette idée pour le placement du Pont-Neuf qui, tel que nous le représentons ici, ne fut terminé que sous le règne de Henri IV. Nous reparlerons de ce monument et surtout de la *Samaritaine*.

Depuis plusieurs règnes, l'hôtel Saint-Paul n'était plus habité par la cour : aussi les bâtimens de ce vaste édifice se détérioraient-ils journellement. En 1516, François Ier, considérant ce palais, non comme dépendance du domaine de la couronne, mais comme propriété personnelle, en céda une partie à Jacques de Genouillac, grand maître de l'artillerie : sur cette possession, détachée de l'hôtel Saint-Paul, on établit plus tard l'Arsenal. Successivement la maison royale, embellie avec tant de soin par Charles V, fut démembrée et vendue à diverses personnes. Les rues de la Cérisaie, Beautreillis, du Petit-Musc, des Lions Saint-Paul, remplacèrent des hôtels ou des promenades portant les mêmes noms.

En l'année 1518, François Ier acheta, de Ni-

la Samaritaine.

la porte St-Bernard

colas de Neuville, secrétaire des finances, une maison, avec cour et jardin, sur le bord de la Seine, auprès d'un lieu où l'on fabriquait de la tuile, et que, dans un acte de 1416, Charles VI qualifiait de *Tuileries Saint-Honoré*. Le roi acquit cette maison afin d'en faire présent à sa mère qui, disait-elle, trouvait l'hôtel des Tournelles malsain. Il est beaucoup plus probable que, trop voisine d'une cour observatrice et maligne, Louise de Savoie n'était pas fâchée d'isoler ses habitudes galantes, trop gênées dans le palais de son fils. Quoi qu'il en soit, la duchesse n'habita le petit hôtel des Tuileries que jusqu'en 1525; à cette époque elle en abandonna la jouissance à un officier de sa maison, nommé Jean Tiercelin; mais la propriété demeura au domaine de la couronne; et ce fut sur ce même emplacement que s'éleva le magnifique monument appelé *château des Tuileries*. Nous en parlerons en son temps.

La régente, à qui l'on ne pourrait refuser sans injustice de la capacité et des vues de gouvernement sages et prudentes, fit travailler aux fortifications de Paris, durant la captivité de son fils. En 1525 disparurent en partie les monticules, formés d'immondices, qui, en dehors de l'enceinte, s'élevaient presque aussi haut que la muraille, et favorisaient les assiégeans, lorsque la ville était investie. Cinq cents hommes travaillèrent plusieurs mois à cet utile nivellement. Seize mille pionniers furent employés, dans le même temps, à recreuser les fossés. Les quais de la rive méridionale furent aussi élargis et aplanis, dans plusieurs parties, afin de favoriser, au besoin, des mouvemens de troupes et même d'artillerie. On travailla particulièrement au quai appelé maintenant *des Tournelles*, sur lequel s'éleva plus tard la porte Saint-Bernard. Ce quai offrait, depuis plusieurs siècles l'espèce de forteresse que nous avons fait graver, et dont la porte paraît flanquée du côté de la rivière. Louise de Savoie, aidée des ressources que lui procurèrent les riches abbayes de Saint-Germain-des-Prés et de Sainte-Geneviève, fit paver quelques rues de la rive gauche, particulièrement dans le faubourg Saint-Germain.

Sous le règne de François Ier, surtout durant la période que nous avons déja parcourue, un grand nombre d'édifices religieux furent reconstruits, achevés ou embellis. La puissante seigneurie de Saint-Germain-des-Prés, qu'on doit distinguer des autres établissemens monastiques, s'était à peu près affranchie du joug claustral, dans le cours des quatorzième et quinzième siècles : elle n'offrit longtemps qu'un lieu de délices et de débauche, où les moines s'occupèrent fort peu de tout ce qui concernait leurs devoirs. L'église, presque abandonnée, tombait en ruines dans plusieurs de ses parties : les eaux pluviales y pénétraient; mais les religieux célébraient de si rares et de si brefs offices, qu'ils ne risquaient guères de souffrir d'un tel inconvénient. En 1513, l'abbé Guillaume de

Eglise de St Merry.

Ferdinand del.

Église de St Germain des Prés.

Briçonnet s'efforça d'opposer une digue au désordre : il introduisit dans l'abbaye une trentaine de religieux, tirés du monastère de Chezal-Benoit, dont le régime austère fut offert pour modèle aux moines dissolus. Plusieurs d'entre eux subirent la réforme; mais beaucoup d'autres s'insurgèrent et prirent la fuite. En 1516, une bulle du pape déclara les déserteurs excommuniés, s'ils n'étaient pas rentrés au bercail dans le délai de trois mois. Les plus timorés revinrent; mais un grand nombre, aguerris contre les foudres inoffensifs de Rome, ne tinrent compte de l'excommunication.

Treize ou quatorze ans plus tard, on établit à Saint-Germain-des-Prés la règle de la congrégation de Saint-Maur, règle sévère qui ne fut adoptée qu'après une longue résistance, et que les moines éludèrent aussi souvent, mais pas aussi ostensiblement que leurs précédens devoirs. Cette dernière réforme étant opérée, on fit à l'église des réparations urgentes : il cessa de pleuvoir dans la nef; les tours furent consolidées, divers bâtimens accessoires furent construits autour de l'édifice; dès-lors il offrit à peu près la physionomie qu'il conserve encore aujourd'hui.

L'église de Saint-Merri fut à peu près entièrement reconstruite en 1520; et, circonstance remarquable, quoique l'architecture grecque commençât à prendre faveur en France, on rebâtit cet édifice dans le goût sarrasin, qui, l'on doit en convenir, s'harmonise beaucoup mieux avec le caractère des monumens chrétiens que les ordres de l'antiquité. La façade et surtout le portail de Saint-Merri méritent d'être cités ; on remarque quelques détails élégans et gracieux dans la nef. *Jean Chapelain*, auteur du premier poème de *la Pucelle*, repose dans cette église.

La tour de Saint-Jacques-la-Boucherie, rivale élégante des tours de Notre-Dame, fut commencée en 1508, sous le règne du bon roi Louis XII ; les travaux durèrent jusqu'en 1522. On dit que cette construction coûta 1350 livres. La hauteur de cette tour est de 155 pieds ; elle est quadrangulaire, et chacune de ses faces porte 30 pieds neuf pouces hors œuvre. Sur la calotte de l'escalier, qui occupe un des angles de la construction, on voyait autrefois une figure de Saint-Jacques, haute d'environ trente pieds, et sculptée assez grossièrement par un *tailleur d'images*, nommé *Rault*. La tour de Saint-Jacques-la-Boucherie, après la démolition de l'église, en 1790, a été conservée comme monument propre à décorer la ville.

On ne sait si les confesseurs de Saint-Jacques-la-Boucherie, contribuèrent de leur bourse à l'élévation de la tour ; mais il est avéré qu'au seizième siècle, ces ecclésiastiques faisaient payer fort cher l'audition des péchés. Quelques historiens rapportent qu'en l'année 1527, plusieurs prêtres se cotisèrent pour payer onze livres au marguilliers de la paroisse, afin d'obtenir des confessionaux à Saint-Jacques : la vente des offices se propageait

Tour de St. Jacques la Boucherie.

même dans l'église. Une jeune fille sans argent, qui s'était confessée à l'un de ces directeurs financiers, dut se prostituer au saint homme pour acquitter le prix du sacrement*.

L'église de Saint-Eustache, qui existe encore aujourd'hui, et que l'on peut considérer comme l'un des beaux édifices religieux du moyen âge, fut commencée sous le règne de François Ier : le prévôt de Paris posa la première pierre, en août 1532; la nef fut terminée en 1548. La reconstruction du chœur n'eut lieu que sous le règne de Louis XIII : nous en reparlerons.

D'autres églises paroissiales furent réparées, durant le règne de François Ier : nous citerons Saint-Barthélemi, Sainte-Croix, Sainte-Madeleine, Saint-Germain le Vieux en la Cité; Saint-Sauveur, Saint-Jean en Grève, Saint-Germain-l'Auxerrois et Saint-Bon.

Parmi les monastères qui furent embellis pendant le même règne, il faut mentionner en première ligne les Célestins, maison opulente, dont l'église devenait un véritable musée, par la multitude de tombeaux qui s'y pressaient. La chapelle dite d'*Orléans* offrait surtout plusieurs monumens, qui sont encore aujourd'hui des chefs-d'œuvre de l'art. On voyait au milieu de cette chapelle un magnifique tombeau en marbre blanc, autour duquel étaient scupltées, en relief, les statues des douze apôtres et de plusieurs saints : sur ce tombeau,

* *Histoire de saint Jacques la Boucherie*, pages 141 et 142.

d'une forme élégante et noble, étaient couchées les figures de Louis d'Orléans, assassiné Vieille rue du Temple; de Valentine de Milan, sa femme; de Charles d'Orléans, leur fils aîné; enfin de Philippe d'Orléans, frère puîné du précédent. En 1525, on posa dans la même chapelle le tombeau en marbre noir de Renée d'Orléans, qui venait de mourir dans sa septième année.

Les Célestins, devenus riches par la multitude de donations faites à leur monastère et surtout à leur église, voulurent, sous ce règne, étendre leur enclos, déja fort vaste. Il joignait, du côté de la rue Saint-Antoine, les jardins de *l'hôtel de Cossé Brissac,* propriété dont il firent offrir, à diverses reprises, un prix considérable. Mais les Brissac étaient alors opulens, et refusèrent de vendre leur maison. Durant le siècle suivant, elle fut cependant vendue pour établir le couvent de femmes qui, le premier, reçut le titre de *la visitation de Sainte-Marie.* L'église, bâtie par Mansard, fut construite sur les fondations de l'ancien hôtel de Cossé. Nous en reparlerons.

L'église de l'abbaye de Saint-Victor, réparée sous le règne de Charles VII, n'en menaçait pas moins ruine au commencement de celui que nous parcourons. On entreprit de la reprendre de fond en comble durant l'hiver de 1517, tant les travaux paraissaient urgens. Michel Boudet, évêque de Langres, posa la première pierre du nouvel édifice. On ne conserva de l'ancien que le clocher et une cha-

Eglise de St. Eustache.

Eglise de la visitation de Ste Marie.

pelle souterraine. On parlait beaucoup au quinzième siècle de la bibliothèque renfermée dans cette abbaye, et qu'elle devait en partie aux abbés Lamasse et Nicolas Delorme : ce dernier avait fait construire un bâtiment particulier pour recevoir cette collection de livres. Joseph Scaliger affirme pourtant que cette bibliothèque tant vantée ne contenait rien qui vaille ; et Rabelais, dans son *Pantagruel*, a laissé une liste moqueuse des livres que possédaient les Victorins.

On rebâtit en partie, dans le cours de l'année 1517, l'église canoniale de Saint-Benoît : la nef et les bas côtés furent reconstruits à cette époque, ainsi que le portail. La plus ancienne chapelline qui existait dans l'église remontait à l'année 1251 ; elle avait été fondée par Amorrand, chanoine d'Arras. Il paraît qu'après la reconstruction de l'édifice, on y multiplia beaucoup les chapelles ; car un acte authentique de 1530 constate la bénédiction, en cette seule année, de six autels, par Guillaume, évêque de Béthune : ces autels sont ceux de Sainte-Marie, de Saint-Paul, de Saint-Pierre, de Saint-Louis, de Saint-Aignan, de Sainte-Geneviève. Dans les tableaux, en bas relief, qui décoraient les chapelles, les chanoines de Saint-Benoît avaient fait représenter Dieu le père avec l'habit de leur ordre ; plus tard, les jésuites suivirent cet exemple et s'attirèrent cette épigramme :

De ces moines audacieux
Vous voyez l'impudence extrême ;

Ils vous ont habillé comme eux,
Mon Dieu, de peur qu'on ne vous aime!

François Ier, en montant sur le trône, trouva les lettres en honneur, et se montra d'abord jaloux de maintenir, d'augmenter même leurs progrès. Sous son règne, l'instruction publique eut des encouragemens : il favorisa la fondation et l'accroissement de plusieurs collèges; nous ne mentionnerons ici que les institutions antérieures à l'année 1530. *Le collège de la Merci* fut bâti vers 1515, par Nicolas Barrière, bachelier en théologie, sur un terrain qu'il acheta d'Alain d'Albret, comte de Dreux. Le nombre des élèves reçus dans cette maison, assez mal pourvue de revenus, fut toujours assez petit : l'enseignement s'y maintint cependant jusqu'au milieu du dix-huitième siècle.

Le collège du Mans, situé rue de Reims, dans l'ancien hôtel de l'évêque du Mans, eut une destinée moins prospère encore : le cardinal Philippe de Luxembourg, légat du pape, avait donné, en 1519, par son testament, la somme de 10,000 livres pour l'établissement et l'entretien de dix boursiers du diocèse du Mans, dans la maison dont il faisait l'abandon. Mais, dès l'année 1613, les revenus de ce collège s'étant trouvés insuffisans, l'enseignement cessa d'y être exercé, et les bâtimens, contigus à ceux du collège de Clermont (depuis Louis-le-Grand) y furent réunis en 1682. Un collège du Mans, régi avec plus d'économie, s'ouvrit rue d'Enfer; il subsista jusqu'en l'année 1764, époque à laquelle on l'annexa, ainsi que plusieurs autres, à l'université.

La plus importante des institutions savantes de ce règne, fut *le collège royal de France*, situé au bas du Mont-Saint-Hilaire, sur la place appelée aujourd'hui de Cambrai. Cette fondation eut lieu en 1529: François Ier y présida lui-même, d'après les conseils de son prédicateur, Guillaume Parvi. Ce collège ne ressemblait nullement aux autres: il ne renfermait point d'élèves, mais seulement des chaires, tenues par des professeurs venant du dehors, ainsi que les élèves qui profitaient des leçons. Le collège de France était une véritable annexe de l'université. Le nombre des chaires fut promptement porté jusqu'à douze: quatre pour les langues, deux pour les mathématiques, deux pour la philosophie*, deux pour l'éloquence, deux pour la médecine. Les professeurs reçurent le titre de *lecteurs du roi*; leur traitement était de 200 écus d'or; mais on le leur payait rarement avec ponctualité. La langue grecque fut enseignée d'une manière fort distinguée au collège de France, par le célèbre *Danès*, disciple de Budé et de Lascaris. Cet enseignement supérieur, qui mit au jour toutes les beautés des écrivains de l'antiquité, élargit la carrière des lettres, et contribua puissamment à l'essor qu'elles prirent au commencement du seizième siècle. Faançois Ier

---

* François Ier ne fonda point ces chaires de philosophie: ce ne fut que sous Henri II qu'elles furent établies.

qui, dans ce moment, se montra réellement leur protecteur, voulut attirer au collège de France l'illustre *Erasme*, savant doué d'une vaste érudition, d'un esprit ingénieux et d'une élégance de latinité comparable à celle du siècle d'Auguste. Le nord de l'Europe et particulièrement l'Allemagne, devaient à Erasme le réveil de la pensée, la renaissance des lettres : il refusa de quitter le berceau de sa gloire, et ne vint point à la cour de François Ier *.

Les exercices du collège de France se faisaient dans les bâtimens des anciens collèges de Cambrai et de Tréguier où l'enseignement avait été abandonné faute de revenus.

L'établissement du collège de France fut désagréable à l'université, dont il affaiblissait les prérogatives en les partageant, sous la protection royale directe. La Sorbonne, cette réunion de docteurs, si vaine, si exclusive ** se montra plus

---

* On compta dans ces premiers temps au collège de France des professeurs fort distingués, parmi lesquels il faut citer Jacques Tussan, Agathias Guidacier, François Vatable, Barthelemi Masson, Vidius et Silvius.

** On lit dans l'*Histoire de la Sorbonne*, par l'abbé Duvernet : « Pour être en droit de porter le titre de docteur de Sor« bonne, il fallait avoir fait ses études dans ce collège, y « avoir, pendant dix ans, argumenté, disputé et soutenu di« vers actes publics ou thèses, qu'on distingue *en mineure*, « *en majeure*, *en sabatine*, *en tentative*, *en petite et grande* « *sorbonique*. C'est dans cette dernière que le prétendant au « doctorat doit, sans boire, sans manger, sans quitter la

mécontente encore de la nouvelle institution. Tout récemment (1525), elle venait de faire preuve d'autorité, en s'opposant à l'impression des *Heures de Notre-Dame*, traduites en français par le poète Gringoire. La Sorbonne, juste en cela, motivait son refus sur l'effet pernicieux produit par *la Bible* et autres *livres de théologie*; elle déclarait toute œuvre semblable, publiée en français, pernicieuse, morale, capable en un mot de pervertir la jeunesse. D'où il résulte que les pères, pour édifier les fidèles par des récits de l'Histoire sainte, ont composé plusieurs livres obscènes, dont toute bonne police doit défendre la lecture autrement qu'en latin, et qu'afin d'éviter que l'édification ne devienne un poison corrupteur, il faut lire les ouvrages sacrés dans une langue qu'on ne comprend point. *Fiat lux.*

François Ier eut quelque regret d'avoir déplu à la puissante Sorbonne; il chercha, par plusieurs bienfaits, à lui faire oublier l'atteinte portée à ses

« place, soutenir et repousser les attaques de vingt assaillans
« ou ergoteurs, qui, se relayant de demi-heure en demi-
« heure, le harcèlent depuis six heures du matin jusqu'à sept
« heures du soir. » *Histoire de la Sorbonne, tome 1, pages* 44 et 45).

La Faculté de Théologie, résidait à la Sorbonne; elle était dirigée par un proviseur, élu chaque année. On divisait ses écoles en intérieures et en extérieures : les premières se tenaient dans l'intérieur du collège; les secondes dans un bâtiment encore contigu à l'église actuelle, et dont l'entrée était par la place.

droits. Au moyen des dons qu'il lui fit en l'année 1529, elle fit réparer ses bâtimens, qui menaçaient ruines; particulièrement celui que l'on voit encore à gauche de l'église. Ce dernier édifice ne fut bâti qu'en 1635, par l'ordre du souverain de cette époque, le cardinal de Richelieu : nous ne plaçons ici l'ensemble du monument que pour indiquer la position des constructions réparées pendant le règne de François Ier, et qui servaient aux écoles extérieures. Cette déférence timorée du roi excita l'orgueil des docteurs en Sorbonne, et augmenta leur audace au moment où l'église réformée attirait sur ses sectateurs tant de persécutions. On dut en grande partie à la Sorbonne les inspirations de cette politique barbare qui, durant ce même règne, dressa des potences, creusa des cachots, alluma des bûchers, et fit sortir d'une nation hospitalière et douce une horde de cannibales. En cette même année 1529, François Ier, dans le but de fournir de l'eau au nouveau palais du Louvre, déjà commencé, fit construire une fontaine au milieu de la rue de l'Arbre sec; elle tirait ses eaux de la tour renfermant le réservoir des halles. Sous le règne de Louis XIV cette fontaine, dite de la *Croix du Trahoir*, fut transportée à l'angle formé par les rues Saint-Honoré et de l'Arbre sec. Elle y est encore.

En reprenant la narration des évènemens historiques, nous retrouvons, avec toute son acrimonie, la rivalité funeste de deux souverains dévo-

Eglise de la Sorbonne

rés d'une égale ambition. Mais François est vaincu, humilié, dépourvu de finances et peu estimé de son peuple. Charles-Quint, au contraire, est parvenu à l'apogée de la gloire et de la puissance. Il est roi des Romains, d'Espagne, de Naples, de Sicile, souverain des Pays-Bas. La pourpre impériale orne encore tant de dignités; le bandeau des Césars recouvre tant de couronnes: l'admiration du monde plane sur le rival de François, tandis que l'envie, une envie maintenant impuissante, corrode le cœur du monarque français.

Mais alors une foi nouvelle, une religion qui opposait la dialectique du raisonnement aux doctrines diffuses et hérissées des mystères du catholicisme, venait de naître en Europe: *Luther** avait élevé sa bannière; et le pape conjurait l'empereur d'aider l'église à combattre, à détruire la secte nouvelle. Tandis que Charles-Quint et le saint père conféraient sur cet objet, dans une entrevue

* Martin Luther était un moine Augustin, de Wittemberg, en Saxe, fils d'un ouvrier aux mines. La lecture favorite de sa jeunesse avait été celle des ouvrages de *Jean Hus*. En 1515, Léon X, l'un des papes les plus financiers qui aient occupé le saint-siège, publia une bulle accordant la rémission de tous les péchés à ceux qui achèteraient des indulgences. Un tarif progressif de graces et de salut fut dressé : non-seulement, en raison de leur finance, les acheteurs devaient gagner le paradis; mais ils pouvaient, à leur choix, tirer du purgatoire, et même de l'enfer, les ames de leurs parens ou amis. Il suffisait de les désigner clairement, afin que les prières apostoliques ne s'égarassent pas. « D'habiles écrivains

à Bologne, qui dura deux mois, plusieurs princes ou électeurs allemands, marchant droit au but, se séparaient de l'église romaine, dans une diète réunie à Spire. Cette assemblée protesta contre un édit rendu précédemment dans une autre diète, tenue à Worms, et qui défendait toute innovation en matière de religion. De cette protestation, émanée de Spire, est venu le nom de *protestans* donné aux disciples de Luther.

Parmi les déserteurs de l'église romaine, on comptait, en 1530, une foule de princes du Nord, les rois de Suède et de Danemarck; Strasbourg, Nuremberg, presque toute la Suisse. Henri VIII ne s'était point encore déclaré, au moins ouvertement; mais il chancelait déjà dans la foi de Rome. Quant à François Ier, il parut d'abord se faire le partisan

et d'éloquens prédicateurs, dit de Thou, furent chargés de peindre aux yeux du peuple les grands avantages de cette libéralité du saint-siège, et d'en exagérer l'efficacité. Le commerce des indulgences étant bien établi, Léon X eut l'idée de *l'affermer*. Alors les prédicateurs devinrent les agens naturels des fermiers. Ce scandale excita l'indignation de Luther: il se prit à réfuter les sermons des maltotiers prédicans, et contesta au pape le droit de vendre des indulgences. Léon X, au lieu d'user de son habileté ordinaire pour détourner l'effet de cette opposition, dédaigna de discuter, et lança, en 1518, une bulle contre Luther et ses adhérens. Le réformateur, agrandissant alors le cercle de sa polémique, attaqua, tour à tour, la grace, les sacremens, le purgatoire, l'autorité des papes, les vœux monastiques, etc. Le pape riposta par un anathême; le moine de Wittemberg fut déclaré hérétique.

des luthériens, dont Charles-Quint se faisait l'ennemi : il les soutint en Allemagne ; il les toléra très largement en France et jusque dans sa cour ; ce qui rendit impossible la justification de sa conduite ultérieure. En effet, depuis l'année 1525, le roi fit persécuter ces religionnaires, et l'on dut s'attendre à des rigueurs plus grandes encore lorsque, en l'année 1533, ce prince unit *Henri*, duc d'Orléans, second fils de France, avec *Cathérine de Médicis*, nièce du pape Clément VII. Ce pontife lui-même amena la jeune Italienne à Marseille, où François Ier s'était rendu avec le fiancé, pour la recevoir. Des conférences fort intimes s'établirent dans cette ville entre le roi et le chef de l'église ; le monarque ajouta à l'incohérence de sa politique religieuse des sollicitations en faveur de son allié Henri VIII, dont la cour de Rome refusait de ratifier le divorce d'avec Catherine d'Arragon, et le mariage avec *Anne de Boulen*. Clément VII eût volontiers transigé sur cet article délicat ; mais il siégeait dans le sacré collège une majorité de cardinaux impérialistes, qui avaient mission secrète de repousser le divorce du monarque anglais. L'entremise du roi fut vaine ; le pape, après avoir temporisé long-temps, lança son excommunication contre Henri VIII, et l'Angleterre secoua le joug apostolique.

Après avoir proclamé solennellement son indépendance, Henri s'efforça d'attirer le roi dans la réforme ; mais celui-ci, en s'alliant avec la maison de Médicis, venait de faire un trop grand pas pour reculer : il se trouvait invinciblement entraîné dans le parti de son ennemi, Charles-Quint; invinciblement éloigné de son ami, Henri VIII... « *Je suis votre ami jusqu'à l'autel*, » écrivit-il au souverain anglais : amitié qui ne pouvait être long-temps possible; car la dissidence religieuse entraîne toutes les divisions.

Les écrits d'une foule d'écrivains étrangers et français, achevèrent de démontrer l'extrême légèreté de François Ier : plusieurs étaient dédiés à ce prince, et prouvaient par là que ce champion du catholicisme avait au moins toléré d'abord les antipapistes. Ces athlètes de la réforme doublèrent le nombre de ses partisans: ils niaient la présence réelle dans l'Eucharistie, refusaient de croire au libre arbitre, demandaient qu'on supprimât tout culte extérieur, l'invocation des saints, les prières pour les morts; appuyant leur discussion d'une dialectique lumineuse, d'une érudition profonde, d'un style aussi noble que mesuré; et ce qui achevait de déterminer la conviction, ils justifiaient leurs préceptes par l'exemple d'une vie sobre, chaste, laborieuse et désintéressée.

Malgré les persécutions de la cour, les doctrines luthériennes firent bientôt d'immenses progrès en France : une foule de seigneurs s'y ralliaient; les femmes, dont les opinions deviennent si promptement des passions, les femmes embrassaient avec ardeur la réforme : *Marguerite*, reine de Navarre, sœur unique du roi, malgré les semonces fréquentes de son frère, favorisait ouvertement la foi nouvelle dans son petit royaume, où cette égrillarde princesse ne donnait pas assurément l'exemple de tous les genres de réforme. François, rompant enfin avec ses précédens, s'arma bientôt contre des pensées de toute la sévérité, de toute la barbarie des lois faites pour punir le meurtre, avec ses circonstances les plus aggravantes. Énumérons les exécutions dont la seule ville de Paris fut le théâtre, pour le prétendu crime d'hérésie.

Le premier acte de rigueur exercé dans la capitale contre les novateurs, atteignit, en 1525, Jean Leclerc qui, à Meaux, berceau de la réforme en France*, avait déchiré une affiche relative au commerce des indulgences, et s'était déchaîné,

* Elle y avait été introduite par Guillaume Briconnet, évêque de cette ville, qui bientôt fut environné d'un grand nombre de prosélytes; mais ce prélat revint ensuite au catholicisme, de peur de perdre son évêché. Il ne fut pas le seul qui adopta le luthéranisme : cette religion devint celle de Montluc, évêque de Valence; de Jean du Bellai, évêque de Paris; de Châtelain, évêque de Macon; de Caraccioli, évêque de Troyes; de Guillard, évêque de Chartres; de Gérard, évêque d'Oléron; de Morvilliers, évêque d'Orléans; de Saint-Romain, évêque d'Aix; de Narbonne, évêque de Pamiers; de Monstier, évêque de Bayonne, etc. Le cardinal de Châtillon avoua ouvertement qu'il était sectateur de Luther, et déclara qu'il acceptait toutes les conséquences de cette profession de foi.

dans un écrit mis à la place de l'annonce apostolique, contre l'indigne trafic du saint-siége. Amené à Paris, ce réformé fut fouetté, pendant trois jours, par la main du bourreau; fustigé de nouveau lorsqu'il rentra à Meaux; enfin marqué au front avec un fer rougi. Exalté par le ressentiment, peut-être par cette conviction âcre qui se rend supérieure à toute crainte, Jean Leclerc, s'étant retiré à Rosai, brisa des statues de saints et déchira leurs images. Saisi une seconde fois par les vengeurs du catholicisme, il eut les bras tenaillés, le poing coupé, le nez arraché et fut brûlé à petit feu. Dans la même année 1525, Jacques de Povanes, élève de l'université, condamné par arrêt du parlement pour ses opinions religieuses, ouvrit à Paris l'horrible série des *auto-da-fé*, qui se succédèrent ensuite avec rapidité: ce jeune homme fut brûlé vif sur la place de Grève. Peu de mois après, le nommé Livry, dit l'Hermite, coupable aussi d'avoir *pensé* selon sa conviction, périt sur un bûcher, devant le porche de la cathédrale, dont les vieilles tours se blanchirent du reflet d'une flamme homicide.

A ces exécutions, les papistes, comme pour attiser le feu des bûchers, joignirent d'insultantes dérisions. Des enfans de chœur, barbouillés de noir, escortaient, par les rues, une femme montée sur un cheval; autour d'elle chevauchaient plusieurs masques représentant des docteurs en théologie, portant sur le ventre et sur le dos le nom de Luther. Derrière eux marchaient une multitude d'autres masques accoutrés en diables, et qui harcelaient, injuriaient, tourmentaient la femme. Tout cela simulait la religion nouvelle, tourmentée par les savans et les démons. Le roi, frappé de l'idée que cette mascarade scandaleuse foulait la cendre des malheureux qui avaient péri au milieu des flammes, jugea qu'une telle plaisanterie convenait mal au temps : la cavalcade fut défendue. Continuons d'énumérer les supplices pieux.

En 1529, Louis Berquin publie un ouvrage hérétique; on l'emprisonne, puis on lui demande une rétractation qu'il refuse : il est pendu, étranglé et brûlé vif. En 1533, maître Alexandre est jeté dans les flammes, à la place Maubert; quelques jours après, Jean Pointel, chirurgien, périt en place de Grève par le même supplice. Nous reprendrons plus tard l'affligeante énumération de ces victimes d'une intolérance que François ne pouvait pas même motiver sur sa conviction. Tantôt, cédant à l'instigation du cardinal Duprat, papiste furieux ; tantôt, se rendant aux prières de sa mère et de sa sœur, il attisait et calmait tour à tour le feu des bûchers. Prince sans puissance de volonté, jouet continuel de ses indécisions et des partis opposés qui l'approchaient, il abandonnait au parlement, dont il avait excité les rigueurs, tous les luthériens qu'il convenait à ce corps de poursuivre et de sacrifier.

Mais voyons quelle conduite *le restaurateur des*

lettres tint dans cette circonstance avec les savans, dont il s'était déclaré le protecteur. Dès l'année 1531, ce roi laisse emprisonner la plupart des écrivains établis à Paris, sur le soupçon déplorable d'avoir *mangé de la chair en carême* : parmi les accusés figurent Laurent et Louis Maigret, Remi Belleau, André Leroi, Martin de Villeneuve et Clément Marot.... Marot, le premier, peut-être le seul poëte français du seizième siècle. Deux ans plus tard, le parlement, composé en partie de magistrats ignorans et fanatiques, investis de la justice par l'autorité de leur finance, le parlement fait comparaître devant lui, comme *suspects d'hérésie* tous les savans dont la réunion à Paris faisait alors la seule gloire réelle de cette capitale : là parurent François Vatable, Paul Paradis et Agathias Guidacier, colonnes de l'enseignement fondé au collège de France. On les accusa d'avoir, contre les défenses de l'université, expliqué en français des livres saints, et d'avoir fait afficher leurs cours. Or l'accusation portée contre ces hommes vénérables reposait précisément sur le devoir qui leur avait été imposé par François Ier, leur fondateur, puisqu'il les avait installés pour expliquer les livres hébreux, c'est-à-dire les livres Saints. Le président Pierre Lizet, après de rudes réprimandes adressées aux professeurs, leur fit défense expresse de lire, expliquer ou interpréter aucun livre de la Sainte-Écriture, soit en langue hébraïque, soit en langue grecque. Voilà donc le parlement qui dé-

Vue d'une coupe des Chartreux.

fend, au nom du roi, ce que le roi lui-même a ordonné. Dans le même temps, cette compagnie manda à sa barre le recteur de l'université Nicolas Cop, soupçonné d'hérésie, et lui ordonna de s'assurer sur l'heure d'un élève en droit, qui se cachait à la Chartreuse. Au lieu de faire arrêter le légiste, Cop le prévint et s'évada avec lui... Cet élève *c'était Calvin**. Bientôt Nicolas Bourbon, auteur d'un recueil d'épigrammes, fut emprisonné; et malgré la protection de *Marguerite*, sœur bien-aimée du roi, ce poète ne recouvra sa liberté qu'après avoir signé le désaveu de ses poésies, d'ailleurs aussi inoffensives qu'insignifiantes. Plus tard, intervint un arrêt du parlement qui assujétit toutes les *farces, soties* ou *moralités*, jouées par la basoche, à un examen préalable, dont certains conseillers ou maîtres des requêtes demeurèrent chargés : voici donc la censure théâtrale établie à Paris, avant même que le théâtre régulier soit fondé.

Les principaux instigateurs du supplice des hommes et de la proscription de la pensée étaient alors le cardinal-chancelier Duprat, et le premier président au parlement Lizet, vendus tous deux à la cour de Rome. Dans le parti opposé combattaient Marguerite, reine de Navarre, et les deux frères du Bellay, l'un évêque de Paris, l'autre diplomate distingué. Après bien des instances, et par malheur lorsque, depuis plu-

* Nous avons fait graver le bâtiment où *Calvin* se cachait, dit-on; il existe encore sur l'ancien territoire des Chartreux.

sieurs années, les bûchers répandaient des lueurs sinistres sur toute la France, ces trois conseillers inspirés par l'humanité, obtinrent du roi qu'il appellerait auprès de lui le sage et savant réformateur *Melancthon**; déjà même cet homme célèbre était mandé par le roi, décidé enfin à s'éclairer lui-même sur des questions religieuses qu'il n'avait jamais entrevues que du fond de *son petit séjour* de la rue Gilles-Cœur.

Mais, les luthériens de Paris, exaltés par un ressentiment qui devait leur être funeste, placardèrent dans les rues et carrefours des réclamations virulentes contre les cérémonies du culte catholique : ces affiches sacrilèges furent apposées jusque sur les portes de la chambre du roi... Remarquant l'irritation extrême de François, le connétable, Anne de Montmorenci, qui n'avait pu juger de la force des écrits, puisqu'il ne savait pas lire, n'en sollicitait pas moins le roi contre les protestans, avec toute sa grossière brutalité; vivement secondé, en cela, par le cardinal de Tournon, successeur et vengeur de Duprat, disgracié par l'influence de la reine Marguerite.

François Ier, qui était alors au château de Fontainebleau, qu'il avait fait bâtir, accourt à Paris,

---

* Melanchton, né à Bretten, dans le Palatinat, avait dressé en 1530, de concert avec Luther, la profession de foi, connue sous le nom de *Confession d'Augsbourg*, parce qu'elle fut présentée à l'empereur à la diète de cette ville. Melanchton contribua puissamment à la propagation des lettres en Europe.

poussé par le fanatisme intolérant qu'on vient d'exciter en lui... Dans son délire, il rend, le 13 janvier 1535, un édit *défendant toute impression de livres dans le royaume, sous peine de la hart...* Le restaurateur des lettres qui supprime l'imprimerie, qui éteint le flambeau de la pensée!!! Le roi ne s'en tient pas là : il ordonne au lieutenant criminel de faire arrêter immédiatement tous les protestans qui se trouvent dans la capitale.

Après ces actes violens, François Ier ordonna qu'une procession solennelle serait célébrée le 21 janvier : on s'y prépara avec ferveur dans toutes les paroisses, dans tous les couvens, dans tous les collèges. Les corps de marchands et de métiers préparèrent les habits qu'ils avaient coutume de porter dans ces cérémonies; ils secouèrent la poudre de leurs bannières. On orna de toutes leurs richesses les reliques réunies à Paris. Au jour dit, les quarteniers firent tendre les rues de riches étoffes; on couvrit le pavé de tout ce qu'on put se procurer de verdure dans cette saison rigoureuse. Dès le matin, mille cloches annoncèrent la cérémonie : on y accourut de plusieurs lieues. En un mot, on n'avait rien négligé, dans les apprêts de cette solennité, pour frapper

---

* Cependant, par lettres-patentes du 26 février suivant, François Ier, revint sur cette mesure : il ordonna au parlement de choisir vingt-quatre personnes, bien qualifiées et cautionnées, sur lesquelles il choisit douze censeurs des ouvrages *à imprimer*.

les sens et maîtriser les esprits. Le cortège partit de la Sainte-Chapelle : les princes, les princesses, le roi lui-même, en faisaient partie. Le parlement, les officiers de la couronne, les magistrats divers, étalant tout l'appareil de leurs dignités ou tout le faste de la cour, environnaient Sa Majesté. Des cardinaux, des prélats nombreux, un clergé innombrable formaient le corps de la procession, qui se prolongeait par une longue suite de religieux, de religieuses et d'écoliers. Au-dessus d'un océan de têtes, qu'on voyait onduler dans les rues, on portait une multitude de bannières bigarrées, de croix d'or ou d'argent, de châsses, enrichies magnifiquement, parmi lesquelles étincelaient surtout celles de Sainte-Geneviève et de Saint-Marcel. Venaient ensuite, confiées à des mains réputées pures, les trésors achetés par saint Louis à l'empereur d'Orient : la couronne d'épines du Sauveur, la vierge d'Aron, les tables de Moïse, le fer qui servit à tuer le Christ, le sang de Jésus, sa robe de pourpre et le lait de la sainte Vierge..... Toutes reliques d'une incontestable authenticité, dont on voulait foudroyer l'hérésie. Dans cette immense procession, chacun des assistans portait une torche à la main.

A la suite de cette cérémonie, où toute la pompe ecclésiastique, tout le luxe mondain avaient été exposés aux regards, François Ier dîna à l'évêché, et préluda au spectacle bien différent de la soirée, par des remontrances adressées à tous les corps de l'Etat sur les progrès du luthéranisme et de la doctrine sacrilège des *malversans*... Il ajouta que si l'un de ses membres était infecté d'hérésie, il le couperait à l'instant. Après ce *discours pieux*, le roi annonça à tous les assistans qu'ils pouvaient se retirer. Le soir, il y eut à Paris une étrange illumination... six bûchers furent allumés, dans diverses places, et six protestans brûlèrent à petit feu.

FIN DU TOME TROISIÈME.

TABLE DES CHAPITRES.

SUITE DE LA CINQUIÈME ÉPOQUE.

CHAP. VI. Charles V dit le Sage, Paris sous son règne. P. 5
VII. Règne de Charles VI, la France vendue par la reine, un roi anglais couronné à Paris. 68
VIII. Institutions du dernier règne, Charles VII, la Pucelle d'Orléans. 194
IX. Louis XI, l'imprimerie, école de Médecine, postes, Charles VIII, le mal de Naples. 262
X. Louis XII, dit le père du peuple, le théâtre organisé à Paris. 371

SIXIÈME ÉPOQUE.

CHAP. Ier. François Ier, le père des lettres, persécute les écrivains, auto-da-fé de Paris, le Louvre reconstruit. 447

FIN DE LA TABLE DES CHAPITRES.

A MESSIEURS LES SOUSCRIPTEURS.

Au point où l'*Histoire de Paris* est parvenue, il est presque superflu de dire que l'auteur, par une analyse, plus ou moins resserrée, des principaux évènemens appartenant à l'histoire de France, s'efforce d'indiquer avec clarté, et sans lacunes choquantes, les points par lesquels ces évènemens se rattachent au sujet qu'il traite. Ce plan, que Messieurs les Souscripteurs ont accueilli avec faveur, paraît en effet le plus convenable; car il est aisé de reconnaître que la capitale n'est demeurée complètement étrangère qu'à une faible partie de nos fastes historiques. Or, il était bien difficile de préciser d'avance l'étendue d'un ouvrage ainsi conçu : en annonçant quatre volumes, nous avons été trop exclusivement inspirés par le desir d'offrir au public une publication économique. Nous sentons aujourd'hui que ce serait mal reconnaître l'accueil flatteur fait à cette publication, que d'en rétrécir le cadre et d'affaiblir ainsi l'intérêt de l'ouvrage. Nous devons ajouter que nous satisfesons au vœu exprimé par la moitié, au moins, de nos Souscripteurs, en annonçant *un cinquième volume.*

La cinquième partie de l'*Histoire de Paris* sera consacrée tout entière aux cinquante-neuf années qui se sont écoulées depuis l'avènement de Louis XVI au trône : ce développement, qui eût été impossible sans cette addition, offrira un abrégé, vif, animé, dramatique, de l'Histoire de la *Révolution Française*, dont l'auteur peut parler comme témoin.

Cette franche explication et un rapide examen des livraisons qui ont paru, suffiront pour prévenir toute idée d'abus de spéculation : il est facile de voir que, parvenu à la fin du règne de François Ier, l'auteur peut renfermer le reste de son sujet dans deux volumes; et nous nous engageons à fournir *gratuitement* à nos Souscripteurs toute Livraison de texte qui dépasserait les cinq volumes de l'*Histoire de Paris*.

AVIS ESSENTIEL.

La précipitation avec laquelle, pour répondre au desir du public, il a fallu tirer les gravures, durant la publication des trois premiers volumes, le travail souvent trop pressé des graveurs, peut-être aussi l'inégalité du métal des planches, ont fait que, parmi les Livraisons de ces mêmes Planches, il s'est glissé un certain nombre de feuilles défectueuses. Désirant prévenir désormais cet inconvénient et le réparer, nous avons réparti le travail de manière à ce qu'il soit irréprochable, à quelque nombre que s'élève le tirage. Quant aux Livraisons antérieures, les Planches tombées vont être refaites; et Messieurs les Souscripteurs qui ont reçu des Gravures mal venues sont prévenus, *qu'à dater de la mise en vente de la huitième Livraison du quatrième volume, ces exemplaires seront échangés, à bureau ouvert, chez M. Krabbe, montagne Sainte-Geneviève*, n° 46.

Le même soin sera apporté aux Gravures Supplémentaires. la troisième Livraison paraîtra fin janvier, et les autres se succèderont rapidement.

LES ÉDITEURS.

Pour paraître après l'Histoire de Paris, par le même auteur.

HISTOIRE
PITTORESQUE DES ENVIRONS DE PARIS,

Dans un rayon de 30 à 40 lieues.

Imprimerie de Moquet et Comp., rue de la Harpe, 90.